KB240064

조직은 어떤 경영철학을 필요로 하는가

조직철학과
조직사회학

조직은 어떤 경영철학을 필요로 하는가

조직철학과 조직사회학

양창삼 지음

이담 Books

머리말

경영자에게 경영철학이 요구되듯 조직을 관리하는 지도자에겐 철학이 필요하다. 철학이 없다는 것은 생명이 없다는 것과 같다. 생각 없이 기업을 경영할 수 없다. 기업가정신이 기업을 이끈다 하지 않는가. 기업경영은 그냥 되는 것이 아니다.

조직을 경영하기 위해 철학만 필요한 것이 아니다. 조직은 한마디로 사회다. 그래서 사회학적인 관점에서 조직을 볼 필요도 있다. 또한 그 속에 사는 사람은 절실하게 인간다움의 실현을 요구한다. 인간화를 비롯해 가난한 자를 위한 종교가들의 생각도 빼놓을 수 없다. 과학이 발전하면서 바뀌는 사회패러다임, 그리고 우리 사회에 키워드가 되어 있는 창조성도 점검대상이다. 이 모든 것이 어우러져 함께 사는 세상으로 만드는 관리도 필요하다. 한 권의 책으로 이 모두를 완벽하게 담을 수는 없지만 이 흐름을 조금이라도 더 독자들에게 보이고 싶은 것이 이 책의 소망이다.

조직에 과연 어떤 경영철학이 필요할까? 여러 사상가를 끄집어낼 수 있지만 역시 초기 희랍철학자들의 생각을 빼놓을 수 없다. 그들은 공평과 정의가 있어야 하고, 제도가 갖추어져 있어야 하며, 항상 인간이란 무엇인가를 물어야 한다고 했다. 아리스토텔레스는 국가를 포함해 모든 조직에서 선 윤리가 실현되어야 한다고 했다. 맞는 말이다. 아니 수많은 세월이 흘렀음에도 불구하고 우리에게 요구되는 것은 한결같다. 조직사회학은 조직이 사회적 관계를 통해 문제를 풀어갈 것을 권한다. 사회에는 지배와 복종이 존재하고, 갈등과 소외가 있다. 이런 사회적 형식에 대한 이해가 부족할 경우 경영자는 힘든 경영을 할 수밖에 없다. 사회 속에는 집단이 있고, 집합적 가치의식이 존재한다. 지나친 육적인 욕망은 통제된다. 그 속에서도 도덕과 윤리가 작용한다는 말이다. 이것이 무너지면 전체가 무너질 수 있다.

조직 속의 인간은 언제나 인간답게 살기를 원한다. 국가건, 기업이건, 집단이건 지도자는 사람을 사람답게 살 수 있도록 만들어야 할 책임을 가지고 있다. 하지만 현실은 언제나 그 요구를 충족시키지 못했다. 상황이 그렇게 만들 수도 있지만 잘못된 관행과 철학의 부재로 그렇게 될 수도 있다. 불평등이 존재하고 가난한 자가 속출한다. 인간은 항상 세계를 창조하는 힘이 있다. 비인간화에 저항하고, 인간화의 대안을 모색한다. 직무구조도 바꾸고, 사회구조도 바꾼다. 종교도 타락한 사회에 대해 새롭게 건설되도록 요청한다. 이웃과 함께하는 공동체를 세우고, 자발적으로 나눔을 실천하도록 한다. 이것이 사회운동으로 번지면서 사회는 점차 밝은 색을 띠게 된다. 사람이 함께 갈 때 외롭지 않다.

지금 우리 사회는 급 변하고 있다. 과학도 사회패러다임도 달라지고 있다. 앞으로 어떤 변화가 올지 예측하기 어렵다. 그런 가운데서 창조성에 대한 요구가 커지고 있다. 오죽하면 정치가들도 창조경제를 외치겠는가. 경영자들은 이 요구들을 온몸으로 체득하며 새로운 사회, 새로운 기업을 창출해나가야 한다. 이 모든 일은 혼자 할 수 없다. 서로 협력하며 짐을 나눌 때 가능하다. 이 정신을 일깨우는 데이 책이 일조했으면 한다.

2013년

양창삼

목차

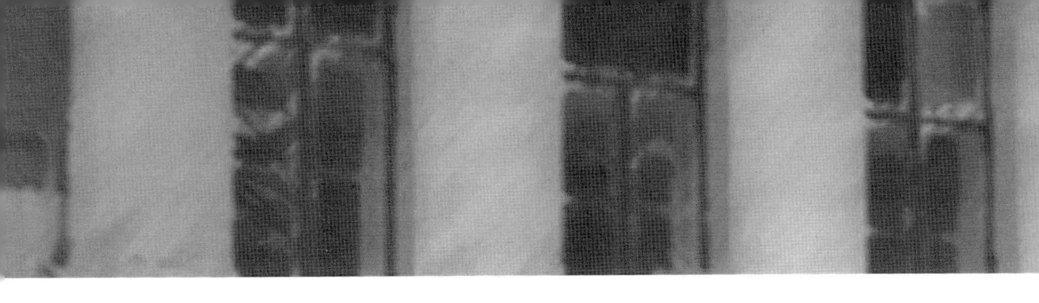

제1장
희랍철학이 조직에 철학을 가르치다

조직을 연구한다는 것은 삶의 모든 것과 부딪히는 것이다. 그곳에는 영역도 없고 벽도 없다. 조직이 사회과학에만 존재하고, 자연과학에는 존재하지 않는 것도 아니다. 조직이라는 말 자체가 자연과학적 용어가 아니던가. 모든 영역을 포괄한다는 것은 보다 넓은 시야를 가져야 한다는 것이고, 벽이 없다는 것은 그 연구의 범위가 한정되어 있지 않다는 뜻이다.

이 글의 주제는 '희랍철학과 조직철학'이다. 주제를 희랍철학과 연관시킨 것은 영역을 넓히기 위한 작업이다. 그리고 그 철학이 가진 여러 주제를 통해 조직이 가진 벽을 허물고자 하는 뜻을 담고 있다. 희랍철학의 여러 주제 가운데 정의의 문제, 제도의 문제, 그리고 인간화의 문제를 우선 꺼내보았다. 그것이 현대 조직철학이 다뤄야 할 주요 의제가 될 수 있기 때문이다. 핵심 주제는 그렇다 해도 내용은 통시적 접근을 통해 다루고자 한다. 그 주제가 고대 희랍에만 한정되어 있지 않기 때문이다.

내가 이 주제에 관심을 가지게 된 것은 희랍의 사상을 연구하면서 부터다. 희랍 사상은 정치·경제·문화 등 모든 영역에 영향을 주었다. 이 사상은 당시 도시국가라는 작은 형태에서 출발하지만 그것은 국가경영, 곧 조직경영과 깊은 관련이 있다. 정의의 문제는 법을 세우고 질서를 잡아가는 틀에 관한 것이고, 제도는 그것을 보다 합리적으로 만들어가는 작업이며, 인간학은 그 안에 사는 사람들을 어떻게 보아야 하는가를 가르쳐준다.

고대의 생각이 현대를 살아가는 사람들에게 얼마만큼 유용한가는 이것을 혜안으로 받아들이고 깊이 사고하는 우리의 태도에 달려 있다. 현대만 복잡한 것이 아니다. 당시 사람들도 사회가 복잡하다 했고, 그러한 현실 인식에 바탕을 두어 문제를 풀어가려 했기 때문이다. 이런 점에서 희랍철학은 현대 조직철학을 보다 의미 있게 형성하는 데 도움을 주리라 생각한다.

1. 조직에는 공평과 정의가 살아 있어야 한다

정의는 '사회를 구성하고 유지하기 위해 사회구성원들이 공정하고 올바른 상태를 추구해야 한다'는 중요한 사회적 가치다. 우리가 정의에 관심을 가지는 것은 이를 통해 질서를 정립하고 특히 인간과 인간 사이에서 균형을 이루고 유지하기 위함이다. 정의라고 하면 대부분 법학의 주요 관심사로 여겨 왔지만 정의는 철학의 주요 주제였고, 사회과학에서도 빠질 수 없는 요소가 되고 있다. 뿐만 아니라 경영학에서도 점차 관심이 높아지고 있다.

많은 사람들이 정의에 대해 여러 언급을 해 왔지만 정의는 실제로 매우 모호한 개념이다. 고대부터 여러 철학자들이 정의를 개념화하는 데 많은 노력을 해 왔다. 플라톤은 정의를 덕목, 곧 윤리적 원리로 파악했다. 정의의 문제를 보다 체계화시킨 최초의 철학자는 아리스토텔레스다. 정의를 사회적 원리로 이해한 그는 정의의 본질을 평등으로 보았다. 정의는 여러 도덕적인 가치, 특히 현대에 와서 선과 함께 그 중요성이 커지고 있다.

희랍철학에서 정의는 플라톤이나 아리스토텔레스의 전유물이 아니다. 그 이전에도 정의에 관한 논쟁이 있었다. 희랍의 사상은 기본적으로 도시국가와 깊게 연결되어 있다. 정의에 관한 개념은 추장지배시대인 도시국가에서 생긴 것이다. 그 연대는 정확하지 않다. 최초 시인으로 알려진 호메로스(Homeros)와 헤시오도스(Hesiodos)는 2대 시성(詩聖)으로, 그들은 시를 통해 정의(正義)에 대해 나름의 정의(定義)를 내렸다.

먼저 호메로스를 보자. 그의 정의 개념은 『일리아드』와 『오디세이』에 잘 나타나 있다(Homer, 1961; Homer, 2006). 그에 따르면 정의는 국가를 통치하는 데 있어서 가장 기본이 되는 개념이다. 국가경영에 있어서 빼놓을 수 없는 요소라는 것이다. 그는 이 점을 최초로 지적했다는 점에서 높은 평가를 받는다. 그는 시를 통해 정의와 정당성의 개념까지 명확히 하고 있다. 그에 따르면 정의는 정직하고 강직한 미적 개념이다. 미적 개념, 정직, 정당성은 호메로스가 궁극적으로 실현해야 할 것으로 본 국가나 조직의 윤리이다. 미적 감정은 감상적 차원의 것이 아니라 군인의 솔직하고 정직한 행동이다. 그는 이 개념을 논설이 아닌 서사시로 표현했다.

정직과 정당함의 윤리성을 국가조직에서 어떻게 실현할 수 있을까? 그는 여러 소 군주회의를 군주가 주재하되 군주는 추장의 의견을 들어 여러 추장이 행하는 공동선에서 실현하도록 했다. 추장을 중심으로 한다는 점에서 군주의 권력은 제한적이다. 제한적 군주의 정의 실현은 궁극적으로 인간의 관습과 종교를 무시하지 않고 정의에 입각한 행동을 유지할 수 있다. 궁극적으로 정의로운 재판도 이뤄질 수 있다. 군주는 정의에 입각한 법을 모든 사건에 적용한다. 군주가 제멋대로 법을 제정하고 법에 새로운 권력을 도입하는 것은 정의 실현을 가로막는다. 정의는 공평함을 통해 실현될 수 있다.

호메로스가 본 정의는 고정적이 아니며 관습과 종교에 어긋나지 않고, 모든 인간에게 공통적으로 적용될 수 있다. 그는 권력제한이론을 통해 정의 실현을 위해서는 백성들의 동의가 필요하다는 것을 확고히 했다. 이른바 국가 동의설이다. 그들의 동의는 실력을 가진 군주의 동의까지 포함하고 있어 게르만의 종족회의와 유사한 민주주의적 정의 개념을 뚜렷이 하고 있다. 그러나 호메로스는 지배자와 피지배자와의 관계에서 정의는 지배자에 의해 실현되고 피지배자에 의해 달성되는 것은 아니라고 주장함으로써 보수적 성격을 유지했다.

헤시오도스는 자신의 책 『작업과 나날들(Works and Days)』, 『데오고니(Theogony)』에서 정의와 지배 개념을 펼쳤다(Hesiod, 2004). 정의를 어떻게 규정하는가에 대해서는 호메로스와 별반 차이가 없다. 그러나 정의의 실현 방법에 대해서는 대조를 보이고 있다. 그의 시는 지주에 의해 학대받는, 그에 복종하는 농민의 참상과 농민의 투쟁을 그리고 있다. 그에 따르면 정의는 추상적이 아니며 경제적 평등 기반에서 규정되어야 한다. 정의는 농민이 지주에 반항하고 농민이 평등한 위치를 가져야 정의가 실현 가능하다고 보았다. 이로 보아 헤시오도스는 매우 진보적 이념을 가졌음을 알 수 있다. 나아가 정의는 지배자에 의해서가 아니라 피지배자에 의해 실현되어야 한다고 주장했다. 헤시오도스는 아테네와 유럽의 정치 조직 발달에 있어서 호메로스와 다른 각도를 제시했다.

아리스토텔레스는 정의를 평균적 정의와 분배적 정의로 구분했다. 평균적 정의는 모든 사람이 동등한 대우를 받아야 한다는 가치체계다. 현대에서는 정치·사법 분야에서 이 정의가 강하게 적용되고 있다. 분배적 정의는 각자가 사회에 공헌·기여한 정도에 따라 다른 대우를 받아야 한다는 가치체계다. 이것은 사회·경제적인 측면에 적용되고 있다.

아리스토텔레스의 정의는 시대에 따라 다르게 적용되어 왔다. 중세에는 "각자에게 그의 것을 주라"는 분배적 정의가 토마스 아퀴나스에 의해 유지되었다. 그러나 근대에 이르러서는 계몽주의의 영향을 받아 평등원리로서의 정의 측면이 강조되었다. 현대에 와서 정의는 과학적 입장에서 크게 비판을 받았다. 하지만 구스타프 라드브루흐(Gustav Radbruch), 존 롤스(J. Rawls), 노직(R. Nozick), 베리안(H. R. Varian) 등에 의해 주목을 받았다. 정의는 언제나 평등의 실현을 골자로 하는 가치를 지향하는 것으로 판단된다. 그래서 울피아누스는 정의를 각자에게 그의 몫을 돌려주고자 하는 항구적인 의지로, 롤스는 정당화될 수 없는 불평등이 존재하지 않는 상태를 추구하는 것으로 규명한다.

라드브루흐의 정의는 분배적 정의와 교환적 정의에 바탕을 둔 평등의 이념이다. 법은 이념 이외에 목적을 가지고 있으며 법의 목적은 구체적 사회와 관련하여 상대적이다. 법의 3대 요소는 법의 이념인 정의, 법의 목적인 유용성(합목적성), 그리고 법적 안정성이다. 이 요소 중 구체적인 사회와 시대에 따라서 어떤 요소가 다른 것에 비하여 우세하게 된다.

롤스에 따르면 기본적인 자유가 권리로서 모든 사람에게 평등하게 분배되어야 한다. 재화의 분배가 모든 사람에게 똑같이 나누어지는 것이 정의는 아니다. 하지만 '최소-극대화의 원리(maximin principle)'가 적용되어야 한다. 이 원리는 한 사회의 가장 가난한 사람에게 거의 모든 사회적 관심을 부여하는 것으로 그는 모든 사람이 동등한 권리를 가져야 하며, 예외적인 경우를 제외하고는 개인의 자유가 제약되어서는 안 된다고 본다. 그의 정의관은 '공평성(fairness)으로서의 정의'에 입각해 있다. 불평등 상태를 개선하기 위해 우위에 있는 계층이 하위계층의 상황을 개선하기 위해 노력하고 공정한 기회를 보장해 주어야 한다. 즉, 최소 수혜자(the least advantaged)에게 최대의 이익을 제공할 수 있도록 해야 한다(Rawls, 2001). 애로우(K. Arrow)는 롤스의 이러한 원리는 공리주의자들의 사회후생 극대화의 원칙과 실질적으로 거의 차이가 없다고 말한다(Arrow, 1970). 센은 롤스의 공헌을 인정하면서도 능력(capability)이라는 개념을 통해 자유와 평등의 조화 가능성을 새롭게 모색하였다(Sen, 1992).

노직도 소유권에 따른 분배적 정의를 강조한다. 그의 정의는 취득(원초적 취득의 원리), 이전(이전의 원리), 그리고 부정의에 대한 시정(시정의 원리)에 있어서 정의의 원칙을 실현하는 것이다.[1] 어떤

---

[1] 롤스의 정의의 원리 경우 원초적 입장의 당사자들이 자신과 소속된 사회의 특수한 사정에 무지하여야 한다는 무지의 베일(veil of ignorance)을 가정하고 공정한 절차에 걸쳐서 나온 원리이다. 그러나 노직의 소유권의 원리(원초적 취득의 원리, 이전의 원리, 시정의 원리)는 그러한 절차를 통한 산물이 아니라 각각 독립된 원리에 따른 분배의 과정으로 보았다는 점에서 다르다.

사람이 취득에 있어 정의의 원칙에 부합되는 방법으로 어떤 물건을 취득하여 소유하고 있다면 그는 그 물건을 정당하게 소유할 권리가 있다. 정의라는 이름 아래 개인의 자유가 침해되어서도 안 된다는 것이다. 따라서 그는 재분배를 위해 정부가 개입하는 것을 결코 정의화할 수 없다고 보았다. 그가 최소국가(minimal state)를 가장 이상적인 유토피아로 본 것은 이것과 맥락을 같이한다(Nozick, 1974; Wolff, 1991).

베리안은 롤스와 노직의 이론을 함께 고려하였다. 그는 사회 각 구성원이 태어날 때 초기에 사회의 자산을 공평하게 분배받고, 죽을 때 사회에 환원하여 다음 세대에 공평하게 분배된 사회 상태를 분배적 정의가 이루어진 상태라고 본다. 베리안은 롤스나 노직의 개념을 부의 공평한 분배에 초점을 맞추어 분석하고 있다. 그러나 파즈너(E. Pazner)는 이것을 비판적 시각에서 본다. 개인의 노력이나 능력에 의한 생산성과 사회의 기여도를 배제한 상태에서의 부의 획일적인 공평한 분배는 다른 면에서 볼 때 또 다른 형태의 차별화를 가져오기 때문에 불공평하다는 것이다(Hurwicz et al., 1985, 1987; Yoo, 1987).

정의에 관한 이론은 희랍철학을 비롯해 많은 학자의 관심이 되어 왔다. 또한 법적·도덕적·경제적 관점 등 수많은 분야에서 각 시대와 각자의 입장에 따라 주장이 달랐다.

조직의 경우 분배적 정의, 특히 공평성(fairness)에 관심이 컸다. 정의의 요소 중 공평성이 확립되어 있어야만 정의로운 분배가 가능하기 때문이다. 정의로운 분배가 되기 위해서는 어느 누구의 정당한 권리도 침해되어서는 안 된다. 만약 어떤 사람이 정당하게 받아야 할 것이 거부되거나 그가 지지 않아도 되는 부담을 강제로 떠맡게 된다면, 그의 정당한 권리는 무시된 것이며 이와 같은 분배는 정의로운 분배가 될 수 없다. 정의로운 분배는 모든 사람이 동일한 도덕적 가치를 갖는 존재들이란 사실에 기초하는 분배여야 한다. 분배적 정의는 받을 만한 자격(desert)에 따라 모든 편익(benefits)과 부담(burdens)의 분배를 받고 있느냐의 문제이다.

분배적 정의를 해석하고 적용함에 있어 모든 사람이 동등한 기회(equal opportunities)를 갖게 됨을 의미한다고 풀이할 수도 있고, 또는 최소한의 생활수준(minimum standard of living)에 대해 동등한 권리를 갖는 것으로 해석하기도 한다. 조직의 경우 정의는 임금의 공정성에서 오랫동안 관심을 보여 왔다. 1980년대 직종별 임금차별에 대응하여 하나의 고용평등 이슈로 등장한 동일가치노동 동일임금 정책(comparable worth)은 비정규직 문제나 여성의 권리와 성차별 문제와 관련하여 중요한 의미가 있다. 이것은 조직정의(organizational justice) 개념을 노동시장 임금결정에 적용한 것으로 동일가치노동에 있어서 임금격차를 줄여 조직 내 임금정의를 실현시키고자 한 것이다. 이 정책이 미국에서와 같이 한국에서도 그 정책적 효용성이 있는가에 대해서는 여러 논의가 있다(Pyun, 2001).

조직정의는 이에 국한되지 않는다. 업무성과 효과성(performance effectiveness)을 높이기 위한 조직정의도 정의라는 한 개념으로 실시되고 있다. 동기부여 효과를 조직 및 인적자원관리 차원에서 검증할 경우 조직 내 정의 또는 공정성에 대한 조직구성원의 인식(판단)과 그들의 근무행태 및 업무성과 간의 상관성을 따져본다. 분배적·절차적·인간관계적 조직정의에 대한 인식이 긍정적 근무행태로 내면화되어 업무성과 증진을 위한 동기부여적 효과를 갖는다. 보다 공정하고 민주적인 조직 및 인적자원 관리를 통한 조직 효과성 관리라는 관점에서 조직 내 정의 및 공정성 제고가 중시된다(편상훈, 2000).

2. 조직과 사회는 정교한 제도를 필요로 한다

조직은 각종 제도를 만들며 살아간다. 사회도 마찬가지다. 사회에서는 그것을 문화라 하기도 한다. 문화나 제도는 모두 인간이 삶을 영위하면서 자기들의 편익을 위해 만들어낸 조치들이다. 그 문화나 제도에 적응하면 살아남게 만들고, 그렇지 않으면 죽는다. 문화는 자연과 대립된다. 자연은 인간의 편익을 고려하지 않고 자연 그대로 노출시키기 때문이다.

희랍사상은 자연(nature)과 제도(관습, convention)를 대립시키거나 연결시키면서 전개된다. 희랍사상은 원래 사회적 존재성(social existence)에 관한 한 그 본질에 대한 논의를 거의 하지 않는다. 오히려 자기 생활에서 그 뜻을 발견한다. 나아가 그들은 사회의 통일요인에 대해 많은 관심을 가졌다. 즉, 무엇이 삶에 의미를 주는 생활이며 어떻게 해야 사회가 통일될 수 있는가, 그 요인에 관심을 둔 것이다. 그들은 사회생존과 존속문제를 다루지 않고서도 인간이나 사회가 어떤 계기에 의해 통일될 수 있는가 하는 것이 중요하고, 여기에서 이론이 발생한다.

희랍인의 사색은 물리적 사변(physical speculation), 곧 자연현상에 대한 사색에서 출발한다. 그들은 우주현상은 어떤 통일성에 의해 유지된다고 보았다. 마찬가지로 모든 사회의 배경에는 어떤 형식으로든 통일성이 있다. 이 통일성이 사회적 존재성의 요소가 된다. 사회적 존재성의 개혁보다 사회적 존재성이 존재하도록 모든 인간이 협조한다. 모든 것은 통일성으로 귀일한다. 자연현상이 안정해야 안정되는 것같이 사회현상도 통일 원리에 의해 안정시킬 것을 주장했다. 통일 원리는 자연적인 것(nature)으로 확신했다. 우주가 존속하는 것은 통일되었기 때문이며 이것은 자연스러운 것이다. 이에 비해 인간 사회의 통일은 윤리적이고 규범적이다. 따라서 인간 사회가 통일되려면 규범적이고 윤리적인 것으로 통일이 가능하다.

인간은 본능에 따른 선천적 적응양식에 의해 생활하는 동물과 달리 후천적 학습에 의해서 집단생활을 영위한다. 그 후천적 학습이 있다는 것은 각 개인이 태어나기 이전에 인간세계에는 이미 규범이 존재한다는 것을 의미한다. 이 규범은 상징을 이용한 소통방식에 의해 존재하게 되며 가장 중요한 사회통제의 수단이 된다. 넓은 의미에서 규범은 제도로서 구현된다. 제도는 넓은 의미에서 볼 때 규범적인 행위양식 전체를 통칭한다. 좁은 의미에서 볼 때 제도는 적어도 한 가지 이상의 기능을 수행하기 위해 형성된 일련의 관습과 규범, 그리고 법을 일컫는다.

희랍철학은 당위문제에 관심을 가지고 있다. 현재 존재하는 사회가 정당하냐는 것이다. 희랍의 고전철학이 현존하는 법이나 제도를 윤리화 내지 규범화로 삼는 것도 이 때문이다. 따라서 자연과 제도를 자연적인 것과 계약적인 것으로 대립시켰을 때 소크라테스는 자연과 제도를 구별하지 않는다. 즉, 같은 것으로 본다. 소피스트들은 인간의 법률과 관습은 정의가 자연과 다른 것같이 자연과 관습을 구별한다. 소크라테스는 보수적이다. B.C. 5세기경 사회문제 고찰은 희랍의 물리적 사변을 사회에 연장시킨 것이다. 그들은 법이 자연의 질서를 반영하는 것으로 보았으며, 이것을 규합하면 선한 것이 된다. 여기에 소크라테스와 같이 법률에 있어서 아레테(arete)가 반영되는 선이다. 그러나 소피스트들은 모든 법률은 우발적인 면도 있고 계획적인 면도 있어서 악한 것일 수도 있다고 보았다.

희랍의 사상가들은 고전철학과 소피스트를 고려하여 정반대 이론을 전개했다. 소피스트들은 자연을 근원으로 보고 본질적인 것을 추구한다. 사회적 법은 관습적이다. 본원적으로 옳은 사태는 인간현존 사태를 명확히 구별해야 한다. 자연 근원화는 18세기 자연상태(a state of nature) 이론으로 발전했다. 만일 자연 상태를 시원적·본원적으로 보면 그때그때 인간이 만드는 법체계는 재기할 수 있다. 이 이론을 사회이론에 적용하면 사회 안정성을 인정하지만 철학적으로는 무정부 상태를 초래할 가능성이 높다. 현존하는 관습과 제도는 자연적인 것이므로 복종해야 한다는 사고는 얼마든지 비판받을 수 있다. 그러나 우리는 희랍의 사상인 자연과 제도를 두고 전개되었음을 다시금 확인할 수 있다.

국가든, 기업이든 우리 사회도 제도를 만들어가며 살아가고 있다. 특히 정부는 소득이 균형 있게 분배되고, 복지사회를 구현할 수 있는 제도를 만드는 데 관심이 있다. 최병호와 김태완은 통계청의 2000년 가구소비 실태조사를 이용하여 한국사회의 분배실태를 파악하고, 이를 바탕으로 현재의 조세와 사회보장제도를 유지할 경우 분배 상태의 변화를 전망하면서 분배 개선을 위한 사회보장제도의 확충방안을 검토했다. 조사에 따르면 현재의 시장소득의 분배 상태는 비교적 양호하나 가처분 소득의 분배상황은 매우 취약하다. 그 이유는 사회보장제도가 아직 미흡하고, 특히 공적연금제도의 미성숙과 재분배기능의 취약함에 있다. 교육비와 의료비 같은 사회보장적 성격의 지출이 저소득층에 과중한 부담을 주고 있어 교육기회와 건강수준의 불평등에 영향을 미침으로써 장래에 소득불평등으로 연결되는 악순환을 되풀이할 가능성도 있다. 향후 분배개선을 위해서는 조세제도의 누진성을 강화하는 개혁이 어렵다면 사회보장제도를 확충하는 것이 보다 효과적이다. 장래의 고령화 진전은 사회보장제도의 재분배 기능을 강화시킬 것으로 전망되지만 선진국에 비하면 여전히 분배의 취약성에서 벗어나지 못할 것으로 전망된다(최병호·김태완, 2004).

인간 사회가 존재하기 위해서는 다양한 기능을 수행하기 위한 제도가 필요하다. 사회복지는 상부상조의 기능을 수행하는 제도로 국가와 사회에 따라 약간의 차이가 있다. 복지는 19세기 후반 사회적 제도로서 나타나게 되었다. 오늘날의 사회복지제도는 그것이 인간 삶의 질에 광범위한 영역을 포괄하므로 아주 넓게 추상적으로 정의할 수도 있고, 아주 좁게 구체적으로 정의할 수도 있다.

조직도 구성원의 복지에 대해 관심을 갖고 있다. 복지에는 잔여적 (보충적) 복지와 제도적 복지가 있다. 잔여적 복지는 가족이나 경제라는 두 가지 주요 제도가 제 기능을 수행하지 못해 발생되는 문제점을 해결하기 위한 것으로, 자유방임의 사회철학에 근거하고 있다. 이에 비해 제도적 복지는 현대의 산업사회에 있어 가족과 시장경제제도가 온전히 운영될 수 없기 때문에 사회복지가 사회를 유지하는 데 필수적인 기능 수행을 한다. 현대사회의 개인은 전체 사회구조와 밀접한 연관을 가져 개인이나 가족의 잘잘못에 상관없이 전체 사회의 흐름에 강하게 영향을 받는다. 따라서 개인이 사회복지의 필요성을 절감하는 것은 자연스러운 현상이다.

사회복지라는 제도에는 다양한 전문직이 존재한다. 그중 가장 핵심적인 전문직이라 할 수 있는 사회사업은 미국에서 발전된 개인·

가정·집단·지역사회 등의 문제를 해결하기 위한 전문직을 말한다. 사회복지와 그 성격이 유사하여 흔히 혼동되는 많은 용어와 개념으로는 사회복지, 사회보장, 사회적 서비스, 사회안전망 등이 있다. 이것은 복잡한 현대사회가 얼마나 정교한 제도가 필요한가를 보여준다. 기업이 사회안전망을 확충하는 데 기여하고자 하는 것은 바람직한 일이 아닐 수 없다.

3. 언제나 '인간이 무엇이냐'를 물으라

인간학은 인간의 정신, 인간의 행동, 인간의 삶 등을 중심으로 인간의 본질을 탐구하고자 하는 영역이다. 인간학(anthropology)은 인간을 뜻하는 희랍어 안트로포스(antropos)와 이론을 뜻하는 로고스(logos)를 합한 것이다. 인간학이 학문적으로 관심을 끈 것은 르네상스 인문주의자 오토 카스만(Otto Casmann)이 1596년에 『인간학』을 발표한 데서부터 비롯되었다. 그는 인간학을 '인간의 정신 및 육체적인 이중의 본성에 관한 논의'라고 하였다.

인간학은 세계관과 인생관 형성에 기본 바탕이 된다. 나아가 도덕과 윤리의식 형성의 토대가 되고, 학문과 사회사상 및 사회체제 형성에 기본 방향을 결정해 준다. 현대사회에서는 과학기술을 중시하지만 그것을 만드는 사람도, 그것을 이용하는 사람도 인간이라는 점에서 인간에 대한 보다 올바른 이해가 중요하다. 인간학은 바로 이 점에 초점을 맞추고 있다.

인간학은 고대 의인주의적 인간관을 거쳐 종족 중심의 인간관으로 변모했다. 그 후 고대 그리스 시대에 이르러 데모크리토스에 의해 인간을 우주의 중심으로 삼는 인간관이 등장했다. 이 사상은 "인간은 만물의 척도이다"라고 한 프로타고라스의 소피스트들에 의해 계승되었다.

중세 시대에는 교회가 중심이 되어 신 중심의 인간관이 태동하였다. 하지만 중세 교회의 위상이 추락함과 아울러 인간 중심의 인간관이 등장하였다. 계몽주의와 함께 이성주의 인간관이 강세를 보였다. 근대의 인간학은 기계론적 세계관을 바탕으로 이루어졌으며 유물론과 진화론의 사상들이 결합하여 실증주의 및 합리주의 사상들과 결합하였다. 근대의 인간학은 현대인들에게 높은 편의와 효용을 제공해 주었다. 하지만 그에 못지않게 많은 폐단을 발생시켰다. 현대에 이르러는 보다 다양한 관점의 인간학으로 통합되고 있다. 이른바 통합적 인간관이다.

희랍철학에 있어서 인간학은 이성을 바탕으로 성립되었다. 대부분의 학자들은 합리적 국가 이념은 희랍에서 확립했다고 본다. 이것은 신화적 개념을 탈피했기 때문이다. 합리주의는 인간에 의해서 인간문제를 해결하며 그 타당성을 상실하지 않는 데서 문제를 해결한다. 희랍에서 합리주의를 찾아본다면 그들이 신화개념을 어떻게 극복했는가에 주목할 필요가 있다.

역사적으로 보면 투키디데스(Thucydides)에 의해 합리적 역사이론이 성립되었다. 희랍인들은 정치학 성립 이전에 자연 연구에서 인간의 문제를 살피고, 자연문제가 통용되는 통일 원리를 사회의 로고스 통일 원리로 삼았다. 인간이 자연문제에서 출발하여 통일 원리로 관계를 규명한다는 것은 신화와 정반대된다. 타부·신화·종교와는 다른 양상을 띤다.

　밀레투스(Miletus) 학파에 속한 탈레스(Thales)는 그의 이론이 희랍의 전통에 따라 신화를 초월하는 이론으로 "만물은 신에 충만되어 있다"는 말을 비유적으로 해석한다. 모래 속 쇠가 자석에 의해 움직이듯 만물은 신에 의해 움직인다. 여기에 만물은 신에 충만되므로 살고 있다는 것이다. 아리스토텔레스는 탈레스를 고대 생리학자로 본다. 이것은 그가 신화적 문제에서 출발한 것이 아니라 생물학적인 자연연구에서 출발했음을 지적한 것이다.

　후에 엠페도클레스(Empedocles)는 자연현상을 연구했다. 자연은 두 개의 대립되는 힘, 곧 사랑의 힘과 투쟁의 힘이 있어 이 둘이 때로 투쟁을 하게 되지만 때로 사랑의 힘으로 통일된다. 이 두 힘이 교차되어 자연이 유지된다. 이것은 신화적 표현을 통해 자연을 고찰한 것이다.

　탈레스는 고대 생리학자로 아리스토텔레스에게서 훌륭한 이론으로 인정받았다. 탈레스는 아르케(arche, 始原), 곧 만물이 출발하는 본질적인 근원을 시간적 출발에서 설명하지 않고 제일원리에서 출발하는 논리적 방법을 사용하였다. 그에 따르면 세계는 물에 의해 창조되었다. 그러나 그는 언제부터 물에서 시작했느냐는 시간적 문제는 따지지 않았다. 오히려 물이 만물의 시원이라는 제일원리를 아르케라 본 것이다. 그는 일반적 논리에서 만물을 보았다. 이것은 신화에 의해 만물의 근원을 찾으려 하지 않았음을 의미한다. 그는 자연사상을 통해 인간관계의 통일을 희구했다. 그 후 희랍인들은 신화를 공격하기 시작했다.

　하지만 희랍의 시인이나 신화제작자들은 자기 상상에 따라 신을 만들어냈다. 이 점에 대해 크세노폰(Xenophon)은 "에티오피아 사람들에게 자기들의 신을 만들라 하면 자기들 나름대로의 상상에 따라 얼굴이 검은 신을 만들 것이다. 만일 말과 소가 손을 가지고 신을 만든다면 소는 소 형상의 신을, 말은 말 형상의 신을 만들 것이다" 했다. 이 같은 야유적 표현은 다신론을 공격하고 있어 크세노폰은 최초 일신론자라는 평가를 받고 있다. 최초 일신론은 합리주의, 로고스, 이성주의로의 발전 가능성을 포함하고 있다. 신화에서 말하는 신적인 성격을 근본적으로 부인하고 자연적 해석을 할 때 인간의 합리적 구상인 로고스로 나타나기 때문이다. 자연적 해석을 취하는 헤라클레이토스(Heraclitus)는 활의 현과 거문고의 현과 같은 대립의 조화에서 희랍의 로고스가 성립한다고 본다. 즉, 신화적 요소를 제거하고 인간의 로고스를 통한 인간의 방향을 헤라클레이토스는 말하고 있다.

희랍의 지적 발전에 있어서 소피스트들과 소크라테스가 비록 사상적으로 일치하지 않는다 해도 그 기본적 사유방식에는 완전히 일치한다. 즉, 희랍철학에 있어서 로고스는 근본적 요소를 이루는 인간성에 대해 합리적 이론을 주장한다. 소피스트들이나 소크라테스 모두 여기에서 출발했기 때문에 가장 중요한 점에서 일치한다. 소피스트들과 소크라테스 이후 희랍사상의 대상은 이차적 의미만을 갖는다. 즉, 인간문제를 인간의 로고스에 의해 설명하고 로고스에 의해 해결하고자 조직이론이 발전하게 되면 희랍신화는 이차적인 것이 된다.

희랍의 철학은 소크라테스와 소피스트들에 의해 다른 방향에서 전개된다. 인간은 인간의 중심을 찾아야 한다는 로고스나 자연주의가 중심과제가 된다. 프로타고라스의 "인간은 만물의 척도"라는 희랍의 합리주의는 희랍 로고스의 근본문제를 그대로 나타내고 있다. 이를 계기로 철학은 인간학으로, 우주론과 존재론 또한 인간학으로 변천했다. 철학이 인간학의 철학으로, 희랍의 로고스로 변화했지만 소크라테스와 소피스트들의 목적은 일치한다. 다만 그 수단과 방법이 다를 뿐이다. 그들은 서로 인간을 반대되는 어휘로 표시했다. 즉, 소피스트는 인간을 개인으로, 소크라테스의 보편적 진리의 인간은 픽션에 지나지 않는다. 그들의 관심은 개인이 사는 사회·문화·정치적 삶의 다양성에 있었다. 나쁜 행동을 하는 사람도 있다. 그러나 중요한 것은 인간은 다양하고, 그 다양한 인간들 속에서 기본적인 여러 사회문제를 얼마나 바르게 해결해나갈 수 있느냐 하는 것이다. 여러 모양의 문제를 같이 취급함으로써 옛 관행을 없애고, 옳은 방향에서 기술적으로 통제한다는 것이 소피스트들에게 중요했다. 소피스트들은 인간을 개인화하고 다양한 인간을 기술적으로 통제해 나갈 것을 주장했다.

소크라테스는 어떠했을까? 그는 소피스트들과는 다르다고 말한다. 소크라테스의 제자 플라톤은 자신의 저작 『테아이테토스(Theaitetos)』에서 그 차이를 드러내고 있다(Plato, 2007). 소피스트들과 소크라테스는 다 같이 신화를 인간학으로, 로고스를 확립함에 있어서 크게 공헌을 했지만 인간을 규정하는 문제에 있어서는 수단과 방법이 다름을 전제하였다. 플라톤에 따르면 희랍철학은 두 군대의 대기 상태에서 발전했다. 하나는 소피스트들이고, 다른 하나는 소크라테스다. 소피스트들은 많은 것(多)을 주장하고, 소크라테스는 덕에 대한 통일을 주장했다. 이것이 다를 뿐이라는 것이다. 소피스트들은 유동적인 사상을, 소크라테스는 안정된 사상을 꾀했다. 따라서 소크라테스는 존재의 통일,

사상체계의 통일, 그리고 인간의사의 통일을 바랐다(Xenophon, 1990).

소피스트들은 인간 사회의 다양한 성격을 그대로 인정했지만 인간성이나 인간 행동의 중요성을 등한시했다는 비난을 받았다. 소크라테스는 소피스트들을 보고 인간성이 분산·대립·고립적인 면만 보고 인간의 윤리적 통일성을 무시했다고 비난했다. 그러나 소피스트들은 수학·과학·역사·경제·수사학·언어 등 다양한 인간생활은 학문을 통해 극복해야 하고 이를 통해 문화를 적절히 다룰 수 있다고 주장했다(Dillion & Gergel, 2003).

소크라테스는 백과사전식 지식은 무의미하다고 보았다. 세부적 지식을 무시하고 한 가지만을 따랐다. 언행이 일치되는 인간에게는 덕성이 중요한 것과 같다. 소크라테스는 인간본질에 대한 이해에 있어서 인간이 덕에 도달할 수 있는 기술적 방법을 강조했다. 반면에 세부적 문제를 등한시했다. 소크라테스는 자기가 최종적 지위에 도달하기 위한 방법으로 회의를 중시했다. 그것을 통해 인간은 자각할 수 있기 때문이다. 그는 소피아(지식)와 아레테(덕)는 오로지 하나이며 각종 소피아와 각종 아레테는 있을 수 없다고 보았다.

이와 달리 소피스트들은 계급마다 각기 다른 아레테를 갖는다고 보았다. 즉, 남자는 남자로서의 덕을, 부녀자에게는 부녀자로서의 덕을, 자유인에게는 그에 맞는 덕을, 그리고 노예는 노예로서의 덕을 제각기 갖는다는 것이다. 소피스트들은 이러한 다양한 도덕을 인정하면서 이처럼 나열된 여러 도덕이 하나로 귀일할 수 있느냐며 소크라테스와는 다른 주장을 했다.

소크라테스는 아레테를 하나로 통일 가능하다고 보았다. 이에 반해 소피스트들은 다양한 아레테, 다양한 소피아를 주장한다. 이 주장은 지식의 분화와 다양한 인간을 하나로 모을 수 있느냐 하는 문제의식을 갖게 했다. 또한 이 이론들은 희랍철학의 기본과제인 신화, 로고스 확립에 기여했다. 다만 인간에 대한 해석에 있어서 하나냐, 아니면 여럿이냐 하는 갈림이 있다. 이 대립된 주장은 희랍철학의 주제로 끝나지 않고 정치·경제·문화 등 여러 영역으로 파급된다.

인간학은 인간을 연구 대상으로 하여 '인간이 무엇이냐'를 놓고 탐구한다. 현대 인간학의 문제점은 인간소외 현상, 디지털 혁명 시대의 인간학문제, 인간복제문제, 환경파괴, 놀이 및 소비문화 속의 비인간화 등 다양하다. 다양성 속에서 한 가지 의제로 집약을 해야 한다면 그것은 컴퓨터와 연관된 주제일 것이다. 인터넷 시대에 인간과 기계의 문제는 우리가 풀어가야 할 중요한 의제이기 때문이다.

영국 BBC 방송국은 컴퓨터에 관한 프로그램을 제작하면서 그것에 '세계를 변화시킨 기계'라는 제목을 붙였다. 컴퓨터가 우리가 살고 있는 이 세계를 변화시켰다는 데 착안한 것이다. 우리는 가정이나 직장에서 컴퓨터를 생활화하고 있지만 컴퓨터가 인간에게 과연 무엇인가에 대해서 답하기란 그리 쉽지 않다. 컴퓨터가 인간의 세계를 변화시켰다는 것은 사실이지만 이 변화가 정확히 무엇을 의미하는지, 컴퓨터가 없었던 때의 인간과 오늘날의 인간이 어떤 차이를 갖는지 심각하게 묻지 않았기 때문이다.

인간이 컴퓨터를 통하여 새로운 환경에 처했다면 그 새로운 환경은 구체적으로 무엇을 의미하는지, 컴퓨터와 인간은 어떤 관계를 유지해야 하는지 따져봐야 한다. 많은 사람은 컴퓨터가 가진 무한한 가능성에 의존해 그것을 통해 과거 인간이 이룰 수 없었던 꿈을 이루고자 하는 욕망을 표출하기도 한다. 그러나 컴퓨터에 지나치게 의

존한 나머지 인간이 과거보다 열등한 존재로 전락될 운명에 처하게
되지는 않았는지 생각해볼 필요가 있다. 나아가 컴퓨터로 인해 기계
적 사고가 팽배해 인간의 탁월성을 잃어버리고 비인간화되지는 않
는지, 그로 인한 문제와 대안을 모색하는 작업이 요구된다.

희랍철학에 있어서 정의, 제도 그리고 인간학은 핵심 주제이다.
이것이 현대 조직철학에 주는 의미도 크다. 또한 각 주제에 대해 펼
쳐지는 여러 논지는 우리의 이해를 구하고, 생각을 바꾸게 만든다.

호메로스는 정의를 국가경영에 중요한 개념으로 인정했다. 특히
군주의 권력을 제한하고 여러 추장으로부터 의견을 듣도록 한 것은
소통이 얼마나 중요한가를 보여준다. 공동의 선을 지향하는 것은 이
처럼 지혜가 필요하다. 헤시오도스는 농민의 어려운 점을 참작하여
경제적 평등의 중요성을 부각시켰다. 정의의 문제에서 분배적 정의
가 주요 논제가 된 것은 그의 진보적 생각이 충분히 반영되었다 하
겠다. 조직이 형평성을 따지고, 조직정의를 내세우는 것도 이러한
철학과 맥을 같이한다.

제도는 조직 운영에 필요한 요소다. 국가든 기업이든 제도를 가지
고 조직을 운영하고 있고, 제도가 없다면 운영 자체가 어렵다. 어떤
제도를 만드느냐 하는 것은 그 사회가 처한 상황과 깊게 연관되어
있다. 희랍철학은 현존하는 사회가 정당하냐를 따진다. 그것에 따라
법과 규범을 만들어가기 때문이다. 우리가 합법성을 따지는 것과 마
찬가지다. 희랍철학의 특성은 자연의 질서를 수용한다는 점이다. 선
을 반영하고자 하는 것도 이 때문이다. 현재 우리가 관심을 가지고
있는 사회복지제도도 분배 상태를 개선하고자 하는 의도를 담고 있
다는 점에서 더 깊이 생각해 봐야 할 문제이기도 하다.

인간은 조직의 중요한 구성요소이다. 이들에 대한 관점을 어떻게 가지느냐에 따라 국가경영도, 조직운영도 달라진다. 소피스트들은 인간의 다양성을 인정한 반면 소크라테스는 덕의 실현을 중심으로 한 조직의 안정과 통일을 추구했다. 아레테 문제에 있어서도 소피스트들은 다양한 아레테를, 소크라테스는 하나로 통일된 아레테를 주장했다. 접근방법이 다른 것이다. 모던 시대라면 소크라테스가 더 지지를 얻었겠지만 포스트모던 시대에는 소피스트들이 더 많은 지지를 얻을 수 있다. 희랍 시대에는 아레테가 중요했다면 지금과 같은 인터넷 시대에는 컴퓨터와 관련된 인간의 문제가 도마에 오를 수 있다.

현대 과학이나 경영은 복잡계를 말한다. 복잡계는 현대에만 존재하는 것이 아니다. 어느 시대든 복잡계가 존재한다. 우리는 정의, 제도, 인간학을 통해 희랍의 복잡계를 살펴보았다. 이 주제는 현대에도 그대로 존재한다. 앞으로도 이 문제를 가지고 씨름하게 될 것이다. 우리가 이 시점에 해야 할 것은 과거를 제쳐두지 않는 것이다. 그 속에서 우리가 꺼내 다시금 다듬어야 할 보화들이 상당하기 때문이다. 이것이 바로 이 글이 존재하는 이유가 될 것이다.

제2장

아리스토텔레스는 선 윤리의 실현을 목표로 삼았다

한국은 대선을 치르고 처음으로 여성이 대통령이 되었다. 선거과정에서 여러 후보가 경쟁했다. 정치와 우리 사회에 대한 글을 씀에 있어서 아리스토텔레스를 택한 것은 이번 선거뿐 아니라 여러 선거를 거치면서 정치철학이 빈곤하다는 생각 때문이다. 과거사 들추기, 퍼주기, 흠집 내기 등이 난무하고 정책을 내놓기는 하지만 국정을 어떤 철학으로 운영하겠다는 점은 좀처럼 보기 어렵다. 편 가르기와 들뜸의 정치보다 진지한 사고를 통해 한 시대뿐 아니라 오는 세대에도 무겁게 요청되는 정치철학이 필요하다. 이것이 어디 정치뿐이겠는가. 조직에도 마찬가지로 철학이 필요하다.

아리스토텔레스 당시 아테네도 정치적으로 혼란스러웠다. 하지만 여러 철학자가 나름대로 대안을 제시하였다. 플라톤은 정의가 실현되는 국가를 만드는 데 초점을 맞췄다. 아리스토텔레스는 국민의 행복 향상에 초점을 맞췄다(Bok, 2011; Herman, 2013). 그러나 그가 말하는 행복은 우리가 흔히 말하는 행복이 아니다. 선의 실현을 통

한 행복이다. 그러므로 그의 정치철학은 선의 실현에 있다 해도 과
언이 아니다. 아리스토텔레스의 정치사상에서 거론된 주요 논제를
중심으로 하나씩 점검하고, 그것이 우리 사회의 정치발전에 얼마나
필요한가를 살펴보기로 한다.

1. 각 제도는 윤리 실현에 대한 평가가 따라야 한다

아리스토텔레스의 정치관은 선 윤리의 확고한 실현에 있다. 이것
은 그의 정치나 국가관에서도 뚜렷하다. 윤리가 선과 악에 대해 선
을 확실히 긋는 것이라면 정치에 대한 그의 접근도 명확히 선을 그
은 것으로 볼 수 있다.

정치 제도 연구에서 아리스토텔레스가 플라톤과 크게 다른 점이
있다면 보다 체계적이고 현실적이라는 것이다. 모든 학문은 보다 명
확한 정의를 내림으로써 혼란을 피할 수 있다고 보았다. 이것은 사
회의 제반 영역을 다루는 학문이 그만큼 체계적이어야 한다는 것을
보여준다. 정치도 예외가 아니다.

아리스토텔레스는 당시 200여 개의 헌법을 통달했다. 주로 당시
여러 도시국가의 헌법이지만 그 헌법들에 나타난 사실을 비교 분석
하면서 현실 감각을 키우고 학문적으로 개념을 정립해나갔다. 뚜렷
이 드러나고 합의되는 점들에 대해서는 누구나 쉽게 공식화할 수 있
지만 애매한 부분은 정의를 내리기 어렵다. 그러나 그는 그 부분에
대해서도 나름대로 정의를 내려 동요를 최소화시켰다. 개념에 대한
정의를 내리고, 추론하며 형식화함에 있어서 정치에 대한 그의 접근
방법이 얼마나 체계적이고 현실적인가를 보여준다. 나아가 그가 당

시 정치제도와 학문의 체계화에 얼마나 깊은 관심을 가지고 있었는가를 알 수 있다.

그러나 그의 정치학 방법론도 비판을 피하지 못했다. 학문정의의 필연성을 강조한 아리스토텔레스의 이론은 형식화 경향을 가지며 추론의 한 형태에 불과하다는 것이다. 특히 인간의 심성은 복잡하고, 이 복잡한 심성이 얽힌 사회와 국가를 정의한다는 것은 동태적 다양성을 무시한 형식화에 불과할 수 있다.

이런 비판에도 불구하고 아리스토텔레스는 현실을 분석하고 정의를 내림으로써 정치에 대한 보편적 정의와 개념을 구성하는 데 크게 도움을 주었다는 점은 부인할 수 없다. 그는 사회학적 방법으로 정치현상을 연구한 최초 학자로 평가되고 있다. 그의 방법론이 분석에서 출발한 사회학적 방법에 기여했다고 보기 때문이다. 물론 현대의 시각에서 볼 때 미비한 점은 있다. 하지만 현대와 다른 시대라는 점을 고려한다면 그의 학문적 접근태도는 아주 놀라운 것이 아닐 수 없다. 그래서 그는 정치학뿐 아니라 사회학의 시조라 불린다.

아리스토텔레스의 정치현실에 대한 분석과 평가에 있어서 그는 분석 이상의 목표의식을 가지고 있었다는 점을 간과해서는 안 된다. 분석 그 자체로 끝나지 않는다는 말이다. 그는 정치에 있어서 도덕의 궁극적인 형태(형상)를 파악하는 윤리적인 면을 강조했다. 그는 현실적 관점이 아무리 중요해도 데이터의 수집 정리로 임무를 수행한 것은 아니며 완전한 윤리체계에 비추어 각 제도가 얼마나 가치 있는가를 평가했다. 형상 문제나 가치평가 문제는 서술만으로 부족하며, 국가에 포함된 모든 것은 윤리의 실현을 목적으로 다뤄야 한다고 주장했다. 즉, 목적, 형상, 윤리의 완전한 삼각 체계에 입각해서 다뤄야 한다는 것이다(Guthrie, 2012).

아리스토텔레스의 이러한 방법론은 단순한 양적 접근에 그치는 것이 아니라 질적 접근도 병행되어야 한다는 것을 가르쳐 준다. 정치현실에 대한 연구에 있어서 양적 방법과 질적 방법의 통합은 매우 바람직하다. 그러나 가치중립의 입장에서 볼 때 그의 방법론은 문제가 있을 수 있다. 하지만 그가 우리와 같은 시대를 산다 해도 결코 윤리실현의 가치기준을 버리진 않을 것으로 판단된다(Pigliucci, 2012).

2. 정치는 윤리실현을 목적으로 한다

아리스토텔레스는 군주정치, 민주정치, 귀족정치, 폭군정치, 과두정치, 대중정치(우민정치) 등 여러 정부형태를 비교 분석해, 비교정부의 틀을 마련했다. 그는 현실에 대한 분석과 함께 정치윤리, 정치목적에 따라 각 정부 형태를 연구했다. 그가 이렇게 비교하고 분석한 것은 그의 국가관, 곧 국가는 정의와 윤리를 실현하면서 모든 인간의 행복을 위해 정치를 해야 한다는 뜻이 담겨 있다. 이것은 그가 이 기준을 바탕으로 각 정부를 비교하고 평가했음을 말해 준다.

아리스토텔레스는 플라톤과 같이 정치는 윤리를 실현해야 하며 정치 연구에 있어서도 윤리를 중시해야 한다고 주장했다. 그는 플라톤의 윤리적 전제를 도시국가에 구체적으로 실현하는 방법을 찾고, 이 가치를 실제문제에 결부시키고자 했다.

과연 아리스토텔레스의 현실적 관찰방법, 인간이 그 목적을 실현하는 형식과 방법, 그리고 실제와 이상(이데아)이 국가나 정치에도 적용 가능할까? 이 문제에 있어서 플라톤은 이데아에서 답을 찾는다. 사실 그의 이데아는 개인의 성격을 초월한다. 개인보다 높은 정치 및 국가 생활 차원에서 전망할 때, 곧 인간 각자가 선한 이데아에서 나와 자기 몫을 수행할 때 그 적용이 가능하다. 플라톤에 따르면 이데아 자체는 그것의 개념과 정의 안에서 우러난다. 그러나 아리스토텔레스는 하나의 개념 정의에 의존하지 않고 일반화된 몇 개의 종류를 설정해 답을 찾는다. 플라톤과는 접근방식이 다르다.

아리스토텔레스는 일반화해야 할 몇 개의 종결을 추리하면서 그 기본적 전제를 상부에 있는 유(類)가 아니라 항상 '그 아래로 분해할 수 없는 최하위의 종(atomon-eidos)'에 두었다. 그리고 인간의 기본적 존재도 같은 본질을 가진 인간만이 영구적으로 존재한다고 믿었다. 물론 인간은 생물학적으로 인류라 불릴 수 있다. 그러나 인간은 그것만으로 실제 존재하는 종이라 볼 수는 없다. 그가 말하는 인간의 기본적 존재는 같은 성격을 유지하고 선한 생활과 집단생활은 물론 이성에 따라 모든 문제를 해결하려는 인간이다(양창삼, 1982: 26~27). 물론 그들 중에는 포악한 사람도 있고 성인도 있다. 이런 개인 차이는 우발적이다. 인간이 같은 본질, 같은 성격을 가졌다는 것은 선 생활 지향적, 문제해결 지향적이라는 것이다. 그는 이 방법을 통해 일반화된 인간 존재를 파악했다.

아리스토텔레스에 따르면 일반화된 인간 존재, 기본적 존재는 감각세계를 통해 파악할 때 가능하다(장영란, 2000). 왜 감각일까? 이에 대해선 다소 긴 설명이 필요하다.

우선 그는 인간이 두 가지 요인, 곧 형상과 질료로 구성되어 있다고 보았다. 질료는 물질적 소재로 구성되어 있다. 그러나 질료만으로 인간은 아니다. 인간은 어떤 형상을 갖춰야 한다. 몇 가지 질료와 형상을 구비한 기본적 존재는 감각을 통해 파악이 가능하다. 형상과 질료가 합하여 존재, 곧 실체(ousia)를 이룬다. 이 실체의 범위는 플라톤의 생각처럼 모두 선 이데아 하나로 귀착되는 것이 아니라 모든 것에 선이 분유되어 있고, 이것의 완전성에 따라 파악이 가능하다.

아리스토텔레스는 형상과 질료가 합하여 실체의 범주가 형성될 때 범주가 선 이데아로 귀착되는 것이 아니라 다른 여러 요소가 실체에 결부된다고 보았다. 그는 실체에 부가되는 10개의 범주를 예로 들었다. 10개의 범주란 분량, 성질, 관계, 장소, 시간, 능동, 피동, 위치, 상태, 그리고 실체 등 10가지다. 인간이란 실체를 질료와 형상으로 범주를 이룰 때 장소, 시간 등 여러 범주가 실체에 따라다닌다.

아리스토텔레스의 이 이론은 플라톤의 이데아와 데모크리토스의 유물론을 결부시켜 볼 수 있다. 데모크리토스에 따르면 모든 물건은 질료로 구성된다. 질료는 생의 근원을 이룬다. 밀가루가 빵의 가능태가 되듯 질료는 어떤 것의 가능태가 된다. 가능성이 현실화되었을 때의 형상은 현실태이다. 즉, 형상은 가능태가 현실화된 현실태이다. 운동과 생성이 같은 종에서 같은 종으로 반복하면서 가능태가 현실태로 변하는 것이다.

왜 같은 종에서 같은 종으로 반복하는가? 가능태가 현실태로 되어 반복하는가? 아리스토텔레스는 현실태는 각 실체가 실현하려는 고유목적에서 반복한다고 보았다. 데모크리토스는 기계론적 유물론을 주장했음에 비해 아리스토텔레스는 플라톤의 이데아와 결부시켜 목적론으로 해석했다.

나아가 아리스토텔레스는 목적론 입장에서 4개의 원인설을 주장했다. 그는 원인을 질료인(material cause), 형상인(formal cause), 동력인(moving cause), 그리고 목적인(final cause)으로 구별했다. 목적인은 사물이 지향하는 목표를 가리킨다. 가능태가 현실태로 운동 반복은 목적인에서 반복되며 운동 목적은 추구하는 형상을 이룸에 있다. 이로 보아 목적인, 형상인, 동력인 모두 같다. 질료인은 전혀 형상을 갖지 않는 순수한 제일자료이다. 이렇게 4개의 원인을 규명한 그는 질료는 형상을 갖지 않으므로 규정할 수 없다고 보았다. 질료는 비록 규정할 수 없지만 형상은 생명에서 볼 때 식물·동물·인간처럼 상하질서에 따라 구분이 가능하다(Aristotle, 2009).

하위 질서 차원에서 볼 때 식물이나 동물, 그리고 인간은 영혼의 영양 작용에 의해 서로 질서를 달리하며 운동하고 성장한다. 동물 질서에서는 감각적 운동을 하지만 인간은 감각적 운동과 함께 이성적 운동을 한다. 여기에서 서열이 달라진다. 이 운동의 결과 최후에는 질료를 갖지 않는 순수형상으로 순수 현실태에 도달한다. 그 과정은 감성에서 이성으로, 이성에서 최고 이성으로 변화된다. 최고 이성은 순수 현실태에 도달한 상태이자 신의 상태이다. 그러므로 현실의 성장은 가장 아래로는 영양에서 출발해 감각과 이성의 단계를 거쳐 신의 경지에 도달한다. 여기에서 질료를 갖지 않는 순수형상에 도달한다. 이 경지에서 일체의 가능태 질료는 포함하지 않고 불생불멸한다. 플라톤은 이 상태를 동굴의 수인, 이데아의 영원자라 했고, 아리스토텔레스는 신이라 했다.

감각에 의해 대상을 파악할 때 질료가 필요하지만 인간은 사고할 때 더 이상 질료를 필요로 하지 않는 단계에 도달한다. 이 질료를 필요로 하지 않는 단계가 바로 윤리이며, 이것이 인간의 궁극 목적에 해당한다(Aristotle, 2002). 그러므로 그가 말하는 선 윤리의 실현은 인간이 이성을 통해 불멸의 신성에 참여할 수 있게 하며, 정치는 바로 인간의 요소에 신적 요소를 증진시키는 중요한 방편이 된다. 그는 정치를 통해 최고의 덕을 실현시키고자 했다. 이런 점에서 그가 얼마만큼 정치를 중요하게 평가했는가를 알 수 있다.

아리스토텔레스 당시 정치가 이런 이상을 실현했는가에 대해서는 답하기 어렵다. 그 질문은 현대에 와서도 마찬가지다. 너무 속화되었기 때문이다. 그러나 정치에 대한 철학자의 이상은 매우 높았다는 점은 빼놓을 수 없다. 어느 시대나 정치는 그 이상을 버려서는 안 된다.

3. 인간은 윤리실현을 위한 정치적 동물이다

아리스토텔레스에 따르면 인간은 정치적 동물(politikon zoon)이다. 정치적 동물, 곧 정치적 실체가 10개의 범주와 결부해 발전하면서 가족단위에서 부락으로, 부락에서 도시(polis)공동체로 발전한다. 공동체를 이룬다는 것은 처음부터 그들이 선 이데아를 실현하기 위함이다. 인간이 가족에서 도시국가로 발전해 선 이데아가 실현된다고 본다.

그러나 실제는 10개의 범주로 달리 행동한다. 인간은 여러 조건에서 달성 가능한 행복을 추구한다. 이것을 가능하게 하기 위해 인간은 쾌락, 명예, 부보다 인간 이성, 곧 인간의 탁월한 능력을 통해 행복을 달성하고자 한다.

그에 따르면 인간성 속에는 불합리한 요소가 상당히 내재해 있다. 그 가운데 일부는 이성의 지배를 받고 있지만 다른 일부는 이성의 지배를 받지 않고 있다. 그래서 그는 인간성을 이성의 지배를 받지 않는 불합리한 부분, 이성의 지배를 받지만 불합리한 부분, 그리고 이성적인 부분으로 나누었다.

그는 이 세 부분에 대응하는 세 가지의 탁월성을 들었고, 만일 행복이 온다면 이 세 길을 통해 올 것이라 했다. 세 가지 탁월성은 자연적 탁월성, 도덕적 탁월성 그리고 지적 탁월성을 말한다. 자연적 탁월성은 미모나 영리함 또는 가문 등 각자의 행운이나 요행의 결과로 주어진 소질로, 이성의 지배를 받지 않는 불합리한 부분에 대응하는 개념이다. 이 소질을 가지지 못했다고 해서 우리는 그들의 불운을 책망할 수 없다. 도덕적 탁월성은 도덕적 덕을 예로 들 수 있으며 이는 이성의 지배를 받는 불합리한 부분에 대응하는 개념이다. 그는 도덕으로 올바른 습관을 얻을 수 있으며 통치자들이 시민들로 하여금 선한 습관에 익숙하도록 하는 것이 중요하다고 보았다. 그는 도덕적 논제에서 중용의 윤리를 강조했다. 지적 탁월성은 그가 가장 이상적인 형태로 간주하고 있는 것으로, 지적인 덕을 말한다. 이 덕은 가르침과 꾸준한 성찰에 의해 체득되며, 이 덕은 성찰의 대상에 따라 달라진다. 이 대상은 집안일 수도 있고, 국가일 수도 있고, 자연일 수도 있다. 여러 탁월성 가운데 지적인 탁월성은 질료와 형상이 합하여 인간을 이룬다는 단계를 초월한다. 이 탁월성은 질료를 배제하고 사고를 중시한다(Sabine & Thorson, 1980).

인간은 정치적 동물로서 공동체를 이루며 산다. 인간은 선 이데아를 실현시키기 위해 공동체 속에서 결속한다. 공동체는 윤리적 탁월성을 통해 바른 습관을 만들어가지만 그에 따르면 윤리는 이성과 감각을 결핍한 실천 덕일 뿐이다. 이 점에서 중용에도 한계가 있다. 그래서 그는 모든 사물을 올바르게 판단하고 숭고한 행동을 사려 있게 분배할 줄 아는 참된 의미의 덕과 이성에 의해 판단하고 사려 있는 덕인의 지혜가 필요하다고 말한다.

그러나 현실적으로 볼 때 지적 탁월성에 따른 이상적 상황이 마련되기는 어렵다. 그래서 그는 실현 가능한 차원을 설정했다. 그는 절대적·자연적인 것과, 도덕·법을 구별하고 원에 가까운 덕을 실현 가능한 것으로 보았다. 이성의 차원에서 볼 때 인간의 행위는 절대적일 수 없다. 따라서 넘치는 것과 부족한 것의 중용의 도, 곧 중용의 윤리를 택하는 것이 실제적이다(조요한, 1997).

그가 정치 체제에서 중용을 택한 것도 이와 맥락을 같이한다. 그의 중용이론에 따르면 용기는 무모와 비겁의 중간이다. 그가 도시국가의 합당한 정치체제(polity)를 구상할 때 중산계급에 의해 지배되는 유형을 택했다. 초월과 부족의 중용이 윤리라면 부자나 극빈의 중간인 중산계급에 의한 정체가 바로 중용의 정체이다. 그는 도시국가의 현실을 직시하고 아테네의 혼란을 피하기 위해 두 극단을 피하는 중용 정치 체제를 택함으로써 공동체를 살리고, 정치적 동물인 인간이 이 땅에서 보다 윤리적으로 선한 생활을 할 수 있도록 했다. 그가 인간을 정치적 동물이라 한 것은 윤리실현을 위한 그의 정치적 선택임을 알 수 있다.

4. 국가는 선한 목적을 위해 존재한다

아리스토텔레스에 따르면 모든 국가는 일종의 생활공동체이며 모든 생활공동체는 어떠한 선한 목적을 가지고 성립된다(Aristotle, Politics, 1252a). 국가는 공동체로서 여러 사회 형태 가운데 최고의 종류에 속한다. 인간은 선이 실현되기를 바란다. 그 선을 실현하기 위해 국가는 모든 것을 포괄하는 최고의 질서를 요구할 권리가 있고, 최고의 형태를 유지한다. 그는 국가의 목표를 선에 두고, 선을 통한 국가의 최고 질서를 논함으로써 그의 모든 관념이 선을 중심으로 하고 있음을 확실히 했다. 그의 이와 같은 입장은 국가의 발전과 국가의 성질, 나아가 국가의 현실적 방향을 목적론적 안목에서 바라보려는 것임을 알 수 있다.

국가는 가족에서 출발한다. 종족을 유지하기 위한 자연적 욕망을 따라 남녀가 결합해 가족을 이루듯 다 같이 생존하기 위해 가족들이 자연적으로 결합해 부족을 이룬다. 부족은 최소 욕망보다 더 선한 삶을 유지하기 위해 국가를 이룬다. 이런 결합을 통해 지력을 사용하여 앞을 내다보는 자는 지배자가 되고, 육체로서 그의 예견을 따르는 자는 피지배자가 된다. 가족이 신민이 되고, 국가가 통치자가 되는 것은 자연적 현상이다. 국가는 자연적으로 선 실현을 목적으로 성립된다. 국가를 통해 개인뿐 아니라 국가도 발전한다. 선 실현 여부에 따라 동물과 인간이 구별된다.

아리스토텔레스가 '국가는 자연적으로 선 실현을 목적으로 한다' 할 때 그 자연은 두 가지 의미가 있다. 첫째는 본능적이고 자연적이며 본원적인 의미이고, 둘째는 조화와 합리성의 의미다. 그는 인간이 선을 의도하는 동물인 것과 마찬가지로 국가를 형성하는 데 있어서도 자연적 합리성에 따라 선을 이루려 한다고 보았다. '자연적 합리성'은 두 의미 모두를 포괄한다. 학자에 따라서 이 두 의미는 각자 따로 계승받는다. 자연을 루소(Rousseau)는 원시 상태로서의 자연으로, 로크(J. Locke)는 합리성이 강조된 자연 상태로 규정했다.

아리스토텔레스는 전체의 개념 없이 부분은 무의미하다고 전제하고, 개인은 금수나 신이 아닌 이상 국가라는 전체 속에서 생각해야 자연적이라 주장했다. 그에 따르면 국가는 처음부터 선의 실현을 목적으로 한다. 다시 말하면 국가는 처음부터 개인의 완전한 선을 이루기 위해 존재한다. 개인은 독립되지 않은 국가의 한 부분으로 간주되는 것이다. 모든 부분은 전체에 속한다. 전체 없이 부분은 무의미하다. 개인은 독립되지 않은 개인이어야 자연적으로 국가의 시민이 된다. 개인을 독립된 존재로 간주할 경우 그 개인은 금수 아니면 신이다. 이것을 볼 때 그의 국가이론은 무정부주의가 아님을 알 수 있다.

그는 국가가 처음부터 존재한다고 주장했지만 국가가 개인의 상위라는 주장에는 반대했다. 국가는 개인의 행복을 위해 존재하므로 개인을 무시하지 못하며, 부분의 덕성이 전체의 덕성과 관계되는 것과 마찬가지로 국가는 개인의 발전에 필요한 조직이다.

5. 개인의 재산권 사용은 선 실현을 위해 제한되어야 한다

아리스토텔레스는 경제와 관련해 재산의 본질과 획득방법에 관심을 두었다. 그는 사유재산은 인간생존에 절대 필요하며, 모든 인간에게 재산소유권을 부여해야 한다고 주장했다. 이 모두 선 실현을 가능하게 하는 데 의미가 있기 때문이다.

부란 가사나 국가 운영에 쓰이는 것이므로 선 생활을 목적으로 자연적인 방법을 통해 획득되어야 한다. 재산은 획득 자체를 목적으로 하지 않는다는 말이다. 나아가 그 소유의 크기도 선 생활의 한계를 넘어서는 안 된다. 선 생활에 필요한 재산은 무제한한 것이 아니라는 말이다. 그러나 시민으로서 활동에 부족을 느낄 만큼 불충분한 빈곤도 반대했다. 무제한의 욕망에서 재산을 획득하면 사회혼란을 가져오지만 빈곤도 문제를 야기한다는 것이다. 따라서 개인의 재산권은 선의 활동 한계에서 제한되어야 한다(Meikle, 1997).

그는 재산을 사용할 때 정당한 방법에 따라 사용해야 하며, 부당한 방법에 따라 사용되는 것을 금했다. 신발을 신는 데 사용했다면 이것은 올바른 사용이다. 그러나 그것을 돈이나 다른 욕망을 얻기 위해 교환물로 사용했다면 신발의 본래 목적을 벗어난 행동이므로 타락한 것으로 간주한다. 이것은 그가 상행위를 부정적으로 본 것과 연결된다.

그는 불평등한 사회를 부정한 사회로 간주했다. 그는 부정한 사회를 시정하는 방법으로 수요보충을 들었다. 수요보충은 노동자에 대해서 시간적 여유와 휴식을 제공하고, 시민사회의 목적을 달성하는 기회를 부여하는 것을 말한다.

아리스토텔레스의 불평등 사회이론은 비판을 받았다. 만일 노동자에 수요보충으로 불평등한 조건이 시정되면 누가 생산을 담당할 것인가? 공산국가의 경우 강제노동을 해서라도 메울 것이고, 비공산국가의 경우 먹을 것이 없으면 죽게 될 것이므로 탄광에 가는 것도 주저하지 않을 것이다. 또 그들 모두에게 휴양을 주면 노동생산은 누가 담당하고 누가 해결할 것인가? 아리스토텔레스의 말과 같이 이것이 실업자 문제와 결부되면 간단한 일이 아니다.

아리스토텔레스는 불평등 사회를 질타했지만 정작 노예에 대해선 무관심했다. 그는 노예를 살아 있는 도구로 간주했다. 아테네 시민은 노예에 해당되지 않기 때문이다. 그는 초이성적 입장에서 선 생활을 설명하려 했지만 현대의 시각에서 볼 때 더 풀기 어려운 문제들을 노출시켰다.

아리스토텔레스는 부를 자연적인 부와 비자연적인 부로 구분했다. 자연적인 부는 축산과 농업을 가리키며, 비자연적인 부는 상업, 대금업, 임금노동을 가리킨다. 그는 기본적으로 부의 획득을 승인했다. 그러나 그는 상인의 상업 행위를 비자연적 방식에 의한 부의 획득으로 간주했다. 돈에서 돈이 발생하는 이자(tokos)는 자식이 양친과 한 핏줄임과 같이 원금(toknein)과 같다 볼 수 있을지 모르나 이자가 원금과 같다 할 수 없고, 이자를 도모한 상행위는 시민생활을 저해한다고 보았다.

그가 상업을 비자연적 부라 한 것은 메틱스(Metics)에 대한 그의 질투심도 작용했다. 메틱스는 아테네의 비시민 계급으로, 경제적인 기회에 이끌려 이곳에 온 사람들이다(헌팅턴, 265). 그는 메틱스와 결부되는 비도덕적 상행위를 미워한 나머지 아테네 도시국가 경제를 혼란과 파탄으로 빠뜨렸다고 보고 상인을 천민으로 간주했다. 그는 교환에 따른 부는 비자연적인 부이며 시민의 기능에 부적합하다 했다. 이러한 그의 이론은 아테네의 경제본질을 파악하지 못하고, 경제원칙을 도외시한 것이다.

아리스토텔레스는 노동의 분화를 인정했다. 그러나 그 분화도 선생활에 관련해서 전개되어야 한다고 주장했다. 그는 경제제도와 관련해서 사유재산의 필요성, 부의 획득 그리고 노동의 분할을 인정했지만 그 문제를 현실적으로 적용하기보다 철저히 규범과 결부시켰다. '사유재산의 필요성을 인정하지만 그 재산은 시민생활에 필요한 지식과 도덕을 연마하는 데 사용되어야 한다’, ‘재산의 사용에 일정한 한계가 있고, 시민은 그 규범에 따라야 한다’는 것이다. 그는 재정문제나 과세문제도 언급했는데 재정이론에서 개인의 경제나 국가경제는 소득을 초과해서는 안 된다는 재정균형이론을 내세웠다.

아리스토텔레스에 따르면 질료도 그 목적에 따라 작용되어야 한다. 그는 질료와 형상에서 형상, 이 형상에서 순수한 형상, 곧 질료가 개재되지 않는 이성의 단계, 신의 단계로 나아가는 방법론을 그대로 적용했다. 그는 생명 없는 물질의 획득보다 인간을, 재산보다는 인간의 바람직한 상태를, 노예보다 자유인의 덕성을 택했다.

6. 시민권은 선 실현이 가능한 이성적 인간으로 제한한다

아리스토텔레스는 이상적 국가라면 적당한 수의 인구와 자급자족할 수 있고 시민이 자유로이 여가를 즐길 수 있으며 적의 접근이 어려워 전 영토를 수호하기에 편리한 영토가 있어야 한다고 보았다. 국민과 국토가 있어야 한다는 말이다. 여기서 국민은 시민으로 표현된다.

그에 따르면 국가는 시민의 집단적 구성체이다. 국가는 시민들로 구성된다. 시민은 국가구성체로서 중요한 위치를 차지하고 있다. 시민은 참정권과 행정권과 같은 정치적 권리를 행사한다. 이 점에 대해서는 현대 정치와 다르지 않다.

그러나 시민은 일정한 장소에 거주한다고 해서 아무나 시민이라할 수 없다. 노예, 외국상인, 부녀자, 미성년자는 시민에서 제외된다. 공장의 장이나 노동자들도 마찬가지다. 시민권은 오직 남자 호주로 제한되어 있다.

왜 노예나 부녀자들을 제외시켰을까? 국가는 선의 삶을 이루기 위한 단계인데, 노예나 부녀자들은 불완전한 이성을 가지고 있다고 보았기 때문이다. 나아가 남성 호주로 제한한 것은 그들이 보다 완전한 이성을 가졌다고 보기 때문이다. 진정한 시민이라면 이성적 인간일 필요가 있다는 말이다. 현대 인권 차원에서 볼 때 극심한 차별이 아닐 수 없다.

그에 따르면 시민은 자연적인 자유인이고, 국가는 이성을 발휘하는 진정한 시민을 중심으로 통치되어야 한다. 시민으로 국가의 일원이 되면 지배와 복종 두 가지 면에서 임무를 수행해야 한다. 그러나 노예나 부녀자는 지배와 복종의 덕성을 가질 수 없다고 보았다. 다른 말로 해서 시민은 이념이나 실제에 있어서 선 생활의 이데아를 가져야 하는데 그렇지 못하다는 것이다. 노예나 부녀자가 국가 존립에 필요하지만 꼭 시민이어야 할 필요가 없다는 말이다. 따라서 차별이 있을 수밖에 없다는 논리다. 국가는 오직 선 생활을 이루기 위한 조직체로서 시민은 그 덕성을 실현해야 하며 국가는 이성을 발휘하는 이러한 시민을 중심으로 자급자족의 정신 아래 통치되어야 한다.

아리스토텔레스의 시민권 개념은 비민주적임이 확실하다. 그러나 헌법이론에서 볼 때 시민이 되려면 그 나라 시민의 자녀로 태어나야 한다는 원리를 제시한 것은 상당한 의미가 있다. 그가 말하는 시민은 정치체제에 따라 달라질 수 있다. 예를 들어, 빈민정에서 시민인 자가 과두정에서 시민이 아닐 수 있다. 각국의 정체에 따라 시민을 인정하는 정도가 다르기 때문이다. 하지만 아리스토텔레스의 경우 시민의 덕성이 그 핵심을 이루는 것에는 변함이 없다.

7. 헌법은 선의 실현을 보장한다

아리스토텔레스는 이성적 사회조화를 주장했다. 그는 국가생활을 통해 인간 이성이 실현되는 핵심은 헌법에 있다고 보았다. 그는 국가와 헌법을 동일시했다. 헌법이 국가의 선 실현을 보장하기 때문이다. 시민이 바뀐다 해도 헌법이 같을 경우 국가는 동일한 것으로 간주된다. 헌법은 그 나라의 실재요, 그 나라의 특징과 조건에 따른다. 이것은 몽테스큐나 루소의 이론에서도 찾아볼 수 있다.

특히 헌법은 국가기능이 바로 수행되기 위해 통치기관의 수와 그것의 상호관계를 규정한다. 헌법을 통해 더욱 완전한 덕을 실현함으로써 균형 있는 정부를 유지하게 한다. 나아가 그 국가의 실체와 질료가 선 생활을 목표로 이상화된다. 문제는 이 이상을 어떻게 실현할 것인가 하는 것이다. 헌법은 법률에 의해 정치적 권리와 특권에 대한 분배문제를 규정하고 있다.

국가가 곧 헌법이라는 말은 이상적으로 보인다. 하지만 두 가지 모두 평등하다는 원리에 서야 한다. 헌법 내부에서 규정된 권리와 권력 분배는 목적이 아니라 사실 수단에 불과하다. 국가를 헌법과 동일시하는 것은 헌법 규정을 통해 더 완전한 도덕을 실현할 때 가능하다. 시민은 이런 법을 기꺼이 따라야 한다.

문제는 국가가 어떤 통치제제를 가졌느냐에 따라 법이 바뀔 수 있다는 점이다. 통치자는 법을 바꾸려 들 것이고, 헌법을 바꿀 때 국가도 변화된다. 아리스토텔레스는 한 국가가 다른 정체로 바뀌어 그 헌법을 변화시켰을 때 그와 대치되는 이전 정체의 채무 및 계약불이행에 대해 책임을 지고 안 지고는 문제가 다르다 한다. 이것은 책임에 대한 배임행위를 낳게 된다. 이런 경우 그의 주장은 딜레마에 빠지게 된다.

그러나 이것은 극단적인 경우이다. 그는 국가와 헌법에 관한 주장을 통해 국가이상을 실현하고자 하는 뜻을 변경한 적이 없다. 이 점에서는 일관성이 있다. 자연적이고 정상적인 통치기구라면 선 실현 의지를 가지고 있어야 하고, 이것을 실현해야 한다. 따라서 법질서 확보와 이행은 모든 시민사회에 공통된 것이어야 한다.

8. 정부도 선의 실현을 위해 존재한다

아리스토텔레스에 따르면 인간은 선 생활 실현을 목적으로 삼지만 실제 이것의 실행이 어려우므로 이것의 보다 나은 실행을 위해 균형이 취해진 정부를 유지하는 것이 중요하다. 그가 정부형태에 관한 이론을 제시한 것도 과연 어떤 정부가 이에 보다 적합한가를 따져보기 위한 것이다.

그는 사회 선과 지배자의 선을 구별했다. 사회 선을 추구하는 정부는 전체적으로 보아 바르고 그 수명이 오래가지만 지배자의 선을 추구하는 정부형태는 비교적 잠정적이고 단명한다. 이것은 통치자가 사회 선에 입각한 윤리적인 가치를 가지고 선을 이루어야 한다는 말이다.

하지만 최선의 국가를 실현한다는 것은 결코 쉬운 일이 아니다. 진정한 정치가라면 어떤 정치가 최선인가를 알기 위해 그 국가에 가장 적합한 정부형태를 알아야 하며, 도달할 가능성이 높은 형태를 선택하되 현 제도의 결함에 대해 대안을 발견할 줄 아는 능력을 가지고 있어야 한다(이정복 외, 2008).

그는 통치권이 부여되는 사람들의 수와 통치행위가 지향하는 목적에 따라 정부형태를 구분했다. 그는 통치행위 목적에 중점을 두어 국가를 순수한 형태(pure form)와 타락한 형태(corrupt form)로 구분했다. 순수한 정부는 사회 전체의 선을 목적으로 삼은 정부다. 그러나 전체, 곧 모든 시민을 대상으로 하지 않고 통치권자의 이해만을 목적으로 설립된 정부라면 타락한 정부이다.

통치권이 부여되는 사람들의 수에 따라서도 순수형태와 타락형태는 존재한다. 통치권이 일인(the one)에게 부여된 경우에서 순수형태는 군주정치(royalty)인 반면 타락한 형태는 참주정치(tyranny)이다. 통치권이 소수(the few)에게 부여된 경우에서 순수형태는 귀족정치(aristocracy)인 반면 타락형태는 과두정치(oligarchy)이다. 그리고 통치권이 시민 전체(the whole people)에 부여되는 경우에서 순수형태는 입헌적 민주정치(polity)인 반면 타락형태는 빈민정치(democracy)이다. 그는 순수한 입헌적 통치국가로서 군주정치, 귀족정치, 입헌적 민주정치를 들었고, 이에 대응하는 세 가지 타락한 전제국가로서 참주정치, 과두정치 그리고 빈민정치를 들었다. 그에 따르면 입헌적 통치는 모든 사람에게 선을, 전제정치는 지배계급에게만 이익을 준다(Sabine & Thorson, 1980).

정부형태는 상대적인 숫자만 가지고 그것이 어떤 국가에 속하는지 알 수 없다. 통치자가 권력을 주로 요구하는지, 재산권에 집착하는지 또는 다수의 인간복지에 입각한 통치를 요구하는지에 따라 달라진다.

그에 따르면 국가는 부의 획득이나 단순한 생활유지 또는 계약당사자의 정치적·상업적 이익을 위해 존재하는 것이 아니다. 한정된

계급이나 개인보다 전 국민의 총체적인 덕성(arete)이 우선한다. 이 덕성이야말로 국가의 위대한 자산이다.

그는 여러 정부형태 중 입헌적 민주정치를 선호했다. 모든 시민이 정치에 참여하는 민주주의는 몇 사람이 담당하는 것보다 지식을 중시할 가능성이 있고, 지배자 선택을 좀 더 낫게 할 수 있기 때문이다. 그가 '입헌적' 민주정치를 강조하는 것은 민주정치도 법을 따라야 한다고 보기 때문이다.

아리스토텔레스는 모든 국가는 완전한 도덕을 지향하기 위해 법의 원리를 따라야 하며 어떤 정부형태도 불완전하여 바라는 바를 충족시키기엔 불충분하므로 입헌적 민주정치체제가 현실적이라 보았다. 이것은 그의 중용정치관과 연관되어 있다. 중용정치는 안정과 균형이 취해지는 정부형태이다. 여러 정부형태는 선 실현 목적에 비추어볼 때 완전한 선 실현에는 적합지 않다. 그래도 현실에서 가장 나은 정부형태로 볼 수 있는 것이 바로 중용정치, 곧 입헌적 민주정치라는 것이다.

중용정치체제는 중산층에 의한 권력균형을 본질로 한다. 플라톤은 각자의 능력에 따라 권력을 배분하는 위계(hierarchy)론을 주장했다. 그러나 아리스토텔레스의 경우 모든 계급은 누구나 정치에 참여할 자격을 가진다. 그는 극단을 배격하는 중용정치이론을 강조했다. 극단적 부, 극단적 빈도 정치에 참여할 자격이 있지만 중산층을 중심으로 한 정치체제를 합리적으로 본 것이다. 그렇다고 중산층이 문제가 없는 것은 아니다. 빈과 부를 아우를 중산층이 어디까지나 유지되어야 하지만 중산층은 기회만 있으면 상류층에 의지하려 하며 하향본능은 없다. 그러므로 중산층이 얼마나 건전하게 행동하느냐에 따라 달라질 수 있다.

정부는 선 생활을 위해 존재한다. 선 생활은 상호견제를 통해서 가능하다. 그러나 만일 정부가 계급이익을 본질적으로 해결하지 못할 경우 사회는 싸움터가 될 수밖에 없다. 사회적 해결능력이 없기 때문이다. 심하면 혁명도 일어난다. 따라서 그는 중용정치체제를 통해 사회불안과 혁명을 제거하고자 했다.

아리스토텔레스는 혁명의 원인을 논하면서 모든 분쟁의 원인은 경제에 있다고 보았다. 경제 대립이라는 외적 사실이 사회에 파급되면 인간 정신에도 영향을 주어 혁명의 직접 동기로 작용하게 된다. 외적 사실이 인간 정신에 반영될 때 혁명이 촉발되는 것이다. 외적 대립은 경제적 불평등에서 비롯된다. 따라서 외적 대립을 해소해야 혁명을 방지할 수 있다. 권력이 한 군데로 집중되면 독재가 불가피해 그것이 혁명의 원인이 될 수 있다. 또한 혁명이 발생했을 때는 탄압만으로 그것을 막을 수 없다. 지배자는 구성원 모두의 이익, 곧 공통의 이익을 실현하도록 해야 한다. 그는 이 실현을 위해 모든 계급이 다 이익에 참여하지만 중산층이 중심 역할을 하도록 했다. 나아가 아리스토텔레스는 정치운영을 효과적으로 하기 위해 인재양성, 특히 교육의 필요성을 강조했다. 이 점에서는 플라톤을 계승했다고 볼 수 있다.

9. 한국에서 선의 정치 실현은 가능한가

아리스토텔레스를 가리켜 흔히 '정치학의 아버지'라 부른다. 그는 도시국가 아테네가 영원히 존재할 것이라는 가정 아래 개인, 국가 그리고 정부에 대한 나름대로의 생각을 제시했다. 그는 그리스의 철학자답게 '선(goodness)'을 지향하는 삶의 목표를 가지고 있었다. 그는 개인도 국가도 정부도 선 생활의 실현에 초점을 맞춰야 한다고 주장했다. 선의 실현은 그의 정치적 목표이자 이상이다. 이를 두고 '선 이데올로기'라 비판할 수 있다. 하지만 선을 가치판단의 기준으로 삼았을 뿐 이데올로기로 만들고자 한 것은 아니었다.

지금 한국을 비롯해 여러 나라에서는 정치에 대한 혐오감을 가지고 있다. 특히 부정부패에 대한 혐오감은 아주 높다. 정치인에 대한 기대를 접고 새 정치를 바라는 국민의 마음도 이런 흐름과 다르지 않다. 이 글에서 아리스토텔레스의 정치 논제를 다룬 이유도 여기에 있다. 정치가 보다 달라져야겠다는 생각에서다.

아리스토텔레스의 정치관은 아테네 도시국가를 최선의 현실태로 간주하여 개인의 목적과 국가의 목적은 결국 같을 것이라는 전제 아래 세워진 것이다. 국가는 마땅히 평등한 시민들의 공동체가 되어 최선의 생활을 목표로 완전한 덕을 실현함으로써 행복에 도달할 것으로 믿었다. 선의 실현이 공동체 행복의 기초가 되는 것이다. 법이든, 정치체제든, 그 무엇에서든 선은 마땅히 실현되어야 할 속성이다.

아리스토텔레스의 이런 정치적 사고 모두가 현대에 적합할까? 답은 긍정과 부정 모두를 포함한다. 정치윤리의 실현이 필요한 현실에서 선의 실현은 긍정적인 반응을 얻을 수 있다. 하지만 시대가 다르고 정황이 다르다는 점을 고려할 때 선 실현의 방법에서 상당한 차이가 있을 수 있다. 그의 정치 논제가 보편성을 띤다 할지라도 적용에 있어서는 때로 특수성이 인정되어야 하기 때문이다. 특히 그가 그토록 강조한 시민이나 시민권에 있어서 노예나 부녀자가 제외되고 남자 호주에 한정한 것은 그의 시민권 개념이 비민주적임으로 보여준다. 나아가 상인이나 상업행위를 천시하고 이자행위를 부정적으로 본 것은 비록 그것이 비도덕적 상행위 때문이라고는 하지만 그의 안목이 농업 위주의 사고에 한정되어 있음을 보여준다. 하지만 중용이론에 따라 중산층의 역할을 강조한 것은 주목을 받을 만하다. 비록 그의 이론이 오늘날 심각하게 제기되고 있는 양극화 문제를 해결해줄 수 있는 정답은 아니라 할지라도 엷어지는 중산층 문제를 보다 깊이 있게 다뤄야 할 근거가 될 수 있다.

그의 이론은 현대의 시각에서 여러 모로 재평가되어야 하지만 변함없이 중요한 것은 하나 있다. 선 실현에 대한 그의 강한 의지가 우리 시대에도 필요하다는 점이다. 이 부분만이라도 집요하게 붙들어 정치철학의 새로운 지평을 여는 데 도움을 준다면 더할 나위 없이 좋을 것이다. 앞으로 한국 정치가 급격히 달라지기 어렵다 해도 조금씩 달라진다면 우리가 사는 세상도 그만큼 삶의 의미를 더할 것이다.

아리스토텔레스는 국가를 통해 도덕을 실현함으로써 인간의 행복이 가능하다고 보았다. 이것은 공동체의 행복을 위해선 국가든 개인이든 윤리를 벗어나서는 안 된다는 것이다.

그의 정치적 사고는 현실에서 출발했지만 도덕에 입각해 있었다. 그렇다면 정치 제도가 과연 도덕과 조화될 수 있을까? 아리스토텔레스 당시나 지금이나 현실과 이상은 늘 괴리를 보여 왔기 때문이다. 하지만 그는 둘 사이의 조화를 택했다. 이 점에서 그는 소크라테스나 플라톤을 그대로 답습했다. 그는 개인에서 유출한 도덕이론을 내세워 개인의 도덕이 국가에서 실현될 것을 주장했다. 착한 국가, 선한 개인이 서로 힘을 합쳐 바람직한 삶을 만들어간다. 부분과 전체가 어우러진 삶이다(Fink, 2012). 그는 개인과 사회가 하나의 전체로 선한 삶을 형성할 수 있을 것으로 본 것이다. 이것은 그의 정치적 이상이기도 하지만 현실 정치에서도 실현 가능할 것으로 믿었다. 작금의 한국의 어지러운 정치현실을 보면서도 우리가 그에게 다소 기대를 거는 것은 당시의 그처럼 그 가능성에 조금이라도 기대를 걸고 싶기 때문이다.

그러나 이 기대도 꿈으로 끝날 수 있다. 아리스토텔레스는 그가 사랑한 아테네 도시국가 체제가 영구히 존속한다는 전제 아래 여러 가지 정치적 구상을 제시했다. 그러나 그가 죽은 지 10년도 못 되어 아테네는 멸망하고 말았다. 그는 경제를 말하면서 화폐경제의 본질을 논했으나 그의 정치적 전망과 통찰도 희미해졌다. 그는 우리가 흔히 말하는 데모크라시, 곧 민주주의를 싫어했다. 그 속에는 늘 선동정치가 따랐기 때문이다. 당시 아테네는 민주주의가 약용되어 금권, 폭군 정치화했고, 이로 인해 사회주의에 대한 동경이 일었다. 이것은 중산계급을 중심으로 한 그의 중용정치론도 힘을 쓰지 못했음을 보여준다. 이상과 현실 사이에는 언제나 괴리가 존재한다.

그 괴리의 중심에는 부패와 혼란이 존재한다. 이것들이 정치에 있어서 도덕과 윤리의 실현을 실종하게 만든다. 그러나 정치이론가들은 희망의 끈을 놓지 않는다. 부정과 부패가 난무한 현실정치에 실망하면서도 도덕과 윤리 실현에 기대는 것은 미래에 대한 기대가 크기 때문이다. 아리스토텔레스가 꿈꿔온 정치가 과연 언제 어디서 실현될 수 있을까. 그 실현이 비록 힘들다 해도 그 꿈을 한국을 비롯해 모든 정치에 걸어본다.

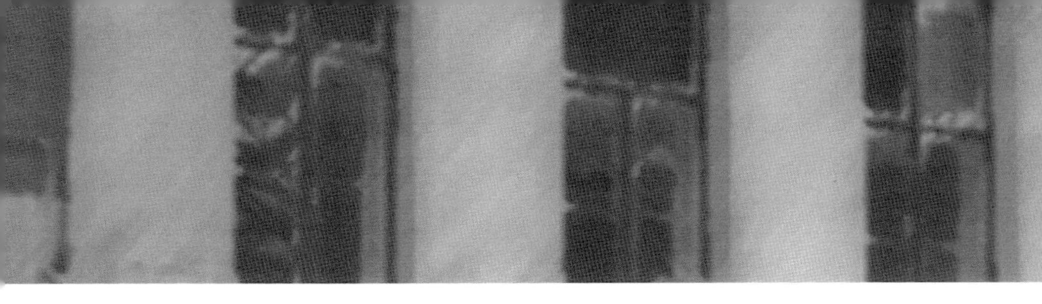

제3장
마키아벨리는 통합지향이었다

이 글은 이탈리아의 통일을 염원했던 마키아벨리의 사상을 통해 그가 국가통일을 이루기 위해 어떤 장애를 극복하고자 했고, 어떤 리더십을 제시했는지 살펴보고자 한다. 이러한 지적 추구과정에서 우리의 남북관계가 비록 분열된 이탈리아의 상황과 다르다 할지라도 통합을 향한 우리의 노력이 어떠해야 하는가를 배울 수 있을 것이다. 나아가 조직이 분열되었을 때 어떤 노력이 필요한가를 알 수 있을 것이다.

1842년 밀라노의 스칼라 극장에서 베르디의 오페라 <나부코(Nabucco)>가 초연되었을 때 공연 중 바빌론에 노예로 끌려간 히브리인들이 머나먼 고향을 그리워하며 부르는 합창이 흘러나왔다. 우리에게 '히브리 노예들의 합창'으로 잘 알려진 제3막의 이 노래는 당시 여러 나라로부터 지배를 받고 있던 이탈리아 사람들의 심금을 울리기에 충분했다. 이탈리아가 통일 된 것은 나부코가 초연되고 거의 30년이 지난 1870년이었다.

로마제국 때문에 이탈리아는 우리에게 강한 국가라는 인상을 심어주기에 충분하다. 이탈리아가 다른 나라들의 지배를 받고 사분오열되었으리라 생각하기조차 어렵다. 그러나 역사는 그렇지 않았다. 로마제국이 동서로 나뉘자 로마는 이른바 바바리안의 침입에 시달렸다. 로마가 불 타고, 사람들은 죽임을 당했다. 옛 로마의 지위는 급격하게 낮아졌다. 476년 서로마제국이 오도아케르에게 멸망한 이래 이탈리아는 줄곧 외세의 지배를 받아 왔고 분열과 대립의 연속이었다. 이탈리아인들은 옛 로마제국의 융성을 꿈꾸며 통일을 갈망해 왔다.

이탈리아 통일은 이탈리아 국민의 소원이었을 뿐 아니라 마키아벨리의 주된 학문 주제였다. 그러나 마키아벨리에 대한 우리의 시각은 그리 곱지 않다. 그는 목적을 위해서는 수단과 방법을 가리지 않는 자로 인식되고, 그런 시각에서 그의 여러 주장마저 왜곡되었다. 그만큼 그에 대한 우리의 시각은 편협하다. 그럼에도 불구하고 통합 지향의 국가경영과 이를 위한 리더십에 끼친 그의 영향은 결코 무시할 수 없다. 그의 주요 사상은 자신의 대표저작인 『군주론』과 『강론(The Discourses on the First Ten Books of Titus Livius)』에 잘 나타나 있다. 그는 이 책을 통해 현실의 문제를 감추기보다 오히려 과감히 드러냄으로써[2] 이를 바탕으로 국가 통합의 길을 모색하였다. 이 같은 마키아벨리의 지적 노력은 국가통합을 위해 어떤 국가경영관과 리더십관을 가지고 있어야

---

2) 『강론』은 중심 테마는 없으나 리비(Livy)의 『로마사(History of Rome)』 첫 10권에 관한 주해서이다. 『군주론』은 『강론』의 골자를 뽑아 젊은 메디치 군주들 가운데 하나인 로렌조(Lorenzo di Piero de Medici)에게 헌정한 종합적인 글이다. 『군주론』은 독창적인 것이 결코 아니나 각 주제에 관한 마키아벨리의 접근방법은 주목을 받았다. 그는 역사가로서 통치자들에 관해 신성함을 애써 나타내 보이려 하는 전통적인 글의 성격을 벗어버리고 도시국가 배후에 있는 권력의 내부적인 모략들을 과감히 들추어냈다(Machiavelli, 1950: XXVi).

하는가를 생각하게 만들었다. 이것은 분단의 한국, 그리고 아직도 이념으로 갈등하고 있는 한국 사회에 어떤 의미를 가져다줄 수 있으리라 믿는다.

1. 국가통합은 현실적이어야 한다

마키아벨리는 무엇보다 교권이 아닌 세속권에 의한 통일과 통합을 갈망했다는 점에서 특색이 있다. 이것은 르네상스의 물결이 얼마나 작용하고 있는가를 보게 한다. 당시는 세속권과 교권이 분리되는 과도기였다. 14세기 말에서 15세기 3, 4분기까지 유럽은 문명이 획기적으로 발전했다. 인쇄술의 발전으로 학문에 대한 관심이 높았고, 아메리카 대륙이 발견되고, 아시아 항로가 열렸다. 상업이 지중해에서 대서양으로 확장되었고, 이탈리아 자치상업도시가 융성해 문화의 선진 역할을 담당했다. 르네상스 문명이 이미 태동해 확장되고 있었지만, 아직도 교권은 살아 있었기 때문에 세속권에 의한 통일은 획기적인 제시라 할 수 있다.

당시 이탈리아는 신흥 상공계급의 발전으로 구제도를 타파하는 과정에 있었다. 상인들은 정치에는 중립이었으나 정치와 경제 세력 틈새에서 자신들의 의견을 조직화하고 반영하지 못하는 갭이 존재했다. 북이탈리아에는 신성로마제국의 호엔슈타우펜(Hohenstaufen) 조가 쇠멸하고 있었으나 대신 정치적 분리 상태가 야기되었다. 마키아벨리 시대에는 나폴리 왕국·밀라노공국·베네치아공국·피렌체공국·교황국가(Papal State) 등 다섯으로 분리되어 있었다. 그중 피렌체 공국은 1512년에 일단 중단되었으나 금권정치로서 새로운 중앙집권체제를 수립했다. 종교분쟁 후에도 교황은 중앙집권 정책을 사용해 이탈리아에서 강력한 국가로 나타났다. 교황은 외부세력을 이용한 중앙집권체제로 이탈리아 지배에 유일한 최고 지배체로서 희망을 가지고 있었다. 그러나 교황에 의해 통일되지는 못했다. 통일세력이 없는 때에 당시의 강국인 프랑스·스페인·독일의 침략을 받았고, 이에 폭군들이 맞서 싸우다 희생을 당했다. 일반 사람들은 교황을 중심으로 통일을 주장했으나 마키아벨리는 교황에 의한 통일을 반대하고 세속권에 의한 통일을 구상했다.

세속권에 의한 통일은 그의 현실주의적 입장을 대변한다. 당시 마키아벨리와 토머스 모어는 동기는 서로 다르지만 매우 관심을 끄는 학자였다. 마키아벨리는 현실에서, 토머스 모어는 현실에 대한 폐해를 느끼고 공상적 유토피아를 그렸고 여기서 공산주의를 주창하는 철저한 이상주의를 이룬다. 비록 토머스 모어가 추앙을 받기는 했지만 후세 사람들은 마키아벨리에게 경쟁적으로 더 큰 찬사를 보냈다. 이 두 르네상스 시대의 인물들은 서로 대조를 이룬다는 점에서 흥미있는 연구대상이 되고 있다. 모어는 경건한 설교가로서 인도주의자들 사이에 지도적 인물이었다면 마키아벨리는 빈틈없는 철학가요, 국가 문제에 대한 관찰자로서 세계를 현실주의에 입각해서 실질적으로 바라보았다. 정치가들과 세계지도자들은 수세기 동안 마키아벨리의 실질적이고 현명한 권고를 따랐으며, 덕을 내세우는 토머스 모어를 적잖이 찬탄했다. 참다운 삶의 철학을 추구하는 사람이라면 이 두 르네상스 지식인들의 사상을 어떻게 잘 종합할 수 있을까 노력할 것이다.

마키아벨리는 공직에 임명되고 그의 지위가 보다 확고해지면서 현실주의적 입장을 드러냈다. 이로 인해 그는 정부 및 인간 문제에 대해 통찰력이 있는 학자로서 두각을 나타냈다는 평가를 받았다(Machiavelli, 1965: I, 116). 정치사적으로 볼 때 그는 처음으로 자신의 이론을 시민계급의 입장에서 제시한 인물이라는 특색을 가지고 있다. 정치와 종교, 정치와 윤리를 구별하고 있으나 그의 이론은 기본적으로 근대 시민의 소리로 인정을 받았다. 그에 대한 우리의 부정적 인식과는 달리 그는 충분한 교양과 비판정신을 가지고 있었다.

일찍이 로마교황청이 세속권력에까지 확대운동을 하다 교황이 교체되면서 그 활동범위가 교회로만 축소되었다. 이에 마키아벨리는 교황에 반대하는 보르쟈(Cesare Borgia)의 굳은 의지와 수단을 가리지 않는 성격을 존경했다. 그는 시·서한문·연극·역사 등 여러 글을 썼고(Machiavelli, 1950: XXVi). 여기에서 그는 모범적 군주로 보르쟈를 상정했다. 보르쟈는 금력과 지능과 기술을 통해 목적을 달성하려 했던 인물이었다. 마키아벨리는 보르쟈가 비록 실패를 하기는 했지만 그것은 우연한 실패이며 이탈리아 통일 가능성이 있다고 보았다.

마키아벨리는 속권의 확립을 위해 리더십의 가치와 그 가능성에서 이론을 착안했으며, 성공에 필요한 기술을 강조했다. 즉, 그는 리더십의 기술적 전략성에 주목했다. 당시 이탈리아는 통일을 위해 외국의 간섭을 배제하는 운동이 일었다. 대내적으로는 지배자끼리 싸우고 용병대끼리 대립했다. 따라서 마키아벨리는 이 무정부 상태(anarchy)를 제거해야 한다고 생각했다. 국가권력의 대립은 국가를 부패시킨다. 이 부패를 제거하기 위해 그는 통일이라는 목적을 세웠다. 이 목적을 달성하기 위해서는 외국의 간섭을 배제하면서 상인·

귀족·용병대장 등 집권자의 권력대립으로 인한 불안한 사태를 일소할 수 있는 리더십이 필요하다고 보았다. 그는 용병제도를 없애고 강력히 훈련된 충성스러운 군대조직을 갖춰야 한다고 주장했다. 그가 시민 병 제도를 건의한 것은 이 때문이다. 피렌체는 이 제도를 채택하기는 했지만 자금 부족으로 힘을 갖지 못했다.

2. 균형을 취할 때 안정을 유지할 수 있다

『군주론』을 쓴 마키아벨리는 이 책 덕분에 군주론자로 알려져 있지만 『강론』을 통해 공화론자로서의 면모를 선보였다. 마키아벨리 사후에 출간된 이 책의 핵심적인 질문은 "무엇이 로마 공화정으로 하여금 위대한 제국을 건설토록 하였는가?"다. 마키아벨리는 인민이 국가를 직접 통치했기 때문에 그 국가는 매우 짧은 시간에 거대하게 성장하고 위대함을 성취할 수 있었다고 설명한다(마키아벨리, 2003). 학자들은 『군주론』은 메디치 군주의 환심을 사기 위해 저술된 것으로 보고, 『강론』은 마키아벨리 본래의 사상(공화주의)을 대변하는 것으로 보고 있다. 마키아벨리의 두 얼굴을 이해하기 위해 두 책을 면밀하게 살펴볼 필요가 있다.

루소는 『군주론』과 『강론』, 이 두 저서가 그 내용과 이념이 상반되어 있음을 지적했으며 마키아벨리를 민주주의자로 해석했다. 그러나 이 두 책은 같은 문제를 취급하고 있다. 즉, 국가의 흥망과 정치가가 국가를 영구히 보존하는 방법을 논했다. 이 점에서 두 저술은 통일된다. 하지만 그에 대한 우리의 생각은 군주정치와 공화정 사이에 그가 과연 어떤 위치에 섰는가 하는 점에서 혼돈을 갖게 된다. 그는 『군주론』에서 군주절대정치를 변호했다. 이것은 피렌체에서 스페인으로 쫓겨나 다시 스페인 군을 이끌고 다시 정권을 장악한 메디치가의 환심을 사기 위한 것이었다. 그러나 『강론』에서는 공화정을 주장하였다. 그렇다면 그는 군주정치와 공화정 사이에 어느 편에 섰을까?

메디치 집권 후 마키아벨리는 정치범으로 몰려 투옥되지만 친구의 힘으로 나와 산 카시치아노(San Casiciano) 농장에 들어가 낮에는 일하고 밤에는 궁정 옷을 입고 집필에 몰두했다. 그는 여기서 자기가 입은 옛 궁정 옷에서 암시를 받으며 문예부흥시대에 옛 이념을 소생시키는 표현을 했다. 당시 옛 로마 시대 소녀시체에서 옛날 옷에 관한 이야기가 있었다. 이것을 소설화하는 것은 문예부흥의 단적인 표현이다. 마키아벨리는 메디치가 자기를 비록 투옥하기는 했지만 이탈리아 통일을 위해서는 메디치도 좋다는 헌사를 붙였다.

마키아벨리는 『강론』에서 로마공화국이 확대되는 역사를 서술하고, 로마교황 중심에서 확대하여 세계통일 문제를 취급했다. 그는 여기에서 로마공화국의 자유와 자치를 찬양했다. 그는 이 책에서 절대군주제를 언급하지는 않았다. 그러나 국가의 덕은 법의 우월성을 인정하는 것이며 법의 전제 아래 시민의 덕(civic virtue)을 세우는 것으로 보았다. 군주는 기본원칙 아래 법을 제정하며 군주도 입법자 모두 이 법에 규제되어야 한다. 법 아래 다수 인간이 참여하는 공화국체제는 정치가 안정되어 있고, 선거로 지배자를 선출하며, 자유로운 동의와 지배자 선출로 공공복지의 달성이 가능해진다. 이것은 부패되지 않은 민족도덕과 군주도덕을 비교해볼 때 부패하지 않은 민족도덕에 의한 공화체제가 군주체제보다 좋다고 주장했다. 『강론』에서 그는 자유와 법에 의한 정부이론을 주장했다. 민주성격을 군주론보다 높게 평가한 마키아벨리의 『강론』을 볼 때 그의 이론이 기회주의만이 그의 이론이 아니라고 루소나 해링턴(J. Harrington)은 절찬했다.

공화국 정부를 이처럼 찬양한 그가 『군주론』에서 군주 정부를 주창한 것은 그가 귀족주의와 귀족의 부패에 반발하여 귀족은 중산계급의 이익에 배치되며 군주정치 활동에 장애가 된다고 보았기 때문이다. 그는 귀족을 시민정부의 적으로 묘사했다. 그는 귀족에 대한 반감에서 군주정치를 강조했다. 그는 "보르자는 도둑질하는 귀족보다는 낫다. 보르자는 목적달성을 위해 노력한다"며 보르자에서 보통 군주가 갖지 않는 식견과 적극성을 찾았다.

그러나 그는 귀족에게 반감을 갖는 동시에 용병제를 배척했다. 고용된 귀족은 주인과도 싸운다고 하면서 시민병 제도를 구상했다. 프랑스에 충성하는 군대는 바로 시민병이라고 지적했다. 이 제안을 피렌체가 실시하고자 했으나 재정난으로 중단되었다. 그는 시민병 제도에 대해 보다 구체적인 안을 제시했다. 17~40세까지 군사로 동원하고 이를 핵심으로 국가권력을 확대한다. 그리고 공화주의, 민족주의로 이탈리아를 통일한다.

마키아벨리는 국가의 3가지 근본적 지주로서 종교·법률·병제를 들었다. 지배자는 종교를 좌우할 수 있으며, 법률은 만능의 권한이 부여되어야 하며, 이를 수행하기 위한 무기가 필요한데 이것은 시민병제로 이룰 수 있다는 것이다. 그의 이런 3지주의 상대적 정립은 이탈리아 통일 과정에 제시되었다. 그러나 이 모든 시도는 민족통일을 위한 모험적·능동적 세력을 이상화한 것으로 끝이 났다. 결국 그의 사상은 르네상스에서 출발된 개인을 자연주의에 부각시킨 감상으로 평가받고, 『군주론』 결론 부분에서 볼 수 있듯이 그는 이탈리아의 폭정 메디치 집안을 가상해 이탈리아 통일군주의 출현을 희망하는 선으로 자신의 생각을 제한시켰다는 아쉬움을 남긴다. 그의 민주·민족·군주주의는 그의 이론체계 중 정확한 계획이 아니라 당시 역사에 대한 자기의 감상을 표시한 것이다. 그는 프랑스나 스페인 같은 민족 통일국가를 바라고 있었지만 이탈리아 통일에 구체적 방안을 제시하지는 않았고, 국가의 번영과 행복을 원했지만 민족국가의 전망에 구체안을 제시하지 않았다. 민족적 국가관에 따른 정책보다 국가행복과 국가번영을 위한 추상이 크다. 그의 민족주의는 다만 로마제국화되는(고대로의 발견) 장면을 회상한 것이다. 『군주론』에는 민족국가의 시민, 민족국가로의 방안에 대해서는 언급하지 않았으며, 메디치 군주에 대한 피상적인 권고를 담고 있다.

마키아벨리는 결국 군주론과 공화론이 존재하는 혼합정부 형태를 시인한 결과를 가져왔다. 그 이유에 대해 여러 해석이 가능하지만 무엇보다 정치적 균형을 모색한 것으로 판단된다. 인간은 언제나 그들 희망이 달성되지 못할 때는 무지에서 나오는 오류를 범할 수 있으며, 서로 상반된 이해가 균형을 가지면 사회가 안정을 유지할 수 있다. 마키아벨리에 따르면 로마가 강화된 것은 귀족과 평민의 대립이 불균형을 초래했고, 지배자는 강력한 권력을 가지고 이 난폭한 세력 대립을 외국정복으로 전환시켜 강대국이 되고자 하는 꿈을 낳는다. 이러한 현상은 마키아벨리뿐 아니라 현대 정치에서도 볼 수 있다. 국가는 평민이나 귀족 어느 쪽에 치우치지 않고 이 대립을 이용해 균형시킴으로써 권력을 강화한다. 이 점은 마키아벨리가 투키디데스(Thucydides)의 혼합정부론, 혼합헌법이론을 그대로 답습한 것에서 나타난다. 그가 절대군주제(despotism)를 택한 이유도 있다. 낙후성 탈피를 위해 군주술책과 권모술수이론이 필요하다. 그 과정에서 민주정치도 가능하다.

3. 정치와 도덕을 분리하라

마키아벨리는 최초로 정치와 도덕을 분리시켰다. 그는 『군주론』과 『강론』을 통해 정치와 도덕(종교윤리)을 분리시켜 정치는 실력과 기술에 입각해야 한다고 했다. 이 두 책에 차이점이 있다면 『강론』에서 공화국 정치론은 부패한 이탈리아에는 불합리하다고 한 점이다. 마키아벨리는 공화제와 군주론에는 다 장단점을 가지고 있으나 정치는 그 자체가 목적이므로 이 목적을 위해 국가는 강력한 수단과 방법으로 세력을 확장하여 정치 행위를 해야 하며, 성공을 거두기 위해 도덕을 결부시켜서는 안 되고, 실패하면 죄악이라 주장했다. 전략적 측면에서 정치의 수단과 방법, 그리고 권력을 강조한 것이다. 그의 정치와 도덕의 분리는 정치와 도덕을 연결시키려는 오늘날의 흐름과는 차이가 있다.

마키아벨리가 도덕적으로 문제가 많은 이탈리아를 해결하기 위해 도덕보다 정치를 택한 것은 그의 현실주의적 관점과도 연관된다. 당시 이탈리아는 제도적으로 붕괴 상태에 있었다. 이탈리아는 유럽 제일의 지식과 미술품을 소유했고, 한편 폭군들의 분립으로부터 해방되고 있어서 권력과 관계없이 이지적이고 실제적인 삶을 누릴 수 있었다. 학문·미술·문화는 발달했지만 정치적으로나 도덕적으로 부패했다. 공공기관의 붕괴마저 염려할 정도였다. 중세교회 이념과 제국이념은 사라지고 어떤 새로운 목적 없이 잔인과 살육이 자행되어 이런 사회에서 도덕실현 주장은 미친 사람의 말에 불과했다. 오직 실력과 기술, 곧 통일된 리더십만 이를 규제할 수 있었다. 변칙과 기이한 일들이 성행했다. 아리스토텔레스가 일찍이 "인간이 법과 정의에서 떠나면 인간은 동물 가운데 가장 나쁜 동물이다"라 한 말이 적용되는 사회가 바로 당시의 이탈리아였을 것이라는 지적도 있다. 마키아벨리는 이러한 현실과 불합리를 타개하기 위해 정치를 택했다. 문제를 정치에 의존한 것은 인간의 힘에 의존했다는 것을 의미한다. 이 사실은 마키아벨리가 당시 르네상스 기류를 잘 파악하고 있었고, 또 시민의 소리를 처음으로 대변한 것으로 평가되고 있다.

　정치는 권력 확대와 유지를 궁극 목적으로 하며 그 성공 여하에 따라 평가된다. 마키아벨리는 종교사상, 곧 기독교의 공적을 인정하면서도 종교는 인간을 비남성적이고 유약하게 만들었다고 공박했다. 리더가 종교·법률·기타 정책에서 필요에 따라 취하는 덕을 개인과 비교해서는 안 된다고 보았다. 모든 인간, 여러 민족은 기독교이념을 중심으로 유대를 가져야 한다는 중세 교회사상에 칼을 찌른 것이 마키아벨리의 권력이념이었다. 이 점에 대해 트뢸치는 당시 교회윤리는 중세의 가톨릭적인 것이든 근대의 프로테스탄트적인 것이든 모두 세속적 국가통치에 개입하겠다는 의지를 가지고 있었고, 또한 모든 정치는 최고의 종교목표에 봉사해야 한다고 생각했다. 그런데 이 봉사가 마키아벨리의 이론에 의해 완전히 위험 상태에 빠진 것이다. 마키아벨리즘은 종교이념과 대립되고 일반 인간들의 본능적 반응에 의해 비난을 받게 되었다. 그럼에도 불구하고 마키아벨리의 자연주의·실리추구·권력 장악을 달성하기 위해 내용적으로 차용하는 단계를 이룬 것이 일반적이었다.

마키아벨리가 도덕을 배제한 정치이론을 주장했지만 결코 무도덕은 아니다. 정치의 목적을 지나치게 강조하다 보니 그렇게 보일 뿐이다. 이는 정치행위를 주장한 것에 불과하며 무도덕이론은 아니라는 말이다. 일반적으로 정치적 행위는 권력을 중심으로 전개된다. 그러나 정치 현실에서 권력의 획득과 유지를 위해 힘의 원리가 작용하고 있다고 해도 공자는 그것을 정치해석의 중심에 놓지 않았다. 공자는 정치와 윤리를 함께 보았는데 '정치는 바로잡는 것(政者正也)'이라고 규정한 것이 대표적인 예이다. 이 때문에 공자는 위정자는 도덕성과 문화적 소양, 지식을 크게 중시했다. 뒤집어 보면 공자 당시에 권력을 가진 자들의 부패상이 그만큼 심각했음을 알려주는 것이기도 하다. 이런 점에서 보면 예나 지금이나 크게 다를 것이 없다. 위정자의 도덕성은 아무리 강조해도 지나치지 않는다. 어떤 이는 이런 태도가 우리의 정치현실에 맞지 않는다고 한다. 어느 누가 그런 잣대에서 벗어날 수 있느냐는 것이다. 그러나 그런 말은 위정자의 비도덕성을 인정하라는 말이나 다름이 없다. 마키아벨리는 정치권력이 지향하고 바탕을 두어야 할 것을 강조한 것이지 도덕을 무시한 것은 결코 아니다. 그는 권력에 입각하여 기본 문제를 다뤘다. 홉스(T. Hobbes)는 "인간은 사회계약으로 지배권을 이양해야 하며 국가권력의 정당성은 개인의 생명을 보장하는 데 있다"고 주장했다(Hobbes, 1982). 그러나 홉스 자신은 사회계약설을 믿지 않는다. 이와 마찬가지로 마키아벨리도 힘으로 부패를 눌러야 한다는 권력이론을 주장했다.

정치와 도덕의 분리는 과연 도덕에 대한 무관심(moral indifference)인가? 결코 그렇지 않다. 홉스에 따르면 정치와 도덕 분리의 진정한

뜻은 과학을 정치에서 분리시키는 것과 같다. 마키아벨리의 기회주의는 나쁘다는 평을 들었지만 르네상스 조류를 타온 그의 이론은 사실 희랍 이념에서 체계화된 것이다. 그는 아리스토텔레스에 조예가 깊었다. 아리스토텔레스는 그의 『정치학』에서 "국가는 인간의 결사 중 최고의 형태이다. 따라서 개인의 선악관에 좌우되어서는 안 된다. 그 이유는 국가가 있어야 인간이 행복해지기 때문이다. 국가가 최고의 것이라면 도덕을 중시해야 하며 국가 이성은 모든 개인의 의무와 도덕, 사회와 별개로 구분하여 생각해야 한다"고 주장했다. 국가를 인간 전체 행복의 불가결한 형태로 간주한 것이다.

마키아벨리는 아리스토텔레스를 비롯해 희랍의 소피스트 이념에 영향을 받았다. 소피스트 이념에 따르면 인간은 이기적(selfish) 동물이다. 그는 이 이념에 따라 자신의 생각을 새롭게 정립하면서 정치체제의 경우 개인의 물질에 대한 욕망을 조절하는 방법을 연구했다. 국가는 이기적 집결체인 인간을 통제하는 방법을 사용하되 이해관계에서 충돌이 있으면 인간지식을 최대로 이용해야 한다는 것이다.

마키아벨리에 따르면 지배자는 도덕을 떠나 목적수행이 가능하다. 그러나 도덕적으로 부패하면 선한 정부는 불가능하다. 그는 이 점을 『강론』에서 명확히 했다. 스위스같이 도덕적으로 부패되지 않은 나라에서는 공화국이 가능하나 이탈리아에서는 불가능하다고 본 것도 이 때문이다. 이탈리아의 정치는 종교와 도덕을 실현치 못하고 있기 때문에 실력을 존중하는 기술적 정치를 우선 강조한 것이다. 병사가 사기와 총으로 전쟁을 하는 것같이 지배자는 모든 역량을 발휘하여 목적을 달성한다. 힘을 다해 권력 활동을 하면 그것은 선한 활동이 된다. 개인은 공평성 여하에 따라 사회로부터 도덕성을 판단받지만 지배자는 개인과 달리 현실적 입장에서 목적달성을 위해 정치권력을 행사한다.

이런 마키아벨리 이론을 놓고 후세학자들은 최초의 과학적 방법의 정치이론이라고 주장하는 학자도 있고 마키아벨리는 단순히 목적에만 관심을 두고 있기 때문에 정확한 의미에서 과학적이 아니라는 주장도 있다. 과학적이 되려면 정치가의 조건과 행동에 대한 경험적 태도가 표시되어야 하는데 그것이 없다는 것이다. 그는 일반원칙에 의한 경험적 귀납이 아니라 인간은 이기적으로 목적을 위해 수단을 가릴 필요가 없다고 하는 상식에 입각했다. 자네(P. Janet)는 그의 이론이 경험이론이 아니며 비속적·피상적(vernacular) 이론이라고 지적했다. 마키아벨리는 역사적 방법을 창조한 학자라고 하지만 그는 인성을 동일한 것으로 보았고, 시대나 지역의 특성을 고려하지 않은 채 인성의 다양성을 무시했다는 것이다. 이런 점에서 역사적 방법 창조에는 미치지 못한다는 평가를 받았다. 이런 관점에서 보면 그의 이론은 비체계적인 것처럼 보인다. 정치철학보다는 자기가 주장하는 원리를 상식론에서 규정함으로써 과학적 귀납법으로 체계화하지 못했다는 평가를 받은 것도 이 때문이다. 그의 이론은 토마스 홉스에 의해 보다 정교하게 체계화된다.

4. 보편적 이기주의를 극복하라

국가통치에 대한 마키아벨리의 사상 속에는 인간의 본성이 이기적이고 탐욕적이라는 전제가 깔려 있다(Sabine, 1959). 그는 인간을 '보편적 이기주의(universal egoism)'에 종속된 존재로 규정하고, 국가가 성공하려면 절대권을 통해서라도 이를 통제할 필요가 있다고 주장했다. 특히 부패된 사회의 이기적 인간을 격파하기 위해 1인 입법자에 의존해야 하며 그가 법률을 제정하여 백성을 규제해야 한다고 보았다. 그는 입법이론에서 도덕, 사회, 기타 전체 포괄적 구조를 지배할 행위 담당자, 즉 지배자에게 무제한의 권력행위를 허용하도록 했다. 이 지배자는 구체적인 신체제 원리에 입각해야 한다. 즉, 인성은 이기적이므로 법률만으로는 무슨 일을 할지 모르니 지배자에게 강력한 권력을 허용해야 한다는 것이다. 그에 따르면 개인은 약하고 이기적이어서 상호 간에 침범을 조절하지 못하므로 이를 보호하기 위해 국가가 성립되었다. 국가는 인성의 공격적이고 획득적인 약점을 막기 위해 강해야 한다. 인간은 대개 약해서 현명한 지배자의 정책과 기술이 강하면 복종으로 이끌어낼 수 있다. 이것은 르네상스에 의해 재발견된 인간을 심리적으로 고찰한 피상적 관찰이다. 성공적인 정부는 법을 통해 통치한다.

마키아벨리는 인간이 보편적 이기주의를 가졌음을 설명하기 위해 극단적인 예를 들었다. 즉, 재산상속을 얻으려면 자기 아버지를 죽여야 한다. 이 일은 개인의 도덕으로는 상상할 수 없지만 정치가의 경우 이 일이 비도덕적이라 할지라도 목적이 달성되면 용인되는 것이라는 것이다. 당시 이탈리아에서는 강력한 절대군주가 있어야 보편적 이기주의를 극복할 수 있다고 믿었다. 여기서 마키아벨리는 로마공화국을 찬양하고 절대군주제를 찬성했다. 이탈리아는 부패하고 개인의 도덕이 상실되어 공화정은 불가능하다. 국민이 조잡하고 평화를 파괴하기 때문이다. 그가 독일 일부나 스위스에서나 공화정이 가능하다고 한 것은 나라 사이에 민도가 다름을 인정했기 때문이다.

마키아벨리는 보편적 이기주의를 극복하기 위해 덕(virtu), 운명(fortuna),

필요(necessita)라는 개념을 제시했다. 입법자는 새로운 덕을 제공한다. 이것은 16세기 이탈리아의 폭군정치, 부패상을 반영하여 지배자에게 절대 권력이 필요함을 시사했다. 이기적 인간이 공공복지를 위한 노력이 있다 하더라도 언제 다시 악으로 바꾸어질지 모른다. 이것이 인간의 피치 못할 운명이다. 이를 덕화시키기 위해 르네상스의 항구적 인간, 곧 자연주의적 입장에서 운명적 인간을 분석했다. 필요는 위의 극단적인 예와 같은 정치수단에서 찾아볼 수 있다. 이는 당시 이탈리아 사정을 보여준 것이며 이때는 절대권력, 절대군주만이 통일의 첩경을 이룬다고 간주했다. 인간은 남의 이해관계를 용인할 때 덕을 시행한다. 군주론 과정에서 덕은 제2급 지위를 소유한다. 덕은 지배자의 통치로 그 항구성을 유지할 수 있다. 이것은 그의 이론이 보편적 이기주의에서 출발했음을 보여준다.

마키아벨리는 공적인 인간행동과 사적인 인간행동을 구별했다. 통치자는 법률권 밖에 산다. 따라서 법률에 도덕을 반영할 수도 있고 안 할 수도 있다. 통치자는 법과 도덕의 권외에서 절대권위를 소유한다. 그러나 정치가의 공사행동은 구별해야 한다. 군주는 국가안정 여부에 따라 정치적 성공 여부가 결정된다. 정치적 목적을 달성할 필요에 따라 그 수단으로서 살인·독살·음모 등 비도덕적 행위도 인정된다. 필요는 법을 무시한다는 이론에 도달하게 되는 것이다. 그는 이 이론을 다음과 같이 표현한다.

"군주는 어떻게 하면 악을 행할 수 있는가를 알아야 한다. 악을 이용하면서도 때에 따라 이것을 이용하지 않을 줄도 알아야 한다. 군주는 여론에 예민하고, 경제에 대해 인색하며 방편에 따라서는 잔인할 것을 권고받는다. 이렇게 해서 좋은 결과가 나타날 때에 한하여 그는 옳은 것이다. 모든 방법을 다해 명예와 실리를 취해야 한다.”

이것은 마키아벨리의 사상을 간단히 나타낸 것으로 힘은 정의이고, 목적을 위해 어떤 수단도 동원할 수 있으며, 필요에 따라서는 법도 무시될 수 있다는 것을 단적으로 표시한 것이다. 마키아벨리의 입법에 관한 정의는 홉스에 의해 보다 체계화되었다. 그러나 마키아벨리의 군주론에 있어서 군주의 성격을 나타내는 그의 주장에 다소 혼동이 있다. 그는 책략에 의해 모든 도덕사회가 안정되면 공화정부에서 필연적으로 자유가 달성되어야 한다는 주장이 그것이다. 그는 국가체제의 필요에 따른 기술을 언급하면서 군주가 국가를 창조하고 평화를 유지하기 위해서는 독살·살인·음모의 방법을 사용해야 한다는 것을 인정했다. 그는 이런 근거에 의해 군주에 의한 전제통치를 주장했다. 그러나 통치임무가 달성되면 그 체제는 의미를 상실한다. 하지만 그에 따르면 절대군주제는 인간이 보편적 이기주의를 가진 이상 항구적으로 필요한 정치도구이다. 우리는 여기서 마키아벨리는 혁명론과 정부론에 혼동과 모순, 그리고 대립을 발견할 수 있다. 홉스는 사회계약에 의한 질서 확립의 근본목적이 정부 확립 후에도 통치자의 이성에 의해 질서유지가 가능하다고 봄으로써 마키아벨리의 이론을 극복했다.

5. 국가에도 경영과 리더십이 필요하다

현대 리더십 이론에서 볼 때 부정적 인간관은 바람직하지 못한 리더십을 낳게 된다. 그러나 마키아벨리가 실제 국가 리더십에서 주장하는 내용은 우리의 상상을 뛰어넘는다. 마키아벨리에 대한 비판은 여러 각도에서 가해지지만 리더십에 관한 몇몇 주장은 현대 국가경영에도 좋은 영향을 주고 있다. 『군주론』과 『강론』을 통해 나타난 대표적인 국가 경영사상을 살펴보면 다음과 같다.

첫째, 집단승인에 대한 신뢰이다. 마키아벨리는 군주정치든, 귀족정치든, 민주정치든 간에 모든 정부가 지속적으로 유지되려면 대중의 지지가 필요하다는 논지를 전개했다. 군주들은 권력을 찬탈하거나 물려받을 수 있기는 하지만 국가를 견고하게 장악하기 위해서는 어떻게 하든지 백성들로부터 인정을 받아야 한다. 나아가 그는 만약 한 군주가 귀족적인 신분이라는 것을 내세워 권력을 얻을 것인가, 아니면 백성들을 통해서 권력을 얻을 것인가, 이 두 가지 중에서 어느 것을 택할 수 있다면 그는 단연코 후자를 택해야 한다고 주장했다(Jay, 1967: 36~37). 이 같은 주장은 권한은 '위에서 아래로'가 아니라 '아래에서 위로' 흐른다는 권한의 수용이론(the acceptance theory of authority)의 원천이 되고 있다. 이 이론을 20세기에 시작된 것으로 믿는 현대인들에게 있어서 마키아벨리의 주장은 놀라운 것이 아닐 수 없다.

둘째, 결속의 중요성이다. 마키아벨리가 주장하는 다른 여러 원칙과 마찬가지로 조직에 있어서 결속의 원칙은 국가의 계속적인 생존 능력을 확고하게 만들어준다. 그는 결속의 원칙을 통해서 한 군주가 유기적인 집합체를 유지하는 데 있어서 가장 효과적인 방도는 동료들을 확고히 장악하는 데 있음을 강조했다. 이를 위해 군주는 동료들의 거동을 예의 주시하고 그들을 이용하기 위해 회유해야만 한다. 외국 영토를 통치하기 위해서 그는 군주가 강력한 통제권을 행사할 수 있는 점령 지역에 기거할 것을 권하고 있다. 조직의 결속 문제에 있어서 결정적인 요소는 백성들이 군주에 대해 기대할 수 있는 바와 군주가 백성에게 기대하는바, 곧 명확한 책임의 원리를 확실히 알도록 하는 것이다. 아무런 법도 없이 이 정책에서 저 정책으로 우유부단하게 조변석개하는 군주는 국가 전체의 사기를 떨어뜨린다(Jay, 225). 백성은 죄를 범했을 경우 어떤 처벌을 받게 되는가를 정확히 알아야 할 뿐 아니라 다른 갸륵한 행동을 했다고 해서 처벌을 피할 수 없다는 것도 알아야 한다. 죄를 범한 사람은 그가 이전에 세운 공적에 관계없이 응징되어야 한다(Jay, 181).

셋째, 리더의 역할이다. 마키아벨리는 두 가지 형태의 지도자에 대해서 언급하고 있다. 하나는 선천적으로 타고난 지도자이며, 다른 하나는 후천적으로 가꾸어진 지도자이다. 그가 『군주론』을 쓴 가장 큰 목적은 젊은 군주로 하여금 리더십 기술을 습득하는 데 도움을 주기 위한 것이다. 마키아벨리는 권력을 물려받은 형태의 왕이나 군주들이 통치자로서 실패를 하는 이유는 그들이 가지고 있는 기본적인 인성에 위대한 지도자로서의 카리스마적 영기가 부족하기 때문임을 자주 언급했다. 이것은 리더십 훈련에 관계없이 일부 사람들은 능력 있는 지도자가 되기 위해 필요한 개인적 속성이 결핍되어 있을 것으로 추정하고 있는 것이다. 이를 위해 후천적 노력이 중요함을 강조한다.

이를 위해 그가 강조하는 여러 사항은 현대에도 아주 유효하다. 그에 따르면 군주는 스스로 모범을 보임으로써 자기 사람들로 하여금 더 큰 성취를 향해 나아가도록 생기를 불어넣어 주는 데 최선의 노력을 해야 한다. 특히 자기 나라가 적군으로부터 침략을 받았을 경우 군주는 백성들의 힘을 북돋아 주어야 한다. 포위 공격을 당했을 때 백성들은 군주의 보이지 않는 지도력에 힘입어 싸우고 방어할 준비를 하게 된다(Jay, 41). 적의 어설픈 실수로 승리한 군은 다음 싸움에서 고배를 들 위험이 있으므로 평소 철저히 대비한다. 다소 인간관계에 관한 조언자처럼 말하는 마키아벨리는 군주로 하여금 모든 집단에 관심을 갖도록 하며 그들과 종종 자리를 같이하여 그들에게 자기의 인간성과 도량을 보여주되 어느 경우에라도 실수해서는 안 될 것은 군주로서의 위엄과 품위를 지키는 것이다(Jay, 85)고 했다. 좋은 지도자가 되기 위해서 군주는 유능한 인재를 등용해 그 공적을 충분히 포상할 줄 알아야 한다. 군주는 도시와 국가를 개선하는 데 공을 세운 사람들에게 보상과 인센티브 등을 제공해야 한다. 군주는 백성들에게 그들의 재산이 부당하게 착취당하지는 않을 것임을 보장해줌으로써 백성들로 하여금 그들의 직업과 소명을 능력껏 최대한도로 발휘할 수 있도록 고무시켜 주어야 한다(Jay, 54).

좋은 군주는 사태와 사람들을 지혜롭게 돌아보아 이 두 가지가 자기 목적을 위해 유용하게 사용될 수 있도록 해야 한다. 기회가 생겼을 때 군주는 결코 비열한 방법이 아니라 대부분 성공한 지도자들이 취한 방법을 배워 기회를 선용할 줄 알아야 한다. 또한 그는 시기의 흐름을 잘 파악하여 이에 적응할 수 있어야 한다고 주장했다(Jay, 14). 그는 자기에게 충성하는 사람과 자기의 이익만을 추구하는 사람을 구별할 수 있을 만큼 총명해야 한다. 어떤 인물을 평가할 때 가장 간단하고 확실한 방법은 그가 어떤 사람과 사귀는지 보는 것이다. 군주는 이 두 부류의 사람을 파악하고 그들을 활용해 이익을 가져올 수 있게 해야 한다(Jay, 37).

넷째, 생존의지의 중요성이다. 어떤 조직이든 그 주요 목적의 하나는 조직 자체의 생존이라고 마키아벨리는 생각했다. 정부 조직, 교회 단체 그리고 기업 모두는 자체 영속을 추구한다. 따라서 군주는 로마 인들과 마찬가지로 아직 수습 가능성이 있을 때 소요를 진압하기 위해서 소요에 대해서 항상 경계를 늦추지 않아야 한다. 나라의 생존이 위태로워졌을 때 군주는 필요한 경우 가혹한 제재를 취해도 요구되는 덕행을 중지하는 일이, 그리고 그 자신을 속박했던 논거가 더 이상 존재하지 않아 그 약속을 깨뜨리는 일이 정당화된다(Jay, 64).

마키아벨리의 리더십은 기업들을 위해서라기보다 성공적인 국가경영을 위한 관리지침에 해당한다. 그러나 합의에 기반을 둔 원칙, 결속의 원칙, 리더십 원칙 그리고 생존의지 원칙 등은 조직화하려는 모든 노력에 기본이 되는 근본적인 사항들이기 때문에 현대 기업에도 중요한 제안이 되기에 충분하다. 그는 군주들, 곧 당대의 국가경영자들이 살아남기 위해 효과적으로 적용해야 할 것은 바로 경영관리라는 개념을 심어주었다는 점에서 경영사 측면에서도 의미가 있다.

6. 국가이성을 확립하라

마키아벨리의 사상은 피렌체의 정치생활에서 비로소 근대적 정치의식이 성립했음을 알려주었다. 그리고 중산계급의 등장, 유럽사회의 모델을 제공했다는 점에서 시대적인 전환을 가져왔다. 피렌체에서 자본주의 초기적 경향이 뚜렷이 나타났다. 상인(mercantores)에 의해 경제적 실권이 장악되었다. 그들은 외국과 무역하여 부를 축적하고 이를 배경으로 하부의 길드를 압박했다. 대상인이 정치적 전권정치를 실현한 곳이 피렌체다. 그들은 국가방비증력이 없고 정치적 권력의 배후 조정자로 이윤을 위한 개인적 자유를 추구했다. 국가에서의 자유를 추구했고, 국가의 정권 담당자로서 나타나지 않는 국가와 경제의 분리 상태에서 체제가 이루어졌다. 이 부유계급은 경제적으로 큰 상인을 등장시키고 정치적으로 절대주의국가를 방치하는 상태를 초래했다. 로마교황청은 경제적 변천에 호응하여 복식부기를 채택했다. 상인들의 경제활동을 모방한다면 르네상스기의 이탈리아는 금전과 관련되었다. 교회는 축재(cumulare pecuias)를 승인했다.

중산계급의 새로운 문명은 이후 17세기 영국혁명·프랑스대혁명·파시스트 사회주의에 이반하여 독재정권 수립·바이마르 헌법·히틀러의 반동 등 유럽의 역사변천에 기틀을 마련했다. 그들의 주심원은 경제적 계급을 중심으로 그리는 시대전환이다. 새로 발견된 개인이 새로운 자연을 이용하게 된 것이다. 인간은 자연현상을 합리적으로 알게 되고, 합리적으로 지배하게 되어 정치·경제 면에 그대로 운용되었고, 현실적 입장에서 상인이 금권을 확립했다.

알프레드 마틴(A. Martin)에 따르면 모든 문명의 역사는 사회관계의 설명이다. 따라서 근대로의 이념·역사·사상도 사회적 맥락에서 이뤄졌다고 주장한다. 역사적 근대국가로의 전환에 있어서 영구히 계속되는 규범이 있다고 볼 수 있다. 고대 예술품, 인간의 이념은 사회적 관계와 관계없이 정당성을 갖는다. 헤겔은 절대정신이라는 표현으로 이를 극단으로 강조하며 사회적 조건과 영구존속의 이념 요소를 결부시켜 해석하였다. 민족국가의 등장을 설명할 때 고대의 이념에 의해 정당화할 수 있는 이론도 상상이 가능하다. 사회적 맥락으로 민족국가 형성, 장래를 위한 이론의 체계도 가능하다. 마키아벨리는 자연주의에 입각하여 정치와 기술을 배합하였다.

당시 과학자 레오나르도 다빈치는 자연과 응용과학을 결부시킨 학자이다. 기계의 발명을 예로 보아 15세기에는 철제기술이 발달하여 무기제조에 응용되었다. 생산증가에도 적용되어 방적기가 만들어졌다. 시계·컴퍼스·해측기 등의 발명은 식민지 발견에 박차를 가했다. 유럽 전체적으로 상인시대를 출현시켰다. 상인은 중세 말엽 13~14세기에서 16세기에 이르는 동안 외국과 무역을 하되 상인들의 사적 주도권을 가지고 상행위를 했다. 16세기 말에 상행위에 정부주도권으로 대치되었다. 국가가 상업활동에 간섭하게 된 것이다. 그 극단이 17세기 프랑스 재상 콜베르(Colbert)의 중상정책(Colbertism)으로 나타났다. 그들의 경제활동과 기계발달은 점차 아메리카와 동양출로의 발견과 더불어 그 관심이 이탈리아와 남부 독일에서 대서양으로 옮겨갔다. 이것은 민족국가의 등장과 병행되었다.

자연법론에서 국가의 과업을 따로 설정하는 바와 같이 마키아벨리는 국가이성(raison d'Etat)의 이념 정립에 큰 공헌을 했다. 국가이성이란 국가를 보존하고 그 힘을 증대시키기 위해 정치가가 따라야 할 통치원리이며, 그 기준은 통치목적이 무엇인가에 따라 달라진다(곽차섭, 1994: 224). 그는 창조적 능력과 기동적 능력에 의해 국가를 이끌어간다는 점을 강조했다. 이 주장은 자연주의 사상을 계승하고 보편주의를 탈피한 것으로 평가를 받았다. 군주, 즉 국가의 도덕이 아닌 이기적 술책을 주장한 마키아벨리는 사실 도덕과 종교를 전혀 무시한 것은 아니다. 당시 사회의 부패상으로 인해 극단론을 주장했을 뿐이다. 그에 따르면 자연적 공격, 획득 본성으로 투쟁적인 사회가 출현했다. 군주의 권모술수로 덕을 항구적으로 유지한다.

마키아벨리는 국가이성에 대해서 처음으로 고찰했고, 정치현실을 경험적·현실적 의의에서 고찰했다는 점에서 높은 평가를 받는다. 특히 그는 군주론에서 '주권(sovereignty)'이라는 용어를 최초로 사용하였다. 후엔 셰익스피어가 이 단어를 작품에서 사용해 널리 보급되었다. 나아가 그는 주권적 정치제 개념을 규정했다. 국가는 유기적 세력(organic force)을 가지고 있고 그 영토에서 최고라는 주권개념을 명시해 국가권력을 확대했다. 그는 의식적으로 정치권력의 본질을 구별하여 근대사에 큰 영향을 주었다. 근대정치제도에 있어서 개인 권리 의무는 국가이익에서 규정해야 하며 이 임무를 국가가 맡은 한 국가는 강력한 통일과 안정이 있어야 한다는 원리를 제공했다.

이를 위해 국가는 때로 권력을 행사한다. 개인이나 집단에 의한 폭력은 불법적이다. 하지만 국가가 공공의 목적을 위한 수단으로 폭력을 사용할 때는 공권력이란 이름으로 정당화된다. 이런 폭력적 기반이 없다면 국가 질서는 존재할 수 없다. 이런 면에서 마키아벨리는 르네상스기 이탈리아의 인문주의 전통을 충실하게 계승하면서도, 권력 조직체로서의 국가 조직에 대한 현실적 논의를 전개한 정치 사상가였다. 마키아벨리에게 국가란 윤리적으로 이상화된 공동체라기보다는 변혁을 효과적으로 추진할 수 있는 정치 조직이었다. 마키아벨리가 더욱 중요한 것은 그의 정치사상이 당시 스페인과 프랑스에서 싹트기 시작한 근대국가의 출현과 맞물려 정치 현실에 영향을 미쳤다는 점이다(박상섭, 2003).

한 인간에 대한 몰이해, 내면과 사상을 무시한 편식된 이해는 "마키아벨리의 인생은 그의 사후(死後)에 새로 시작됐다"는 말로 함축된다. 마키아벨리즘은 그동안 정치목적을 위해 반도덕·반종교적 수단마저 가리지 않는 권모술수로 받아들여져 왔다. 나나미는 마키아벨리에 대한 비판과 옹호의 양극을 거부한다. 그에게 있어 마키아벨리 사상의 독창성은 정치와 윤리를 분리한 데 있고, 그것을 부정하는 것은 옳고 그름의 문제가 아닌 선택의 문제가 된다(나나미, 2003). 그 시대상황에 대한 이해 없이 그를 단죄하는 것은 또 다른 우를 범할 수 있다.

그럼에도 불구하고 마키아벨리의 사상은 근대사에서 하나의 불가해(enigma)한 학설로 이해되고 있다. 그는 자신의 저작을 통해 때로는 체계가 없다 할 만큼 그의 욕망을 아낌없이 표현했다. 그는 냉정한 애국심, 열렬한 민족주의, 민족적인 신념을 드러내기도 하고 심지어 전제정치를 수용하기도 했다. 그의 이론은 경험적인 관찰에서 나왔지만 일반화하거나 체계화시키지는 못했다. 그는 광범한 관찰 결과 정치·정치기술·저작 면을 너무 강조했고, 정치에서 경제·사회·종교 등 기초적인 문제와의 관련을 등한시했다는 평가를 받았다. 이것은 정치란 모름지기 이 기초적인 문제와 관련시켜야지 단순히 정치적 기술만으로는 안 된다는 것을 일깨워준다.

그가 로마공화국을 찬양했음에도 불구하고 군주제를 중시한 점은 비판이 있을 수 있다. 인간이 가지고 있는 보편적 이기주의를 고려한다면 때에 따라서는 혼합형태의 다스림도 필요할 수 있다. 그러나 어떤 형태의 통치든 도덕과 이성이 무시되어서는 안 된다. 마키아벨리도 결코 도덕과 이성을 무시하지 않았다. 정치의 실현을 위해 그 위엄이 가려졌을 뿐이다. 도덕을 버리는 일은 국가가 지녀야 할 태도가 아니다. 어떤 면에서 도덕 수행이 국가의 기동력이 될 수 있고, 국가의 목적이 되기 때문이다.

마키아벨리는 도덕·경제·종교 등 여러 요소도 정치가가 국가이익으로 전환시킬 수 있는 세력으로 보았다. 따라서 정치는 경제·사회·종교 등 제 조건을 기반으로 해서 국가의 여러 문제를 해결해야 한다. 이를 위해 그는 국가이성을 강조했다. 이것은 16세기 유럽 정치사에서 그가 국가의 본질적 속성 가운데 중요한 국가이성을 강조했다는 점에서 특이하다. 만일 그가 종교개혁 이후 군주론을 썼다면 자연히 국가권력과 종교개혁 문제가 복잡하게 되어 정치와 종교, 정치와 도덕을 분리시켰을지 그렇게 하지 않았을지 의문을 남기고 있다. 그러나 세월이 흘러가면서 마키아벨리가 도덕적으로 불미스러운 명성을 얻게 되었다는 것은 유감스러운 일이다. 셰익스피어와 여러 극작가는 마키아벨리를 탐욕스럽고 흉계가 있으며 무도한 성격의 전형으로 묘사했다. 그래서 마키아벨리라는 그의 이름은 지금도 일반인들에게 악의에 찬 심술로 통하고 있다.

마키아벨리는 분열된 조국에 대해 아픔을 가진 인물이었고, 통합을 이루기 위해 정치지도자가 지향해야 할 바를 실제적으로 적시했으며, 무엇보다 인간의 만연한 이기심과 부패 앞에서 국가와 지도자가 어떻게 해야 하는가를 가르쳐주었다. 국가경영과 리더십 측면에서도 그가 새롭게 조명될 이유가 바로 여기에 있다. 그는 지금도 풀리지 않은 보편적 이기주의 문제에 대해 우리의 깊은 성찰이 필요함을 말하고 있다.

제4장

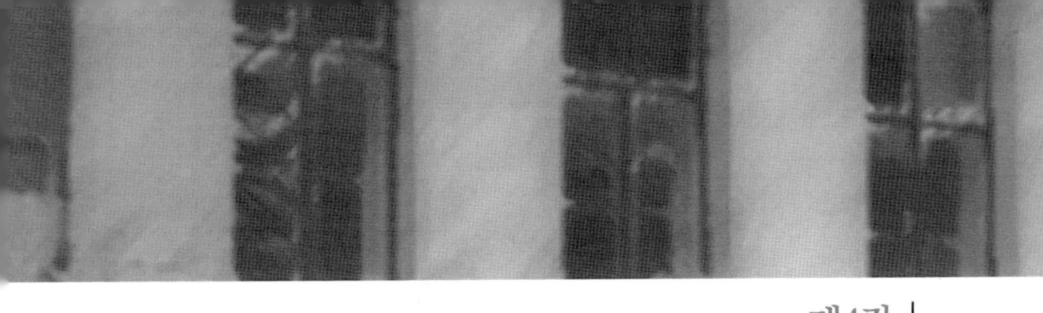

칸트, 아들러와 융, 그리고 뒤르켐의 인간관을 다시 본다

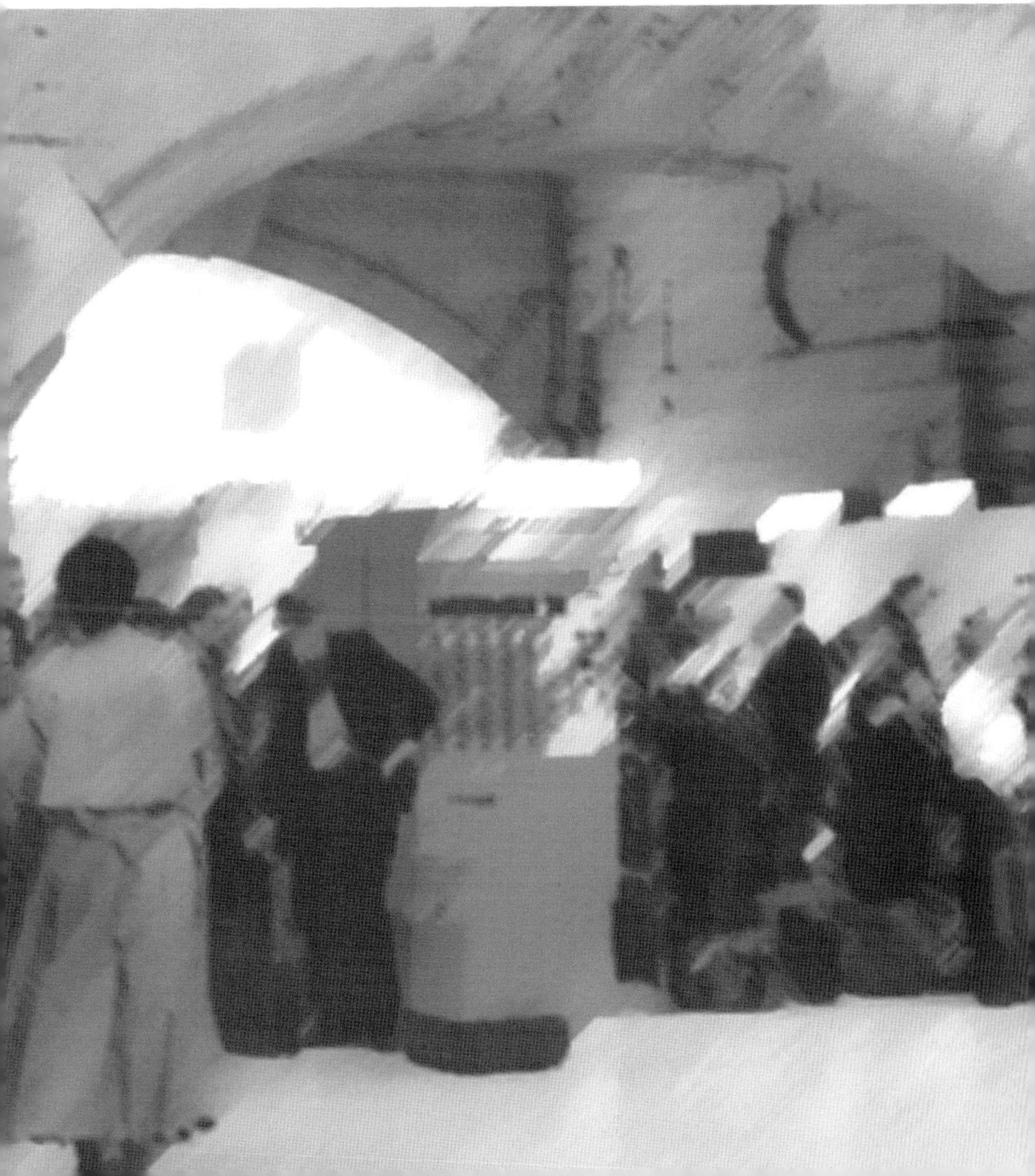

그동안 인간에 대한 인식은 철학의 주요 관심사가 되어왔다. 그러나 그 관심은 심리학, 사회학, 경영학, 종교학, 문화인류학, 생물학 등 다양한 영역으로 확대되었다. 따라서 인간론이 철학의 전유물인 시대는 지났다 해도 과언이 아니다.

이 글에서는 그 영역을 철학·심리학·사회학의 영역에 한정시키고자 하며 그 가운데서도 인간이 사회적 영향을 받는다고 주장하는 이론가들의 주장을 다시 살펴 그것이 이 시대를 살아가는 사람들에게 주는 의미, 그리고 그 이론들의 한계와 우리가 극복해야 할 과제를 함께 다루고자 한다. 철학자로는 칸트(I. Kant), 심리학자로는 아들러(A. Adler)와 융(C. Jung), 그리고 사회학자로는 뒤르켐(E. Durkheim)을 택했다. 그들 모두 인간에 대한 사회의 역할에 관심이 컸고, 인간의 자율성 문제에 대해서도 적지 않은 관심을 보여주었다는 점에서 공통된다.

문제는 인간을 강제하는 사회구조와 그것을 벗어나 자유의지·자유선택·자기결정권을 가지고 삶을 풀어가려는 인간의 욕구가 동시에 공존할 수 있을까 하는 것이다. 이 논문은 바로 이런 관심에서 비롯되었고, 이 문제를 풀어갈 수 있는 한 가닥의 실마리를 이들로부터 얻고자 한 것이다. 이 문제는 과거뿐 아니라 현대사회에 이르기까지 우리가 풀어가야 할 중요한 문제이다. 물론 이들로부터 완전한 해답을 구하기는 어렵다. 하지만 그들이 제시하는 이론과 그 이론들이 가지고 있는 한계를 따져보면 우리가 극복해야 할 과제가 무엇인가 하는 것은 더욱 확실해질 것이다.

우리는 복잡한 사회 속에 살고 있다. 구조주의 학자들은 사회를 구조로 간주하고, 구조들 사이에 일반적 동형이 있음을 보며, 때로 사회구조를 동형의 논리구조로 파악하고자 한다. 그리고 보편적 동형논리에 따라 한 집단의 현상을 그 집단의 다른 현상과 동일시하는 우를 범한다. 사회는 때론 개인의 창의적 의지나 주동적 의식을 제거하려고 한다. 사회가 폐쇄적일수록 더욱 그 성향은 높아진다. 우리는 인간의 주체성, 곧 역사창조의 주역임을 거부하려는 어떤 움직임에도 반대할 것이다. 부분보다 전체를 우선한 나머지 개인을 기계화 내지 도구화되는 일도 간과할 수 없다. 우리는 개인과 사회가 균형 있게 발전하고 조화로운 관계 속에서 더욱 성숙해지는 것을 바란다. 이것이 바로 이 논문이 추구하는 바다.

1. 칸트, 인간은 자율적 존재이다

칸트가 자신의 저서 『인간학』에 '실용적 견지에서'라는 부제를 달았을 때 인간에 대한 그의 관심은 이미 일상적이고 구체적인 인간을 경험적으로 다루고자 했음을 알 수 있다. 여기서 인간학은 인간 과학이기도 하고 인간 철학이기도 하다(김두헌, 47). 그는 자유롭게 행동하는 인간 자체에 대해 체계적인 지식을 얻고자 했고, 이것은 '인간지(Menschenkenntnis)'로 구체화되었다.

그의 인간지는 뇌의 신경 구조를 따져 기억력의 기초를 밝혀내는 이론이 아니고 기억을 방해하거나 돕는 사실의 근원을 알아내 보다 실제적인 효과를 얻고자 했다. 인간지에 대한 그의 이론은 교제·여행·세계사·전기·연극·소설 등을 보조수단으로 동원했다는 점에서 '세상지(Weltkenntnis)'라 말하기도 한다. 그러므로 그의 세상지도 이론적·자연적 소산에 관한 지식 추구가 아니라 세계인(Weltbürger)으로서 인간 지식 추구이다. 따라서 세상을 알고(kennen) 이해한다는 면보다는 세상을 갖고(haben) 인간과 더불어 생활한다는 데 중점을 두고 있다(Kant, 1922: 4).

칸트는 인간의 적나라한 모습을 세계와 자연과의 관계에서 경험적으로 탐지한다는 입장을 고수했다. 그는 심리학적인 접근을 시도하면서 인간학을 보다 구체화하고 공식화하는 데 어려움이 있음을 스스로 인정하였다. 인간은 자기가 관찰 대상이 된다는 것을 인식하게 될 때 정신적으로 당황하게 되므로 인간의 자연스러운 상황을 그대로 유지하기 어렵다. 자기 자신을 연구한다고 해도 연구 동기에 따라 위장되기 쉬울 뿐 아니라 습성은 인간을 그 본연의 자세에 보지 못하도록 한다. 이 같은 주장은 지금도 공감하고 있다. 인간이해를 위한 방법론적인 문제점으로 이따금 지적되기 때문이다.

그렇다고 해서 그의 인간학이 철학적 기반을 떠난 것은 아니다. 다만 인간지에 대한 철학적 논증보다 세밀한 관찰과 분석과 기지를 통해 경험세계의 실용적인 인간의 모습을 탐색하고자 했다. 그는 위에 언급한 『인간학』 제1부에 해당하는 '인간학적 교훈론'에서 인간의 인식능력, 쾌·불쾌의 감정, 욕구능력에 따라 차이가 있음을 인정하고 이에 바탕을 두어 인간유형을 구분하였다.[3] 이러한 접근은 다분히 심리학적 측면이 강조되고 있지만 인식능력에 관해서는 그의 『순수이성비판』의 기본이론이 그 바탕에 깔려 있다. 쾌·불쾌의 감정이나 욕구능력에 관해서는 그의 윤리학적 사고가 담겨 있다. 인식의 능력을 지성이라 할 경우 능력은 직관을 가져오는 주의(attentio), 개념을 이루는 추상(abstractio), 반성(reflexio) 등이 포함되어 있다.

실천이성의 자율적 자유를 깊게 통찰해 나간 칸트는 인간상에서 이성과 자율과 책임과 인격 모두를 인간을 규명하는 원리로 삼았다. 따라서 그는 자율적 인간으로서 의지의 자율, 인격의 존엄, 책임의 능력, 이성의 원리를 강조한다.

그가 철학의 영역을 규정하면서 철학은 결국 '인간이란 무엇인가'에 대해 답변을 해야 하는 위치에 있다고 보았다. 이런 면에서 볼 때 그의 철학은 이론적이든, 실천적이든 간에 인간탐구에 있다. 인간이 인격적 존재(persona)로서 저마다 인격으로서, 목적으로서, 존엄과 품위를 가진 존재로서 대접을 받는 사회, 자유가 지배하는 도덕의 세계, 각자가 남의 수단이 되지 않고 자기 목적으로서 자율적 자유를 누리는 세계, 곧 '목적의 왕국(das Reich der Zwecke)'[4]을 이 땅에 세워야 한다는 그의 이상이 그의 인간론에 담겨 있다(Kant, 1955).

폴 멘저(P. Menzer)가 편찬한 책, 『칸트의 윤리학강의』에서 칸트

---

3) 그의 『인간학』은 제1부 '인간학적 교훈론'과 제2부 '인간학적 성격론'으로 구분되어 있다. 1부는 인간의 외면을, 2부는 인간의 내면을 다루고 있다.

4) 목적의 왕국은 칸트가 사용하는 단어로 인과율이 지배하는 자연의 왕국에 대립되는 개념이다.

는 법정에는 외적 법정인 인간의 법정이 있고, 내적 법정인 양심의 법정이 있다고 보았다(Menzer, 1924). 특히 양심의 법정은 신의 법정과 연결되어 있다. 인간의 행동이 신의 법정에 나서게 되는 것은 오직 양심을 통하기 때문이다. 그러므로 양심은 우리의 행동을 판단하고 재판하는 본능이라 주장한다. 양심은 선악을 판단하는 도덕률을 가지고 있다. 따라서 양심은 자기 자신을 도덕 법칙에 따라 재판하는 본능을 가진다.

칸트는 『실천이성비판』 끝 부분에서 생각하면 할수록 더욱 경탄스러움과 경외해 마지않음으로 자신의 마음을 가득 차게 하는 위대한 것 두 가지가 있는데 그 하나는 자기 머리 위에 있는 별이 반짝거리는 하늘을 가졌다는 것이요, 다른 하나는 자기의 가슴속에 깃들어 있는 도덕률이다. 이것은 다시 말해 내 위에 있는 하늘의 세계요, 내 안에 있는 양심의 세계를 말한다(Kant, 1961). 이 양심이 인간이 인격적 존재로서 도덕적 의지의 자율성을 갖게 되는 뿌리 역할을 한다. 그러므로 인간이 철두철미 기계적이요, 필연적으로 피제약적인 인과밖에 없으며, 그 이상의 초감각적인 자유의 세계가 없다면 칸트의 도덕은 그 존재근거를 잃게 될 것이다.

칸트는 인간성을 세 단계로 나누어 인간의 인격에 목적가치와 절대가치를 부여함으로써 가치 체계에서 인간을 최고의 자리에 올려놓았다.

그 첫 단계는 단순히 먹고 마시고 호흡하는 동물로서의 인간이다. 두 번째 단계는 동물이면서도 사유능력을 가진 이성적 인간성이다. 세 번째 단계는 이성적이면서도 책임을 회피하지 않는 인격적 인간이다. 인간은 이와 같이 동물성, 이성, 인격성이라는 구별된 단계를 가진다(Kant, 1956). 특히 인격(persona, die Person)은 물건(Sache)과 구별되는 품위와 존엄(Würde, Achtung)을 가진다. 나아가 인격은 자기 목적이요, 목적 그 자체가 된다고 주장한다.

그는 인간이 스스로 자기의 존엄을 침해하고 인격의 독립자존을 깨뜨리는 행위를 위험스러운 것으로 본다. 스스로를 구더기로 만드는 행위라는 것이다. 이런 자는 짓밟혀도 불평할 자격이 없다고 본다. 인간이라면 인격의 자주독립성과 그 존엄의식을 철저하게 지킬 필요가 있다.

칸트는 인간의 비인간화에 반기를 든다. 인간의 수단화·상품화·물건화·기계화·도구화 모두를 배격한다. 이런 점에서 그는 인격주의(personalismus)에 입각한 철학자임이 분명하다. 그가 인간 해방운동의 이념적 기초를 제공했다고 보는 것은 이 때문이다. 그러나 그는 인간의 책임과 의무를 강조했다는 점에서 그의 인격론은 더욱 빛을 발한다. 자기주장만 하고 책임과 의무를 다하지 않는 것은 만용이기 때문이다.

칸트의 인격원리는 이성(Vernuft), 자율(Autonomie) 그리고 책임(Verant-wortlichkeit)이라는 세 가지 특성을 가지고 있다. 인격적 이성이란 바로 실천적 이성을 의미할 뿐 아니라 의무의 관념과 당위의식에 따라 스스로 명령하고 그 명령에 스스로 복종하는 자율적이고 실천적인 의지를 말한다.

"너는 해야 하기 때문에 너는 할 수 있다(Du kannst, denn du sollst)"라는 명제는 바로 절대적 당위는 곧 절대적 가능성을 전제한다. 바꾸어 말하면 네가 마땅히 해야 할 당위라고 의식한다면 너는 그것을 능히 할 수 있다는 것이다. 이 명제를 통해서 볼 때 그의 이성은 단순히 개념적이요, 논리적인 이론 이성이 아니라 자율적인 실천 이성임을 알 수 있다.

그러면 자율이란 무엇인가? 칸트의 자율관은 그의 자유관과 직결되어 있다. 왜냐하면 인격의 자율성에서 그 인격의 자립·자치·자유가 유래하기 때문이다. 그는 자유를 소극적 의미의 자유와 적극적 의미의 자유로 나눈다. 소극적 의미의 자유는 외부에서 강제가 없는 상태다. 인간이 정치적 활동을 할 때 외부의 강제를 받지 않는 경우 정치적 자유를 갖는다고 말할 수 있다. 근대 시민이 외부의 강제 없이 누리는 시민적·사회적 자유가 여기에 해당한다. 칸트는 이러한 자유보다 적극적 의미의 자유를 강조한다. 이 자유는 자율을 바탕으로 하기 때문이다. 이 자유는 자치·자발성·자기결정의 성격을 갖는다. 그의 자유론의 핵심은 자율에 있다.

이런 의미에서 볼 때 칸트의 자유는 자율적 자유 없이는 성립이 불가능하다. 자율적 자유가 없는 도덕도 인격도 성립되지 않는다. 자기의 의지가 타인에 의해 결정되어 타율(Heteronomie)적으로 행동한다고 하면 우리는 도덕과 책임을 논할 수 없게 된다.

그는 『실천이성비판』에서 자유는 도덕률의 존재근거(ratio essendi)요, 도덕률은 자유의 인식근거(ratio cognoscendi)라는 명제를 제시했다. 이것은 도덕이 있다는 것은 자율적 자유가 있다는 것을 전제한 것이다. 또한 인간이 자율적 존재이기 때문에 도덕도 실천할 수 있고, 자유의 존재로서 활동할 수 있다.

2. 아들러와 융, 인간은 자기의 방향을 스스로 선택할 줄 아는 존재다

프로이트를 추종했던 많은 학자들이 프로이트의 이론을 비판하고 나선 것은 일종의 과학자로서의 양심이다. 아들러를 비롯하여 융, 설리번(H. Sullivan), 프롬(E. Fromm), 호니(K. Horney) 등은 인간성에 대한 끊임없는 추구를 통해 프로이트 이론을 수정하려 했고, 본성 문제에 관한 한 프로이트와 관계를 끊고 있다. 특히 신프로이트 학파의 경우 개성의 발전은 본능이나 충동보다도 오히려 외적·사회적 세력과 사건에 의해 영향을 받고 있으며, 인간과 사회를 분리한 프로이트 식의 이분법은 존재하지 않는다고 주장한다.

프로이트 학파의 주요 구성원이었던 아들러는 프로이트의 견해가 자기의 것과 차이가 있음을 알고 그와 결별하고 실존심리학을 세운 인물이다. 인간은 더 이상 쪼갤 수 없는 전체성을 가진 존재로서 인간의 전인격성을 수용하는 한편, 인간의 창조적 능력을 인정함으로써 인간은 자기의 방향을 스스로 선택할 줄 아는 존재로 부각시켰다. 이것은 종래의 기계적이고 결정론적인 이론과 대조된다. 인간은 분석의 대상이 아니라 이해의 대상으로서 전인격적으로 이해하고 신뢰해야 할 동료이다. 이렇게 주장하는 것은 그가 인간의 정신영역에 대한 전체성을 강조한 총체주의(holism) 입장에 서 있음을 보여준다(Ansbacher, 1956).

아들러에 따르면 인간은 언제나 열등한 상태에서 우월한 상태로, 패배에서 승리로, 낮은 데서 높은 데로 올라가려는 노력의 어쩔 수 없는 행동의 선이 내재한다. 인간의 행동, 동기 및 성격계발에 에너지를 주는 기본적인 힘은 하나로 통일된 세력이다. 이 세력은 우월성을 향한 노력이다. 상황을 부의 상황에서 정의 상황으로 이끌어간다. 열등감으로부터 우월감, 완전, 전체를 향해 노력한다. 그러므로 완전을 위한 인간의 노력은 생래적이다. 이것은 완전의 달성만을 위해 필요한 동인이 있다는 식의 구체적인 것이 아니다. 오히려 완전을 위한 노력이 생활의 일부이다. 그것 없이는 생활을 생각할 수 없는 충동이라는 점에서 생래적이다. 이 노력은 인간 실존의 부분으로 존재론적 자유, 곧 생성을 위한 자유와 능력을 인정받는 것이 필요하다. 따라서 모든 인간이 니체의 초인처럼 될 필요는 없다.

완전을 향한 노력에 있어서 방향 지시는 개인의 독특한 목표 또는 자아이상으로부터 받게 된다. 따라서 이 개념은 자아상의 개념과 밀접하게 연관되어 있음을 알 수 있다. 자아상과 목표 모두 관념론이기 때문에 뚜렷하게 무엇이라 명시할 수는 없다. 하지만 개인의 모든 심리적 과정은 목적으로부터 하나의 자기모순이 없는 조직, 곧 성격구조를 형성한다. 그것은 처음부터 계획된, 만들어진 연극의 마지막 막과 같다. 아들러는 이 시종일관한 성격구조를 삶의 스타일 (style of life)이라 불렀다. 이는 존재론적 의미에서 볼 때 목표를 향한 개인의 일관된 움직임을 말한다.

아들러가 자아를 개인의 양태로 보았을 때 삶의 스타일은 그만큼 중요한 의미를 가진다. 왜냐하면 우리가 삶의 스타일의 특징, 곧 그가 존재하고 있는 방향, 그의 욕망과 노력, 목표, 또는 그가 달성하고자 하는 것을 안다면 그 사람의 동기와 행동의 성질을 어느 정도 이해할 수 있기 때문이다. 뿐만 아니라 모호하기는 하지만 자동적으로 자아에 관한 모든 현상을 파악할 수 있다(Allport, 1955).

개인은 오직 자신의 삶의 스타일과 일치하는 객관적 요소만을 사용하기 때문에 생물적 요소나 과거의 역사가 행동의 결정적 인자로 작용하지 않는다. 자신과 세계에 관한 개인의 여러 의견, 인간의 통각(通覺)적이고 선험적인 도식(apperceptive schema), 인간의 해석, 삶의 상황으로서의 모든 것은 심리적 과정에 영향을 미치고, 개인은 환경에 침투된다. 개인은 전체의 사회적 상황의 부분이다. 공허한 곳에서 독립된 인간으로 분석될 수 없다. 그러므로 됨의 모든 것을 포함한 모든 중요한 인간문제는 사회문제이며 그 가치관은 사회적 가치관으로 된다.

아들러의 인간은 긴장이 자기 삶의 스타일과 균형을 이루고 일치되는 한 그것을 피하려 하지 않는다. 목표를 세우고 문제를 해결하는 과정에서 삶의 매력과 흥분을 더할 수 있는 수단을 찾게 된다. 즉, 인간은 투쟁하고 무엇인가를 이루기 원하며 자기와 자기의 목표 사이에 놓여 있는 장애물을 제거하기 위해 노력을 증대시키고 행동을 강화한다. 나아가 효과적인 해결방안을 찾고자 한다. 아들러는 이 장애물 때문에 존재론적인 불안을 갖게 되며 이 불안을 해소하기 위해 인간은 부단히 노력한다고 보았다.

이와 같이 아들러는 인간의 삶을 보다 나은 상태, 궁극적으로 완전한 상태를 지향하는 자기초월의 과정으로 보았다. 이러한 완전에의 추구는 사회적 지위나 사회적 세력의 추구라기보다는 이상적인 삶의 실현을 목표로 하고 있다. 그는 이러한 삶이 목표하고 있는 바를 '의사종국(疑似終局, fictional finalism)'이라 한다. 그는 최종목표가 이상적이고 가정적이라는 의미에서 의사라는 말을 사용했다. 그의 이론적 초기 단계에는 프로이트가 성적인 욕구를 강조한 데 비해 그

는 인간의 공격적 욕구를 더 중시하여 마키아벨리적 이기주의에 입
각한 힘 또는 권력에의 의지(will to power) 개념을 발전시켰다. 그러
나 만년에는 힘보다는 완전에의 추구를 인간의 속성으로 파악하기
시작했다(Maddi, 1968).

아들러는 인간의 삶이 긴장해소보다는 오히려 긴장을 증가시키고
있다는 점에서 프로이트와 견해를 달리한다. 그러나 인간은 긴장의
증가에도 불구하고 높은 곳을 지향하게 된다. 이는 마치 어릴 때 말
더듬이던 데모스테네스(Demosthenes)가 후에 절세의 대 웅변가가 된
것과 같이 기관열등(organ inferiority)이나 모든 열등의식을 보상의
대상으로 간주하고 열등을 보다 높은 차원으로 발전시킨다는 점에
서 열등(긴장)에 대해 긍정적인 평가를 내리고 있다.

인간의 이러한 우위성향(superiority tendency)은 집단이나 사회의
차원에서도 그대로 적용될 수 있다. 이런 점에서 개인과 사회는 상
보적 관계를 가지고 있다. 이 우위성향은 개인 삶의 스타일을 형성
하게 된다. 특히 개인의 초기 성장의 환경이 되는 가족적 분위기에
따라서 건설적이 되기도 하고, 파괴적인 것이 되기도 한다. 즉, 부모
가 아이의 의사를 존중하고 용기를 북돋아주면 건설적인 삶의 스타
일을 갖게 되지만 아이를 무시하고 돌보지 않으면 파괴적 삶의 스타
일을 갖게 된다(Hall & Lindzey, 1978: 157~168).

융의 경우 많은 사람은 프로이트의 갈등이론을 더욱 강화했다고
보고 있다. 그 이유는 인간정신(psyche)의 원형적 기원을 집합무의식
(a collective or transpersonal unconscious)에서 규명하는 과정에서 사
회란 개인의 자아실현에 지극히 방해적 존재로 묘사하기 때문이다.
사회는 개인으로 하여금 군중의 위협으로부터 자신을 방어하기 위

해서 가면(persona)을 쓰도록 했을 뿐이다. 그러므로 개인이 자아를 성공적으로 실현시키기 위해서는 사회적인 것을 초월해야 한다고 보았다(Jung, 1953; Jung, 1978). 그러나 그는 인간을 보는 눈에서 프로이트와 많은 점에서 다르다. 심지어 그는 1932년 스트라스부르에서 행한 연설에서 "종교가 쇠퇴할수록 신경증이 늘어간다"고 말함으로써 종교관에 있어서도 프로이트와 다른 견해를 보이기도 했다(Jung, 1996).

융의 인간관은 아들러와 마찬가지로 총체주의적 입장에 서 있다. 그에 따르면 인간은 객관적 분석대상이 아니라 주관적으로 종합해야 하는 존재이다. 인간은 자아실현을 위해 노력하는, 더 나눌 수 없는 존재로서 인간을 분화하거나 파편화시켜서는 안 된다. 인간을 평균치로 추상화해서 보는 과학적 방법으로 인간을 이해할 수 없으며 개인에 대한 객관적 지식보다 공감적 이해가 더 중요하다. 그러므로 연구자가 가부장적 또는 직업적 권위를 가지고 객관적 입장에서 환자의 정신적 움직임을 분석한다는 것은 잘못이다. 연구자 자신도 영향을 받는 존재임을 인정해야 한다.

융은 또한 혼(soul)을 진아(authentic selfhood)로, 영(sprit)을 자연의 속박을 깨는 힘으로 간주하고 인간정신의 목적의식을 찾아내려고 했다. 인간은 객관적 과학의 분석을 통해 이해할 수 없다는 그의 주장은 불확정성 심리적 원리를 강조하게 하는 근거를 제시할 뿐 아니라 정신종합(psycho-synthesis)과 연결시키는 계기를 만들었다. 그는 유전적 결정론을 지양하고 대신 총체주의적 입장에서 인간의 자기결정 능력과 선택 능력을 강조했다. 그는 프로이트와는 달리 자율적 인간관을 가졌다. 그는 자신 학문의 목적을 인격 완성에 두었고, 참다운 인격을 갖춘 사람만이 집단 속에서 자기의 위치를 깨달을 수 있다고 보았다.

융에 따르면 자아는 사회 환경을 만나면서 외부세계와 관계를 맺으며, 다른 한편으로는 나의 마음인 내부세계와 관계를 갖는다. 외부와의 관계에서 개체는 여러 행동양식을 드러낸다. 그는 이것을 페르소나라 부른다. 이것은 외부세계와의 관계에서 필요한 것인 만큼 그 개체의 외적 인격(external personality)에 해당한다. 인간 마음에는 외적 인격에 대응해서 내적 인격(internal personality), 곧 혼이 존재한다. 남성이냐 여성이냐에 따라 그 내적 인격의 특성이 다르다. 남성의 혼은 아니마(anima)이고, 여성의 혼은 아니무스(animus)다. 외적 인격이 자아가 외부세계와 관계를 맺도록 하는 것이라면 내적 인격은 자아로 하여금 무의식으로 눈을 돌리게 하는 역할을 한다.

자아는 정신에 있어서 의식 부분에 불과하므로 자아인 내가 전체를 통괄하고 자각하려면 무의식적인 것을 하나하나씩 깨달아 나아가는 의식화, 곧 개성화의 과정이 필요하다. 자기실현은 한 인간의 과제일 뿐 아니라 전 인류의 과업이다. 개성화는 이 과업을 이루기 위해 필요하다. 이 과정에서 개체나 집단은 고통을 감내해야 한다. 모든 개인이 자기실현을 이룰 경우 보다 성숙한 사회 실현도 가능하다. 융의 이러한 자율적 인간관은 오직 그가 스스로에게 허락할 때만 함정에 빠지게 된다는 결론에 이르게 한다(Jung, 1953).

3. 뒤르켐, 인간은 사회구조를 벗어날 수 없다

뒤르켐의 인간관은 사회구조 결정론적 인간관이라는 평가를 받고 있다. 개인은 사회구조를 벗어날 수 없는 구조의 수인이라는 것이다. 개인은 개인 그 자체가 아니라 구조로서의 역할과 지위를 갖는다. 따라서 개인의 의지와 자유는 중요한 의미를 갖지 않는다. 개인은 외적 자극을 받아 형성되는 사회구조 안의 무기력한 존재에 불과하다. 개인은 부재하다. 뒤르켐에게 있어서 인간은 수동적이고 기계적일 수밖에 없다. 그에게는 사회구조와 체제가 있을 뿐이다.

뒤르켐의 인간관이 이러한 비판을 받는 것은 그의 방법론과도 연관이 있다. 그는 사회적 사실(social facts)을 사물(things)로 다루어야 한다고 보았다. 외적 관찰로 사회현상을 다룬 그는 사회적 사실을 사물로 취급함으로써 기계적 결정론에 바짝 다가섰다. 물론 다른 사회적 사실도 이 논리에 의해 설명되어야 한다. 사회적 사실은 외재성과 구속성이라는 특성을 가지고 있다. 외재성이란 행위자 마음속에 있는 상념에 외재한다는 것이고, 구속성이란 행위자의 의지에 영향을 받지 않고 오히려 그에게 어떤 구속을 주는 것을 말한다. 인간이 상호작용하면 제3의 뜻하지 않은 현실의 출현적(出現的) 속성이 나타나는데 이것은 개개인에게는 외재하는 것이고, 개개인의 행위를 강제한다. 즉, 사회적 사실이 갖는 개인 행위로부터의 외재성과 그 행위의 구속성을 동시에 갖는다. 인간은 사회 환경에 구속을 받고, 규범의 제재에 구속을 받으며, 내면화된 규범에 의해 자발적으로 구속을 받는다. 그에 따르면 실재의 세계는 사회적 사실의 객관적 세계이다. 개인도, 종교도 다 이것에 구속된다(Durkheim, 1938).

개인에 대한 사회적 구속성은 다렌도르프(R. Dahrendorf)에서 구체적으로 나타난다. 그는 역할연기자(role-player)로서의 인간을 상정했다. 개인은 역할과 지위를 가지고 있고, 사회는 그 역할을 기대한다. 이른바 역할기대론(role-expectation)이다. 역할기대대로 행동하지 않는 인간은 사회적 제재를 받는다. 구속성을 가진 역할이다. 사회학적 인간(homo sociologicus)은 역할기대를 배우고 행동하는 인간이다. 이것이 바로 사회화 과정이다. 사회화 과정을 거쳐 감정이입 능력을 키우고, 다른 사람과 사회적 상호작용을 하는 능력을 터득하게 된다. 개인은 역할기대를 익혀 그것을 내면화한다. 사회의 문화적 규범과 가치 관계를 내면화하는 것이다. 이로 보아 사회화는 곧 인간화(인간의 사회화)임을 알 수 있다.

문제는 사회화가 비인간화의 기능을 수행한다는 점이다. 사회화 과정이 인간의 본질적인 것, 내면적인 것을 가리고 억누르는 비인간적 기능을 담당한다. 사회는 개인에게 탈을 쓰도록 강요할 뿐 아니라 그 탈에 맞는 역할을 하도록 강요한다.[5] 개인은 타인과 사회의 기대대로 꼭두각시처럼 행동해야 한다. 이런 점에서 사회화는 비인간화이다. 이것은 사회화의 야누스적 성격을 드러낸다. 이런 점에서 인간은 비극적 존재일 수밖에 없다.

그러나 뒤르켐은 종교론이나 도덕교육론에서 심리학적 환원론을 반대하면서 인간의 의식, 자원성, 자율성을 인정했다. 파슨스에 따르면 뒤르켐은 실증주의에서 행위의 자원이론, 그리고 이상주의로 변화했다. 그 변화는 4단계를 거친다. 첫 번째 단계에서 행위자는 사회

---

5) 탈은 라틴어로 페르소나(persona)이다. 이것은 배우가 뒤집어쓰는 성격 마스크를 말한다. 배우(개인)는 자기의 의지나 성향보다 시나리오에 따라 주어진 배역에 충실하게 행동해야 한다.

적이든 비사회적이든 외적 실재에 의해 구속을 받는다(분업론). 사회통제의 강도는 집단의식이 어느 정도냐에 따라 달라진다. 두 번째 단계에서 집단표상의 내용(통합)이 집단표상의 강도(규제)와 마찬가지로 중요하게 된다(자살론). 통합과 규제(강제력) 두 변수 모두 중요하게 작용한다는 말이다. 뒤르켐은 자살을 사회통합이라는 사회적 사실로서만 이해했다. 자살현상이 지리나 기후, 생물학적 요인, 그리고 심리 상태에 따른 현상이 아니라는 것이다. 세 번째 단계에서는 규범과 가치가 내면화된다(철학과 도덕교육론). 규범이 내면화되어 인간의 성격 중 일부분이 된다. 이때 인간의 행위를 과학적으로 설명하려면 행위자의 주관적 상황에 주목해야 한다. 파슨스는 여기에서 뒤르켐이 결정론적 실증주의에서 자원주의(voluntarism) 입장으로 전환했다고 본다. 창조적이고 비결정론적 요인과 선택적 자유를 인정한 것이다. 뒤르켐이 도덕에서 자유의지를 강조한 것도 선택적 자유를 연결한 것이다(자원적 행위론). 네 번째 단계에서 사회는 관념과 감성(sentiments)으로 이뤄진다(종교론). 관념론적 철학은 그의 종교론에 잘 나타나 있다. 그는 사회적 요소를 초시간적인 것으로 간주해 변동의 의미를 무의미하게 보았다. 따라서 파슨스는 뒤르켐에게 사회변동론이 부재하다고 평가한다. 파슨스에 따르면 뒤르켐은 실증주의자로 출발했다가 점차 개인의 자원성을 인정하게 되고, 결국 관념론으로 귀착했다(Parsons, 1937; 1975).

　뒤르켐의 학문적 야누스적 성격은 콩트와 칸트의 영향 때문이다. 그는 실증주의자 콩트를 학문적 선배로 간주했다. 하지만 그는 칸트와 같은 관념론자로부터 크게 영향을 받았다. 포프(Whitney Pope)는 이에 대해 반대의견을 제시한다. 뒤르켐은 처음부터 끝까지 사회실재론자였다는 것이다. 사회는 어느 것에도 환원될 수 없는, 그 자체가 독립적인 현실태로, 그는 행위의 자원성을 받아들인 적도 없고 또 관념론자로 변화된 적도 없다고 주장한다. 뒤르켐은 가치의 내면화를 중시하지 않았고, 내면화는 자유의지와 자원성과는 연관되지 않는다는 것이다(Pope, 1973; 한완상, 1978: 90~93).

그러나 코헨(Jere Cohen)은 파슨스가 뒤르켐 이론을 자원론으로 본 이유가 있다고 주장한다. 즉, 규범과 가치는 인지적 지향에 대한 대안이 되고, 행위자는 자기가 채용할 기준에 대해서 얼마간 선택할 수 있으며, 어떤 도덕적 기준에 동조하는 것은 이 기준을 자발적으로 받아들인다는 사실에 좌우된다고 보기 때문이다(Cohen, 1975; 한완상, 1978: 93~95). 코헨은 뒤르켐의 야누스적 양면성과 불일관성을 인정한다. 도덕성의 강제성을 인정하면서도 개인은 복종하는 것을 자유롭게 선택할 수 있고, 상황에 따라 도덕의 성격이 다르게 해석된다 주장했기 때문이다. 자율성은 도덕과 사회생활에서 실재적 사실로 간주된다. 종교적 도덕성이 강한 원시사회의 경우 도덕의 구속성과 강제성이 강조된다. 그러나 현대사회는 도덕에 이성을 응용하는 사회이다. 무조건 복종이 아니라 이성으로 소화하여 복종한다. 이것은 다분히 자율적이고 자원적이다.

4. 인간을 기계화·도구화하지 마라

칸트, 아들러와 융, 그리고 뒤르켐의 인간관에서 공통되는 점은 인간을 사회적 관점에서 보았다는 점이다. 철학자인 칸트가 인간을 세상과 더불어 사는 존재로 규정하고, 이러한 틀 안에서 인간을 보려 했다는 것은 획기적인 것이다. 이것은 나름대로 인간을 봄에 있어서 과학적 토대를 마련하고자 하는 의도가 있었음을 알 수 있다. 인간에 대한 그의 관심은 철학적 관심 외에도 심리학적 관심까지 연결되었다. 심리학자인 아들러와 융 역시 인간관을 심리학적 관심사에 묶어두지 않고 사회와의 관계로 연장시켰다는 점에서 특색이 있다. 사회학자인 뒤르켐이 인간을 사회의 영향을 받는 존재로 인식했다는 것은 당연할지 모른다. 그러나 그의 이러한 관심은 칸트의 영향력을 배제할 수 없다는 점에서 특이하다. 뒤르켐의 『사회학 방법의 규칙』에서 사회적 사실의 강제적 성격을 확인한 것은 칸트의 영향력이 컸다(민문홍, 192).

인간이 사회의 영향력을 받을 수밖에 없다는 사고는 현대의 관점에서 볼 때 새로운 것이 아닐 수 있다. 그러나 논자들이 살았던 당시 상황에서 이러한 인식은 획기적일 가능성이 높다. 특별히 인간 이해에 대한 과학적 접근을 시도했다는 점에서 높이 평가할 필요가 있다.

문제는 인간을 강제하는 사회적 성격이 어떤 것이냐 하는 것이다. 제재에도 긍정적 제재가 있고 부정적 제재가 있기 때문이다. 그 사회가 부정적 제재를 과다하게 사용할 경우 인간은 기계적으로 반응할 수밖에 없다. 이른바 사회의 수인으로 살아가는 것이다. 그러나 사회가 긍정적 제재를 사용할 경우 인간에 대한 처우나 그들 스스로의 활동상도 달라질 수 있다. 이것은 현대사회에서도 예외가 아니다. 사회가 인간을 어떻게 보느냐에 따라, 인간을 어떤 식으로 제재하느냐에 따라 삶의 모습이 달라지기 때문이다.

칸트, 아들러와 융, 그리고 뒤르켐에서 빼놓을 수 없는 점은 인간의 자율성에 대한 그들의 공통된 관심이다. 칸트는 인간의 인격성을 높이 평가하고 인간의 기계화·도구화를 경계했다. 아들러는 인간의 끊임없는 생성을 위한 자유와 노력을 긍정적으로 평가했다. 뒤르켐은 사회의 비인간화 문제를 의식하면서도 종교나 도덕과 연관시켜 인간의 의식, 자원성, 자율성을 인정했다.

문제는 인간을 강제하여 기계화로 몰고 가는 사회와 인간의 기계화보다 자율성을 택한 이들의 주장이 얼마나 양립할 수 있는가 하는 점이다. 이 두 가지는 사회의 성격에 따라, 때에 따라서는 대립할 수 있기 때문이다. 사회를 만들고 이끌어가는 것도 사람이므로 이것의 양립과 조화를 모색하고자 할 것이다. 그러나 그 가능성은 때로 의문시된다. 사회 속에 많은 이해관계자들이 있고, 사회의 성격이 날로 복잡해지고 있어 이에 대한 의문은 커지기 마련이다. 현대사회가 이 문제를 조화롭게 운영해 나갈 수만 있다 해도 구성원들로부터 상당히 큰 공감을 얻어낼 수 있을 것이다.

5. 사회결정론의 한계를 넘어서라

칸트는 철학자이면서도 실용주의적 관점에서 인간의 문제를 살펴보았다. 그가 말하는 실용은 다분히 세상 속에 있는 인간을 구체적으로 바라보았다는 점에서 오늘의 사회학적 관점과 매우 근접해 있다. 아들러와 뒤르켐은 방법론적으로 볼 때 총체주의 입장에 서 있다. 총체주의는 개인보다는 사회를, 부분보다는 전체를 우선한다는 점에서 보다 광범위한 사고체계를 가지고 있다.

그러나 총체주의는 그 속성상 부분인 개인을 크게 고려하지 않는다는 점에서 소수를 보호하거나 대변하기 어렵다는 단점을 가지고 있다. 따라서 그들이 인간의 자율성을 보장하기 위한 노력을 한다 해도 전체를 위한 보장은 해도, 특수한 경우의 개별보장까지는 어려울 수 있다. 뒤르켐의 이론은 구조주의 입장에 서 있다. 구조주의는 숲을 보되 나무를 보지 못한다는 평가를 받고 있다. 또한 보편성·동질성·총체성을 추구한 나머지 개인이나 부분이 무시되는 현상이 높다. 과연 이러한 사회가 이상적 구조의 사회인가 묻지 않을 수 없게 된다. 따라서 대가들의 주장을 일방적으로 수용하기보다 다른 각도에서 볼 때 전체로 인해 희생을 당할 수 있는 사람들이 있다는 것을 인식하고 그들까지 배려해야 사회가 전체적으로 건강하게 살아남을 수 있을 것이다.

칸트, 아들러와 융, 그리고 뒤르켐 모두 인간의 자율성에 대해 높은 관심을 표시했다. 그러나 문제는 그들이 사회나 역사를 만드는 창조적 의미의 주체로서 인간을 보고 있느냐 하는 것이다. 칸트는 시민적 자유를 말한다. 자유로운 선택과 결정을 보장하기도 한다. 아들러에서도 자기결정권을 강조한다. 이 문제에 관한 한 뒤르켐은 야누스적이다. 사회가 인간으로 하여금 탈에 맞는 역할을 강조함으로써 인간은 자유가 없다. 융도 이러한 형식의 페르소나를 말한다. 그러나 파슨스에 따르면 뒤르켐은 훗날 자원주의에 서면서 창조적이고 비결정론적 요인과 선택적 자유를 인정하기에 이른다. 결국 창조적 주체로서의 인간을 인정했다는 말이다. 그가 실제 어느 정도 창조적 시민으로서의 주체성과 자율성을 인정했는가 하는 점에 대해서는 보다 심도 있는 연구가 필요하다.

인간은 사회와 문화의 영향을 받지만 또한 그것에 영향을 준다는 점에서 전적으로 구조적 수인이라 말할 수 없다. 우리는 칸트, 아들러와 융, 그리고 뒤르켐을 통해 사회가 구조적으로 인간을 구속할 수 있음을 보게 된다. 그러나 칸트는 적극적 의미의 자유를 향해 나아가야 할 것을 강조하고, 아들러는 보다 완전한 길로 나아가고자 하며, 융은 개체의 자기실현을 통해 보다 나은 사회 실현을 제시한다. 뒤르켐도 자원적 행위론을 편다. 이런 점에서 다행이기는 하다.

그러나 우리가 마음을 놓을 수 없는 것은 그들이 인간에 관한 사회결정론적 입장을 취하하지는 않았다는 점이다. 인간의 자유로운 선택과 결정은 인간화를 위한 그들의 희망사항을 의식적으로 표현한 것이라면 우리는 사회라는 폐쇄적 우리를 벗어날 수 없다. 그 속에서 인간은 자유로운 존재로 살아가기 어렵다. 인간주의적·주체적 사변이 거부될 가능성도 높다. 피아제에 따르면 구조의 자기규제성은 폐쇄적이고 일탈을 용납하지 않는다. 인간과 사회의 상호공존을 위한 교류는 바람직하다. 하지만 사회결정론적 사고가 지배하는 한 인간은 창조적 주체로서의 존재성을 인정받기 어려울 수 있다. 따라서 이것을 넘어서는 사고가 필요하다.

경영학의 입장에서 볼 때 사회통제만이 인간의 문제를 해결할 수는 없다. 통제 위주의 X이론적 사고가 인간을 긍정적으로 이끄는 Y이론에 통합될 때 비로소 삶의 질이 높아질 수 있다. 경성경영(hard management)에서 자아실현의 세계로 나가는 길은 우리가 어떤 사회를 만드느냐에 달려 있다. 따라서 인간과 사회에 대한 칸트, 아들러와 융, 그리고 뒤르켐의 사고체계에 대해 부분적으로 공감하면서도 그들의 한계를 뛰어넘어 인간이 주어진 환경에 능동적으로 참여하고, 개인과 사회가 균형 있게 발전할 수 있는 길을 실제적으로 모색할 필요가 있다.

지금까지 칸트를 비롯한 여러 학자의 인간관, 특히 사회적 인간관을 살펴보았다. 철학자인 칸트가 인간을 사회적 관계에서 말하고, 그 속에서 인간의 존엄성과 윤리의 실현을 모색한 것은 매우 의미 있는 학문적 작업이 아닐 수 없다. 사회적 인간상의 발견은 철학에만 국한되지 않는다. 아들러와 융에게서도 나타난다. 이들은 심리학자들이면서 인간 이해를 심리에만 국한시키지 않았다. 그들은 사회관계 속에서 인간의 모습을 드러내고자 했다. 아들러와 융 모두 총체주의 입장에 섰다. 총체주의의 홀론(holon)은 전체(holos)와 부분(on)의 관계성을 강조한다. 인간 각자는 부분이지만 사회라는 큰 틀 속에서 전체를 이루는 존재다. 부분이면서 전체요, 전체이면서 부분이다. 인간과 사회의 관계는 바로 이런 성격을 가지고 있다. 뒤르켐은 칸트의 영향을 받았으며, 아들러처럼 총체주의 입장에 서 있다는 점에서 공통된다. 그 또한 사회적 인간상을 제시했다.

아리스토텔레스는 이미 인간은 사회적 동물임을 강조했다. 따라서 사회적 인간상은 이들만의 전유물은 아니다. 그러나 철학자 칸트는 사회적 인간상을 제시하면서 인간이 목적이 되는 사회를 꿈꿨다는 점에서 특이하다. 아들러 역시 인간은 사회적 존재로서 인간의 행동을 목표 지향적이며 사회적 동기에 의해 동기화되는 것으로 이해했다. 나아가 인간을 긍정적으로 이해했다는 특색이 있다. 뒤르켐 역시 인간과 사회의 유기적 연대를 강조하였다.

사회적 인간상에 대한 그들의 이해는 높이 평가받아야 한다. 그러나 사회적 인간상은 언제나 구조적 함정을 가지고 있다. 뒤르켐이 자살론에서 보여주듯이 인간은 구조의 수인이 될 수 있다는 점이다. 사회결정론을 넘어서고자 하는 이유가 여기에 있다. 사회가 인간을 수인으로 만들지 않으면서 인간의 인간됨을 실현할 수 있는 사회의 구축이다. 칸트, 아들러와 융, 뒤르켐 모두 이러한 사회실현에 관심을 두었다. 뒤르켐은 사회통제를 통해 인간의 잘못된 욕구를 제어하고자 한다. 이것도 하나의 구축 노력이다. 그러나 바른 사회 실현은 이들만의 노력으로 되지 않는다. 우리가 소망하는 사회의 구축은 철학자의 몫만이 아니며, 심리학자나 사회학자의 몫만도 아니다. 그것은 우리 모두 하나가 되어 만들어내야 할 총체적 작업이다. 그것은 결코 쉽지 않다. 현재의 세대뿐 아니라 오고 오는 세대의 과업이 될 수 있다. 최소한 우리가 구축하고자 하는 사회에 대한 목표의식과 가치의식을 공유하며 나갈 때 우리의 사회적 작업뿐 아니라 우리가 사는 사회 또한 달라질 것이다.

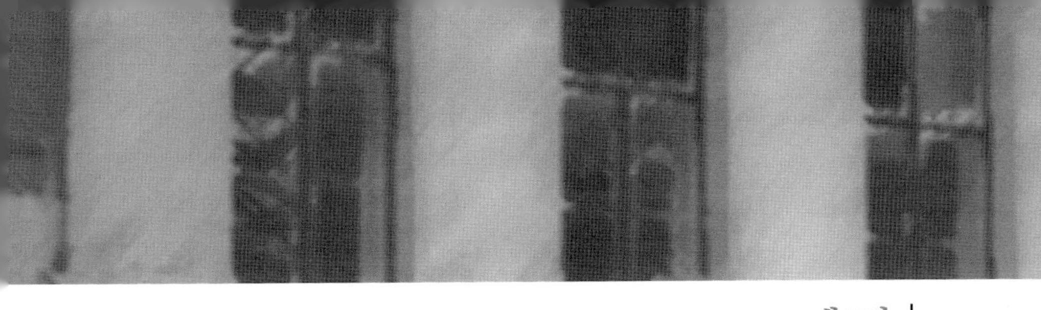

제5장

인간화, 조직은 인간다운 삶을 추구한다

이 글은 조직에 있어서 인간화(organizational humanization)의 흐름
과 그 문제점을 비판적인 입장에서 살펴보고 조직과 인간의 관계를
보다 바람직한 관계로 정립하는 데 목적을 두고 있다. 산업화 과정
을 거치면서 조직 속의 인간은 기계화, 상품화, 소외 등 여러 문제를
낳게 되었으며 이것을 조직의 병적 요인으로 간주하여 인간의 문제
를 치유하고 개선하는 데 관심을 보여 왔다. 사회가 산업사회에서
후기산업사회로 그 흐름이 바뀌면서 이에 대한 관심은 한 조직의 차
원을 넘어서서 사회의 구조적인 차원으로까지 확대되고 있으며 미
시적 또는 거시적 차원에서 인간화의 움직임이 다양하게 전개되고
있는 실정이다. 이러한 점들을 학문적으로 관조하고 문제를 파악하
며 바람직한 방향을 제시하는 일은 매우 긴요하고 앞으로도 계속되
어야 할 것으로 간주되고 있다.

오페(C. Offe)는 사회관계를 상품화(commodification)와 탈상품화
(decommodification)의 관계로 설정한 바 있다(Offe, 1982). 상품화의

관계란 가격이 매겨져야 하고 시장에 곧 팔릴 수 있어야 하며 재상품화되는 관계를 말한다. 상품화의 관계는 산업사회의 대표적인 양상이 되어 왔으며 이러한 관계는 지금도 필요한 것으로 요구되고 있다. 직업교육이 확대되고 전문화가 이루어지는 바탕에는 기본적으로 상품화의 가능성이 높이 평가되고 있기 때문이다. 상품가치가 없으면 존재가치가 없는 것으로 판정을 받는다. 미시적 차원에서 볼 때 조직 속의 인간은 상품화라는 기준에서 판정을 받는다. 상품적 가치가 높으면 높이 평가되지만 그렇지 못할 경우 존재로서의 충분한 가치를 인정하지도 않아 결국 유용성을 잃게 된다. 거시적 차원에서 볼 때 조직도 사회가 요구하는 상품 가치성에 따라 평가를 받는다. 그 어느 차원이든 상품 가치성이 높다고 평가될 경우 그 가치가 인정되는 만큼 조직으로부터 또는 사회로부터 지원을 받는다. 탈상품화 관계는 사회관계를 시장으로부터 분리시켜 경제적인 것이 아닌 다른 기준에 의해 조직화되는 것을 말한다. 인간은 상품이 아닌 인간으로서의 기본적인 가치를 가지고 있으며 인간이라면 누구나 공평하게 그 가치를 실현하고 누릴 자유와 권리가 있다는 것을 인정한다. 국가가 교육에 관한 지원을 할 때 그 기준을 상품가치에 두지 않고 인간 삶의 질을 높이기 위해 교육기회를 향상하려고 할 경우 이것은 탈상품화에 속한다. 오페에 따르면 영국의 보수당은 상품화 정책을 추구해 왔고 노동당이나 사회주의 정당은 탈상품화 정책을 추구해 왔다. 오페의 상품화 또는 탈상품화 개념은 조직의 문제를 점검하고 방향을 설정하는 데 매우 유익한 도구가 된다. 왜냐하면 상품화의 과정은 조직 속의 인간을 비인간화시키는 주역을 담당하였으며 탈상품화의 과정은 인간화의 주역이 되기 때문이다.

이 글은 조직의 역사는 바로 인간화의 역사임을 밝혀 주게 될 것이다. 역사는 끊임없이 인간을 묶으려 한 역사와, 그것을 풀려 한 역사의 대립과 순환이었다. 묶는 역사가 있었기 때문에 인간은 그에 따른 악영향을 숙명적으로 감수하지 않으면 안 되었다. 이것은 인간의 문제가 그러한 구조를 만들어낸 인간의 자업자득이라는 사실을 보여준다. 이 역사적 사실은 인간의 문제에 자업자득의 효과(boomerang effect)가 적용된다는 것을 보여준다. 그러므로 우리가 그 매듭을 푸는 노력을 하고 그러한 역사를 창조해나가려는 것은 우리가 앞으로 얻게 될 또 다른 긍정적인 자업자득을 위한 노력이라 할 것이다.

1. 인간화 속엔 비인간화에 대한 저항이 담겨 있다

인간화(humanization)라는 말은 인간적이지 못한 조직상황 또는 사회상황에 대한 거부의 움직임이자 인간이 처한 상황을 보다 인간이 살기에 바람직한 상황으로 바꾸어 보려는 인간의 안간힘을 가리킨다. 조직 속의 인간화는 산업화라는 사회 구조적인 차원, 곧 거시적인 차원에서 살펴볼 수 있지만 조직 내의 구조적인 차원, 곧 미시적인 차원에서도 살펴볼 수 있다.

거시적인 차원에서 볼 때 조직에서의 인간화의 움직임은 산업화와 깊게 연관되어 있다. 오웬(R. Owen)이 열악한 노동조건 아래서 일하는 공장노동자를 위해 인간화를 법적으로나 제도적으로 보장하려 했던 것이나 프랑크푸르트학파의 여러 인물이 물상화(reification)를 비판하고 나선 것은 모두 산업화 과정에 나타난 인간화의 움직임들이다. 우리나라의 경우 인간화에 눈을 뜨게 된 것은 산업화 과정, 특히 일본의 압제 시대 때였다. 1920년대 후반부터 일본이 우리나라를 병참기지화하면서 극심한 수탈로 인해 농토를 떠난 농민들이 대륙침략을 위해 추진했던 산업정책에 값싼 노동력의 제공자로 전락하면서 낮은 임금과 좋지 못한 노동환경 아래서 시달려야 했기 때문이다. 1928년 예루살렘에서 개최된 국제선교협의회에 제출된 브루너(E. R. Brunner)의 보고서, 한국의 농촌은 한국기독교가 산업문제에 관심을 적극화하는 중요한 계기가 되었을 뿐 아니라 한국의 산업화과정에서 야기되는 인간의 문제를 국제적인 문제로 비약시키는 계기가 되었다(Brunner, 1926).

미시적인 차원에서 볼 때 조직 그 자체는 비인간화의 초점이 되어 왔다. 왜냐하면 조직은 아지리스(C. Argyris)나 화이트(W. H. Whyte)의 주장처럼 종업원의 성장을 막는 주요 요인이 되어 왔기 때문이다. 아지리스는 공식조직이 갖고 있는 위압적 규범이 성원의 발전을 막는 요소로 작용하였음을 지적하였고 화이트는 조직의 사회윤리(social ethic)가 개인의 독창성과 창의력을 빼앗고 철저한 조직순응자로 만드는 현실을 고발하였다.

조직의 비인간화는 이와 같이 산업화를 추진하려는 인간의 의지적 또는 이기적 추구 과정에서 산출된 부산물이다. 좀 더 풍요해지고 좀 더 편리하게 살아보려는 인간의 욕심이 산업화를 추진하게 되었지만 그것이 결국 비인간화를 산출했다는 사실은 역설적 결과가 아닐 수 없다. 나아가 현재의 비인간화된 상황을 개선해야 조직의 생산성이 높아질 수 있다고 주장하는 것도 타당성이 있지만 따지고 보면 역설적인 면모가 담겨 있다. 전자의 역설은 결과가 부정적으로 나타난 자업자득의 효과를 나타낸 것이며 후자의 역설은 결과가 긍정적으로 나타난 자업자득의 효과를 나타낸 것이다.

조직의 비인간화는 좁게는 조직의 문제이자 넓게는 사회의 문제에 해당하므로 이에 대한 시각과 접근도 다양할 수밖에 없다. 그러나 이 모두가 별개의 것이 아니라 서로 연관되어 있다는 점에서 서로 분리될 수 없다는 특성을 가지고 있다. 따라서 조직의 인간화에 대한 모색은 이러한 점들을 감안하여 좁은 면과 넓은 면 모두를 볼 수 있는 인식의 틀을 통해 인간화의 이론적 바탕을 보다 넓히는 작업을 해야 할 것이다.

2. 인간은 그가 사는 세계를 창조한다

인간화를 위한 이론적 인식은 "인간은 그가 사는 세계를 창조한다"는 주관적 관념론에 바탕을 두고 있다. 이 관념론에 대한 지적 전통은 우주의 궁극적 실재는 본질적으로 물질적이라기보다는 정신적이라고 말한 칸트와 그 이전의 철학에까지 거슬러 올라갈 수 있다. 이 관념론은 방법론적으로 해석적 패러다임(interpretive paradigm)과 급진적 인간주의 패러다임(radical humanist paradigm)으로 양분된다. 해석적 패러다임은 세계를 있는 그대로 이해하고 주관적 경험의 수준에서 사회적 세계의 기본적 성격과 그 과정을 이해하는 데 관심을 가지고 있으며 급진적 인간주의 패러다임은 인간의 실현을 억제하거나 방해하는 요인을 발견하고 그 제약요인으로부터 인간을 탈출시키는 데 관심을 가지고 있다. 해석학적 패러다임에 속하는 이론들로서는 현상학, 해석학, 현상학적 사회학 등이 있고, 급진적 인간주의 패러다임에 속하는 이론들로서는 비판이론, 반조직이론, 프랑스 실존주의, 무정부적 개인주의 등이 있다(Burrell & Morgan, 1982).

해석적 패러다임에 속하는 이론가들은 그 과정의 본질을 이해하는 것에 만족하는 반면 급진적 인간주의자들은 인간은 본질적으로 소외 상태에 있음을 간파하고 이것으로부터의 인간해방을 주장함으로써 과정만의 이해에 만족하는 현상유지의 해석학적 패러다임을 비판한다. 즉, 현존의 사회유형에 그들을 결속시키는 정신적 굴레와 속박 속에서 인간을 해방시켜 인간이 가진 잠재력을 충분히 발현시키도록 한다는 데 초점을 맞추고 있다. 이해보다 실천에 관심을 가지고 있는 급진적 인간주의는 인간화를 위한 행동의 적극적 성향 때문에 사회를 반인간적으로 본다는 비판을 받고 있기는 하지만 인간화의 발판을 강하게 구축했다는 평가를 아울러 받고 있다.

급진적 인간주의는 크게 주관적 관념론과 객관적 관념론이라는 두 줄기를 통해 논의가 전개되고 있다. 주관적 관념론의 뿌리는 칸트와 그의 뒤를 이은 피히테(J. F. Fichte)에서 발견된다. 피히테는 인간의 의식이란 관념, 개념 및 시각의 영원한 흐름을 생성하는 하나의 창조적 실체이며 그것을 통해 인간정신 밖에 있는 외부세계가 창조된다고 보았다. 그에 따르면 외부세계란 개인적 의식의 투사를 통해 이해될 수 있는 것이다. 이러한 생각은 후설(E. Husserl) 등의 현상학과 사르트르(J. Sartre) 등 프랑스 실존주의운동에 영향을 주었다. 의식이 의도성 있는 행위를 통하여 외부에 투사되고 그에 의해 창조되는 것으로 보는 일련의 인식이 바로 그것이다. 이 같은 인식태도는 급진적 인간주의자로 하여금 외부세계를 창조하는 데 있어서 인간이 그 자신을 그의 진실한 존재로부터 분리시키는 역할을 하는 의도성의 병리에 초점을 맞추는 데도 기여하였다. 객관적 관념론은 헤겔의 사상체계에 그 뿌리를 두고 있다. 헤겔은 그의 정신현상학(Hegel, 1931)을 통해 개인이 우주에 충만한 절대정신을 갖는 초월적 존재의 절대지식에 도달할 때까지 지식이 일련의 의식형태를 경험하게 되는가를 설명했으며 궁극적 실재는 정신에 달려 있음을 강하게 부각시켰다. 헤겔에 따르면 인간은 개인의식과 외부세계에 있어서 개인의식의 객관화 사이에 일어나는 끊임없는 상호작용에 의해 특징지어지는 세계에서 살아간다. 따라서 의식과 외부세계는 동일한 세계의 양면으로 보인다. 그들은 서로가 상대를 결정하고 영향을 미치는 변증법적 관계에 얽혀 있다(Kaufmann, 1966: 167~175). 변증법적 과정은 주체와 객체의 대립 및 갈등이 극복되고 인간의 의식이 절대정신 안에서의 위치를 깨닫게 되는 절대지식의 상태로 향해가는 과정을 생성한다. 헤겔에 따르면 변증법적 과정은 하나의 보편적 원리로서 인간의 의식과 인간의 역사도 완전한 사회(perfect society)로 나아가는 보편정신의 전개이다. 헤겔은 말년에 당시의 프러시아를 절대정신의 구현체인 완전한 사회로 간주함으로써 매우 보수적인 정치적 색채를 띠게 되었다. 이에 대한 해석을 놓고 헤겔의 사상체계를 다소 온건하게 받아들이려는 헤겔우파(Right Hegelians)와 헤겔의 사상을 근본적으로 다른 목적을 위해 사용하려는 헤겔청년좌파(Left-Young Hegelians)로 나뉘게 되었다. 헤겔청년좌파에서 두각을 나타낸 인물이 바로 청년 마르크스였다. 청년 마르크스는 헤겔의 사상체계를 본질적으로 뒤집어 당시 사회를 비판함으로써 객관적 관념론의 틀 속에서 급진적 인간주의를 내세웠다(McLellan, 1975, 1976). 다시 말하면 헤겔파의 관념론에 반영된 준거 틀을 전용하여 급진적 인간주의의 기반을 완성한 것이다.

청년 마르크스는 발전단계의 중심에 절대정신보다는 오히려 개인을 올려놓는 철학의 맥락 속에서 헤겔의 역사적 시각과 변증법적 분석방법을 원용하였다. 그는 포이에르바하 등 다른 헤겔청년좌파들과 함께 인간을 초월하는 어떤 절대적인 것의 존재를 부정하고 종교나 국가는 절대정신의 반영이라기보다 인간이 만들어낸 피조물로 간주했다. 이들은 사회세계 속에서 부닥치는 모든 객관화(objectification)는 인간이 만들어낸 것이며 개인들이 자기의식을 통해 어떻게 그들이 사는 사회를 창조하고 변화시킬 수 있는가를 강조하는 일종의 해방철학(emancipatory philosophy)을 지향했다. 특히 마르크스는 소외라는 개념을 통해 당시 사회가 인간을 억압하는 것으로 인식했다. 즉, 인간에 의해 객체화된 사회적 피조물이 오히려 인간의 본질적 존재와 본성을 억누르는 하나의 소외의 힘(alienating force)으로 작용하고 있는 것이다. 그는 그의 경제철학수고(1844)에서 자본주의 생산체제가 어떻게 인간소외에 있어서 중심적 역할을 하는가를 논증하였다. 헤겔에 있어서 소외는 자아실현과 절대지식을 향해 가는 행로에 있어서 필연적인 현상이지만 마르크스에 있어서 소외는 자본주의 체제의 결점을 공격하기 위한 도구가 되었다.

그러나 마르크스는 그의 말년에 사회세계의 본질을 보다 현실적으로 해석하는 쪽으로 방향을 바꿈으로써 관념론적인 시각을 벗어났다. 이러한 변화는 그가 엥겔스와 함께 쓴 독일 이데올로기(1846)에 잘 나타나 있다. 따라서 이 저술은 때로 그의 사상적 흐름에 있어서 인식론적 단절로 표현되기도 한다(Althusser, 1969). 마르크스가 급진적 인간주의와 관계를 끊고 급진적 구조주의(radical structualism)로 전환한 것으로 보는 것도 이와 연관된다. 학자들은 마르크스의 급진적 구조주의의 보기로서 그가 쓴 지대론과 자본론을 들고 있다. 급진적 구조주의의 위세에 몰려 인간주의는 한동안 자리를 잃게 되었다.

마르크스주의에서 주관주의가 부활하고 인간주의가 다시금 대두된 것은 루카치(G. Lukacs)와 그람시(A. Gramsci)가 마르크스에 미친 헤겔의 영향을 다시금 강조하게 된 1920년대 초였다. 당시 유실되었던 마르크스의 경제철학수고가 발견됨으로써 이에 대한 관심은 한층 높아지게 되었다. 이에 대한 관심이 프랑크푸르트학파에 이해 받아들여지고 특히 하버마스(J. Habermas)와 마르쿠제(H. Marcuse)에 의해 논쟁점으로 부각되면서 인간화에 대한 관심은 고조되었다. 또한 급진적 인간주의자들의 비판이론이 비판적 관점에서 정당화되었다. 비판이론의 성장은 주관적 관념론의 또 하나의 주류인 프랑스의 실존주의와 함께 관념론을 부활시키는 계기가 되었다. 사르트르의 실존주의나 일리치(I. Illich), 카스터내더(C. Castenada), 랭(R. D. Laing) 등과 같은 사회이론가들의 저작도 이 패러다임에 속한다.

3. 인간의 문제를 거시적으로 볼 필요가 있다

거시적 인간화 이론은 사회구조라는 대범위를 통하여 인간의 문제에 접근하려는 것으로 넓은 의미의 인간화 접근방식 또는 인간화의 대범위이론(large-range theory of humanization)을 가리킨다. 이러한 이론적 틀로서는 신마르크스주의적 인간주의이론이 있으며 이른바 비판이론의 주요 핵심이 이에 속한다. 후론할 반조직이론은 비록 거시적 차원에 미치지 못하지만 주로 비판이론의 영향을 받은 인간주의이론에 속한다.

신마르크스주의(neo-Marxism)는 경제체제가 사회의 다른 모든 부분을 결정한다고 본 마르크스의 경제결정론에 비판을 가하는 데서 출발한다. 에거(B. Agger)에 따르면 경제결정론은 1889～1914년에 이르는 제2 공산주의 인터내셔널 시기에 마르크스이론에 대한 해석에서 그 절정을 보였으며 이 이론은 자본주의에 대한 과학적 분석에 바탕을 두어 계급투쟁과 이에 따른 자본주의의 붕괴가 불가피한 것으로 결론을 내렸다(Agger, 1978: 94). 엥겔스(F. Engels), 카우츠키(K. Kautsky), 베른슈타인(E. Bernstein) 등이 이러한 경제결정론적 상상의 중심부를 차지하였다. 신마르크스주의자들은 과학을 표방한 경제결정론의 이러한 사고에 대해 보다 주관주의적 접목을 시도함으로써 마르크스이론을 보다 헤겔의 변증법에 접근시키는 데 기여했다. 즉, 객관적 측면과 주관적 측면 사이의 변증법을 찾으려 한 것이다. 신마르크스주의가 경제결정론을 비판한 것은 자본주의가 그 자체의 구조적 모순에 의해 스스로 붕괴한다면 개개인이 해야 할 일은 없다는 데서 비롯된다. 개인의 사고나 행동이 배제되거나 그것이 무의미한 것으로 간주된다면 인간은 결국 구조의 수인 이외에 무엇이 될 수 있겠는가 하는 것이다. 신마르크스주의자들에 따르면 이러한 생각은 오히려 이론과 실천을 강조한 마르크스의 사상적 전통에도 어긋난다. 이러한 주장은 비판이론 형성의 기초가 될 뿐 아니라 인간의 적극적 행동을 유도하는 데 크게 기여하였다.

신마르크스주의의 이러한 입장은 마르크스이론이 출발했던 헤겔의 뿌리로 다시 돌아가면서 주관주의적 성향을 강화시켜 나갔다. 이것은 객관주의를 버리는 것이 아니라 지금까지 지나치게 객관주의를 편향했던 마르크스주의에 쐐기를 박고 주관주의와 객관주의의 조화를 통해 변증법적 성취를 이루어내려는 지적 움직임이다. 주관적 요인들에 대한 그들의 관심은 비판이론을 발전시키는 계기가 되었다. 비판이론이 거의 주관적 요인에만 그 분석의 초점을 맞추고 있는 듯한 인상을 주는 것은 주관적 요인에 대한 강조가 크기 때문이다. 이러한 주관적 성향의 강조는 인간화 작업에 있어서 획기적인 전기를 마련하게 되었다. 왜냐하면 마르크스주의는 기본적으로 노동자들에 대한 인간적인 연민에 바탕을 두고 있어 인간화에 기여한 점은 없지 않지만 인간화의 본질적인 해결방식을 구조적 해방에 역점을 두어 결국 인간보다 사회구조 변혁에 초점을 맞추고 있음에 비하여 신마르크스주의는 인간의 창조적 존재양식으로서의 인간화를 제시하고 소외를 일으키는 구조 자체에 대한 관심 못지않게 인간의 존재성을 잃게 하는 근본적인 문제에 접근하고 있기 때문이다. 그러므로 신마르크스주의는 문제에 대한 사실적 접근(객관적 접근)은 물론 주관적 해결방안을 제시함으로써 객관과 주관의 변증논리를 회복시킨 공로를 가지고 있다. 신마르크스주의가 헤겔의 변증법적 논리에 입각해 있다는 것은 그들의 인간화 작업에 대한 목적이 보다 총체성을 회복하려는 데 있음을 보여주고 있다. 이러한 사상을 가리켜 헤겔학파 마르크스주의 또는 비판이론이라 하기도 한다.

비판이론은 칸트의 순수이성비판에서 유래하는 관념론적 비판전통을 고수하면서 철학적·이론적·실제적 측면에서 사회를 있는 그대로 밝혀내고 사회활동의 본질과 양식을 탐구하며 내부의 깊숙한 사회적 변화를 통하여 인간화를 추구하려는 급진적 성격을 가진 사회철학이다. 비판이론으로서의 신마르크스주의는 관념론에 서 있었던 청년 마르크스의 저술을 바탕으로 세워진 사회학적 사상이자 정치철학이다. 비판이론은 프랑크푸르트학파의 사회이론과 동의어로 사용될 정도이지만 프랑크푸르트학파는 루카치의 연구에 힘입은 바크고 루카치의 연구는 그람시의 연구와 유사한 면을 가지고 있어 이들의 연구는 서로 중복되고 있다. 그러나 그들의 세부적인 비판의 본질과 방법에서는 차이를 보이고 있다. 인간화를 위한 그들의 비판적 이론을 살펴보면 다음과 같다.

1) 루카치의 물화비판

루카치는 이른바 인식론적인 단절이 있기 전의 마르크스의 연구를 특징짓는 헤겔의 강력한 영향을 강조하고 이를 회복시키고자 하였고 그의 논문집 역사와 계급의식을 통해 마르크스이론의 주관적 측면, 곧 인간주의를 부각시켰다. 그러나 정통 마르크스주의자들의 강한 반발을 받아 자신의 견해를 중도파적 유물론의 위치로 이동해야만 했다. 그가 물화(reification)를 둘러싼 경제학적 마르크스주의자들의 저작을 전면적으로 거부하지 않은 것도 이러한 맥락과 연관된다. 하지만 그는 헤겔과 마르크스를 연결 짓는 작업을 포기하지 않았다. 그는 마르크스의 상품개념으로부터 논리를 전개하여 상품의 물신숭배를 자신의 물화개념으로 확대시킴으로써 인간화의 문을 열고자 했다. 상품이란 기본적으로 사람들 사이의 관계를 의미하는 것으로 자본주의 사회의 구조적 문제로 규정되고 있다. 자본주의 사회에서 사람들은 자연과 상호작용하는 과정에서 상품들을 생산해낸다. 이 과정에서 사람들은 자신이 이 물건을 만든다는 사실을 망각하고 상품 자체에다 가치를 부여한다. 따라서 가치는 행위자와는 무관하게 시장에서 창출되는 것처럼 보인다. 상품 그 자체나 그 상품을 위한 시장의 독립적이고 객관적인 존재가치가 인정되는 과정 모두가 상품의 물신숭배(Warenfitischismus)를 나타낸다. 루카치의 물화(Verdinglichung)는 상품의 물신숭배를 지적한 마르크스의 견해에 바탕을 두고 있다. 상품의 물신숭배와 물화와의 차이는 두 개념의 적용범위에서 나타난다. 전자의 범위는 경제제도에 국한되어 있지만 후자의 범위는 사회의 모든 영역, 곧 국가, 법 그리고 경제와 같은 모든 영역에 적용되고 있다. 다시 말하면 루카치는 자본주의 사회의 모든 영역에 물화의 과정을 적용하고 인간이 주체가 되지 못하는 삶의 형태를 비판하였다. 그에 따르면 자본주의 사회를 살아가는 인간은 행동하는 동안에도 사건의 주체가 아니라 객체로 머물러 있는 것이 보통이다(Lukacs, 1971).

루카치는 소외되지 않는 주 객관 동일체(identical subject-object)의 존재가 되기 위해서는 프롤레타리아 계급의식이 필요하다고 주장한다. 즉, 프롤레타리아가 주 객관 동일체가 되어 현존하는 자본주의 사회를 변형시키거나 전복할 수 있는 수단을 제시하는 것이다. 그에 따르면 프롤레타리아는 다른 어떤 집단이나 계급보다도 소외를 극복할 수 있는 능력에 있어서나 자본주의 사회의 총체성을 이해할 수 있는 세계사적 위치에 있어서도 하나의 주 객관 동일체이다. 루카치의 총체성 개념은 역사와 계급의식을 통합하는 데 기여하는 매우 중요하고도 난해한 개념이다. 총체성은 원래 모든 것이 전체로서 파악되어야 한다는 헤겔학파와 마르크스주의자들의 견해를 담고 있는 것으로 마르크스는 사회변화의 과정을 개념화하는 데 이 말을 사용하였다. 사회발전에 있어서 각 단계는 각각의 특정한 총체성을 나타낸다. 사회변형은 한 총체성에서 다른 총체성으로 바뀌는 것을 의미한다. 자본주의는 봉건주의나 공산주의와 아주 구별되는 하나의 총체성이다. 한 총체성을 이해하기 위해서는 그것의 객관적·주관적 요소를 역사를 통해 이해하고 구조적 과정 속에 결합해야 하는 매우 복잡하고 동적인 작업이 필요하다. 따라서 자본주의 자체에 대한 총체성을 완전히 이해하지 않고서는 자본주의의 어떤 양상도 이해할 수 없게 된다. 루카치에 따르면 프롤레타리아는 자본주의 사회의 총체성을 이해하고 그 사회 구성인자들의 내적 연결 관계와 전체의 관계망을 파악할 수 있는 능력을 가진 계급이다. 프롤레타리아는 자본주의의 총체성에 대한 지적 파악과 함께 결정적 순간에 변혁에 대한 의지를 나타내고자 할 경우 자본주의의 정체를 모두 폭로하고 자본주의 사회를 변형시키고 재건할 수 있는 폭발적 에너지를 가지고 있다.

루카치는 사회적 실재란 객관과 주관이 긴밀하게 연결되어야 하는 것인데 자본주의는 주관과 객관이 잘못 분리 또는 분화됨으로써 동일체를 이루지 못하는 물화과정을 통해 소외현상을 불러일으켰다고 보았다. 그는 물화형태를 갖는 소외형태를 극복하여 주관과 객관이 통합되고 조화를 이루는 사회를 만들어야 한다고 주장한다. 루카치는 객관과 주관을 종합하기 위한 변증법의 성취를 위해 자본주의의 총체성을 누구보다 잘 알고 있는 프롤레타리아를 동원하고 있다. 그는 자본주의 내의 결정주의적, 주관과 객관을 분리시키는 면을 직시하고 보다 의지적·주의주의적 측면을 강조하면서 프롤레타리아가 사회변혁을 위해 수용할 수 있는 선택이 무엇이어야 하는가를 가르치고 있다. 그는 자본주의의 구조, 사상체계, 개인의 사상, 그리고 개인의 행동들 사이의 변증법적 관계에 관심을 가지고 있다. 그의 이러한 시각은 경제결정론적인 시각을 벗어나 변증법적 위치에 서 있음을 보여주고 있다.

2) 그람시의 실천철학

그람시는 루카치만큼 풍부한 이론적 시각을 보여주지는 못하고 있지만 결정론적이고 기계론적이며 운명론적인 경제결정론을 비판하고 인간주의적인 입장에서 자본주의에 대해 비판적 입장을 취하고 있는 현대 마르크스주의를 발생시키는 데 중요한 역할을 담당한 인물이다. 보그스(C. Boggs)에 따르면 그람시의 옥중수기에 나타난 마르크스주의는 구조와 의식, 과학과 철학, 주관과 객관 등을 융합한 비판이론(Boggs, 1976: 32)이라 평가를 받을 만큼 변증법적인 입장을 견지했다. 그람시는 그 당시의 마르크스주의, 이른바 정통 마르크스주의가 노동계급의 잠재적 능력과 의지적 측면을 무시한 채 조잡한 기계적 결정론을 택함으로써 혁명적 열정을 잃게 만들었다고 주장했다. 즉, 당시 사상은 이분법 가운데 단지 하나의 요소만을 기초로 한 철학이기 때문에 이것을 극복해야 한다는 것이다. 그의 이러한 생각은 주의주의와 결정론, 관념론과 유물론, 주관과 객관 사이에 일어나는 이율배반의 문제를 초월하는 변증법이 필요하다는 결론에 이르게 되었고 이것을 위한 변증법적 대안으로서 실천철학(praxis philosophy)을 제시했다. 그의 실천철학은 이론(theory)과 실제(practice)라는 정반 가운데 어느 한쪽만을 위한 것이 아니라 오히려 그것을 통합하는 실천(praxis)의 중요성을 강조함으로써 총체적인 통합을 통해 사회를 구성하고자 하는 변증법적인 세계관을 담고 있다 (Gramsci, 1971: 406). 이러한 사상은 그가 튜린에 있을 때 정통 마르크스주의와 대치되는 크로체(B. Croce)의 헤겔철학으로부터 영향을 받은 것으로 알려지고 있다. 그람시는 그의 실천철학을 통해 정치에의 관여를 강조하였고 그 자신 혁명적인 일에 직접 참여하였다. 그는 공장평의회(factory councils)를 통해 프롤레타리아 제도망을 세우고 이탈리아 사회 속에 노동자가 힘을 발휘할 수 있는 국가가 건설되기를 희망하였다. 그러나 그의 활동은 투옥으로 이어져 약화되지 않을 수 없었다.

그람시의 실천철학은 루카치와 마찬가지로 헤겔철학의 영향을 받은 것으로서 주관과 객관을 통합하려는 의지를 나타낸 것이다. 그에 따르면 실재란 실재를 수정하려는 인간과의 계속적인 그리고 역사적인 관계 안에서 존재한다. 이러한 의식은 비판이론의 전통 속에서 찾아볼 수 있는 기본적인 사고이다. 그의 인간주의는 변혁을 요구한다는 점에서 급진적이기는 하지만 그것이 바로 실천철학의 구현이라는 점에서 독특성을 가진다. 그람시는 자본주의가 지배계급의 권력과 지배를 영속화하기 위해 법을 이용하여 저항의 잠재력을 거세하고 그 자체의 존속을 위한 이념을 노동자에게 강요함으로써 헤게모니를 행사하려 하지만 노동자는 그 자신의 의식을 통해 이 헤게모니의 힘에 저항할 수 있다고 보았다. 의식은 단지 추상적이고 정신적인 것에 국한된 것이 아니라 사회변혁이라는 정치적 목적을 위한 구체적 힘이기도 하다. 이러한 의식을 가지기 위해 지식인의 역할이 필요하다. 이 의식은 일종의 관념적인 것으로 사회혁명을 불러일으키는 데 중요한 역할을 한다. 이러한 관념적 접근은 정통적인 마르크스주의의 경제결정론과는 거리를 두고 있는 것으로 오히려 청년 마르크스의 인간주의적 입장을 반영하고 있다.

3) 프랑크푸르트학파의 소외의식

프랑크푸르트학파(the Frankfurt School)는 사회조사연구소(Frankfurt Institute for Social Research)와 연관된 일단의 학문적 집군을 가리키는 것으로 광범한 비판활동을 통하여 비판이론의 기초를 닦아놓았다. 이 학파의 주요 인물로서 호르크하이머(M. Horkheimer), 아도르노(T. Adorno), 베냐민(Benjamin), 프롬(E. Fromm), 키르샤이머(Kirscheimer), 로벤탈(Lowenthal), 마르쿠제(H. Marcuse), 하버마스(J. Habermas) 등이 있다. 이 학파는 1923년에 활동을 시작했으나 1930년대에 나치가 권력을 장악함에 따라 이 학파의 상당수 인물들이 미국으로 이주하는 등 활동이 크게 약화되었다. 그러나 1960년대의 프랑스 학생운동과 미국의 반문화운동으로 점차 두각을 나타내었으며 1970년대에 관념론자들의 의식을 통한 혁명이 부각되면서 이 학파의 역할이 커지게 되었다. 이 학파는 마르크스이론에 반영된 헤겔 청년학파의 존재론적·인식론적 토대를 바탕으로 자본주의 사회의 근원적 본질을 알아내고 의식혁명을 통해 사회변화를 위한 기초를 마련하고자 여러 사회적 관행들에 대해 비판적인 입장을 취했다. 특히 실증주의과학, 합리성의 양식, 기술, 법 체제, 관료제의 유형, 언어, 미술, 음악, 문학, 권위주의적 성격과 정신분석 등 자본주의의 상부구조에 대한 문화 비판이 급진적 인간주의 시각에서 이루어졌다. 실증주의에 대한 비판은 경제적 결정론 및 사회세계를 물신화하는 것에 대한 비판과 밀접한 관계를 맺고 있으며 합리성에 대한 비판은 합리성에 의한 압제가 경제적 착취를 대신하는 주요 사회문제를 발생시킨 것으로 초점을 맞추고 있다. 프랑크푸르트학파는 루카치나 그람시와는 달리 정치적 행동을 덜 강조함으로써 혁명의 실천보다는 이론과 철학에 입각한 지적 비판에 치중했다는 평가를 받고 있다. 그러나 주관성을 강조하고 변증법적 접근을 했다는 점에서 서로 공통된다.

인간화에 대한 프랑크푸르트학파의 관심은 비인간화를 초래한 자본주의, 특히 현대 기술사회에 대한 비판에 집중되고 있다. 이에 대한 것은 주로 이 학파에 있어서 비교적 현대이론가에 속하는 마르쿠제나 하버마스에 의해 이루어졌다. 마르쿠제는 일차원적 사회와 일차원적 인간이라는 개념을 통해서 산업사회 속에 깊게 자리 잡고 있는 소외의 특성에 관심을 기울였다. 그는 특히 과학과 기술이 만들어 낸 소외문제에 관심을 집중시켰다. 하버마스는 사회생활의 모든 측면에서 언어가 하나의 소외의 요소로 작용하는 것에 초점을 맞추었다. 즉, 그는 의사전달능력이론(theory of communicative competence)을 통해 언어든 성이든 생산이든 다른 어떤 것이든 인간의 상호작용 속에서 일어나는 공통분모를 찾으려 했으며 현대 서구사회에 있어서 인간소외문제의 핵심이며 가장 기본적 차원에 해당하는 커뮤니케이션의 왜곡(communicative distortion)에 관한 요소가 어떻게 존재하는가를 보여주고자 했다. 비판이론에 있어서 소외는 일정한 총체성 속에서 인간의 의식과 객관화된 세계 사이에 방해가 되는 일종의 인지적 쐐기(cognitive wedge)가 박히는 상태이다. 이 소외의 쐐기는 인간을 그 진정한 자아로부터 분리시키고 인간으로서의 잠재실현을 방해한다. 따라서 그들은 현대사회를 비판함에 있어서 인간의 성취 가능성을 방해하는 소외의 형태와 그 근원이 무엇인가를 밝히고자 한다. 밝히고자 하는 것은 그들의 의식에 해당하며 그 목표는 총체성을 회복하는 데 있다. 의식은 궁극적으로 바람직한 사회적 세계를 창조하고 유지하는 힘이다. 의식은 내면적으로 형성되지만 객관화의 과정과 주관적 세계 및 객관적 세계 사이의 변증법을 통해서 이루어진다.

마르쿠제는 헤겔과 마르크스 전통에 입각하여 자본주의하의 현대 기술사회를 통렬하게 비판하고 해방철학의 입장에서 인간의 잠재능력의 발휘와 그 자유영역을 확대하고자 하였다. 그는 에로스와 문명을 통해 선진 산업국가들이 문명을 유지하기 위해 필요한 정도를 훨씬 넘어서는 과잉억압(surplus repression)을 하고 있으며 이 과잉억압이 현대사회 안에서의 소외문제의 핵심이 되고 있음을 지적하고 있다. 그는 과잉억압 사회로부터 인간을 해방시켜야 한다고 주장한다. 그가 현실원칙보다 쾌락의 원칙을 보다 강조하는 것은 현실을 내세워 과잉억압을 하는 것보다 오히려 자유를 허용하는 사회를 바라는 소망과 연관되어 있다(Marcuse, 1966). 마르쿠제는 일차원적 인간을 통해 에로스의 자유로운 잠재력이 일차원적인 기술사회의 성질에 의해 잠식되고 있고 일차원적 기술사회는 기술, 능률, 물질적 진보의 일방적 지배를 강요하는 기술 합리성의 전체주의사회라고 비판하였다(Marcuse, 1964).

하버마스는 작업(work)과 상호작용(interaction)이라는 두 개념을 통해 문제에 접근한다. 이 두 개념은 각각 근본적으로 서로 다른 사회생활의 범주에 해당한다. 그에 따르면 작업은 자본주의적 산업사회의 지배적인 사회활동의 형태에 속하며 상호작용은 자본주의 이전 사회에서 전형적으로 나타난 것으로 포스트모던 사회의 지표가 되는 것이다. 작업이 중시되는 산업사회는 목표달성이 강조되고 기술통제에 따른 불평등한 권력관계로 인해 커뮤니케이션 왜곡이 발생한다. 그러나 상호작용이 강조되는 사회에서는 상호 주관적으로 공유된 언어생활 속에서 함께 규범을 이루어나가며 커뮤니케이션을 바람직한 상태로 이루어나간다. 상호작용은 분업이 상대적으로 덜 이루어진 자본주의 이전 사회에서 찾아 볼 수 있으며 이 사회에서는 상호 간의 기대와 가치가 역할의 내면화를 통해 자연스럽게 이루어질 뿐 아니라 지배로부터 자유로운 커뮤니케이션을 확장함으로써 이상적인 언어상황을 구축해 나아간다. 하버마스는 포스트모던 사회는 모든 사람에게 동등하게 접근할 수 있고 담화기회에 있어서도 형평성이 주어지는 상호작용에 기반을 둔 사회여야 한다는 비전을 갖고 있다(Habermas, 1971). 하버마스는 커뮤니케이션의 병리현상에 관한 연구를 통해 언어의 잠재능력을 억압하는 사회구조로부터 인간을 해방시키고자 하는 자아성찰의 면모를 보여주고 있다(Schroyer, 1971).

마르쿠제와 하버마스는 현대사회를 비판함에 있어서 경제결정론적 마르크스주의의 분석은 시대에 뒤떨어진 것으로 간주하고 보다 현대화된 분석과 방법을 통해 문제에 접근하였다. 이처럼 프랑크푸르트학파는 과학, 기술, 언어 등 여러 분석대상을 통해 현대 자본주의 사회의 억압적인 성격을 지적하면서 궁극적으로는 인간을 억압으로부터 해방시키고 어떤 대안이 있는 생활 형태를 추구하도록 만들었다.

4. 조직 속에서도 인간화의 대안을 모색하라

인간화 이론에 있어서 중시수준(meso level)은 산업사회의 틀 안에서 논의되기는 하지만 그 초점이 거시적 산업사회에 있는 것이 아니라 중범위(middle range)에 해당하는 조직의 차원에서 인간문제에 접근하려는 학문적 태도를 나타낸다. 이 이론은 중범위이론이기는 하지만 이론에 따라서는 거시수준과도 맞닿을 수 있는 영역도 있다. 중시적 인간화 이론의 대표적 보기로서 반조직이론을 들 수 있다.

반조직이론(anti-organization theory)은 오늘날의 조직이 인간으로 하여금 존재론적인 삶을 살지 못하도록 하는 것에 초점을 맞추어 조직에서의 인간화를 그 대안으로 제시하는 이론이다. 즉, 반조직이론은 조직의 상황 속에서 소외를 일으키는 근원을 밝히고 그에 대한 대안을 모색하는 이론이다. 반조직이론은 기존의 조직이론이 기능주의에 입각하여 목적 합리성을 추구하면서 생산을 극대화하기 위해 조직 속의 인간을 기계화시킨 것으로 간주하고 이에 대한 대안으로서 이것과 전혀 반대되는 속성을 가진 인간주의, 인간애, 가치 합리성, 직관, 의식, 인간의 창조성 등을 제시함으로써 조직 속의 인간화를 모색하는 이론이다. 이 이론은 기본적으로 비판이론의 급진적 인간주의의 영향을 받고 있다. 비판이론은 여러 점에서 반조직이론을 구성하는 데 영향을 주었는데 특히 조직을 물화된 사회적 구성물이자 소외작용을 일으키는 매개물로 보았다는 점에서 반조직적이었다. 따라서 반조직이론도 이러한 시각에 입각하여 조직을 그릇된 문제와 쟁점에 관심을 가진 하나의 소외요인이자 지배 집단의 지배 이데올로기를 옹호하는 수단으로 간주하고 있다.

반조직이론이 표적을 삼고 있는 조직에 대한 비판 내용은 다음과 같다(Burrell and Morgan, 1982).

첫째, 조직의 맥락 속에서 지배적이며 가장 가치 있는 인식양식으로 삼고 있는 목적 합리성

둘째, 합리적 행위를 하도록 감시하고 조정하는 규칙과 통제체제

셋째, 좁게 규정된 한계 내에서 인간의 활동을 제약하고 한정하는 규칙들

넷째, 커뮤니케이션 왜곡 상황을 자아내는 조직생활의 언어

다섯째, 노동자가 작업현장의 역할, 규칙 및 언어를 수용하도록 길들이는 이데올로기의 메커니즘

여섯째, 하나의 해방적 요인으로서의 기술숭배

일곱째, 노동, 여가, 희소성 및 이윤성과 같이 노동자와 그들이 사는 세계 사이의 관계를 신비하게 하는 물화

반조직이론의 주요 이론가와 그들의 대안적 주장을 살펴보면 다음과 같다. 대안이란 소외를 일으키는 조직현상에 대한 대안을 말한다.

1) 딕슨(D. Dickson)의 대안적 기술

딕슨은 진보된 기술과 자본주의의 성격에 나타나는 기술과 정치, 그리고 사회통제 사이의 연관관계를 논한 다음 현대의 기술과 관련된 여러 문제는 강제성과 조작성이 없는 사회적 생산양식과 자연환경에 대해 비착취적인 관계를 창조하고 유지하는 데 필요한 대안적 기술

(alternative technology)을 통해 해결할 수 있다고 주장하였다(Dickson, 1974: 11). 대안적 기술 그 자체는 대안적 사회를 저절로 창조하지 않는다. 이것은 기본적으로 정치적인 요인과 결부되어 있다. 따라서 억압적이며 조작적인 기술로부터의 해방을 위한 투쟁은 그러한 억압을 수반하는 억압적 정치요인으로부터의 해방을 위한 투쟁과 결부되어 있다. 그에 따르면 기술은 일정한 형태의 사회조작과 통제를 강화하기 위해 상징적으로 작용한다. 현대기술은 자본주의 안에서 지배계급의 이익을 증진시키는 역할을 수행할 만큼 자본주의의 전체성과 밀착되어 있다.

2) 일리치(I. Illich)의 즐거운 보람

일리치는 기술의 발전과 생산성의 강요로 인해 파괴된 것을 복구하기 위한 희망적 재건(convivial reconstruction)이 요청되고 있다고 전제하고 즐거운 보람(conviviality)에 입각한 재구성을 주장하였다(Illich, 1973). 일리치는 어떤 제도 내의 엘리트들의 관심에 힘입어 기술적 진보는 보다 나은 기술적 진보를 요구하게 되고 이를 통해 인간은 자신들의 욕구를 달성하기 위한 수단의 노예로 전락하게 되므로 이러한 위기를 해결하기 위해서는 그러한 구조를 역전시킬 필요가 있다고 주장한다. 구조를 역전시킬 수 있는 그의 대안이 바로 즐거운 보람개념이다. 이 개념은 사람들에게 고도의 자율성과 창의성을 가지고 일할 수 있도록 각 사람의 자유의 범위를 향상시키고 같이 일할 수 있도록 교호관계를 개선시키는 일이다. 각 개인은 자기가 가지고 있는 능력과 상상력을 충분히 발휘할 수 있는 권한을 가지게 되며 주인과 노예의 관계에 따른 강요는 설 자리를 잃게 된다. 일리치는 그러한 의미에서 조직의 특징인 관리자독재(managerial fascism)의 전복을 요구하고 있다.

3) 라이히(C. Reich)의 제삼 의식

라이히는 1960년대 후반에 일어났던 미국 젊은이들의 반문화운동의 이상과 가치관에 기반을 둔 의식개혁을 통해 현대사회의 변화를 주장했다. 그는 의식을 농촌문화를 배경으로 한 제일 의식, 산업사회의 제이 의식, 그리고 새로운 사회의 새로운 의식을 제삼 의식(consciousness Ⅲ) 등 세 가지로 구분하고 제삼 의식을 강조하였다. 제삼 의식은 인간의 실존을 회복하기 위한 일종의 의식혁명으로서 이 혁명은 이미 보다 높은 이성과 보다 인간적인 공동체와 새롭고 자유로운 인간의 모습 속에서 급속도로 파급되고 있다. 라이히는 이 의식의 파급을 위해 어떤 정치적 행동을 요구하지는 않았지만 산업사회가 인간을 질식시키고 있는 의식을 폭로함으로써 의식의 변화를 초래해 개인·사회·문화·정치·자연에 이르기까지 새로운 변화가 일어나고 새로운 관계가 창조될 것으로 보았다(Reich, 1972: 11).

4) 로스작(T. Roszak)의 개인적 비전

로스작은 산업화되고 관료제화된 현대사회의 특징인 기술관료제(technocracy)와 이에 반기를 든 청년문화(youth culture) 사이의 대립과 투쟁에 초점을 맞추고 있다. 그는 이성·실제·진보·지식을 바탕으로 객관적 의식 면에서 실재를 규정해 나가고자 하는 기술 관료제의 여러 방법을 검토하고 인간의 가치와 잠재력을 회복시킬 수 있는 방법을 추구하였다. 그는 바람직스럽고 보람 있는 노동을 통해 사랑이 넘치는 공동체 사회를 정립하고자 했다. 그 사회에서는 개인의 비전이 객관적 지식을 대신한다(Roszak, 1969).

5) 카스타네다(C. Castaneda)의 비일상적 실재

카스타네다는 산업사회의 일상적 실재의 세계를 비판하고 대안적 세계로서 비일상적 실재의 세계를 제시했다. 그는 서구문화를 지배하고 있는 과학적 에토스(scientific ethos)의 논리로서는 비일상적 양식을 포용할 수 없다고 판단하고 대안적 실재의 탐구를 위해 돈후안이나 야키(Yaqui) 인디언 마법사 등의 세계를 통해 교훈을 얻고자 했다(Castaneda, 1970). 그는 야키 인디언의 세계관과 캘리포니아 대학 인류학도의 세계관이 얼마나 다른가를 통해 비일상성의 실재를 규명하고자 했다.

6) 퍼시그(R. Pirsig)의 낭만주의적 사고방식

퍼시그는 선과 모터사이클 유지기술이라는 소설적 전개를 통해 카스타네다의 경우와 마찬가지로 중심인물의 정신세계에 존재하는 서로 다른 세계관 사이의 투쟁을 담고 있다. 그는 일상의 실재를 탐구하여 규정하려는 사람들에게 있어서 고전적 이해의 양식과 낭만주의적 이해의 양식이 서로 우위를 점하기 위해 어떻게 다투고 있는

가를 보여주고 있다. 그는 자본주의 사회의 양식을 고전적 사회방식으로 규정하고 있으며 그 대안적 세계로서 낭만주의적 사고방식을 제시하고 있다(Pirsig, 1976). 그가 선의 세계를 선호하는 것은 이 때문이다. 이런 점을 미루어볼 때 그도 위에 언급한 다른 사람들과 마찬가지로 인간주의적 에토스에 초점을 맞추고 있음을 알 수 있다.

7) 굴드너(A. Gouldner)의 낭만주의

굴드너는 이데올로기와 기술의 변증법을 통해 상징체계로서의 이데올로기에 초점을 맞추고 사회적 지배양식으로서의 기술과 이데올로기 사이의 관련성을 밝히고자 하였다. 그는 하버마스와 같은 비판 이론가들의 영향을 받아 산업사회를 기술 관료적 의식사회로 간주하고 낭만주의를 그 대안적 세계로 제시하였다. 그는 오늘날의 기술 관료적 의식(technocratic consciousness), 곧 과학, 실증주의, 기술, 기술 관료적 의식의 연계 등은 낭만주의와 대립된다고 말하고 보다 나은 인간주의적 삶을 향유하기 위해서는 기술 관료적 의식에 따른 양식을 거부해야 한다고 주장했다(Gouldner, 1976).

8) 미킨(D. Meakin)의 창의성

미킨은 『인간과 작업』이라는 저서를 통해서 산업사회의 문학과 문화에 관심을 나타내고 작업 이데올로기(work ideology)를 내세우는 산업사회의 문제성을 드러냄과 아울러 인간의 창의성이 자유롭게 발현될 수 있는 새로운 이데올로기를 제시하였다(Meakin, 1973).

9) 앤소니(P. Anthony)의 장인의식

앤소니는 그의 저서 『작업의 이데올로기』에서 작업에 임하는 태도와 기술진보의 관계를 연구하고 소외를 일으키는 산업사회의 작업 이데올로기의 종언을 주장하며 즐거움과 이용이 주요 원리가 되는 새로운 이데올로기, 곧 장인의식으로의 대체를 주장했다(Anthony, 1977). 러스킨(J. Ruskin)과 모리스(W. Morris)에 따르면 장인들의 직업윤리 속에는 창의적 가능성과 낭만주의적 이상이 담겨 있다.

지금까지 여러 학자의 대안적 세계관을 살펴보았다. 대안적 세계는 현대 자본주의 사회조직이 가지고 있는 전형적 실재에 대한 비판에서 출발하고 있으며 이를 위해 탈소외적 존재양식을 찾고자 한 것이다. 이들의 견해는 실증주의 과학과는 근본적으로 상반되는 견해를 보이고 있다. 이것은 실증주의적 과학이 산업사회의 지배 이데올로기로 작용하여 오히려 사회문제를 야기했기 때문이다. 그들은 과학이 지배하는 서구사회 대신 인간이 자연과 조화를 이루는 사회를 희구하고 있다. 그들이 때로 동양의 생활방식, 보기를 들어 불교의 선에 관심을 갖는 것은 이 때문이다. 이러한 탐구는 과학이나 진보에 대한 숭배로 인해 오염되지 않은 새로운 세계를 구성하기 위한 노력의 일환이다. 그들은 또한 인간으로 하여금 소외를 갖게 하는 산업조직에 대해 매우 비판적이다. 그들이 대안세계로 제시하는 개념 속에는 낭만주의와 관념론 등 급진적 인간주의의 철학이 반영되어 있다. 이것은 인간의 이성보다는 감성, 구조보다는 의식, 경쟁보다는 조화, 생산보다는 창조성, 논리보다는 직관, 체제보다는 총체성을 선호하는 양식으로 나타나 있다. 이것은 마치 합리주의에 반기를 들어 낭만주의가 나타났던 문화적인 흐름과 궤를 같이하고 있다.

반조직이론가들이 제시하는 대안의 상당수는 과거 속에서 탐구되고 있다는 속성을 가지고 있다. 수력발전소보다는 풍차, 작업보다는 장인의식, 수단과 도구보다는 선에서 대안을 찾는 것은 그 보기이다. 과거에 대한 이러한 목가적 희구는 마치 청년 마르크스가 사냥꾼이나 어부나 목동이나 비평가가 아닐지라도 아침에는 사냥을 하고 오후에는 고기를 낚고 소떼를 돌보며 식후에는 비평을 하며 마음 내키는 대로 오늘은 이것을 하고 내일은 저것을 하는 목가적 인간상을 그린 것(Marx, 1965: 44~45)과 공통된다. 이러한 목가적 사회관은 자본주의 사회에서 볼 수 있는 것처럼 자원의 희소성 때문에 모두 경쟁적 삶을 살아야 하는 것과는 달리 오히려 희소성으로부터 해방된 삶을 누릴 수 있다는 특이성을 갖는다. 반조직이론은 급진적 인간주의 패러다임에서 발전된 것으로 기능주의 패러다임과는 근본적으로 상반되는 성격, 곧 과학과 사회의 본질에 대하여 완전히 전도된 가정을 하고 있기 때문에 오늘날의 조직이론과는 근본적으로 상반된 입장을 유지하고 있다.

5. 인간을 위해 직무구조도 재설계하라

미시적 인간화 이론은 직무구조의 재설계 또는 재조정을 통해 조직성원의 만족도뿐 아니라 조직의 성과도 아울러 높이고자 하는 직무인간화(work humanization) 이론을 가리킨다. 즉, 직무의 인간화를 통해 산업민주화와 조직의 생산성을 동시에 달성하고자 하는 이론이다. 이와 관련된 대표적 이론으로서 사회기술체계를 들 수 있다.

미시적 인간화 이론에는 이 밖에도 마르크스적 관점을 수용한 노동
과정이론 등이 있다.

1) 사회기술체계

사회기술체계(sociotechnical system)는 미시적인 직무구조를 가능
한 한 직무를 직접 수행하는 담당자의 심리적 욕구에 적합하도록 설
계하여 직무의 단조로움에서 오는 무의미감과 소외를 줄이고 직무
만족감을 증진시키는 한편 궁극적으로는 직무수행의 효율성을 높여
조직의 생산성을 증대시키고자 하는 연구방법을 가리킨다. 이 연구
는 직무조건의 개선뿐 아니라 직무수행 규칙의 변화, 직무의 확대화
와 충실화, 자율적인 직무수행 집단(autonomous work group)의 형성
등을 통해 직무를 보다 인간화시킴으로써 산업 민주화의 영역을 확
대시켰다(Sørensen, 1985).

1930년대와 40년대의 인간관계운동(Human Relation Movement)과
는 달리 1970년대 이후 전개된 직무인간화운동들은 수평적인 직무
확대화(job enlargement)와 수직적인 직무 충실화(job enrichment)를
통해 구성원들의 직무경험을 다양화하고 의사결정에의 참여범위를
확장시키고자 하였다. 직무를 보다 인간화시키려는 프로그램과 기법
들은 다양하지만 직무구조의 재설계를 통해 직무와 관련된 의사결
정의 폭을 넓혀주고 직무의 다양성을 높여줌으로써 조직성원으로
하여금 직무에 대한 만족을 갖게 하고 조직의 효율성과 생산성을 제
고시키며 직장에서의 삶의 질(QWL)을 향상시키는 데 초점을 맞추
고 있다(Hackman, 1978; Griffin et al., 1981).

　호손 연구 이래 조직에 관한 연구들은 작업환경에 대한 호손식의 분석이 주종을 이루었다. 즉, 대부분의 조직연구들이 작업환경을 사회적 구조의 측면에서만 파악하여 직무만족, 리더십, 집단역학 등에 관한 연구에 집중되어 있었다. 이러한 상황에서 사회 기술적 접근은 조직이 사회적 시스템 외에 기술시스템에 의해서도 구성된다는 통찰력을 바탕으로 기술과 사회구조 사이의 관련성에 관심을 기울였다. 사회기술체계(sociotechnical system)란 말은 타비스톡 인간관계연구소(Tavistock Institute of Human Relations)가 처음으로 사용한 것으로 생산시스템에서의 기술적 요인과 사회적 요인의 상호작용과 그 특성을 나타내고자 하였다. 트리스트(E. Trist)와 뱀포스(W. Bamforth)의 연구에 따르면 영국탄광에서 전통적인 채탄방식(hand-got method)을, 기계화되고 대량생산의 특징을 가진 새로운 장벽방식(longwall method)으로 바꾸었을 때 이 채탄기술변화는 단지 기술변화에 그치는 것이 아니라 직무역할의 분화, 의사소통의 장애 등 종래 작업조직이 갖고 있던 사회적 결합을 파괴시키고 갱내에 완전히 새로운 작업과 사회적 관계의 재조직을 필요로 했다(Trist and Bamforth, 1951). 이 연구결과는 기술요인과 사회적 요인이 관련되어 있다는 관점에서 작업 상황을 파악하는 시야를 갖도록 만들어주었다. 이에 따라 작업집단을 기술시스템만이나 사회시스템만으로 보지 않고 상호의존적인 사회기술체계로 간주하게 되었다.

　사회기술체계는 또한 조직을 보다 큰 환경이라는 맥락 속에 존재하는 개방체계로 파악하고 있다. 라이스(A. Rice)는 인도의 직물회사를 대상으로 한 연구에서 조직은 일차적 과업이 효율적으로 수행될 수 있도록 형성되어야 하는데 이 일차적 과업은 시장의 환경에 의해서 결정된다는 것을 발견하였다(Rice, 1958). 이 연구결과는 조직이 생존하고 발전을 유지하기 위해서는 환경의 영향을 고려하여 대 환경관계를 효과적으로 창출하고 유지해야 한다는 것을 일깨워주었다. 사회기술체계는 조직을 사회기술체계로 파악할 뿐 아니라 환경의 중요성을 강조함으로써 앞으로 조직을 어떻게 파악하고 연구해야 하는가 하는 조직연구의 방향을 제시해주었다.

사회기술체계는 행동조사(action research)연구를 통해 조직의 인간화에 크게 기여했다. 행동조사연구는 실천적이고 경험적인 체계 내에서 조직을 어떻게 변화시키고 개선해나가야 하는가의 방향을 정립해주었다. 즉, 기술적 요구와 인간적 요구를 함께 최적화시키는 공동 최적화(joint optimization)를 추구하면서 환경조건에 부합되는 작업집단의 직무설계방안을 제시하고자 했다. 1960년대에 노르웨이에서 실시된 국가적 수준의 대규모 산업민주주의 행동조사연구 프로젝트나 새로운 경영철학을 모색한 영국 쉘(Shell) 사의 철학 프로젝트, 1970년대에 구미 각국에서 근로생활의 질 향상운동(QWL Improvement Program)과 연계하여 실시된 사회 기술적 프로젝트는 이것의 보기에 속한다. 이 연구결과는 인간적 요소를 고려한 1960년대의 직무설계 분야의 획기적인 발전으로 입증되었고 아울러 근로생활의 질을 향상시키는 데 크게 기여하였다.

사회기술체계의 인간화 속성은 그들이 주장하는 여러 개념 속에서도 발견할 수 있다. 에머리(F. Emery)는 작업설계의 원리에서 직무의 내용은 다양성을 제공할 수 있어야 하고, 직무에서 계속 배울 점이 있어야 하며, 개인의 의사결정 영역이 허용되고, 작업자가 수행하는 일에 대해 어느 정도 사회적 후원과 인정이 필요하며, 일이 의미와 존엄성을 지닐 수 있어야 하고, 직무를 통해 반드시 승진은 아니더라도 바람직한 미래를 얻을 수 있다는 느낌을 가질 수 있어야 한다는 등 직무가 구비해야 할 여섯 가지 특성을 지적하였다. 이것은 직무의 내재적 보상의 중요성을 지적하는 것으로서 직무 충실화와 유사한 내용을 담고 있다. 물론 이러한 원리들이 모든 사람에게 무차별적으로 통용되어야 한다는 것은 아니다. 개인적인 차이가 있을 수 있고 사회적 가치의 변화도 고려해야 한다. 사회 기술적 접근에서 제시하는 자율적 작업집단은 직무 충실화가 집단 단위에 적용되는 직무설계방식이다. 자율적 작업집단은 자기규제라는 사이버네틱스 방법을 사용하여 집단의 변이를 스스로 통제함으로써 성원의 만족뿐 아니라 조직의 효과를 높인다. 이 집단은 일단의 학습체계이기도 하다. 집단의 능력이 증대될수록 의사결정의 범위가 넓어지고 유연성을 갖게 된다. 기술이 복잡하고 상호의존성이 높으며 환경이 동태적이고 성원의 성장욕구나 사회적 욕구가 모두 높을 때 이 집단의 유용성은 커진다(Susman and Chase, 1986). 그렇다고 이 집단이 항상 기능을 발휘할 수 있는 것은 아니다. 조직의 환경으로부터 지원이 없을 때는 실패할 수밖에 없다. 사회기술체계에서는 복잡성·상호의존성·불확실성에 대처하기 위해서는 관료제를 대체할 새로운 조직형태가 필요하다고 주장한다. 새로운 조직형태란 이러한 성향에 유연하게 대처할 수 있는 기능과 잠재력을 가진 조직을 말한다. 기능의 다양성(redundancy)은 바로 유연성이 없는 기계적 조직이 아니라 유연성을 가진 조직의 성격을 가리킨다. 트리스트는 이 개념을 새로운 공장을 건설할 때 도입해본 결과 생산성과 종업원 만족이라는 결과를 얻었다. 이러한 연구결과들은 조직설계가 테크노크라트적인 관료제라는 옛 패러다임으로부터 새로운 패러다임으로의 변화를 촉구하고 있다. 즉, 기술결정론에서 기술과 인간을 아울러 최적화시키는 공동 최적화로, 기계나 소모품 정도로 본 인간관에서 발전되어야 할 자원으로 보는 인간관으로, 최대한의 분화와 간단하고 협소한 기능보다는 적정 과업의 그룹핑과 다기능적이고 폭넓은 기능으로, 감독과 절차에 따른 외적 통제보다는 자율적인 내적 통제로, 고층조직의 전제적 유형에서 평면조직의 참여적 유형으로, 경쟁과 놀이인의 기질에서 협조와 친화의 기질로, 조직목적만의 강조에서 구성원 및 사회적 목적을 포함시키는 쪽으로, 소외보다는 몰입으로, 위험부담이 작은 것만을 찾기보다는 혁신을 택하는 쪽으로의 변화는 모두 옛 패러다임을 벗어나 새로운 패러다임으로의 변화를 의미한다.

사회기술체계의 이러한 공헌에도 불구하고 이 이론에 대한 비판도 만만치 않다. 이에 대한 비판을 살펴보면 다음과 같다.

첫째, 사회기술체계는 인간주의적 조직이론가들이 경시해왔던 기술적 요인의 중요성을 부각시키고 기술과 인간의 접합관계를 강조하며 직무설계에 있어서 심리적 욕구에 적합한 어느 정도의 자율성을 인정한다는 점에서 긍정적인 평가를 받고 있으나 기본적으로는 기술이 직무설계의 적용원리를 한계 짓는다고 봄으로써 기술결정론적인 입장에서 이론을 전개시키고 있다는 평가를 면할 수 없다(Sørensen, 1985: 146~147).

둘째, 사회기술체계는 기술 및 시장 등의 환경을 중시함으로써 개방체계의 문을 열어놓았다는 평가를 얻었으나 그 개방성은 조직을 둘러싼 가장 중요한 외적 요인인 정치구조 및 문화 환경의 영향, 노동조합의 역할, 비공식적 집단의 역할 등을 그 이론 구성에서 거의 도외시했다는 평가를 받고 있다(Durham, 1981; Sørensen, 1985: 148).

셋째, 사회기술체계는 체계의 균형을 가정하고 있는 기능주의적 패러다임에 속하며 갈등을 무시하고 있다(Burrell and Morgan, 1979). 기술변화는 종전 체계의 균형혼란을 의미하며 광부들의 반응은 이 혼란에 대한 반동으로도 해석할 수 있다. 갈등론적인 입장에서 볼 때 기술과 인간의 공동 최적화, 곧 양쪽의 만족은 자본가가 자기의 이익을 추구하기 위해 기술을 이용하려 하는 자본주의의 속성을 감안할 때 하나의 환상에 불과하다. 탐슨(P. Thompson)은 자본주의 제도 아래서 기술은 자본을 지닌 사람들의 목적에 봉사하는 쪽으로 이용될 수밖에 없다고 주장한다. 그에 따르면 사회기술체계는 소유나 통제에 따른 사회체계가 기술에 미치는 영향을 전혀 고려하지 않고 있으며 한 가지 기술이 노동력의 다양한 사회적 관계의 배열과 양립할 수 있다는 전제 아래 조직이 노동력의 사회적 배열을 스스로 택할 수 있다는 기본적인 가정을 가지고 있다. 따라서 그는 이 가정에 회의적이지 않을 수 없다는 것이다(Thompson. 1983).

넷째, 사회기술체계 대부분의 연구결과에 나타난 직무만족은 근본적이기보다는 매우 피상적이라는 점이다. 직무담당자들이 자신의 직무 자체를 삶의 중심적 가치로 인식하지 못하는 가운데 의미 없는 직무수행에서 오는 소외의 보상을 어떤 근본적인 혁신보다 단지 직무와 관련된 부수적인 장치의 개선만으로 충분한 것으로 인식하도록 만들려는 것은 보다 거시적인 계급관계에 의해 결정된 직무상황에의 무력한 적응의 소산임을 의식하지 못하도록 하는 이데올로기의 합리화 기능에 부응하는 것이다(Fox, 1980: 173~174). 따라서 직무만족에 대한 경험적 조사연구들은 조사설계에 있어서나 조사결과에 있어서 직무담당자가 자신의 직무를 통해 경험하는 사회적 의미와 개인적 의미를 구별해내지 못하는 가운데 피상적인 결론에 도달하게 된다.

이러한 비판에도 불구하고 사회기술체계는 기업조직에서 급격히 발전하고 있는 새로운 생산기술(advanced manufacturing technology)이나 유연자동화(programmable automation) 기술의 발전과 함께 인간적 측면을 고려해야 하는 직무설계나 기술 관리의 중요성이 높아짐에 따라 보다 중요한 역할을 수행할 것으로 보인다. 사회기술체계는 지금까지 사회과학적 차원보다는 다분히 생산 공학적인 개념에 더 치중해왔기 때문에 직무수행에 따른 단조로움, 소외감 등을 축소시키는 정도에 국한되었다. 그러나 앞으로의 연구는 보다 사회과학적인 접근이 필요하다. 왜냐하면 기술은 기본적으로 중립적인 것이지만 누가 그것을 지배하고 있느냐에 따라 결과가 달라지기 때문이다. 기술의 이데올로기성은 바로 이것을 말한다. 사회기술체계를 비판하는 이론가들은 이미 자본주의의 생산양식이 이 흐름을 장악하고 있으며 사회기술체계의 기술과 여러 직무설계 방안들은 계급 관계적 모순들을 적절히 여과시켜 지배적인 권력관계를 계속 유지시켜 나가는 이데올로기적 기능을 수행하고 있다고 본다. 직무설계자가 직무 속에서 설계하려는 것은 사실상 이미 모두 설계되어 있다는 주장은 이러한 흐름을 반영하고 있다(Storey, 1983: 140).

2) 노동과정이론

　노동과정이론(labor process theory)은 자본주의 아래서의 생산현장, 곧 노동과정 또는 직무 흐름을 마르크스주의적 관점에서 정립한 이론체계를 가리킨다. 이 이론은 전반적으로 직무가 왜 단편화되고 퇴화(degradation)되지 않을 수 없는가를 자본주의의 생산양식과 연결시켜 분석함으로써 사회기술체계이론보다 거시적인 입장을 취하고 있다. 이 이론가들에 따르면 점차 높은 교육수준과 높은 기대수준을 획득해가는 노동력에 비해서 이처럼 탈기술화되어 가는 직무수행의 요구조건이 직무수행자의 높은 이직률과 태업률, 낮은 생산성, 높은 소외감을 초래하는 것은 당연하다.

　마르크스주의에 관한 여러 연구에서 생산현장의 직무 그 자체를 대상으로 한 보다 구체적인 연구들을 찾아보기는 어렵다. 그러나 마르크스의 주요 저작에 관한 재해석과 더불어 노동, 자본, 기술의 본질과 그 상호작용 등 노동과정을 중심으로 한 연구가 활발하게 진행되면서 노동과정의 생성과 발전에 대한 관심이 높아졌다. 자본주의 생산양식 아래서의 직무설계와 통제, 그리고 직무 인간화의 실현 잠재력에 대한 평가는 노동과정이론의 골격을 이루고 있다.

　마르크스에게 있어서 자본주의의 본질은 직무의 본질과 연관된다. 자본주의 아래서의 직무는 자본가에 의해서 상품으로 구매될 수 있는 노동력과 그 노동력의 사용을 바탕으로 한 이윤의 창조 및 자본가의 전유에서 비롯되는 갈등이라는 특성을 가지고 있다. 이 특성은 직무설계와 밀접한 연관을 갖는다. 특히 효율성과 통제라는 측면에서 필연적인 관계를 맺고 있다. 즉, 자본가가 효율성을 증대시키기 위해 노동자의 희생을 강요하게 될 때 효율성을 높이기 위한 방법으로서의 직무설계와 기술구조는 이해 관계적이며 정치적인 속성을 띠지 않을 수 없다(Marx, 1972). 자본주의에서는 자본가들이 직무의 설계와 통제에 주도권을 잡도록 구조되어 있다. 브레이버만에 따르면 자본주의 생산양식 아래서의 이러한 노동의 조직화는 테일러리즘(Taylorism)에서 개화된다(Braverman, 1974). 노동과정에 대한 브레이버만의 분석은 자본주의 생산양식 아래서의 직무의 본질, 직무설계에 깔려 있는 근본 원칙, 현 직무형태의 필연성과 직무구조가 반영하고 있는 불평등한 권력구조를 밝혀주고 있다(Braverman, 1974: 11~12). 직무설계나 직무구조 속에 중립성을 넘어선 이데올로기가 반영되어 있다는 것이다. 직무설계와 밀접한 관계를 맺고 있는 기술변수도 더 이상 중립적인 것이 되지 못한다. 생산력만을 중시하는 기술결정론적인 시각에서는 기술이 정치적으로 중립적인 것이지만 생산관계를 보다 역사적인 시각에서 보려고 하는 노동 과정적 패러다임에서 기술의 발전은 어디까지나 사회적으로 결정되는 것으로 인식된다. 따라서 기술도 정치적 성격을 반영한다(Levidow and Young, 1981). 즉, 특정 시점에서의 특정 기술은 그 기술을 선택하는 권력의 이데올로기와 의도, 그리고 다른 사람들과의 사회적 관계를 반영하는 사회적 선택의 결과이다. 따라서 노동과정의 패러다임에서 볼 때 새로운 기술은 심리적인 직무욕구의 만족이나 사회 기술적인 참여 기회의 확대 수단이 아니라 오히려 노동과정의 통제를 둘러싼 갈등과 투쟁에 있어서 전략적인 무기로 등장할 뿐 아니라 노동자들의 지위를 위협하는 매우 위협적인 존재이다. 노동과정이론에 따르면 자본주의 생산양식 아래서의 관료제의 동기도 그것이 표방하고 있는 합리성이나 효율성보다는 자본축적을 위한 노동과정에 대한 장기적인 통제에 목적을 두고 있다. 조직 내 직무구조와 권한관계의 수립도 생산과정의 통제를 위한 노동과 자본 간의 투쟁 및 권력과정과 무관하지 않다(Stone, 1974). 이 이론에 따르면 자본주의에서 실시되는 여러 직무 인간화 프로그램들은 진정한 직무 인간화를 위한 것이라기보다는 본질적으로 자본가의 기존 권력을 보존하기 위한 또 다른 통제전략으로 간주된다. 자본주의국가에서 실시된 상당수의 직무 인간화 프로그램들을 살펴보면 대부분 노동조합이 결성되지 않은 기업을 중심으로 행해졌거나 노동조합의 참여를 배제한 차원에서 실시되었음을 알 수 있다. 이것은 직무 인간화 프로그램들이 조직 성원들로 하여금 자유롭게 의사결정에 참여하도록 하는 것이 아니라 노동조합의 세력을 약화시키거나 무용지물로 만들고 그 대신 자본가들의 통제력을 강화시키려는 데 목적이 있었음을 보여준다 (Mills, 1975:126). 직무 인간화의 프로그램들이 실시한 여러 실험은 노동자들의 주도권을 배제시키기 위해 철저한 비밀 속에 수행되었으며 직무 인간화 계획이 경제적으로 성공을 거둘 경우 그 프로그램에서 입증된 구성원의 자율적 통제능력이 자본가의 통제력을 축소시키거나 기존 권력관계에 심각한 영향을 줄 것으로 판단하여 서둘러 그 프로그램을 중단시킴으로써 자본주의 생산양식 아래서의 직무 인간화 노력들이 얼마나 구조적 모순을 안고 있으며 미봉책에 불과한 것인가를 보여준다(Zimbalist, 1975: 56~57; Bosquet, 1980). 노동과정이론은 이처럼 자본주의 생산양식에 대한 비판을 통해 노동과정에 나타난 구조적 모순을 지적하고 있다. 이 모순구조에 대한 지적이 올바른 것이라면 자본주의적 통제양식에 대한 근본 수정이 없는 한 직무인간화의 노력이 한계에 부닥칠 수밖에 없음을 보여주고 있다.

직무 인간화를 위한 직무설계와 관련시켜 노동과정이론이 갖고 있는 문제점들을 살펴보면 다음과 같다.

첫째, 노동과정이론은 노동과정에 대한 통제적 측면에 지나친 편향성을 나타내고 있다. 특히 생산과정에 대한 자본가의 통제를 비판적으로 보고 있다. 그러나 자본주의에 있어서 자본가의 통제 목적은 생산과정의 통제에 목적을 둔 것이 아니라 잉여가치의 전유라는 정치적 및 경제적인 것에 목적을 두고 있다는 점을 간과해서는 안 된다. 자본가적 통제와 봉건적 통제 또는 사회주의 국가의 관료제적 통제를 구별할 필요가 있다.

둘째, 기술은 사회기술체계의 주장처럼 직무와 관련하여 자아실현의 기회를 창조해주는 것도 아니지만 노동과정이론에서 주장하는 것처럼 기술과 사회적 선택 사이에서 항상 기계적인 인과관계성을 갖는 것은 아니다. 기술과 그 이면에 놓여 있는 사회적 선택 사이의 인과관계는 관련당사자들의 복잡한 정치적 과정, 생산의 경제적 및 사회적 관계, 이데올로기와 권력관계, 계급관계 등 다양하고 복잡한 과정을 거친다. 따라서 자본가의 생산과정에 대한 통제강화라는 일면만 생각해서는 안 된다.

셋째, 노동과정이론가들은 직무설계와 관련된 노동과정의 전개에 있어서 노동과정을 구조화하려는 자본가들의 시도에 대해 노동자들이 극히 수동적인 저항만 하는 것으로 묘사하고 있는데 이것은 실제와 거리가 있다. 왜냐하면 새로운 직무설계나 산업 민주화를 위한 직무구조 개편 프로그램에 있어서 노동자나 노동조합이 보다 적극적인 전략을 가지고 개입함으로써 생산현장의 직무조건과 직무설계를 민주화시켜 나간 사례들이 있기 때문이다(Cole, 1982).

넷째, 사회기술체계는 실제적인 자문이나 실험을 통해 구체적으로 적용 가능한 이론을 도출하려는 행위 지향적 이론임에 비하여 노동과정이론은 자기들의 이론적 명제들을 개별적인 사례 속에서 경험적으로 검증하는 데 만족함으로써 직무 인간화를 위한 구체적인 전략적 행동방침에 대해서는 침묵하고 있다는 비판을 받고 있다. 노동과정이론은 대부분 자본주의 운동메커니즘에 관한 역사적 연구와 사례분석을 통해 이론체계를 확립하는 데 관심을 두었을 뿐 적용을 위한 실제적인 지침을 제공해주지는 못했다.

지금까지 인간화란 무엇이며 그 인간화를 위하여 거시, 중시, 미시의 여러 차원에서 어떠한 제안과 비판이 있었는가를 살펴보았다. 인간의 역사는 인간화의 역사라 할 만큼 인간 본연의 모습을 찾고 회복하는 데 시간과 노력을 바쳐 왔다. 인간은 자유롭고 평등하며 인격체로서 존중을 받고 개인의 창의성이 충분히 발휘할 수 있기를 소망해 왔다. 그러나 이러한 소망은 인간 스스로 만든 여러 형태의 굴레에 의해서 저지되고 좌절되었다. 산업화는 인간에게 물질과 편리를 가져다준 반면 소외라는 원치 않는 질병을 가져다주었다. 아직도 인간이 이 질병으로 인해 고통을 당하고 있기 때문에 근원적으로 치유되었다고 말할 수 없을 것이다. 다만 우리는 여러 가지 이론적 검증과정을 통해 이것의 원인을 조금은 알게 되었을 뿐이다. 그 치유는 어느 누구라기보다 우리 자신에 의해 가능한 것이므로 이에 대한 폭넓은 의견교환과 합의, 그리고 단호한 결의적 행동이 필요하다.

이 문제에 대해 가장 심각한 제안을 한 사람들은 신마르크스주의자들이었고 그 영향을 받은 반조직이론가들이 있다. 조직에서도 인간화를 위한 노력을 하지 않은 것은 아니다. 맥그리거(D. McGregor)의 Y이론, 매슬로(A. Maslow)의 자아실현, 허즈버그(F. Herzberg)의 직무충실화, 아지리스의 성숙이론, 리커트(R. Likert)의 시스템 IV, 드러커(P. Drucker)의 MBO, 사회기술체계, QC 등은 조직 내 인간화를 위한 노력에 속한다. 이러한 여러 노력에 힘입어 조직관리의 기본방향이 인간화로 잡혀지고 경영은 곧 사람이라든가 인간을 위한 경영이 곧 경영이라는 인식이 높아지게 되었다. 그러나 아직도 인간화의 길은 멀고 험하다. 노동과정이론가들의 주장처럼 조직 곳곳에 인간을 억압하는 요소가 자리를 잡고 있어 진정한 인간화가 이루어지지 않고 있기 때문이다. 따라서 우리는 인간의 총체성이 확립되고 인간의 자발적 의지가 표출되는 인간화의 모형을 구성하지 않으면 안 된다. 한 사람이 하나의 완전한 인간화의 모형을 제시할 수도 없고 또 그러한 모형은 존재하지도 않는다. 다만 여러 수준에서 바람직한 모형들을 제시하고 실험해보는 작업을 끊임없이 전개하면서 조직의 분위기를 바꾸어나가고 존재의 의미와 작업의 의미를 함께 발견할 수 있는 마당을 넓혀 가야 한다. 이 작업을 위해서 우리는 많은 변수들을 고려해야 한다. 정치적인 요인, 경제적인 요인, 사회적인 요인, 문화적인 요인 모두가 고려의 대상이 된다. 이 가운데 어느 요인 하나가 지배력을 행사하려 든다면 인간화는 그만큼 어려워질 것이다. 인간화는 먼 곳에 있는 것이 아니라 가까운 곳에 있으며 한 길만이 있는 것이 아니라 여러 갈래의 길이 있음을 잊어서는 안 된다.

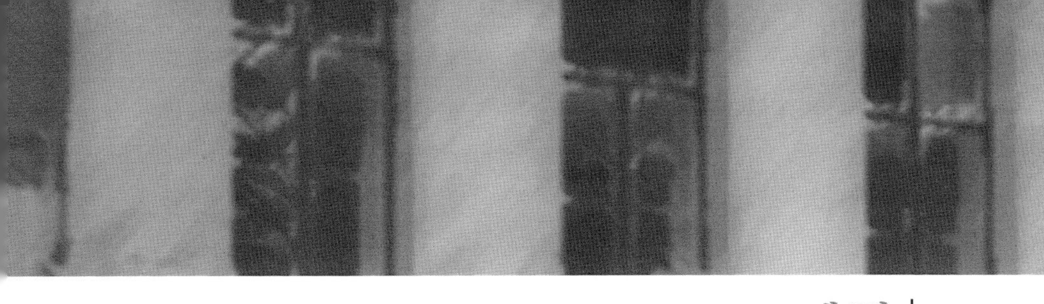

지멜, 사회형식을 이해해야 사회를 알 수 있다

이 글은 지멜(Georg Simmel, 1858~1918)의 사상을 조직론적인 측면에서 살펴보고 그의 사상이 조직 및 사회이해에 어떤 기여를 했으며, 우리는 그로부터 어떤 인식의 틀과 방법, 그리고 사고의 확장을 얻을 수 있는가를 살펴보고자 한다. 지멜의 사상은 사회학계에서도 매우 난해한 것으로 인식되고 있다. 머튼(R. K. Merton)의 표현을 빌리면 지멜은 많은 선구적 아이디어를 가진 사람이었다(Wolff, 1950). 그는 철학자이자 역사가였던 입장에서 사회학자로 전환하여 광범한 지적 탐구에 몰두하고 다방면에 공헌하였다. 조직이론에 대한 그의 기여가 컸음에도 불구하고 그에 대한 연구나 평가는 너무나 미미했다. 이 글은 조직적인 측면에서 그의 사상을 점검하고 그로부터 앞으로의 조직연구를 위한 혜안을 얻고자 한다.

지멜은 우선 그를 비판한 뒤르켐(E. Durkheim)과 다른 면모를 가지고 있다. 뒤르켐은 사회구조에 초점을 맞추었다. 거대한 제도적 구조, 여러 사회를 결속시키고 개인들 사이를 이어주는 종교·교육

등에 관심을 가지고 사회의 문제를 다루었다. 그러나 지멜은 이와는 달리 사회과정에 초점을 맞추었다. 따라서 미시적이 될 수밖에 없었다. 그는 개개 행위자들이 서로 상호작용하는 복잡한 유형과 그것을 통한 상호작용이 사회세계를 구조화하고 재구조화하는 복잡한 유형을 보여주었다. 그의 형식사회학은 집단관계의 망에 사로잡혀 있으면서도 아울러 그것을 초월하고자 하는 사회적 행위자들의 움직임이 어떠한가를 보여줌으로써 행위예견을 가능케 하는 지침을 제시해주었다.

지멜은 반유대주의 물결이 휩쓸었던 19세기 독일에서 살았던 유대인이었다. 그는 철학적 풍취를 지녔지만 패션·도시 등과 같은 상식적 현상에 관한 에세이로 그의 사상을 명료하게 나타내기도 했다. 그는 역사학·예술·철학·인류학·심리학 등 다방면에 걸친 공부와 연구를 했다. 관심 분야가 넓다 보니 그를 어느 분야로 분류하여 평가하기가 어려울 정도였다. 그는 죽기까지 사실상 주변적인 인물로 남아 있을 수밖에 없었지만 학자로서의 그의 명성과 깊이는 더욱 빛나고 있다. 하버드대학의 파슨스가 베버를 미국에 소개함으로써 베버가 더욱 유명해진 것과 마찬가지로 시카고학파는 지멜을 미국에 소개함으로써 지멜을 세계적인 학자가 되게 하였다. 지멜은 시카고학파의 파크(R. Park)를 비롯하여 머튼, 블루머(H. Blumer) 등에 지적인 영향을 주었다.

이 글은 사회적 상호작용과 사회적 결사, 사회적 형식, 집단의 사회적 관계, 지배와 복종의 형식, 사회적 유형, 갈등의 기능, 자유와 복종의 양면적 문화이해 등 지멜의 조직사상을 먼저 폭넓게 살펴보고, 그가 조직이론에 끼친 여러 가지 영향과 아울러 새로운 시대를 맞아 우리에게 어떤 점에서 인식의 변화를 주고 있는가를 점검해보는 순서로 이어질 것이다. 19세기에서 20세기로 넘어가는 전환적 시점에서 그 사회를 비판적인 안목으로 보고 새로운 사회에 대한 이해의 차원을 한층 높이고자 한 그의 노력이 21세기라는 전환적 시기를 살아가는 오늘의 학자로 하여금 다가올 사회에 대해 어떤 이해의 태도와 사고를 가져야 하는가를 일깨워줄 것이다.

1. 사회 원자들 사이의 상호작용에 주목하라

사회에 대한 지멜의 인식을 파악하기 위해서는 우선 그의 방법론에 관한 검토가 필요하다. 그는 당시 유행하던 유기체적 접근이나 관념론을 거부하면서 나름대로 독자적인 사회관을 구성하였다. 어떤 이는 그가 이 두 접근방법을 중간 입장에서 자신의 필요에 알맞은 면만을 채용하여 사용했다고 보고 그의 방법론을 절충주의적 접근(electic approach)이라 하기도 한다.

유기체적 접근방법은 프랑스의 콩트, 영국의 스펜서, 그리고 독일의 쉐플에서 두드러지게 나타난다. 이 접근방법은 자연과 사회(문화) 간의 본질적인 연속성을 강조한다. 사회과정은 생물학적 과정보다 다소 복잡하지만 질적으로 유사한 것으로 간주된다. 삶이란 존재의 거대한 연쇄로 가장 단순한 자연현상에서 고도로 분화된 사회현상에 이르기까지 유기적으로 연관되어 있다. 따라서 자연과학의 방법을 사회과학에 적용하기 위해서는 다소 응용이 필요하지만 본질적으로 인간 사회를 연구하는 데 적합하며 사회학은 사회법칙을 발견할 수 있는 지배적인 과학으로 간주된다. 실증주의적 전통으로 부각된 이 방법에 따르면 사회에는 객관적 실재가 있고 그것은 많은 점에서 생물 유기체와 비유된다. 그것은 법칙의 작용에 의해 특징지어지며 그 법칙은 자연과학적 방법에 의해 탐구될 수 있다.

관념론은 독일의 전통적 학문으로 유기체적 접근과는 기본적으로 대립된다. 관념론에서는 자연과 사회(문화) 사이에는 기본적으로 차이가 있다고 본다. 자연과학과 정신과학이 질적으로 다르듯이 자연과 문화는 존재영역이 달라 인간문화의 영역에 법칙성을 수립하려는 자연과학적인 생각은 인간정신의 자율성 때문에 무너진다. 즉, 인간의 자유, 역사적 사건들의 일회성 및 전도 불가능성을 살펴볼 때 사회에 대해 법칙을 세우겠다는 사회학의 시도는 환상에 불과하다. 더욱이 사회라는 말은 본질이나 실체를 지닌 말이 아니라 특정 목적에 따라 생겨난 단순한 명칭에 불과하므로 사회학의 실질적인 연구대상은 없다. 사회에는 그것을 구성하는 개인들을 초월하거나 그들 외에 어떤 것으로 이루어진 사회란 존재하지 않으므로 사회과학이 기껏 다룰 수 있는 것은 개인과 역사적으로 위치 지어진 그들의 행위에 관한 것뿐이다. 따라서 인간현상을 연구하기 위해서는 일반법칙을 세우려는 보편적(nomothetic) 방법보다 일회적 사건을 다루는 개별적(idiographic) 방법이 적합하다(Coser, 1971).

지멜은 이와 같은 두 이론의 극단적인 입장을 모두 거부하였다. 그는 유기체론자처럼 사회를 하나의 사물이나 유기체로 보지 않았고 실질적으로 존재하지 않으면서 편리하게 붙은 이름으로도 보지 않았다. 사회는 인간의 결사체(association)로서 상호작용을 하고 있는 개인들 또는 여러 상호작용 유형의 합이다. 즉, 사회는 복잡한 상호작용의 복합적 관계의 총체적 이름인 것이다(Simmel, 1950:10). 지멜에 따르면 개개 사건의 다양성과 복잡성의 밑바탕에는 어떤 일정한 유형이 존재한다. 즉, 어떤 내용의 밑바닥에는 그 기초가 되는 형식이 존재하고 있다는 것이다. 이와 같이 그는 매개적(intermediate) 분석수준에 초점을 맞춘 사회학을 지지하였다. 서로 계속 상호작용하는 개개 인간 사이에 확립된 다원적인 관계의 복잡한 망, 그리고 국가, 씨족, 가족, 도시, 노동조합 등과 같이 규모가 큰 초개인적인 구조들은 자율성과 영속성을 획득하고 그들이 마치 외부의 권력인 것처럼 개인들에게 대한다 할지라도 그것은 상호작용이 구체화된 결정체에 불과하다.

지멜에게 있어서 사회연구에 중요한 개념은 '사회화' 또는 '사회적 결사'로 불리는 sociation이다. 이것은 Vergesellschaftung을 영어로 표현한 것으로 단체, 모임, 결사 등 여러 말로 붙여지기도 한다. 사회화를 일으키는 요소는 이해관계, 목적, 감정 따위의 내용과 사회적 에너지이다. 사회화의 형식은 이들 사회적 에너지에 의해 형성되는 상호관계의 유형이다. 사회적 결사의 상호관계는 별 의미가 없는 짧은 만남에서부터 깊은 교류가 있는 장기간의 관계까지 다양하다. 사회화는 사람들이 그 속에서 서로 연합하고 상호작용하는 특수한 유형이나 형식 모두를 다룬다. 사회적 에너지 또는 힘에 의해 형성되는 갖가지의 상호작용 유형은 일단 형성되고 나면 이들 에너지와는 독립된 독자적 발전논리와 존재가치를 갖는다. 사회화는 형태화되어 가는(forming, becoming) 과정으로 사회형식의 내용과 연관되어 있다. 그 목적은 필요에 의해 만들어진다. 사회화과정이 목적론적 고리로 이어졌다는 것은 이 때문이다.

그는 사회학이 다루어야 할 것은 인간 상호작용의 특수한 형식들과 그것들이 집단적으로 구체화된 특성들을 묘사하고 분석하는 것으로 보았다. 그는 교회나 정당과 같은 공식조직이나 사회계층체계에서 발견되는 보다 규모가 크고, 보다 지속적인 형태의 사회적 결사를 중시하면서도 그의 관심은 일상생활에서 발견되는 보다 개인적이고, 보다 일시적인 유형을 떠나지 않았다. 사회학자들은 사람들에게 무슨 일이 일어나고 그들이 어떤 규칙성에 따라 행동하는가에 대해 질문을 던진다. 학자들은 일반적으로 개인행동을 그들의 전체성 안에서 이해할 수 있는 어떤 법칙성에서 찾지만 지멜은 그들이 상호작용에 의해 집단을 형성하고 그들이 형성한 집단의 존재에 의해서 결정된다는 것을 밝혀야 한다고 주장한다. 집단의 형성과 집단의 존재에 의한 결정은 개인들의 상호작용에서 나오기 때문이다 (Coser, 1965: 5; Simmel, 1950: 10~11). 이로 미루어볼 때 인간의 행동은 비록 개별행동이기는 하지만 대부분 개인이 가입한 집단이나 특정 상호작용의 형식에 의해 개인에게 부과되는 제재임을 알 수 있다.

지멜은 사회적 맥락 안에 있는 인간에 초점을 맞추었다. 그 가운데서도 이른바 '사회의 원자들(atoms) 사이의 상호작용'에 관심을 기울였다. 거대한 사회적 형성체 밑에 놓여 있는 개인들 사이의 기본적인 상호작용 유형, 곧 오늘날 미시사회학이라 불리고 조직학이 관심을 가지고 있는 것에 관심을 국한시킨 것이다. 그는 상호작용이 나타내는 제한된 수의 형식에 초점을 맞추어 사회생활의 모든 경직성과 유연성, 모든 외관과 일관성, 수많은 긴장과 변형을 설명한다. 그의 이러한 접근에 따를 경우 집단을 통해 나타나는 개인의 사회생활은 매우 신비하고 인상적이다.

사회적 사건(social affairs)의 형식과 유형에 관한 그의 이러한 관심에도 불구하고 엄밀한 의미에서 그는 결정론자는 아니었다. 인간성에 관한 견해에서 보면 그는 독일의 전통과 영국과 프랑스의 전통 중간에 위치한다. 그에 따르면 사회생활이란 개인과 그의 사회적 세계 간의 계속적인 갈등에 의해서 그의 특징이 묘사될 수 있다. 그의 연구는 개인과 사회 간의 변증법적 긴장(dialectical tension)을 강조한다. 그러한 변증법적 긴장 속에서의 개인은 자신이 속하는 사회세계의 산물이면서 그와는 다른 독자적 존재이다. 개인은 사회에 의해 결정되지만 사회에 영향을 미치며 사회에 바탕을 두고 행동하면서도 스스로 사회에 작용한다(Coser, 1965: 10~11).

지멜은 존재론적 입장에서 보면 영국과 프랑스의 실재론(realism)과 독일의 유명론(nominalism)의 중간 입장에 있고, 인식론적인 입장에서 볼 때 인간사상의 기본적인 형식과 유형에 대한 그의 신념은 실증주의적 입장에 있다. 그리고 방법론적인 면에서 볼 때 그의 입장은 분명히 법칙 정립적인 입장이다. 또한 인간성에 관한 입장에서는 중간적 위치를 차지한다(Burrell and Morgan, 1982).

개인과 사회의 관계를 보는 눈은 크게 두 가지로 나뉜다. 하나는 사회명목론이고 다른 하나는 사회실재론이다. 사회명목론에 따르면 사회는 개인들의 결합체에 불과하며 그것을 구성하는 개인들과는 별도로 실재를 지니지 못한다. 개인만이 실재하는 것이다. 이러한 사상을 심리학적 환원주의라 하기도 한다. 이에 반해 사회실재론은 사회가 그 구성원들의 종합 이상인 그 자체의 실재를 지니며 따라서 사회 그 자체의 수준에서 이해되어야 한다고 주장한다. 뒤르켐은 사회실재론자에 속한다.

지멜은 이에 대해 중재적 입장을 취하고 있다. 그에 따르면 사회란 개인들의 마음이 독립적인 정신적 실재로 이해될 수 없다. 이러한 견해는 실재를 단순히 개념들로 보는 일종의 신비주의 또는 개념주의에 속한다. 그는 개인들만이 진정으로 실재한다고 믿는 것은 잘못 보았다며 사회명목론을 비판하였다. 왜냐하면 그와 같은 개인들은 사회의 원자, 곧 사회를 구성하는 물질이 아니기 때문이다. 또한 실재가 전체를 구성하는 가장 최소의 단위에서만 확인될 수 있다는 것은 사실이 아니다. 실재란 물체에서 발견될 수 있을 뿐 아니라 그 물체에 형태를 부여하는 것에서도 발견될 수 있다. 따라서 사회는 개인들 이상의 것이며 사회의 진정한 의미는 사실상 개인들의 총합과 대비될 때 드러난다. 사회란 그 구성원들 간의 상호관계로 표현되는 객관적 통합체이다. 따라서 사회 및 모든 사회관계에 대한 분석과 이해의 열쇠가 되는 것은 상호작용의 과정이며 우리의 주목을 받아야 할 것은 바로 이 상호작용이 어떠한가 하는 점이다. 지멜은 사회와 집단을 명확하게 구분하여 사용하고 있지 않으므로 사회라는 개념을 집단의 의미로도 사용할 수 있다(Timasheff and Theodorson, 1976).

2. 삶에도 형식과 기하학이 있다

지멜의 사회학을 가리켜 흔히 형식사회학(form sociology)이라고 말한다. 그가 사회적 상호작용을 연구함에 있어서 형식(form)과 내용(content)을 구분해야 한다든가, 구체적 내용으로부터 추상화시킬 것과 사회생활의 여러 형식에 초점을 맞추어야 한다는 주장 때문에 그 같은 별명이 붙게 되었다. 그러나 사회 현상의 형식과 내용을 구분

한 그의 분류는 언제나 그렇게 분명한 것은 아니었다. 그는 이 개념
들에 관해 여러 정의를 내렸으며 그가 특별한 사건을 다룬 것을 보
아도 모호한 불일치성을 나타냈다. 그럼에도 불구하고 그의 사상 본
질에는 변함이 없다는 평가를 받고 있다.

지멜에게 있어서 내용이란 인식대상 자체가 분화되지 않고 유형이
없는 하나의 통합체(unity)로서 끊임없이 변화하는 유동적 흐름(flux)
이다. 이러한 대상을 인식함에 있어서 필요한 것이 형식이다. 그러나
내용 자체가 유동적이고 불분명하기 때문에 형식 또한 범주화될 수
밖에 없다. 즉, 범주가 형식이고 이 형식이 인식의 기본이 된다.

지멜에게 있어서 형식은 선험적 범주(a priori category) 또는 구성
적 범주(constitutive category), 구성적 행위(constitutive activity), 그리
고 구성적 행위의 산물(product of this constitutive activity)이라는 의
미를 가진다. 이 중에 사회학 및 조직이 관심을 가지는 것이 구성적
행위의 산물이다. 그 형식에는 지식, 예술, 종교, 가치, 철학 등이 있
으며 그는 이것을 가리켜 세계형식(world form)이라 부른다. 세계형
식은 사실상 삶 전체를 포괄하고 있다.

형식이란 다양한 내용과는 구별되는 비교적 안정되고 유형화된
사회생활의 요소를 의미한다. 그는 형식이란 단어를 사용함으로써
여러 사회학자로부터 적지 않은 반발을 받아 왔다. 형식이란 여러
가지 철학적 의미를 포함하고 있기 때문에 형이상학적 논쟁을 불러
일으킬 수 있기 때문이다. 차라리 형식이라는 말 대신에 지금처럼
사회구조라는 단어를 사용했더라면 반발의 폭이 축소될 수 있었을
것이다. 사회구조를 이루는 지위, 역할, 규범, 기대와 같은 요소들이
지멜이 사용하는 형식적 개념과 유사하기 때문이다. 사회적 형식에

대한 추상적 분석은 사회구조에 대한 실제 연구를 필요로 하기 때문에 그 분석 작업은 필요한 것으로 인식되고 있다.

비슷한 형식의 조직이 다양한 이해관심(내용)의 지향으로 인해 서로 상당히 다른 내용을 지니고 있는 한편 유사한 사회적 관심(내용)이 전혀 다른 형태의 사회조직 내에서 발견된다. 우열관계, 경쟁, 분업, 파당의 형성과 같은 형식들은 그 내용의 무한한 차이에도 불구하고 어디에서나 비슷하다. 보기를 들어보면, 시저의 암살, 헨리 8세의 계승, 워털루에서 나폴레옹의 패배 등은 모두 역사의 한순간에 놓여 있는 일회적 사건들이다. 사건이 서로 연결되어 있지도 않아 유사성을 발견하기 어렵다. 내용이 다르기 때문이다. 그러나 형식은 각기 다른 일회적 사건 자체보다 그 밑에 흐르고 있는 제일성(齊一性), 곧 일반 지향성에 초점을 맞추고 있다. 즉, 루이왕의 행동과 헨리왕의 행동이 서로 다르다. 그러나 왕 제도라는 형식을 통해 그들 행동의 유사성을 설명할 수 있게 된다. 루이 14세 때 궁전에서의 행동과 지금 미국의 어떤 기업의 행동 사이에 별 유사성이 보이지 않지만 지배와 복종이라는 형식을 통해 연구해 보면 양자에 공통점이 내재해 있다는 것을 알 수 있다. 비엔나에서 일어난 초기 정신분석운동과 초기공산주의운동 사이에 아무런 연결이 없어 보이지만 종파라는 구조적 형식을 통해 보면 비슷한 점이 있다는 것을 알 수 있다. 지멜의 형식사회학은 이처럼 시간적으로나 공간적으로 아무런 관련이 없어 보이는 사건들을 갈등과 협동, 지배와 복종, 집권화와 분권화 등 보다 큰 제도적 구조를 통해 함께 묶어준다. 그러므로 형식은 다소 추상적 수준에 위치해 있지만 폭넓은 이해를 가능케 한다.

이러한 사회적 형식에 대해서는 여러 가지 질문들이 제기될 수 있다. 그 순수 상태에서 그것은 무엇을 뜻하는가, 그것은 어떤 조건 아래서 출현하는가, 그것은 어떻게 발전하는가, 그 작용을 촉진하거나 저지하는 것은 무엇인가 하는 등이 그 보기이다. 이러한 사회적 사실들에 대한 연구는 자연과학적 사실들에 대한 기하학적 분석과 유사한 기능을 수행하게 된다. 기하학적 형식은 사회적 형식과 마찬가지로 다양한 내용들로 구성되어 있기 때문이다.

지멜은 이런 식으로 하여 사회법칙, 곧 사회조직의 형식 내에서의 규칙성을 발견해야 한다고 말함으로써 사회생활에 대한 기하학(geometry)을 발전시키려 하였다. 상호작용의 신비성이나 개별성의 밑바탕에는 형식 또는 코저가 말하는 사회생활의 기하학이나 문법(grammar)이 존재하기 때문이다. 기하학적 추상은 여러 물체의 공간적 형식만을 탐구하지만 사회과학의 경우 사회생활을 하고 있는 개인들 간의 상호작용 형식을 엄밀하게 파악한다는 점에서 다르다(Simmel, 1950: 21~22). 사회생활의 내용 바탕에는 기본적 유형들(patterns)이 숨어 있으며 그것을 알아내기 위해서는 형식을 분석해야 한다. 이 과제는 시간 및 공간과 무관한 유사한 상황의 비교에 의해서 이룩될 수 있다.

형식을 통한 지멜의 사회현상의 분석은 여러 학자에게 영향을 주었다. 보기를 들어, 머튼과 로시는 미국 군인들을 대상으로 한 연구에서 특전부대의 행동과 훈련부대의 행동이 서로 다르지만 신참자와 고참자의 관계라는 형식의 이해를 통해 이 두 부대원의 행동에 있어서 유사성을 발견하는 데 성공하였다(Merton & Rossi, 1957). 이것은 구체적인 사회적 내용들로부터 추상을 통해 이론구성이 가능하다는 것을 보여준다.

지멜에 따르면 이러한 사회학적 연구는 심리학이나 경제학의 연구태도와 다르다. 보기를 들어 지금까지 성실하게 일하던 노동자들이 작업장에 나타나지 않았을 경우 심리학자들은 일을 하지 않기로 한 개별 노동자들의 결정 뒤에 숨어 있는 동기와 감정을 연구한다. 이에 비해 경제학자들은 그 사건을 노동조합에 의한 파업행위로 간주한다. 그러나 사회학자들은 그 상황을 두 가지 또는 그 이상의 형식의 결합이 갈등상태에 있는 것으로 분석한다. 따라서 사회학은 이처럼 실제 내용들로부터의 추상인 순수한 결합형식을 탐구하고 서로 다른 유형의 사회적 형식을 기술하고 집단성원들의 상호작용 법칙을 정립하는 일에 관심을 가져야 한다.

그러나 사회적 현실 속에서 발견되는 여러 형식이 결코 순수한 것(pure form)만 있는 것은 아니다. 모든 사회현상은 엄밀히 말해서 복합적인 형식을 이루고 있다. 협동과 갈등, 지배와 복종, 친근과 소원 등은 전쟁에서도 나타나고 관료제적 구조에서도 나타난다. 구체적인 현상에서는 복합적인 여러 형식이 서로 작용함으로써 어떤 것 하나도 순수하게 인식될 수 없다. 사회생활 속에 순수한 협동이 없듯이 순수한 갈등도 없다. 그러므로 그가 말하는 순수한 형식이란 구성물, 곧 결코 완전하게 현실화되지 않는 전형적인 관계를 의미한다. 그러므로 지멜의 형식은 현실의 여러 측면에 관한 일반화가 아니라 현실의 밑바닥에 있으면서도 실제로 그 속에서 활성화되지 않는 윤곽이나 관계들을 끄집어내기 위해 고양되거나 과장되는 경우가 없지 않다는 평가를 받고 있다(Tenbruck, 84). 이것은 마치 어떤 건축물도 순수하게 고딕형식이나 바로크양식의 모든 요소를 나타내주지 못함에도 불구하고 예술사가들이 고딕이나 바로크 양식을 말하는 것과 같다. 마찬가지로 사회과학자도 비록 순수한 형식을 나타내는 과정을 경험적으로 찾을 수 없지만 순수한 사회적 갈등의 형식을 구성할 수 있다. 베버의 이념형이 구체적인 현상과 그 형과의 격차를 재는 척도로 사용될 수 있듯이 지멜의 형식도 마찬가지로 사용될 수 있는 것이다. 보기를 들어, 주위의 세계로부터 이방인들의 관계를 구별시켜 주는 친근함과 소원이라는 형식의 척도가 어떤 특정 역사적 상황 속에 존재하는 유대인이나 다른 하층민들이 어느 정도 이방인 되어 있는가를 측정하는 데 도움을 준다.

3. 사회적 관계를 통해 집단을 분석한다

지멜은 사회적 결사의 형식을 분석함에 있어서 수 또는 크기가 미치는 영향에 관심을 가지고 있었다. 이것은 집단의 속성 가운데 하나인 참여자의 수를 통해 사회생활의 법칙을 발견하고자 하는 데 뜻을 둔 것이다. 즉, 집단의 양적인 측면을 통해 집단의 과정과 구조적 배열의 여러 형식을 도출하려 한 것이다. 양자관계(dyad)와 삼자관계(triad)는 그 대표적 보기이다(Simmel, 1902).

양자관계는 가장 간단한 사회적 관계의 단위로 일부일처의 결혼관계나 사업의 동반관계 등 여러 형태로 나타난다. 참여자인 두 사람 모두 어떤 집합체와 대면하는 것이 아니라 두 사람에 의해서만 대면된다는 점에서 어떤 다른 유형의 집단보다 질적으로 다르다. 이 유형의 집단은 단지 두 참여자에게만 매여 있기 때문에 한 사람이 없어지면 전체가 붕괴된다. 그 관계를 존속시키기 위해서는 양자 모두가 필요하지만 그것을 붕괴시키는 데는 하나만으로도 족하다

(Simmel, 1950: 124). 따라서 각 개인은 전적으로 상대방에게 맡겨져 있다. 그렇다고 양자관계는 다른 집단처럼 그 성원들 사이에 구속감을 불러일으키는 초개인성이 있는 것은 아니다. 그러나 초개인적 구조가 없기 때문에 양자관계에 있어서는 당사자들 간의 강한 열심이 필요하다. 전체의 존립이 당사자 각 개인에게 달려 있기 때문이다. 다른 집단의 경우 의무나 책임이 다른 사람에게 위임될 수 있지만 양자관계에 있어서는 그럴 수 없고 각 당사자가 직접, 그리고 즉시 모든 집합행동에 책임을 져야 한다. 거기에는 그들 자신을 넘어선 응집력이 있을 수 없고 개인을 압도하는 다수도 있을 수 없다. 두 사람 가운데 어느 누구도 그가 한 행동이나 하지 못한 것을 집단의 책임으로 돌릴 수 없다.

양자관계에서 삼자관계로 옮길 경우 보기에는 단지 한 사람이 더 해지는 것에 불과하지만 실제로는 커다란 질적 변화를 가져오게 된다. 지멜은 양자관계에서 삼자관계로 변화시키는 것이 얼마나 심각한 구조변동을 가져오는가를 보여주었다. 삼자관계는 그 성원 각자와는 별개의 잠재적 존재를 갖는다. 한 성원이 떠난다고 해서 그것이 양자관계에서처럼 자동적으로 붕괴되는 것이 아니다. 삼자관계에서는 양자관계와는 달리 두 사람이 제3자를 지배하는 다수를 형성할 수 있고 제3자에 대항하여 동맹을 맺을 수도 있다. 삼자관계의 중요한 특성은 세 사람 이상으로 구성된 모든 집단에서와 마찬가지로 개개 참여자들이 다수에 의해 압도될 가능성이 아주 높다는 점이다. 즉, 양자관계는 직접적인 상호성에 입각해 있지만 삼자관계는 두 사람의 연합을 통하여 다른 성원에게 그 의지를 강요할 수 있다. 삼자관계는 전체로서의 집단이 그 성원들에 대해 지배력을 행사할 수 있는 가장 단순한 구조이지만 집단의 목적을 위해 개개 참여자들을 구속할 수 있는 사회적인 틀을 제공한다. 삼자관계는 사회생활에 나타나는 여러 사회적 드라마, 곧 자유와 구속, 자율과 타율의 변증법적 형식을 보여준다.

양자관계의 집단에서 제3자가 들어가면 이전에 일어나지 않던 여러 과정이 발생하게 된다. 특히 다음과 같은 세 가지는 대표적인 보기에 속한다(Caplow, 1969). 첫째, 제3자는 두 사람 사이에서 중재자 역할을 할 수 있다는 점이다. 특히 객관적이고 공정한 입장에 서서 집단을 파괴시킬 수 있는 두 사람 사이의 감정을 부드럽게 할 수 있다. 중재자는 그 어느 편도 들지 않고 그들의 차이점을 화해로 이끈다. 둘째, 제3자는 두 사람의 불화 사이에서 자신의 이익을 얻는 방향으로 행동하는 어부지리(terus gaudens) 역할을 수행할 수도 있다. 제3자는 다른 두 사람 사이의 갈등을 즐기고 그 갈등을 자신의 이익을 위해 이용한다. 끝으로, 그는 지배적 위치를 차지하거나 다른 목적을 달성하기 위해 분할과 지배의 방법을 통해 의도적으로 둘 사이에 갈등을 야기시킬 수도 있다. 이 경우 제3자는 자신의 이익을 증진시키기 위해 교묘하게 다른 두 사람 사이에 갈등을 조장한다. 이 세 가지는 제3자가 수행하는 세 가지 기본적인 역할, 곧 공정한 중재자, 어부지리를 얻는 자, 분열시키고 정복하는 자와 연관되어 있다.

지멜은 제3자에게 가능한 여러 유형의 전략을 사회분석에 응용하였다. 즉, 두 남자가 한 여자를 놓고 싸우는 인간관계의 보기를 통해 유럽의 권력균형과 정당들 간의 연합형성과 같은 대규모 사건들과 비교하여 설명하기도 하고, 재혼한 가정에서 나타나는 계모의 행동양식을 그리스를 정복한 로마가 아테네와 스파르타를 다루던 방식과 비교하기도 하였다. 일반적으로 한 집단에 제3자가 늘어난다는 것을 별로 중요하지 않게 생각할 수 있다. 그러나 지멜은 이러한 사회적 분석을 통해 제3자의 출현이 별로 중요하지 않은 것이 아니라 그 이전에 나타날 수 없었던 행동과 과정들이 나타날 수 있다는 것을 설득력 있게 보여주었다. 그는 삼자관계가 이처럼 사회적 행위에 새로운 속성을 지닌 길을 열어주기는 하지만 다른 기회, 보기를 들어 양자관계에서 가능했던 개성표현의 기회를 제한한다고 보았다.

지멜은 수에 대한 사회학적 분석을 양자관계와 삼자관계에 국한시키지 않고 소규모집단과 대규모집단에 관한 분석을 통해 그 사이에도 큰 차이가 있다는 것을 보여주었다. 소규모집단의 경우 성원들은 처음부터 서로 직접 상호작용할 기회를 가지고 있다. 그러나 집단이 일정 한도 이상으로 커지면 이러한 상호작용은 공식적인 기구를 통하여 매개되지 않을 수 없다. 증대되는 상호작용의 복잡성을 줄이기 위해 집단은 성원들의 상호작용을 정형화시킬 특수한 기관을 만들어야 한다. 따라서 어떤 대규모 집단도 직원을 구성하고, 지위를 분화하며, 업무와 책임을 맡는 대표를 선발하지 않고서는 기능할 수 없다. 이것은 결국 불평등을 자아낸다. 대규모집단이 불평등한 사회가 되는 것은 이 때문이다. 대규모집단을 유지시키기 위해 구조적으로 분화되지 않으면 안 된다. 이러한 가운데 집단을 통합시키는 움직임이 일어나게 되는데 이 목적을 달성하기 위해서는 조직의 모든 구조와 개인들 사이에 깊은 간격을 만들어야 하는 희생이 따른다(Simmel, 1950: 96).

성원의 참여도는 집단의 규모가 작을수록 높다. 접촉빈도가 높아 다수 간의 상호작용보다 소수 간의 상호작용이 강력해지기 때문이다. 집단의 규모가 클수록 성원들의 참여도는 약해진다. 총체적인 인간존재로서가 아니라 그들 인격의 한 부분만으로 참여하게 될 경우가 많기 때문이다. 규모가 큰 집단은 그 성원들에게 많은 것을 요구하지 않고, 초개인적인 권력으로 개인이 직면하게 되는 객관적 구조를 만들어낸다. 이 구조는 개인적 요소를 마비시키고 개인과는 상관없이 그 자체로서 존재하는 것처럼 보이게도 하고 이따금 개인에게 적대적으로 나타나게 한다. 대규모집단은 그 공식기구를 통하여 개인에게 소외된 권력으로 나타나지만 성원들 간에 깊은 간격을 만들어놓음으로써 개인을 철저한 통제와 꼼꼼한 검열로부터 해방시켜주기도 한다.

지멜은 소규모집단에서 개인들 간의 강한 참여와 대규모집단 내에서의 개인들 간의 거리, 무관심, 그리고 분절화 현상에 대해서도 논했다. 그의 이러한 논의는 개인의 자유와 집단구조 간의 변증법적 관계를 규명하는 한편 집단관계와 사회적 연대의 유형과 속성을 이론화하는 것과 깊게 연관되어 있다.

4. 지배와 복종에도 사회적 형식이 있다

지배와 복종에 관한 지멜의 분석은 사회적 결사체의 또 다른 형식에 관한 것이다(Simmel, 1896). 그는 개인의 사회적 행위를 그 자체로 파악하기보다 다른 개인의 행위나 특정구조 또는 과정과의 관련을 중심으로 파악했다. 그는 지위체계의 사회적 불가피성을 지적하면서 높은 지위를 차지할 자격을 갖춘 사람이 이용 가능한 지위보다 더 많다는 데 주목하고, 이에 따라 여러 형식의 지배와 복종, 곧 개인에 대한 지배, 다수에 대한 지배, 원칙에 대한 지배 등을 분석하였다.

그는 지배와 복종현상도 보기와는 달리 하나의 상호작용의 형식이 나타난다고 보았다. 지배는 지배자가 피지배자에게 자기의 뜻을 강요하는 일방적 상호작용이 아니라 하위자도 상위자에 대하여 사회학적으로 중요한 면에서 영향을 미친다는 점에서 상호작용이다. 우리가 흔히 말하는 것처럼 몇몇 사람이 절대적인 권력을 행사하고 다른 사람은 이에 묵종하는 것이 아니다. 권력은 순수한 지배와 복종의 일방성을 사회학적 형식으로 변형시켜 주는 상호작용과 교환을 내포하고 있다(Simmel, 1950: 186). 주관적 형태의 지배에 있어서도 상호작용이 있다. 지배층은 피지배층에 관심을 가지며 그들의 영향을 받는다. 지배자의 행위는 피지배자의 행위와 관련시키지 않고서는 이해될 수 없고 피지배자의 행위 역시 마찬가지이다. 따라서 지멜에게 있어서 상호작용은 행위가 상호적으로 결정되는 것을 의미한다는 것을 알 수 있다. 그에 따르면 한편의 강제가 상대의 모든 자발성을 앗아가고 그 결과 모든 효과를 말살하는 경우에도 상호작용은 존재한다(Simmel, 1950: 183). 한 사람의 행위는 다른 사람들의 행위와 연관시켜서만 분석될 수 있다. 이 둘은 서로를 구속하는 상호작용관계의 부분이기 때문이다. 이렇듯 상호작용의 관련성을 고려하지 않고 사회적 행위를 분석하려 한다면 지멜은 분리의 오류라는 말로 이를 거부할 것이다.

나아가 지멜은 여러 유형의 집단구조가 지배와 복종의 여러 다른 형식과 연결되는 독특한 방식들이 있음을 보여주었다. 동등화와 등급화는 그 보기이다. 만약 많은 사람이 꼭 같이 한 개인에게 지배될 경우 그들 자신은 서로 동등하다. 이러한 동등화, 만하임의 표현을 빌려보면, 부정적 동등화는 전제적 지배자들을 좋아하고 또 그들에 의해서도 좋은 것으로 여겨진다. 전제자들은 피치자들을 동등화시키려고 노력할 뿐 아니라 고도로 발달된 동등화는 쉽게 전제주의로 이행하게 된다. 이와는 달리 피치자들 사이에 강한 중개적 등급이 있을 경우 지배자의 영향력을 완화시키고 그들에 대한 지배를 약하게 만든다. 중개적 권력은 피지배 민중들 사이에 불평등을 증대시키지만 지배자의 직접적인 권력행사로부터 개인을 보호하는 역할을 한다. 피라미드 형태의 사회적 등급화는 그것이 지배자의 계획 아래 나온 것이든 피치자들이 그의 권력 일부를 빼앗아 나타난 것이든 각 요소에 위계상 인접단계보다 낮기도 하고 높기도 한 특정지위를 부여한다. 이러한 방식으로 각 수준의 등급은 위의 권위에 복종하고 아래의 단계를 지배하게 된다. 상위등급에 종속된다 해도 하위등급에 대해 권위를 행사할 수 있는 것으로 보상된다.

5. 특정 지위에 따라 그 역할이 다르다

지멜은 사회적 형식을 보완하기 위해 사회적 유형이라는 것을 만들었다. 사회유형이란 사회상황 내의 특정지위 또는 구조적으로 파악된 사회적 역할을 말한다. 그는 같은 지위를 차지한 개인들이 서로 다른 행동을 보이는데 그 행동 이면에는 사회상황 그 자체와 연관되어 있다고 보았다. 사회유형은 사회관계의 형식적 또는 구조적 요소들로 구성된 추상체, 그의 표현을 빌려 '순수개념'이지만 그것은 또 다른 요소와도 관련되어 있다. 그 요소란 특정의 사회적 지위에 있는 사람과 그가 상호작용하는 대상과 이루어지는 특정지위에 대한 자각이다. 지멜은 귀족, 이방인, 천재, 바람둥이, 부르주아, 상인, 승려, 중개인, 가난한 자, 구두쇠, 낭비자, 매춘부, 모험가, 중립인간, 냉소주의자, 배반자 등 여러 사회적 유형을 현상학적으로 소개하였다. 그는 이러한 여러 독특한 사회적 유형은 다른 사람들과의 특수한 반응과 기대에 따라 생겨나는 것으로 간주했다. 즉, 각 유형은 그에게 어떤 특정한 지위를 부여하고 그가 특정방식으로 행동할 것을 기대하는 다른 사람들과의 관계에서 이루어진다는 것이다. 지멜은 이 분석에서 상호작용을 강조했다.

지멜에게 있어서 이방인은 특정의 객관적이고 외적인 기준에 의해 불리는 것이 아니라 그 사람 또는 그의 동료에 의해 동의된 그 지위에 대한 정의 때문에 이방인이다. 이방인은 아무런 구조적 지위도 없이 오늘 왔다가 내일 떠나는 방랑자를 의미하지 않는다. 오히려 우리의 생각과는 달리 오늘 와서 내일도 머무는 사람이다. 이방인은 멀고 가까운 것을 넘어서 존재한다. 특수한 공간적 집단 안에 매여 있다. 그러나 그의 지위는 애초부터 그 집단에 속하지 않았다는 사실 때문에 한정되어 있으며 그래서 그는 다시 떠날지도 모르는 그런 가운데 있다.

지멜에게 있어서 이방인은 집단의 완전한 부분은 아닐지라도 집단 그 자체의 한 요소이다. 따라서 그는 그 집단의 어떤 사람도 감당할 수 없는 역할을 맡게 된다. 그는 집단의 일에 부분적으로만 참여하기 때문에 다른 성원들이 달할 수 없는 객관성을 얻을 수 있다. 집단의 독특한 기질이나 특이한 경향에 완전히 사로잡히지 않으므로 어느 정도 객관적 태도를 가지고 대하게 된다. 아울러 이방인은 가깝기도 하고 멀기도 하여 종종 믿음직한 친구로 여겨지기도 한다.

보통사람들이 그와 교제하기를 꺼리므로 가까운 사람에게는 말하지 못할 비밀을 오히려 그에게 털어놓을 수가 있다. 이방인은 갈등관계에 있는 집단들 사이에 판단을 내림에 있어서 싸우고 있는 집단 가운데 그 어느 편에도 매이지 않으므로 집단의 충실한 성원보다 훨씬 나을 수 있다. 자신의 인식과 이해, 그리고 주어진 것의 평가에 편견을 줄 만큼 어느 한 곳에 깊이 개입되어 있지 않음으로 그는 감정의 교환이나 상품의 교환에서 이상적인 중개인이 될 수 있다. 그러므로 이방인이 된다는 것은 매우 긍정적인 관계가 된다는 것을 의미하기도 한다.

이방인은 집단 내에서 이 같은 역할을 수행함으로써 가까운 것과 먼 것을 결합시키고 집단관계에 있어서 어떤 객관성에 의해 특징지어지는 역할을 맡고 있다. 이방인의 객관성은 특정 상황 아래서는 집단에 유용할 수도 있다. 이방인에게 있어서 그것은 집단의 압력과 관점으로부터 벗어난 보다 큰 자유를 의미한다. 이방인과의 관계에 있어서 거리감과 배척을 증대시키는 요소는 연합과 지속적인 상호작용의 유형을 만들어낸다. 따라서 이방인은 집단에 비유기적으로 걸려 있으면서도 그 집단의 유기적 성원으로서의 역할을 수행하고 있다(Simmel, 1950: 408).

사회적 유형으로서의 가난한 자도 마찬가지이다. 누가 가난하다고 하는 사실은 그가 가난이라는 특수한 사회적 범주에 속한다는 것을 뜻하지 않는다. 남에게 도움을 받는 그 순간부터 비로소 그들은 가난으로 특징지어지는 한 집단의 일부가 된다. 이 집단은 그 성원들 간의 상호작용에 의해 통합을 유지하는 것이 아니라 전체로서의 사회가 그것에 대해 채택한 통합적 태도에 의해 통합을 얻게 된다.

즉, 사회가 가난을 하나의 특정한 지위로 보고 도움을 필요로 하는 특정한 사람들을 그 범주에 집어넣을 때 비로소 생겨나는 것이다. 가난은 양적인 상태로 정의될 수 있는 것이 아니라 특수한 상황에서 나오는 사회적 반응이라는 측면에서 정의되므로 하나의 독특한 사회적 현상이다. 남의 도움을 받게 되면 그들은 이전의 지위 상태로부터 벗어나 재분류되며 그들의 사적인 고통은 공적인 문제로 등장한다. 사회는 가난한 자라는 사회적 유형을 만들어놓고 그 지위점유자는 소유하고 있지 않은, 단지 부정적인 속성만으로 특징지어지는 독특한 지위를 그들에게 부여한다. 그리고 그들이 어떤 행동을 하는가보다는 남이 그들에게 어떤 행동을 하는가 하는 점들이 관찰된다.

이방인, 가난한 자 등 지멜이 규정한 여러 사회유형은 모두 특수한 상호작용관계에 의해서 그들의 지위가 부여된다. 그들은 사회적 창조물이며 그들에게 부여된 역할을 수행하지 않으면 안 된다. 그들은 마치 자기를 지식인이라고 생각해본 적이 없는 지식인들이 다른 사람들이 그를 지식인이라고 생각하는 그 오해의 결과 때문에 고통을 받는 것과 매우 유사하다.

역할이론은 미드를 포함한 시카고학파의 사회학자들로부터 많은 영향을 받은 것으로 알려져 있다. 그러나 이것의 근원을 따지고 들어가면 지멜의 영향을 빼놓을 수 없다. 왜냐하면 지멜은 역할획득, 역할접합, 역할갈등과 같은 역할이론과 개념형성에 많은 기여를 했기 때문이다.

초기에 미국학자들은 지멜의 사상을 쉽게 받아들일 수 없었다. 부분적으로는 상호작용에 관한 그 자신의 문체 때문이었다. 지멜은 베버나 마르크스와 마찬가지로 무게가 있는 책들을 저술했다. 그러나 이해에 어려움이 있었다. 다행히 그가 에세이 형식으로 쓴 사회적 유형에 관한 주제들은 그를 이해하는 데 많은 도움을 주었다. 이 글들의 주제는 사람들의 관심을 끌기에 충분했을 뿐 아니라 글 또한 매우 간결하여 그의 사상을 쉽게 전할 수 있었다. 그러나 이 글들은 불행하게도 지멜의 보다 큰 저작들, 보기를 들어 『돈의 철학』을 파묻어버리는 부정적인 결과를 초래하였다.

6. 갈등은 해체뿐 아니라 통합에도 기여한다

지멜은 사회적 결사체가 가지고 있는 형식에 관한 분석 가운데 하나로 갈등문제를 다루었다. 그는 이 분석을 통해 개인 사이의 갈등이나 집단 내의 갈등이 사회관계와 집단의 통일성을 해친다는 일반적인 통념을 부정하였다(Simmel, 1904). 그는 오히려 갈등이 사회의 해체뿐 아니라 통합에도 어떻게 기여하는가를 보여주었다. 갈등을 긍정적으로 본 것이다. 그에 따르면 모든 사회관계는 긍정적 요소와 부정적 요소, 유인과 거부, 조화와 부조화 둘 다 가진다. 완전히 긍정적이고 조화롭고 지속적인 사회관계란 존재하지 않는다.

지멜은 사회적 단위들 사이의 동적인 상호연관성과 갈등, 곧 그 역동성에 많은 관심을 두었다. 그는 개인과 사회 간의 연결과 긴장에 주시하였다. 개인과 제도적 맥락 간의 갈등문제는 그 보기에 해당한다. 지멜은 사회를 구성하는 개인 또는 집단 간의 조화와 합의 및 균형을 위해 이루어지는 과정만을 강조하는 모형에 의해서 사회를 이해하고자 하는 시도를 거부한다.

사회 속의 개인은 언제나 사회와 이중적인 관계에 놓여 있다. 그 속에 사회적 일원으로 참여하면서도 그것에 대립할 만큼 독자적이다. 따라서 개인은 사회에 의해 결정되기도 하면서 그가 결정하기도 한다. 사회적 관계망에의 참여는 인간생활의 피할 수 없는 운명이지만 그것은 또한 자아실현에 방해되는 것이기도 하다. 사회는 개성이나 자율성의 출현을 도와주기도 하고 방해하기도 한다. 사회생활의 여러 형식은 각 개인을 강요하기도 하면서 그들로 하여금 인간이 되도록 한다. 자발적인 자유로운 활동을 억압함으로써 개성을 무력하게 하기도 하고 형태지우기도 한다.

지멜이 보기에 사회 내지 집단에는 언제나 조화와 갈등, 끌어당김과 밀어냄(attraction and repulsion), 사랑과 미움이 함께 존재한다. 그는 인간관계를 양면적 특성(ambivalence)을 가진 것으로 보았다. 서로 친밀관계를 맺고 있는 사람들이라 할지라도 자세히 보면 긍정적인 감정뿐 아니라 부정적인 감정을 품고 있기 때문이다. 보기를 들어, 사랑하는 관계라 할지라도 사랑과 존경, 무례함, 지배하려는 충동, 의존하려는 욕구 등이 얽혀 나타난다. 관찰자나 당사자는 이것을 두 개의 경향으로 분리시켜 생각하려 하지만 실제적으로는 하나이다(Simmel, 1955: 22~23).

지멜에 따르면 경험적으로 볼 때 전적으로 조화를 이루는 집단이란 없다. 어떤 생활과정에서도 그러한 집단은 존재하지 않는다. 그렇지 않다면 오히려 변화와 발전을 불가능하게 만든다. 그러한 집단이 있다 해도 그것은 어떤 종류의 삶의 과정에도 참여하지 못하며 변화나 발전이 있을 수 없는 것에 불과하다. 어떤 사회적 관계일지라도 특정한 어떤 형식을 획득하기 위해서는 끌어당김과 밀어냄, 조화와 부조화를 필요로 한다(Coser, 1965: 12). 두 범주의 상호작용 결과 사회는 긍정적으로 구조될 수 있다.

지멜은 사회에 있어서 외형과 실체를 구분하였다. 어떤 한 갈등적 관계가 당사자나 외부의 관찰자에게 부정적인 것으로 보인다 할지라도 분석해보면 잠재적으로나마 긍정적인 측면이 있음을 알 수 있다. 갈등적 관계는 당사자들에게는 고통스러운 것이라 할지라도 그 불일치에서조차 상호참여를 통하여 그들을 사회적으로 연결시켜 주는 역할을 할 수 있다. 사회적 갈등은 필연적으로 상호관계적인 행위를 수반한다. 우리는 그것이 일방적 강요가 아닌 상호관계에 있다는 점을 긍정적으로 볼 필요가 있다. 갈등은 부정적인 태도나 감정의 배출구로 작용할 수 있고 앞으로의 관계를 계속적으로 가능케 해줄 수도 있다. 이것은 관계를 맺고 있는 관계자들의 지위를 강화시켜 줄 수도 있고 개인의 위신과 자존심을 높여주기도 한다. 갈등은 이처럼 기존의 유대를 더 강화하거나 새로운 유대를 만들어낸다. 따라서 갈등은 파괴적인 것으로만 생각하기보다 창조적인 힘으로 간주될 수 있다.

개인과 그를 둘러싼 상황 간에 내재하는 갈등은 현대인의 소외 상태에 대한 통찰력 있는 분석의 기초를 제공한다. 특히 『이방인』과 『도시와 정신생활』과 같은 글들은 더욱 그러하다(Simmel, 1936). 지멜은 현대의 추세를 니스벳(Nisbet)이 말한 이른바 객관주의 전제(tyranny)의 우세, 곧 객관적 정신(object spirit)의 우세를 반영하는 것으로 보고 있다. 지멜에 따르면 개인은 여러 사물과 권력들로 얽힌 거대한 조직 속에서 하나의 단순한 톱니바퀴가 되었으며 그러한 조직은 인간의 생활을 주관적인 형식으로부터 순수하게 객관적인 생활형식으로 전환시키기 위하여 인간의 손으로부터 모든 진보와 정신성과 가치를 박탈

한다(Simmel, 1950: 422). 소외에 대한 그의 분석은 그로 하여금 현상 유지적 이해관계에 정면으로 대립하는 사회학적 시각을 선도할 수 있게 하였다. 그러나 그는 그러한 길을 따르지 않았다. 지멜에게 있어서 소외의 관념은 사회질서의 보다 자세한 측면을 자신의 견해에 끌어들이는 수단적 역할을 할 뿐 아니라 전체적인 사회학적 시각에서 볼 때 갈등과 소외는 사회에 있어서 본질적이며 긍정적인 역할을 수행하고 있는 것으로 해석된다.

이 같은 견해는 분리의 오류(fallacy of separateness)라는 사고방식의 한 측면에 해당한다. 지멜에게 있어서 상호작용의 각 측면은 그것이 갖는 상호보완적 맥락의 측면에서 이해되어야 한다. 따라서 갈등과 질서는 동일한 현상의 양면이다. 그에 따르면 사회적 갈등이란 필연적으로 상호보완적 행위를 포함한다. 따라서 그것은 일방적 부여가 아니라 상호성을 기초로 하고 있다. 갈등은 종종 그것이 없으면 탈퇴해버릴 당사자들을 하나로 결속하는 데 이바지할 수 있다. 그것은 소극적인 태도나 감정의 안전판 역할을 할 수 있으며 미래의 관계를 더욱더 강화시킬 수 있는 역할을 할 수 있다. 갈등은 자기주장을 통해서 하나 이상의 당사자들의 관계를 강화시키고 그들의 존엄성과 자기존중을 높이도록 할 수 있다. 이러한 의미에서 갈등은 파괴적이기보다는 창조적인 힘으로 간주될 수 있다. 좋은 사회란 갈등이 전혀 존재하지 않는 사회가 아니라 그와는 반대로 한 조직이나 집단구성 당사자들 간에 다양한 갈등의 교차에 의해서 꿰매어 결속된 사회이다(Coser, 1965: 12). 소외의 정도는 인간이 자기를 하나의 인간으로서 의식하고 있음을 나타내는 본질적인 요소이다. 이와 같은 견해에서 볼 때 모든 사회현상은 보다 큰 사회의 유지를 위해 중요한 역할을 수행하고 있는 것으로 해석할 수 있다. 이러한 그의 사상적 측면은 지멜을 기능주의적 입장에 접근시킨다. 갈등을 잠재적인 긍정적 기능으로 보는 견해가 바로 이것의 가능성을 보여준다.

지멜의 사회이론은 규제사회학의 맥락에 기초를 두고 있다. 그는 소외와 갈등을 사회사상의 본질적인 요소로 인식하면서도 그것을 급진적 변화를 초래하는 힘으로 보기보다 현상 유지적 설명 안에 그 개념들을 사용하고 있다. 지멜의 갈등에 관한 견해는 질서의 문제를 사회학적 분석의 중심문제로 확립하는 데 영향을 미쳤다.

7. 삶은 항상 움직이고 발달해 나아간다

내용과 형식의 문제가 두드러지게 나타나는 것이 지멜의 삶의 철학(Lebensphilosoph)과 이에 따른 문화이론이다. 삶의 철학은 삶이란 항상 움직이고 발달해 나아간다는 데 바탕을 두고 있다. 삶의 에너지는 영적인 것이자 삶 이상(more-than-life)의 내용을 가지고 있다. 삶은 삶 그 자체를 인식할 수 없을 만큼 유동적 흐름과 됨(becoming)의 과정을 거치며 성숙되어 간다. 삶이란 고정되어 있는 것이 아니고 움직이며 변화하고 발전한다. 이런 의미에서 삶은 스스로 초월해나가는 생명의 힘(life force)을 가지고 있다. 유동적 흐름이란 형체도 없으면서 움직이며 스스로를 뛰어넘는 것(transcendence)과 연관되어 있으며 됨은 새로운 실체(entity)를 만들어내는 것과 연관이 있다. 이때 됨은 과정(process)이고 새로운 실재는 객체(object)이며 만들어짐은 삶 이상의 것을 의미하는 형식이다. 이 형식들이 하나로 뭉뚱그려져 문화(culture)가 된다. 이것이 바로 그의 문화철학(Kulturphilosophie)이다.

문화에는 객관문화와 주관문화가 있다. 객관문화는 학문이나 과학처럼 접근할 수 있고 만들어진 것은 사용된다. 주관문화는 개인이 개인적 측면에서 객관문화를 스스로 활용하고 개발하는 것을 가리킨다. 이러한 개인적 개발이 객관문화에 도움을 주므로 주관문화와 객관문화는 사실상 불가분의 관계에 있다. 그의 삶의 철학은 이처럼 문화철학과 깊은 연관을 가지고 있다. 이 관계에 있어서 빼놓을 수 없는 것은 발전관계이다. 초기단계의 형식(proto-form)이 고유형식(form proper)으로 발전하고, 형식들이 문화라는 하나의 뭉뚱그려진 통합체로 발전하며, 초기단계의 문화(proto-culture)가 고유문화로 발전한다. 이러한 모든 과정은 삶이 목적론적임을 보여주고 있다. 즉, 기원(terminus a quo: origin)과 목적(terminus ad quem: goal)이 분명히 있다.

8. 자유와 종속에는 양면이 있다

지멜에게 있어서 현대사회(문화)에 대한 이해는 양면성, 곧 상충성을 띠고 있다. 현대문화에 있어서 개인은 철저한 속박과 인간에의 종속으로부터 점진적으로 해방되어 간다. 그럼에도 불구하고 인간의 창조물인 문화적 산물이 인간에 대한 지배력을 점차로 증대시켜 간다는 것이다. 낙관과 비관의 이 같은 양면성은 그가 18세기 계몽주의의 진보에 대한 낙관적 믿음과 세기 전환점에 나타난 독일의 염세적 소외철학 모두를 반영하고 있기 때문이다.

지멜은 먼저 현대 이전의 사회와 현대사회를 양분하고 양쪽 사회에 있어서의 개인의 자유문제에 초점을 맞추어 낙관적인 견해를 보였다. 즉, 현대 이전 사회에 있어서 개인의 자유는 크게 억제되었지만 사회가 점차 대규모화되면서 개인의 자유는 확장되었다.

현대사회 이전의 인간은 친족집단, 길드, 읍이나 촌락 등 매우 제한된 수의 적은 사회적 집단들 속에서 생활하였다. 이 집단들은 기능적으로 특수화되거나 분화된 것도 아님에도 개인을 완전히 포용하여 자기의 수중에 붙들어 두었다. 개인의 인격은 이 집단생활 속에 파묻히고 말았다. 소규모의, 밀접하게 짜인 동질적인 문자 이전의 사회에서는 개인의 자유란 거의 있을 수 없다. 중세조직은 세워진 목표를 달성하기 위해 인간 모두를 함께 묶어 하나로 결속시키는 통합형식을 이루고 있다. 개인은 집단에 종속되어 충성해야 했다. 지배자는 피지배자의 전인격을 지배했다. 장원의 영주는 농노에 대한 정치적 지배뿐 아니라 농노라는 인간 전체를 경제적으로, 법적으로, 그리고 사회적으로 지배하였다. 당시 조직은 동심원의 형태로 서로 연결되어 있어서 한 길드는 더 포괄적인 길드 연합체의 한 부분이 되었다. 따라서 개인은 대규모의 사회적 집단에 직접 가입할 수 없고 소규모집단의 성원이 됨으로써만 그것에 참여할 수 있다.

그러나 현대사회조직은 판이하다. 사회가 보다 대규모화되고 보다 이질적이 되어감에 따라 개인은 인간성에 강력한 통제를 가했던 소규모집단들의 엄격한 굴레를 점차 벗어날 수 있게 되었고, 개인의 자유는 확장되었다. 개인은 명확히 분화된 집단에 자유롭게 가입할 수 있으며 어떤 집단도 그의 전인격을 통제하지 않는다. 지멜에 따르면 개인이 활동하고 있는 서로 다른 집단들의 수가 많다는 것은 문화가 발전했음을 보여준다. 개인이 가입할 수 있는 단체의 수가 많을수록 각 개인은 사회적 영역에서 그만큼 독특한 위치를 점하게 된다. 개인의 인격은 복합적인 참여를 통하여 고도로 분절된다. 현대 이전 사회에서 종교적 공동체는 지역적 또는 혈연적 공동체와 일치하였다. 따라서 종교적 신념을 공유하지 않으면 공존할 수 없었다. 그러나 현대사회에서는 이웃과 종교적 신념을 공유할 필요가 없다. 그렇다고 종교가 힘을 잃은 것은 아니다. 종교적 관심이 다른 관심들로부터 분리되었고 그리하여 더욱 개인적인 것이 된 것이다. 즉, 더욱 특수화되었다. 개인이 여러 집단에 다양한 모습으로 참여하는 것은 자의식을 증대시킨다. 개인이 그의 인격을 완전히 통제하고 있던 집단의 지배로부터 벗어나 해방된 것이다. 집단에의 참여가 분절화되면 독자성과 자유감을 불러일으키고 개인주의를 출현시킨다. 사람은 더욱 달라져 갈 뿐 아니라 서로 다른 사회적 맥락으로 옮겨지는 것도 쉬워진다.

현대사회에서는 지배와 복종의 형식도 다르다. 인간은 더 이상 다른 사람에 의해 전적으로 지배되지 않는다. 현대의 공장주는 장원의 영주와 비교해볼 때 공장 내 노동자들을 전인격적으로 지배하지 못한다. 그들에 대한 지배권한은 특수한 경제적 맥락과 정해진 몇 시간 및 한정된 장소에 국한되어 있다. 노동자들은 일단 공장 문을 나서고 나면 다른 사회적 모임에서 지금과는 전혀 다른 형태의 사회적 관계를 유지하며 자유로이 참여할 수 있다.

지멜에 따르면 사회는 동질적인 것에서 이질적인 것으로, 균일적인 것에서 개인주의적인 것으로, 전통적인 작은 세계의 일상적인 일에 대한 몰두로부터 다양한 모습의 참여와 개방된 기회가 존재하는 너른 세계에로 이행하고 있다. 그는 이것을 분화라 부른다. 서구역사를 보아도 그 흐름은 신분에서 계약으로, 기계적 연대에서 유기적 연대로, 개인의 발달을 방해하는 관습사회로부터 다양한 참여와 접촉을 통해 개인의 자율성과 독자성을 키워주는 사회로 옮겨지고 있는 것이다.

현대문화에 대한 그의 이해는 이에 국한되지 않는다. 현대사회문화는 현대 이전 사회의 문화에 낙관적이지만 비관적인 면모도 없지 않다. 문화에 관한 그의 이해는 낙관과 비관을 포함하는 이중적인 면모를 띠고 있다(Coser, 1971: 189~193).

지멜에 따르면 개인과 문화적 가치 사이에는 이중성이 있다. 개인은 그를 둘러싸고 있는 문화적 가치를 완전히 습득해야 그 시대를 사는 문화인으로서 세련될 수 있다. 그러나 그러한 가치들은 개인을 매몰시키고 억압할 위험성을 안고 있다. 그 보기로 분업을 들 수 있다. 분업은 현대 문화생활의 바탕이 될 만큼 중요성을 띠고 있지만 그 과정 속에서 개인을 억압하고 구속할 수도 있다는 점에서 문제가 된다. 문화의 이러한 이중성에도 불구하고 인간은 종교·도덕·관습·과학 등 다양한 문화적 산물을 만들어낸다. 일단 만들어진 문화는 우리 생활 속에 응고되어 결국 개인을 구속하게 된다. 개인과 문화 사이의 끊임없는 대립이 존재하게 되는 것이다. 문화는 원래 인간에 의해, 그리고 인간을 위해 만들어졌지만 객관화된 문화는 내적인 발전논리를 따라 그 근원이나 목적으로부터 점점 소외되어 개인을 억압하는 것으로 작용하게 된다. 마르크스가 지적한 상품시대에 있어서 인간소외는 이것을 대변한다.

그럼에도 불구하고 개인은 이것에 철저히 종속됨으로써 그 자신을 실현하고자 한다. 개인이 자율성을 획득하고 그 자신의 목표를 실현하기 위해 예술, 과학, 종교 그리고 법률 등 문화적 양식에 자신을 투입하는 것이다. 이것은 문화적 가치의 내면화로 나타나며 내면화를 통해 그것을 자신의 일부로 만든다. 현대인은 갈수록 그의 욕구나 욕망을 구속하고 지배하는 대상들에 의해 포위당하고 만다. 기술은 인위적인 결핍을 충족시키기 위해 불필요한 생산물을 만들어내고, 과학은 불필요한 지식을 만들어내고 있다. 그 지식은 특별한 가치도 없으면서도 과학이라는 이름 아래 여러 부산물을 만들어내고 있다.

그 결과 현대인은 더욱더 문제 상황에 직면하게 된다. 그 많은 문화적 요소를 개인이 충분히 수용하지 못함으로 인해 그것들에 억압을 받는다. 물론 그중의 일부는 자신에게 의미가 있는 것도 있지만 그렇지 않은 것도 많다. 그것들은 현재라는 문화적 발전영역에 속해 있기 때문에 함부로 거절할 수도 없다. 개인의 이러한 상황은 아랑곳없이 문화는 자기들끼리 더 결속된다. 지멜은 이것을 분업을 통해 바라보고 있다. 분업이 고도로 발달하면 그것을 만드는 사람의 숙련에 의해 생산물이 더욱 완벽하게 된다. 그러나 분업은 개인의 완전한 인격의 조화로운 발전을 유보하고 있기 때문에 기술의 증대는 전체적인 인격 면에 별 도움을 주지 못한다. 분업은 창조물로부터 창조자를 단절시킨다. 하지만 창조물은 그 나름대로 자율성을 얻게 된다. 문화적 산물의 이러한 물화과정은 인간과 그의 산물 사이의 소외를 촉진시킨다. 생산자는 더 이상 그의 산물에서 자신을 발견할 수 없다. 그 속에서 자신을 잃어버린 것이다.

문화는 인간이 자신을 위해 만든 것이다. 그러나 개인은 그것을 만든 것으로 인식하지 못한 채 점점 그것에 예속되어 가고 있다. 객관적 문화의 생산자와 소비자 모두 그것에 의해 세련되어 가기는 하지만 개인의 창조적 능력은 점점 위축된다. 지멜은 개인이 사회의 문화구조 속에서 위축되어 가는 상황, 그리고 객관적 세계의 완성 대가로 인간의 정신이 마비될지 모르는 상황을 베버의 용어를 빌려 미래의 감옥으로 표현하고 있다. 미래를 이처럼 어두운 감옥으로 간주하는 것은 합리성을 추구하는 문화가 결국 인간을 철창(iron cage)에 가두는 결과를 초래할 것으로 본 베버의 주장과도 맥락을 같이 하고 있다.

현대문화에 대한 낙관과 비관 모두를 포괄하고 있는 지멜의 이 같은 양면성은 그의 사상적 배경과도 연관되어 있다. 즉, 낙관적 관점은 그에게 영향을 준 프랑스와 영국 사상가들의 진보적이고 낙관적이며 자유로운 생각을 반영하는 것임에 반해 비관적 관점은 마르크스와 독일의 비관주의로부터 영향을 받은 것으로 평가되고 있다. 그는 전통의 구속과 종속으로부터 개인이 점점 해방되어 간다고 보면서도 현대사회문화는 결국 개인을 소외시키고 창의성을 앗아감으로써 존재를 상실시키는 결과를 초래하고 있다고 본 것이다(Coser, 1965; Weingartner, 1962).

9. 경제적 교환행위는 인간의 자유와 사회분화를 촉진시킨다

지멜의 『돈의 철학』은 그의 사상을 가장 함축적으로 나타내고 있는 대표적인 저술로 인정을 받고 있다. 이 책은 제목이 풍기는 인상과는 달리 상당히 철학적인 개념을 포괄하고 있어 한동안 주목을 받지 못했었다. 그러나 이 책은 문화사회학과 경제적 활동에 관계된 사회학적 분석에 크게 공헌한 것으로 평가되고 있으며 문화와 사회에 관심을 가지고 있는 학자들로 하여금 지멜의 이론에 관심을 갖게 만든 것으로도 유명하다(Spykman, 1966). 『돈의 철학』은 그가 주장한 여러 주제를 더욱 완결시킴은 물론 그의 문화 분석과 문화 비판을 이해하는 데 없어서는 안 될 중요한 책이다.

지멜에 따르면 경제적 교환행위는 중요한 사회적 상호작용 가운데 하나이다. 돈을 통한 거래가 그 이전의 거래형식을 대신하게 되면 사회적 행위자들 사이의 상호작용 형식에 중대한 변화가 발생하게 된다. 돈은 잘 나눌 수 있을 뿐 아니라 물건 값을 정확히 계산할 수 있다. 그것은 정교하게 만들어진 징이나 조개껍질과 같은 돈 이전의 거래형식과는 다르다. 옛것이 보다 인간적 정취를 나타낸다면 돈은 비인간적인 감을 준다. 돈은 합리적 계산을 하게 만든다. 그것은 현대사회의 특징인 합리화를 촉진시켜 준다. 그러나 돈은 사람들 사이의 매개물이 되면서 인간적 유대를 특별한 목적에 국한된 비인간적 유대로 바꾸어놓는다. 질적 유대관계가 양적 유대관계로 전환된다. 보기를 들어 양보다는 질로 평가되던 친족관계나 미적 인식 속에 계산이 침투한다. 질적인 인간관계가 양적인 관계로 바뀌는 것이다.

돈은 교환행위를 통해 목적을 손쉽게 달성할 수 있게 만들어주기 때문에 한편으로 인간의 자유를 증대시키고 사회분화를 촉진시키는 역할을 한다. 돈은 자발적으로 모인 자연적인 집단마저 특별한 목적을 달성하기 위한 집단으로 만들 수 있다. 돈이 작용하면 혈연이나 친족 또는 충성에 입각한 유대관계도 붕괴된다. 이런 의미에서 볼 때 돈은 교환수단 이상의 의미를 가지고 있다. 돈은 교환을 통한 경제적 기능 이외에도 합리성·계산성·비인간성과 같은 현대의 정신을 상징하고 있다. 돈은 사물이나 인간들 사이의 질적 차이를 없앨 뿐 아니라 공동사회를 이익사회로 재빨리 바꾸어준다. 감정과 상상을 중시하던 세계관이 계산을 중시하는 세계관에 의해 압도를 당한다.

이 책에서는 그의 거시적 지향이 보다 분명히 나타나 있다. 물론 이러한 경향은 그의 이론에 항상 있어 왔다. 양자관계와 삼자관계에 관한 그의 이론은 이러한 생각을 뚜렷하게 보여주고 있다. 그에 따르면 어떤 이인 집합체 또는 양자관계가 제3자의 개입에 의해 삼자관계로 전환될 때 중요한 사회학적 발전들이 일어난다. 삼자관계에서는 양자관계에서는 전혀 존재할 수 없는 사회적 가능성들이 일어나기 때문이다. 보기를 들어 삼자관계에서 구성원들 가운데 하나는 다른 두 사람 사이에서 중재인 또는 중개인이 될 수 있다. 더욱 중요한 것은 구성원들 가운데 두 사람이 결탁하여 다른 한 사람을 지배할 수 있다. 그는 이와 같이 개인들과 분리되어 그들을 지배하게 되는 거시구조의 출현에서 나타날 수 있는 현상을 미시구조의 보기를 들어 설명해주고 있다. 이러한 주제는 『돈의 철학』의 바탕에 깔려 있다.

지멜은 현대세계에서 개인을 초월하면서도 지배력을 행사하고 있는 화폐경제의 출현에 주로 관심을 가졌다. 『돈의 철학』은 전체로서의 문화가 개인에 대해 행사하는 지배력은 갈등의 한 형식임을 보여주었다. 현대세계에서 거대문화와 그것의 다양한 구성요소들, 보기를 들어 개인을 초월하면서도 지배력을 행사하고 있는 화폐경제가 팽창하고 있다. 그것이 팽창함에 따라 개인의 중요성은 점점 감소하게 된다. 즉, 현대의 경제와 관계된 산업기술이 발전하여 더욱 정교화됨에 따라 개인노동자가 갖춘 기술능력의 중요성은 점점 감소하고 노동자는 결국 자신이 거의 통제할 수 없는 산업기계에 직면하게 된다. 다시 말해서 현대세계에서 거대문화가 팽창함에 따라 개인의 가치는 점점 줄어들고 있다는 것이 지멜의 생각이다(Simmel, 1978). 지멜은 현대사회에 있어서 소외의 원인 가운데 하나가 모든 생활 영역에 있어서 금전적 지배라고 보았다. 전통적·비합리적 기준에 의해 평가되던 현대 이전의 사회·문화생활 속에 금전적 평가가 사회관계로 파고듦에 따라 사회관계는 비인간적이고 도구적인 것으로 되고 그 성원들에게 내재적으로 의미 있다는 느낌을 앗아가고 만다.

지멜은 이러한 삶의 굴레를 벗어나기 위해 초월적 삶(transcendental life)을 강조한다. 그것은 이미 언급한 삶의 에너지이다. 이 에너지는 자신마저 초월하며 발전하려는 힘을 나타낸다. 결국 갈등은 개인을 억압하는 거대문화로 인해 이 굴레를 벗어나려는 삶의 에너지를 발산하도록 만들어준다.

10. 사회형식에 대한 다양한 인식이 필요하다

지멜은 조직 측면에서도 이론적으로 크게 공헌했다. 물론 비판이 없는 것은 아니다. 뒤르켐은 지멜이 내용으로부터 형식을 분리했다고 비판했다. 그는 형식과 내용을 구분한다는 것은 불가능한 것이며 지멜의 형식사회학은 지나치게 추상적이고 일반적이어서 특수성과 역사성이 결여되어 있다고 보았다. 사회학적 연구는 자연스러운 사실에 바탕을 두고 정립되어야 하는데 지멜식으로 나아간다면 사회학은 환상적인 구성물이 될 것이라고 우려하기도 했다(Durkheim, 1950: 181). 베버도 지멜이 주관적으로 의도된 의미와 객관적으로 타당한 의미 사이를 명확하게 구분하지 않았다며 지멜을 평가하기도 했다. 아벨(T. Abel)이나 소로킨(P. Sorokin)도 지멜이 대부분의 연구에서 내용과 형식 사이의 구분을 고수하지 않았고 내용으로부터 형식을 분리함으로써 사회학으로부터 내용의 실제가 되는 문화를 배제시켰다고 평가했다(Abel, 1929; Sorokin, 1964; 1966).

그러나 지멜을 연구하는 많은 사람은 내용과 형식이라는 그의 기본적 개념과 방법론적 개념이 피상적으로 이해되고 있다고 보았다. 그에게 있어서 내용과 형식은 때로 구분이 불분명하고 추상적이며 대상에 따라 그 위치가 바뀌는 등 상대적이기도 하다. 그것은 우리의 삶의 형식에 있어서 그 위치가 바뀌는 것과도 연관되어 있다. 실제에 있어서 형식과 내용을 구분 짓기 어려운 점이 있다. 하지만 분석적으로는 구분이 가능하다. 지멜의 이론이 특수성과 역사성이 결여되어 있다고 평가하지만 지멜은 구체적인 것을 중시하고 있고 특수 역사적 상황을 강조하고 있으므로 그 평가는 바르지 못하다.

내용과 형식에 관한 그의 이론에 대한 비판이 있기는 하지만 조직을 연구하는 사람에게 있어서 형식이라는 분석적 틀이 제공되지 않는다면 어떤 결과를 가져왔을까를 생각지 않을 수 없다. 쉽사리 관찰할 수 없는 어떤 구체적 현상의 모습들이라 할지라도 이 분석방법을 통하여 현실로부터 추출될 수 있기 때문이다. 일단 이러한 것이 성공적으로 이루어지고 나면 구체적 내용에 있어서는 상당히 다르면서도 구조적 배열에 있어서는 본질적으로 유사한 현상들의 비교가 가능해진다. 보기를 들어 일탈적인 청소년 갱 단체나 스카우트 단체는 내용상 다르다. 그러나 지도자와 추종자 사이의 관계를 분석함에 있어서 두 단체는 구조적으로 동일하다. 본질은 다르다 해도 형식은 같다는 것이다. 그의 이러한 현실분석방법은 구체적 사회현상들이 다양한 관점에서 연구될 수 있다는 것과 사회적 내용이 아무리 복합적이라 할지라도 형식 분석을 통해 사회생활에 대한 통찰력을 얻을 수 있다는 것을 보여준다. 이것은 앞으로의 조직연구가 한 현상에만 국한시킬 것이 아니라 전혀 연관성을 보이지 않는 여러 현상을 통해서도 이해되어야 한다는 것을 보여주고 있다. 이러한 방법은 사회현상에 대한 다양한 분석을 가능케 해준다.

지멜의 형식사회학은 공식적 사회구조뿐 아니라 현재의 즉시적이고 구체적인(live, immediate, concrete) 상호작용까지 강조하고 있다. 그가 현재의 즉시적 그리고 구체적 상호작용을 강조하는 것은 공식구조는 형태가 갖추어진 것까지는 좋으나 굳어져 삶의 과정과 연관이 없을 수 있기 때문이다. 그는 사회학자들이 공식적인 구조만을 대상으로 연구하는 것은 문제가 있다고 보았다. 이것은 과정의 중요성을 강조한 것이기도 하다. 지멜 당시 독일에는 일회적 사건들을 역사적으로 기술하는 방법과 관념론적인 방법 등 두 가지 학문적 태도가 유행하였다. 그는 이 두 방식 모두를 의식적으로 거부하였다. 대신에 사회란 유형화된 상호작용의 망으로 이루어져 있으므로 다양한 역사적 시기와 문화적 환경 속에서 거듭 나타나는 상호작용의 형식을 연구하는 것이 바람직하다고 보았다. 과정에 대한 그의 관심도 이러한 경향을 반영하고 있다. 과정에 대한 연구의 필요성은 지금의 조직연구에도 그대로 적용될 필요가 있다. 조직의 공식적 구조 못지않게 조직과정에 있어서 상호작용에 대해 보다 새로운 차원의 인식이 있어야 한다.

지멜은 또한 사람들이 특정 연합체를 구성하게 되는 이해와 의도가 아무리 다양하다 할지라도 이러한 이해와 의도가 실현되는 상호 작용의 사회적 형식은 같을 수 있으며 이와는 달리 이해와 의도가 같다 해도 서로 다른 형식을 가질 수도 있다고 주장했다. 전자의 경우 전쟁과 이윤추구는 서로 의도하는 바가 다르지만 협동을 필요로 한다는 점에서는 서로 유사하다. 후자의 경우 경제적인 이익은 계획적인 협동에서뿐 아니라 경쟁에 의해 실현될 수 있으며 공격적인 충동은 갱의 싸움으로부터 법정투쟁에 이르기까지 여러 갈등형식으로 나타날 수 있다. 지멜의 이러한 주장은 형식의 양면성, 곧 동일성과 다양성을 포괄하는 주장으로서 사회적 형식의 존재를 보다 포괄적으로 이해해야 하는 새로운 세기에 매우 적합한 이론적 지침이 될 수 있다.

11. 갈등도 긍정적 역할을 한다

많은 사람은 갈등을 부정적으로 본다. 그러나 지멜은 부정적 측면과 함께 긍정적 측면이 함께 존재한다고 주장했다. 갈등을 무조건 억제한다고 문제가 해결되는 것은 아니다. 만일 그것이 억압되어 있다면 보다 큰 사회의 혼란을 가져오거나 붕괴를 자초하는 결과를 초래할 수 있다. 갈등은 오히려 사회적 관계를 보다 유기적으로 만드는 원동력이 된다. 그는 우리로 하여금 갈등의 파괴적인 측면과 통합적인 측면을 함께 생각하도록 만들어주고 있다.

지멜의 갈등론은 사회화로 인한 얽힘 관계에 있다. 다양한 사회집단 속에는 지배와 복종, 경쟁, 배타성을 띤 단합, 분업, 당파나 편파 현상 등 여러 현상이 존재한다. 갈등은 사회적 얽힘을 깨는 미움, 질투, 욕구, 욕망과 같은 요인들 때문에 일어난다. 그러나 역설적이기는 하지만 갈등 그 자체가 사회적 얽힘의 한 형식이다(Simmel, 1955: 13). 그에 따르면 갈등은 갈등관계에 있는 당파 가운데 하나를 진멸시켜서라도 어떤 형태이든 결합을 이루는 길이 된다. 이것은 마치 유기체가 혼란을 겪고 그 때문에 발생하는 손상을 더 이상 받지 않으려고 노력하는 것과 같다. 갈등은 이처럼 갈라져 있는 분리 상태를 해소시키게 되어 있다. 갈등의 관계가 결합력을 가지고 사회구조를 낳게 되는 것이다.

지멜은 마찰이 없는 사회세계, 개인이나 집단들 간의 충돌이나 싸움이 영원히 금지되어 있는 사회를 상상하지 않았다. 그에게 있어서 갈등은 사회생활의 본질이며 사회적인 삶의 뿌리 깊은 구성요소이다. 훌륭한 사회란 결코 갈등 없는 사회가 아니다. 오히려 구성분자들 사이의 다양한 상호모순적 갈등들로 함께 짜인 사회이다(Coser, 1956). 평화와 불화, 갈등과 질서는 상호관계적인 것이다. 습관을 강화하는 것이나 파괴하는 것이나 모두 사회생활의 영원한 변증법의 한 부분을 이룬다. 따라서 질서의 사회나 무질서의 사회, 조화모델과 갈등모델을 구분하는 것은 잘못된 것이다. 이들은 상이한 현실을 가리키는 것이 아니라 하나의 현실에 대한 여러 다른 형식적 측면을 지칭하는 것일 뿐이다. 지멜의 갈등론은 사회적 얽힘과 이어져 있다는 점에서 구조갈등론이지만 갈등의 사회적 기능을 강조한다는 점에서 갈등의 기능론이다. 그는 갈등의 원인과 결과를 포괄적으로 망라할 뿐 아니라 갈등의 사회 통합적 측면을 강조하고 있다. 갈등에 관한 지멜의 이 같은 사고는 훗날 갈등의 긍정적 기능에 관한 연구를 촉진시켰다(Coser, 1956; Theodorson, 1962).

12. 도시문제에 대한 심층적 접근이 필요하다

산업혁명의 결과로 19세기와 20세기에 많은 사람이 농촌을 떠나 도시로 이동하였다. 이러한 대 이동의 원인은 대체로 도시지역에서 산업체계가 만들어준 용이한 일자리에서 찾을 수 있다. 그러나 이러한 이동은 도시생활에 적응해야만 하는 사람들에게 많은 어려움을 안겨주었다. 게다가 도시의 팽창은 많은 문제를 야기했다. 인구의 대 혼잡, 오염, 소음, 교통난 등이 그것이다. 도시생활의 특성과 그 문제들은 여러 사회학자, 그 가운데서도 베버와 지멜의 관심을 끌었다. 그는 『도시와 정신생활』이라는 글을 통해 그 문제들을 분석적으로 고찰하였다. 환경문제가 오늘의 중요한 조직문제로 등장한 이 시점에서, 그리고 산업화로 인해 발생한 도시의 여러 문제점을 보다 심층적으로 살펴야 할 조직연구가들에게 그의 연구는 하나의 자극제가 되고 있다.

미국사회학의 최초 주요 학파인 시카고학파가 지멜과 연결된 것도 도시에 대한 그들의 관심과 무관하지 않다. 시카고학파는 도시화 및 도시문제를 연구하기 위한 실험실로서 시카고라는 도시를 이용하려는 관심에 의해 그 학파의 성격이 규정될 정도였다. 시카고 대학의 사회학과는 1892년에 스몰에 의해 세워졌다. 스몰은 지적인 업적보다 사회학이 미국에서 제도적으로 정착하는 데 기여했고 『미국사회학지(*American Journal of Sociology*)』의 창간 및 미국사회학회(American Sociological Society)의 창립에 기여하였다. 초기 시카고학파는 종교와 밀접한 관계를 가지고 있었다. 이 학과의 어떤 구성원은 목사였고, 어떤 이들은 그 아버지가 목사였다. 그래서 스몰은 사회학의 궁극적인 목적은 본질적으로 기독교적인 것이어야 한다고 말할 정도였다(Mattheus, 1977: 95). 이러한 견해는 결국 사회학은 사회개혁에 관심을 가져야 한다는 기대를 낳게 했으며 또 사회학은 과학적이어야 한다는 신념을 갖게 했다. 사회개량의 목적을 가지고 있는 과학적 사회학은 시카고라는 도시의 생성에서 그 실천의 계기를 찾을 수 있었다. 당시 시카고는 도시화와 산업화에 따른 긍정적 결과와 부정적 결과를 모두 보여주고 있었다. 시카고학파의 파크는 원래 신문기자 출신으로 기자로서의 경험은 도시문제의 중요성에 대한 의식을 일깨워주기에 충분했다. 파크는 직접 관찰을 통해 자료를 수집하기 위해 현지로 뛰쳐나가야 할 필요성을 깨닫게 해주었다. 바로 이러한 의식으로부터 도시생태학에 대한 시카고학파의 실질적 관심이 나타났다.

13. 현대사회의 소외는 문화발전과 연관되어 있다

지멜은 현대사회에 대해 양면적 평가를 했다. 그는 현대 이전 사회에서 현대사회로 발전하면서 개인의 자유는 증대되었다는 긍정적 평가를 내렸다. 그러나 현대사회로의 발전은 개인의 소외를 점진적으로 증가시켰다는 부정적 평가를 내렸다. 마르크스도 소외에 관해 논했지만 그의 소외론은 경제적 영역에 국한되었다. 그러나 그는 경제적 영역을 뛰어넘어 과학·종교·도덕·관습·기술·예술·문학 등 현대 문화의 모든 영역으로 확대된다고 주장함으로써 마르크스보다 그 영역을 넓혔다. 나아가 지멜은 이러한 상황은 자본주의와 같은 특정경제조직체계 때문이 아니라 현대사회에 내재해 있는 문제점 때문으로 보았다는 점에서도 다르다. 그는 이 문제의 해결을 위해서 사회경제의 구조를 자본주의에서 사회주의로 변화시켜야 한다는 마르크스의 주장과도 뜻을 같이하지 않았다.

지멜에 따르면 현대사회에 있어서 소외는 전체 문화발전과 연관되어 있다. 문화의 각 측면은 문화의 다른 영역이나 인간성의 전체적 통일성과는 점점 더 무관하게 수없이 전문화된다. 개인은 방대한 문화적 목표들과 일일이 의미 있는 관계를 가질 수는 없지만 그것을 무시할 수도 없게 된다. 결국 개인은 문화적 소외를 느낌은 물론 창조적이고 의미 있는 전체로서의 인간성의 황폐화를 경험하게 된다. 사람들은 각자의 인간성과 총체적인 인간으로서 그들 사이의 관계를 결합시켜 줄 전반적인 문화적 이상을 상실하게 된다. 사람들에게 어떤 이상에 따라 살고 있느냐고 물을 경우 극소수만이 그들을 지배하는 문화적 이상에 대해 언급할 뿐 대부분은 자신의 직업적 경험에서 얻은 전문화된 대답을 할 뿐이다. 그 이상에 포함해야 할 분야들이 너무 많고 이질적이어서 그 대답을 찾기조차 어렵다(Simmel, 1968:15).

14. 사회분석에도 상호교섭 연구가 필요하다

지멜의 상호작용은 현재 사회학적 분석에 있어서 중심이 되는 개념으로 자리를 잡아가고 있다. 사회구조, 사회과정, 사회적 지위, 사회적 역할 등과 같은 중요한 사회학적 개념들은 대체로 그의 연구에서 파생된 것이다. 그는 특히 미국사회학이론의 발전에 직접 그리고 깊은 영향을 주었다. 그가 미국의 학자들로부터 관심을 끌게 만든 것은 그의 분석수준에 관한 것이었다. 베버나 마르크스가 사회의 합

리화나 자본주의경제와 같은 거시적인 문제에 몰두한 반면 지멜은
미시적인 문제들, 특히 개인의 행위와 상호작용에 관심을 두었다.
그는 상호작용의 형식(보기를 들어, 갈등)과 상호작용에 몰입되어 있
는 자들의 유형(보기를 들어, 이방인)에 관한 생각 때문에 일찍부터
유명해졌다. 그의 이러한 생각은 칸트철학에서 유래된 것이다. 지멜
은 기본적으로 인간들 사이의 상호작용을 이해하는 것이 사회학의
주된 임무 가운데 하나라고 생각하였다. 그러나 어떤 개념적 도구
없이 사회생활에서 일어나는 무수한 상호작용을 이해한다는 것은
불가능한 일이었다. 바로 이 점에서 상호작용의 형식들과 상호작용
에 몰입한 사람들의 유형의 문제가 제기되었다. 지멜은 수많은 사회
무대(social settings)에서 발견되는 상호작용이 보여주는 제한된 수의
형식들을 분리해낼 수 있다고 생각하였다. 이러한 형식들을 연구함
으로써 우리는 이들 상이한 사회적 무대들을 분석, 이해할 수 있기
때문이다. 한정된 상호행위들의 유형을 발전시키는 일도 상호작용의
무대를 이해하는 데 도움을 준다. 이러한 작업은 그 명칭이 암시하
고 있듯이 상호작용에 집중적인 관심을 가지고 있는 상징적 상호교
섭론에 깊은 영향을 주었다.

그의 이론은 특히 초기 미국 사회학의 중심지 가운데 하나였던 시
카고학파와 그곳의 주요 이론인 상징적 상호교섭론이 발전하는 데
도움을 주었다. 시카고학파와 상징적 상호교섭론은 1920년대와 30
년대 초에 미국사회학을 지배하였다. 그의 사상은 시카고 대학에서
큰 영향력을 행사하였다. 그것은 주로 시카고 대학 초기의 괄목할
만한 인물인 스몰(A. Small)과 파크가 1800년대 말에 베를린에서 지
멜과 접촉을 가졌기 때문이다. 파크는 유럽에서 공부를 하면서 지멜

로부터 행위와 상호작용에 관한 강의를 들었다. 지멜의 아이디어는 1920년대 시카고 대학에서 지도적 인물이라 할 수 있는 파크를 통해 시카고 사회학에 중요한 영향을 미쳤다. 지멜의 사상이 시카고학파의 이론적 방향정립에도 큰 기여를 했다. 파크는 미드(G. Mead)와 같은 다른 시카고 대학의 학자와 마찬가지로 지멜의 아이디어에 직접 영향을 받았다. 그들은 시카고 대학의 교수와 학생들에게 지멜의 사상을 전달하는 일 뿐 아니라 그의 책을 번역하는 계기를 만들어주었다. 결국 지멜의 사상은 미국의 독자들에게 폭넓은 관심을 불러일으켰다. 파크는 지멜의 사상을 시카고 대학의 학생들에게 전달하는 가교역할을 하였다. 특히 블루머(H. Blumer)는 상징적 상호교섭주의를 확립함에 있어서 파크를 통해 지멜의 영향을 크게 받았다. 블루머는 일반적으로 현상학적 시각에서 미드의 사상을 해석하는 것으로 인식되고 있으나 상징적 상호교섭주의의 본질에서 사상을 전개하고 있다. 행위와 상호작용의 형태에 관한 지멜의 관심은 미드의 이론과 양립 가능한 것이자 그것의 연장이기도 했다.

파크와 버제스(E. Burgess)는 그들이 지은 『사회학입문』에서 일종의 사회학관을 제시했다(Park and Burgess, 1921). 그들에 따르면 사회학은 사회와 사회조직, 집단 및 제도의 성격, 사회적 상호작용 과정의 성격과 영향, 이들의 형태와 과정들이 사람들의 형태에 미치는 영향에 관한 객관적인 과학적 지식의 추구에 맞는 것이어야 한다(Faris, 1967: 41). 이와 같은 사회학의 접근방법은 지멜적인 것에 속한다. 때로 상징적 상호교섭주의는 시카고와 독일에서 독자적으로 발전한 것으로 말하고 있지만 이 사상은 독일, 특히 지멜의 사상에서 파생되었음을 알 수 있다. 지멜의 사상은 미드와 연결되어 사회

적 교환, 사회적 통제, 그리고 갈등 기능주의에 관련된 통합이론의
전개에도 영향을 미쳤다. 이러한 이론은 상호교섭주의적 개념에 바
탕을 두고 있다.

15. 새로운 시대엔 새로운 문화정립이 필요하다

현대 이전의 사회에서는 모든 사람이 전통적인 사회·문화적 형
식에 지배되었다. 그러나 현대사회로 바뀌면서 전통적으로 규정된
관계는 쇠퇴하였고 낡은 형식에 대한 거부로 나타났다. 거부의 범위
도 아주 넓어 예술·음악·종교·성관계 등 그 영역도 다양하다. 그
에 의하면 과거에는 낡은 문화적 형식이 주기적으로 새로운 형식에
의해 대체되었다. 그러나 현 상황에서는 그와 같은 형식을 거부하고
그 대신 인생의 자유로운 표현을 찬미하는 경향이 높아지고 있다.
티마세프는 지멜의 이러한 생각이 1914년에 표현되었는데 그것은
오늘날에 더 사실적으로 나타나고 있다고 말하고 있다(Timasheff &
Theodorson, 1976).

오늘의 사회에도 문화적 형식은 엄연히 존재한다. 그 형식은 개인
생활의 자유로운 표현을 억압하지만 이들 형식이 없이는 인생을 만
족스럽게 표현하거나 충족될 수 없다. 이것은 역설이 아닐 수 없다.
그의 말처럼 인생은 형식을 만들어내거나 형식을 통하여 발전한다.
그러나 그 문화형식은 공격을 당한다. 인간이 시대마다 문화형식을
공격하는 것은 인간 자체의 힘을 강조하기 위한 것이자 정신의 가장
깊은 내적인 갈등을 표출하는 것이다. 형식과 인간과의 장기적 갈등
은 역사를 거치면서 심화되고 있지만 현대는 그 갈등을 명확하게 드

러내고 있다(Simmel, 1968: 25). 20세기 전환기에 언급된 지멜의 이러한 주장은 새로운 세기를 맞은 시점에 그 갈등의 폭과 깊이가 더욱 넓고 심화되고 있음을 느끼는 조직연구가들에게 문화갈등과 문화비판, 그리고 새로운 문화정립의 필요성을 확인시켜 주고 있다.

지멜은 여러 연구를 통해 형식이 인간의 행위나 행태에 어떤 영향을 미치느냐를 분석했다. 양자 및 삼자의 인간관계, 집단적 과정과 같은 사회적 형식의 분석과 집단규모가 여러 활동에 미치는 영향, 지배와 복종, 갈등, 문화에 관한 그의 분석은 법칙 정립적이기는 하지만 조직 및 사회생활을 연구함에 있어서 깊은 통찰력을 제시해주었다. 특히 그는 갈등을 피할 수 없는 긴장(inevitable tension)이자 집단을 결속시킬 수 있는 수단으로 보았다. 그의 이러한 사상은 갈등이 보다 심화될 미래의 조직사회에서 어떻게 하면 긍정적으로 사고하고 사회를 통합할 수 있는 쪽으로 행동해야 하는가를 보여주고 있다.
지멜을 비판하는 사람들은 그의 사회적 관점이 매우 미시적이라고 말한다. 지멜 역시 마르크스와 베버를 사로잡았던 거시적인 문제들에 관심을 가지고 있지 않은 것은 아니었지만 그의 거시적인 작업은 상호작용에 관한 이론에 비하면 영향력이 훨씬 약하다. 오늘날 지멜 사회학의 거시적인 측면들에 관한 관심이 조금씩 나타나고 있기는 하다. 하지만 그의 이론은 아직도 상호작용과 그 형식에 관련된 미시적 사회현상 연구들에 더 많은 영향을 주고 있다. 그러나 상호작용에 관한 그의 생각은 미시적인 것에 국한되지 않는다. 보기를 들어 지멜은 양자관계와 삼자관계에 대한 분석을 개인들의 상호작용에 국한시키지 않고 사회집단, 심지어 국가 간의 상호작용에까지 확대시켰다. 오늘날 같으면 미국, 러시아, 중국의 외교정책이 삼자관계의 역할에 의해서 어떻게 분석될 수 있을지를 설명해낼 수 있을 것이다. 이것이 조직문제에 관련될 수 있음은 물론이다.

지멜은 『돈의 철학』 등 여러 글에서 사회성·객관성의 지나친 팽배로 인해 개인성·주관성의 위축이라는 결과를 낳은 현대사회를 비판하는 데 초점을 맞추었다. 이것은 과거보다 더욱 물질만능주의, 황금만능주의로 치닫고 있는 현대인들에게 그 문화가 어느 면에서는 자유도 주지만 다른 면에서는 지배와 억압도 준다는 사실과 인간은 억압의 굴레를 뛰어넘는 초월성을 발휘하지 않으면 안 된다는 것을 가르쳐주고 있다. 그는 문화가 인간에 의해 만들어졌지만 그것은 결국 인간을 위해 존재한다고 하였다. 이것은 조직의 목적도 조직의 목적만이 아니라 인간의 목적을 위해 존재해야 한다는 당위성을 제시해주고 있다.

나아가 그는 인간소외의 영역을 경제의 것에 한정시키지 않고 과학·종교·예술·문화 등 여러 영역으로 확대시켰다. 즉, 사회학의 연구영역을 미학·예술·음악·드라마, 그 밖의 문화적 측면들에까지 확대시켰다. 그 자신뿐 아니라 당시에는 그것이 사회학적 관심대상이 아니라고 보았지만 지금은 이러한 주제들이 사회학의 대단한 관심거리로 등장했다(Levine, 1971). 예술사회학, 음악사회학, 문학사회학은 그 보기들이다. 이러한 현상은 앞으로 조직의 연구가 기업에만 한정되는 것이 아니라 여러 문화영역에 확대될 수 있으며 아울러 여러 차원에서 얼마나 심층적으로 연구되어야 하는가를 보여준다. 지멜의 이러한 혜안이 오늘을 사는 한국의 조직연구가들에게 자극이 되어야 할 것이다.

지금까지 지멜의 조직사상에 대해 살펴보았다. 그의 이러한 사상적 공헌에도 불구하고 조직연구에서 그의 이론은 거의 소개되지 않고 있다. 고작 집단에서 양자 및 삼자의 관계나 갈등의 순기능에 관한 내용 등이 소개되고 있지만 거명조차 되지 않고 있다. 앞으로 우리의 조직연구에서 상호작용, 내용과 형식, 지배와 복종, 삶의 철학, 문화 등 그의 주제와 연관된 연구들이 폭넓게 이루어져야 한다. 그의 이론이 조직에 도입되면 조직의 역동적 흐름과 형식을 알 수 있고, 조직의 내면적 삶을 풍부하게 하는 데 도움을 얻을 수 있을 것으로 간주된다.

조직에서 그의 주제들이 적극적으로 연구된다 해도 중요한 것은 어떤 문화적 맥락에서, 어떤 문제의식을 가지고 다루어야 하는가 하는 점이다. 시카고학파는 지멜의 사상을 미국적 상황에서 사회적 상호작용의 틀로 끌고 갔다. 우리는 지멜의 사상을 한국이라는 문화적 특수상황과 접합시킴은 물론 우리 현실에 맞는 상호작용, 삶의 문화를 조직에서 어떻게 구현하는 것이 바람직한가를 생각해보아야 한다. 왜냐하면 한국은 독일이나 미국과 문화적 배경이 다르고, 삶의 형식이 다르기 때문이다. 우리는 지멜의 연구방식을 통해 과거나 현재의 우리를 이해하는 것도 중요하지만 미래의 우리, 특히 우리 스스로 위치시켜야 할 바람직한 상태가 무엇이어야 하는가 하는 것도 심각히 생각해보아야 한다. 이것은 단지 과거의 틀을 벗는다는 식의 단순논리가 아니라 보다 심층적인 관계분석과 함께 전환적 의식이 필요하다.

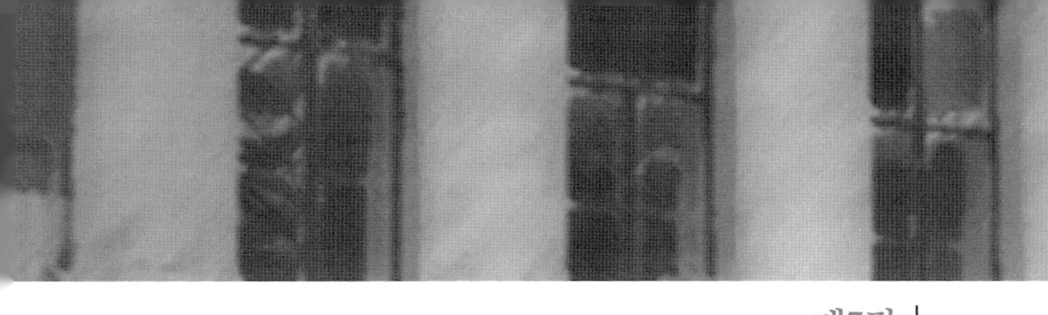

제7장

뒤르켐, 사회 통합성을 높여라

뒤르켐(E. Durkheim)은 혼란에 빠진 사회상황을 극복하기 위해 사회의 안정과 질서, 조화와 균형, 유기체적 통합성이 필요함을 역설한 학자이다. 당시 프랑스는 제2제국이 몰락하고 공화파와 왕당파 사이에 대립이 심했다. 그 와중에 노동자와 경영자의 갈등도 높아졌다. 그는 흩어진 힘을 결집하는 것이 급선무라는 생각 아래 사회적 연대성(social solidarity)과 통합성을 모색하기 시작했다. 그것은 사회적 사실의 발견, 효율성 추구, 그리고 각 기능의 통합으로 집약된다.

사회적 사실 가운데 노동의 분화는 효율성을 통해 사회를 산업화시키고 유기적 연대를 높이기는 했지만 소외와 인간성 상실을 가져왔다. 따라서 인간성을 회복함으로써 사회적 통합성을 이룰 수 있는 방안이 따로 모색될 필요에 직면하게 되었다. 도덕적 밀도(moral density)를 향상시키는 것도 하나의 방법이다. 분화나 도덕 등 그 기능이 원만하게 작용하면 사회적 통합성을 이룰 수 있다는 것이 그의 생각이다. 이런 통합적 사고가 프랑스뿐 아니라 전 세계에 파급되기를 바랐기 때문에 그를 가리켜 세계시민적 예언자라 부른다.

뒤르켐은 "우리가 우리 사회를 사랑하기 때문에 오늘의 사회가 깨지기를 바란다"고 했다. 이것은 기존의 제도와 질서가 구조 조정되어야 한다는 것을 의미한다. 지금 한국을 비롯한 아시아는 경제적 위기로 인해 사회적 와해를 맞고 있다. 기업이 퇴출되고, 가정이 파괴되고, 사회마저 안정을 찾지 못하고 있다. 정리해고로 노사 간의 갈등도 심하다. 그럼에도 불구하고 구조 조정을 해야 한다는 인식은 널리 확산되고 있다. 현재 우리가 겪고 있는 상태는 뒤르켐의 때와는 상황이 다르다. 하지만 갈등과 사회적 해체 상태의 심화라는 점에서는 공통된다. 문제는 이런 상황에서 우리가 뒤르켐의 역사 사회학적 교훈을 통해 우리의 문제를 어떤 식으로 해결해야 하는가 하는 점이다.

그의 사상은 사회학 및 교육학 등에서 많은 연구가 진행되어 왔다. 사실 그는 조직 및 경영사상 형성에 많은 기여를 했다. 그럼에도 불구하고 조직에서 그를 논하는 사람은 별로 없다. 이것은 조직이론가들로부터 얼마만큼 외면당했는가를 보여준다. 이 글은 뒤르켐을 조직이라는 틀 속에서 다시 점검하고, 복잡한 사회로 진행되어 가는 현대에서 그의 사상이 어떤 시사점을 주는지 살펴보고자 한다.

이 글은 "사회를 어떻게 인식해야 하는가"에 대한 뒤르켐의 학문적 사회인식론과 함께 기계적 연대와 유기적 연대, 개인과 집단, 집합적 가치의식, 개인적 욕망과 사회적 통제의 필요성, 아노미, 사회구조와 자살, 종교와 도덕, 직업집단(occupational group)에 대한 그의 기대와 역할 등 여러 주제를 살펴보게 될 것이다. 사회적 통합성에 바탕을 둔 이러한 개념들은 조직을 기능주의적으로 이해하는 데 적지 않게 도움을 주었다. 따라서 이런 개념들에 대한 재점검은 현대 조직이 사회와 연관된 문제를 총체적 안목에서 풀어감에 있어서 무엇에 주목하고 어떻게 적용해야 하는가, 특히 기업조직이 어떤 가치체계를 중시하고 어떤 방향으로 나가야 할 것인가를 가르쳐줄 것이다.

1. 사회에는 사회적 사실이 존재한다

사회생활에는 물리적 또는 심리적 분석에 의해서는 설명될 수 없는 사실들이 존재한다. 즉, 개인에 외재해 있으면서 그에게 강제력을 행사하는 행동·사고·느낌의 방식들이 있다. 공공의 도덕성을 띤 지침, 가족 및 종교적 준칙, 직업적 행동의 규칙 등이 그 보기에 속한다. 뒤르켐은 이러한 사회현상을 사회적 사실(social fact)이라 부르고 이것을 그의 주된 연구대상으로 삼았다.

사회적 사실은 명확하게 규정된 사회조직이 없다 해도 사회조류로서 존재한다. 그 조류는 객관적 실재를 가지며 개인에게 강제효과를 발휘한다는 점에서 사회적이다. 사회적 사실은 고정적이든, 그렇지 않든 간에 개인에 대하여 외적 구속력을 행사할 수 있는 모든 형태의 행위양식을 말한다(Durkheim, 1950: 13).

사회적 사실은 개개인 의지의 산물이 아니기 때문에 심리학 탐구를 통해 확인될 수 있는 것이 아니다. 개인의 심리적 과정 그 자체는 집합표상, 집합적 감정 및 그 밖의 다른 집단적 현상들을 생성하지 못하기 때문에 사회적 사실은 개인의 심리적 과정들에 의해 설명될 수 없다. 사회적 사실은 개인에 외재하지만 인간행위를 결정할 만큼 중요하다. 집합적 현상들이 개인에게 강한 압력을 가한다. 개개 집단 성원들에게 공통되는 속성들은 개인들 자신에게는 명백하지 않을지 모르지만 이러한 압력의 결과이다. 따라서 개인적 사실과 집단 생활의 사실은 상호 관련되어 있지만 동일 연장선상에 있는 것은 아니다. 각 사회는 그 사회의 개별 성원에 외재하며 그와 구별되는 사회적 사실들에 의해 특징지어진다. 따라서 사회적 사실은 개인의 심리적 사실과는 질적으로 다르다.

사회현상은 한 집단의 신념과 관습이라는 집합적 측면에 뿌리를 두고 있다. 반복적으로 이루어지는 특정의 행위양식과 사고양식은 파악 가능한 형태를 이루게 되며 나름대로 실재를 구성하게 된다. 사회적 사실은 개인에 대해 강제력을 행사할 뿐 아니라 한 집단 내에서 확산된다. 이런 점에서 제도는 사회적 사실이지만 모방은 그렇지 않다. 제도는 개인에 외재하면서 개인을 강제한다. 모방은 비록 사회적 성격을 띠기는 하지만 개인 안에 자리 잡고 있는 심리적 과정으로 강제력을 띠고 있지 않다.

그는 사회적 사실을 외재성과 강제적 구속성으로 정의함으로써 주로 법적 체계에 치중하였다. 그러나 후에 도덕적 규칙과 같은 사회적 사실은 개인과는 독립적으로 존재하는 것이지만 그것이 개인의 의식 속에 내재화되어 있는 경우에만 개인의 행동을 효율적으로 통제하고 인도할 수 있다고 봄으로써 자신의 견해를 상당히 수정하였다. 수정된 견해에 따를 경우 구속은 단순히 개인의 의지에 대한 외부의 강압이 아니라 규칙에 복종하려는 일종의 도덕적 의무와도 같은 것이다. 이런 의미에서 사회란 우리를 초월해 있는 어떤 것이기도 하지만 우리 속에 내재해 있는 어떤 것이기도 하다(Durkheim, 1953: 55).

그에 따르면 사회현상은 상호작용하는 개인들이 모여 더 이상 개인행위자의 속성으로는 설명될 수 없는 어떤 실체를 구성하게 될 때 나타난다. 보기를 들어 정당은 여러 개인성원들로 구성되어 있지만 그러한 구성요소들로 정당을 설명할 수는 없다. 오히려 개인성원보다 정당을 출현시키고 움직이게 하는 사회적인 힘이나 역사적인 힘으로 설명되어야 하는 구조적 전체이다. 어떤 사회적 형성물도 비록 그것이 각 부분보다 우월한 것은 아니라 할지라도 그 부분들과는 구별되며 그것에 맞는 독특한 수준의 설명이 요구된다.

뒤르켐은 사회적 사실을 사물로서 다룬다. 이전에는 그것을 관념적 개념에 국한시켰지만 그는 사회적 사실을 더 이상 관념에 국한시키지 않는다. 그에 따르면 사물이란 순수한 정신활동에 의해 감지될 수 없는 모든 지식의 대상, 곧 정신 외부로부터의 관찰 및 실험으로부터의 자료를 필요로 하는 것, 보다 외부적인 것, 보다 덜 눈에 띄고 보다 심층적인 것에 즉각 접근이 가능한 것까지 포함하고 있다. 객관성을 추구해야 하는 사회과학자들은 사회적 사실들인 종교적 성향, 결혼상의 지위, 자살률, 직업 등과 같은 외적이고 즉각적으로 눈에 띄는 현상을 관찰함으로써 자료를 수집하고 분석할 수 있다. 보기를 들어 자살률은 여러 형태의 집단 내에서의 사회적 연대 정도를 파악하는 데 도움을 준다(Timasheff & Theodorson, 1976).

2. 유기적 연대 사회에도 문제가 있다

뒤르켐은 고대사회와 현대사회를 비교하면서 전자를 기계적 연대(mechanical solidarity)를 갖춘 것으로, 후자를 유기적 연대(organic solidarity)를 갖춘 것으로 특징지었다.

기계적 연대는 한 사회의 개개 구성원의 유사성에, 유기적 연대는 그들 사이의 상이성에 뿌리를 두고 있다. 이것은 동질성에서 이질성으로 변화되었다는 점에서 스펜서의 진화개념과 유사하지만 뒤르켐은 진화에 초점을 맞추지는 않았다.

기계적 연대 사회와 유기적 연대 사회

기계적 연대 사회	유기적 연대 사회
・사회분업 정도가 낮음	・사회분업 정도가 높음
・동질적 사회, 개인차 축소	・이질적 사회, 개인차 확대
・구성원이 유사활동에 종사	・구성원이 전문화된 역할에 종사
・집합적 가치의식이 강함	・개인의식이 높음
・형벌(형법)로 다스림	・배상적 성격을 띤 법률(민법)을 통해 결속을 다짐
・동정을 통한 기능적 배분	・연대적 협력

기계적 연대는 그 사회의 모든 성원에게 공통된 사상이나 경향이 각 성원에게 개별적으로 관련되는 사상이나 경향보다 수나 강도에 있어서 강할 때 나타난다. 이 연대는 개성과 반비례할 때 증가한다. 즉, 개별적인 차이들이 극소화되고 공동번영을 위한 사회성원들의 헌신에 있어서 유사성을 보이면 보일수록 강하게 된다. 사회구성원이 동질적이고 사회분화정도가 낮아 유사활동에 종사한다. 나아가 공통된 가치관(common values), 획일적인 모습(common outlooks), 통일된 상식(common sense)을 가지고 있다. 이런 사회에서 개인의 차이는 부인되고 축소될 수밖에 없다.

이 연대는 집합적 가치의식(collective conscience)이 모든 의식을 장악하고 모든 점에서 그것과 일치되는 때 가장 강하다(Durkheim, 1956: 129~130). 이 의식은 특정 사회구성원이 공통적으로 가지고 있는 감정, 신념, 표상의 도덕적 성격 또는 가치체계 모두를 나타낸다. 이것은 시간이 지나도 존속하여 세대와 세대를 결합한다는 특색이 있다. 이런 현상은 고대사회의 특징을 그대로 나타낸다. 이 사회에서 집합적 가치의식은 개인의 심성 및 도덕성을 완전히 장악한다.

아무리 그러한 사회라 할지라도 개인은 집단과 공유하는 것과 개인에게 고유한 또 다른 것을 가지고 있기 마련이다. 그러나 기계적 연대 상황에서는 개인의 제도적 위반(상이성)에 대해 철저히 대응해 나감으로써 집단의 힘을 과시한다. 억압적이고 가혹한 형법(penal criminal law)을 통한 사회적 강제로 기계적 연대를 유지해나간다.

이와는 달리 유기적 연대는 개인들 간의 유사성에서가 아니라 그들 간의 차이점, 곧 이질성으로부터 발전된다. 이것은 분업의 한 산물이다. 뒤르켐은 분업이 증가하는 원인을 사회규모의 증대, 인구밀도의 증대, 그에 따른 사회적 밀도의 증대 때문으로 보았다. 사회규모의 증대는 영토 면이나 인구 면에서의 팽창을 의미하며, 사회적 밀도의 증대는 커뮤니케이션과 상호작용의 증대를 의미한다. 제한된 자원을 놓고 적응 및 생존을 위한 치열한 경쟁도 원인이 된다. 분업의 결과 한 사회 내에서 기능의 분화가 증대되고 이질적·전문적 특수 활동 종사자들이 많아진다. 그에 따라 그 성원들 사이의 차이점도 증대하며, 개인들 간의 이질성은 사회 내의 상호의존성을 증대시킨다. 유기적 결속이 요구되는 것도 이 때문이다. 개인의 이질성과 차이성은 사회통합을 구조적으로 성취하게 만든다.

상호의존성은 인간의 심성, 도덕성 그리고 유기적 연대 그 자체라는 사실 속에 의미 있게 나타난다. 상호의존성이 증대됨에 따라 집합적 가치의식의 의미는 축소된다. 분화된 사회 내의 각 요소가 분화되고 전문화된 업무와 역할들에 밀접하게 연결되면서 공동의 집합적인 일상적 행동양식에 매이지 못하게 된다.

이러한 체계 내에서 개별적 요소들은 기계적 연대에서보다 공동적인 것은 적지만 각 요소 간의 상호연관성은 훨씬 높다. 각 요소가 분화된 생활양식과 전문화된 활동들에 매여 있기 때문에 성원들은 대부분 서로 의존되어 있으며 이것들 사이에서 연대망이 발전될 수 있다. 이질적이고 전문화된 역할을 수행함에 따라 이질성, 다양성은 커진다. 이해관계가 복잡하게 얽혀 융통성도 필요하게 된다.

이 체계 내에서 외적 통제는 다소 완화될 수 있다. 그러한 완화는 개개인들 사이의 갈등보다 조화를 이루는 데 기여한다. 억압적 처벌에 의해 지탱된 형법은 처벌보다는 권리의 수호를 요구하는 민법과 행정법에 의해 대체되는 경향이 있다. 즉, 육체적 처벌보다 배상적 처벌(restitutive penalty)을 통해 정의를 실현하고 결속을 다진다.

도덕의 진보에 따라 유기적 연대가 증대하는 선진사회는 평등, 자유, 박애, 정의와 같은 보다 높은 가치를 선호하게 된다. 그러나 이 사회는 개인의 도덕성에 문제가 있다. 그는 현대를 가리켜 도덕적 진공 상태에 있으므로 정의를 실현하는 새로운 가치의식이 필요하다고 주장한다.

유기적 연대에서는 사회적 문제를 해결함에 있어서 계약이 성행하게 된다. 그러나 뒤르켐은 계약을 사회적 강제를 제거하는 징표가 되지 못한다고 주장한다. 왜냐하면 계약은 당사자들 간에 타협되지 않은, 계약에 의한 동의 그 자체에 선행하여 그와 무관하게 존재하는, 미리 결정된 요소들을 포함하기 때문이다. 오늘날 노동계약이 그 보기에 해당한다. 대부분 계약당사자들이 아닌 법률이 노동일수,

임금, 작업환경 등의 문제를 결정하기 때문이다.

유기적 연대 사회는 이질성 사회이다. 이런 사회에는 집합적 의식보다 개인적 의식이 높아 아노미, 극단적인 이기주의가 팽배하다. 소외와 인간성 상실도 문제로 떠오른다. 자살률이 높아지는 것도 이 사회가 가진 병리현상을 단적으로 대변한다. 그는 유기적 연대 사회의 문제점을 극복하기 위해 인간성의 종교를 통한 인간성 회복과 규범을 통한 집합적 가치의식의 향상을 제시했다. 직업집단에 대한 기대도 이와 연관된다. 이런 제안은 모두 사회적 연대를 강화하고자 하는 그의 의도를 반영하고 있다. 그에 따르면 유기적 연대 사회에서도 사회적 강제가 계속 중요한 역할을 담당한다. 그가 『분업론』을 통해 개인의 자유에 대한 사회적 제약에 대해 분석을 한 것은 이 점에 관련해 매우 의미가 있다.

뒤르켐은 초기 저작을 통해 공통의 신념에 대한 강한 체계가 원시적 유형의 사회에 나타나는 기계적 연대를 특징짓고, 분업의 점진적인 증대로 상호의존성이 높아진 유기적 연대에서는 성원들을 그 사회에 매어두기 위한 공통의 신념을 그다지 필요로 하지 않는다는 것을 강조하였다. 그러나 그는 후에 이러한 견해를 재검토하고 고도로 발달된 유기적 연대를 가진 체계라 할지라도 그것이 단순히 상호 적대적이고 자기이익만을 추구하는 개인들의 모임으로 분열되지 않기 위해서는 여전히 어떤 공통의 신념, 공통의 집합의식을 필요로 한다는 것을 강조하였다. 사회의 모든 성원들이 공통의 상징적 표상체계와 그들을 둘러싼 세계에 관한 공통의 가정들을 공유할 경우에만 비로소 도덕적 통합이 존재한다. 그러한 것들이 없이는 원시사회든 현대사회든 붕괴되거나 쇠퇴하고 말기 때문이다.

3. 사회적 요구를 위반하면 제재가 가해진다

뒤르켐은 개인과 사회에 대한 연구에 있어서 사회적 행위는 생물학적 해석이나 심리학적 해석을 해서는 안 되며 사회문제를 결정짓는 사회구조적 인자에 따라 해석되어야 한다고 주장했다. 이것은 그가 왜 생물학적 환원론과 심리학적 환원론을 거부하고 비판했는가를 보여준다. 그에 따르면 사회현상은 명백한 사회적 성격과 결정인자를 가지고 있다. 개인은 생물학적 실체로 간주되기는 하지만 그것을 초월하여 존재한다. 사회적 성격이나 결정인자는 개인 밖에 위치해 있으면서 강제력을 행사할 수 있는 힘을 가지고 있다. 개인이 사회적 요구를 위반하게 되면 제재가 가해진다. 이것은 개인의 의지와는 상관없다. 개인은 이것에 맞추어 조절되거나 통로를 찾게 된다 (Durkheim, 1950: 2).

그는 분업론을 통해 사회현상에 대한 사회적 차원에서의 설명을 찾아야 한다고 주장했다. 그는 분업과 같은 사회적 형식에 대한 개인적 동기에 따른 설명을 거부했다. 그에게 있어서 사회는 개인을 형성한다. 개인은 사회의 산물이기 때문에 사회의 근본구조를 형성할 수 없다.

뒤르켐은 궁극적인 사회적 실재를 개인에 두지 않고 집단에 두었다는 점에서 그의 이론을 가리켜 사회적 실재론이라 부른다. 그는 사회적 사실을 개인적 사실로 환원할 수 없다고 주장함으로써 반환원적 입장에 섰으며, 이는 스펜서의 개인주의 및 명목론과 정면으로 대립된다.

그는 『사회학적 방법의 규칙들』에서 집합적 가치의식에 대한 새로운 개념을 도입했다. 여기에서 그는 개인의 심성들의 상호침투와 혼합은 개인 그 자신들과는 구별되는 일종의 심리적 단위를 생성하게 된다는 점을 강조한다. 이러한 집합적 산물을 그 부분들의 총합과 동일시해서는 안 된다. 즉, 집단은 그 집단을 구성하고 있는 개인들과는 전혀 다르게 생각하고, 느끼고, 행동한다. 그러므로 집단행동의 분석은 개인들이 아닌 집단현상의 연구로부터 출발해야 한다. 생물학과 심리학이 다르듯 심리학과 사회학 사이에도 전혀 연속성이 없다. 사회학은 개인이 아니라 독자적인 실재집단을 연구한다.

뒤르켐은 개인적 속성보다 집단이나 구조의 성격에 관심을 가졌다. 그가 말하는 집단은 경제적인 것만 아니다. 그는 종교현상을 다룸에 있어서도 신자들의 개인적 특성보다 종교집단의 응집력 여부에 관심을 두었다. 이것은 직업집단의 경우에도 마찬가지이다. 그는 집단의 성격은 개인적 특성과는 독립적인 것이므로 그것 나름대로 연구되어야 한다고 보았다. 그는 어떤 행동이 각 모집단에서 나타나는 상이한 발생률을 조사하고, 특정집단의 성격과 그러한 성격들의 변화를 조사했다. 보기를 들어보면, 특정집단에서 자살률이 증가한다는 것은 곧 그 집단 내의 사회적 응집력이 약화되었음을 나타낸다. 즉, 성원들이 그 집단으로부터 더 이상 충분한 보호를 받지 못하고 실존적 위기에 처해 있음을 보여주는 것이다.

종교집단이든 직업집단이든 자살률이 일정한 차이를 보이는 현상을 설명하기 위해 그는 이 집단들의 성격을 연구했으며, 그 결과 그 성원들 사이의 응집력이나 연대감을 불러일으키는 집단들 나름대로의 특징적인 방식들을 찾아내고자 하였다. 그는 이러한 다양성을 설명하기 위해 각 성원의 심리적 특성이나 동기에 관심을 기울이기보다는 높은 자살률을 보이는, 즉 모든 사람이 공통적으로 비교적 약한 응집력을 가지고 있거나 상대적으로 무규범성을 보이고 있는 조직구조에 관심을 집중시켰다.

뒤르켐은 특정 현상의 개별적 사례보다 그것의 발생률에 관심을 보임으로써 여러 구조 사이의 비교분석을 할 수 있는 또 다른 이점을 갖게 되었다. 여러 집단 간의 자살률을 비교함으로써 특정집단과 관련된 특수한 설명을 피하고 전체적인 일반화에 도달할 수 있게 된 것이다. 그는 이런 과정을 통하여 일반적 응집이나 통합의 개념은 다양한 집단들 속에서 나타나는 수많은 여러 다른 자살률로써 설명할 수 있다는 결론에 도달하였다. 각 집단은 통합 정도가 서로 다르다. 어떤 집단은 개개 성원에 대해 강한 지배력을 행사함으로써 그들을 완전히 집단의 영역 안으로 통합시킬 수 있다. 반면, 또 다른 집단은 그 성원들에게 상당한 정도의 행동의 자유를 부여할 수도 있다. 사회가 강하게 통합되어 있을 때 개개인은 사회의 통제 아래 지배된다(Durkheim, 1951: 209). 집단에 잘 통합되어 있는 사람은 인간의 운명을 괴롭히는 좌절이나 비극에 대해 상당히 탄력적이다. 따라서 이러한 사람들은 자살과 같은 극단적인 행위에 의존하는 일이 적다.

뒤르켐이 집단을 강조했다고 해서 개인을 무시했다고 생각하면 안 된다. 그는 계몽주의 철학이 내세운 원자화의 물결에 반발하고, 그의 사회학을 사회질서 유지에 대한 관심 위에 세움으로써 보수적인 전통을 지닌 사상가로 평가되고 있다. 니스벳이 지적한 바와 같이 그의 사상 속에서 응집, 유대, 통합, 권위, 의식, 규제 등이 주요 용어로 등장하는 것을 보면 반원자론적인 전제 위에 바탕을 두고 있음을 알 수 있다(Nisbet, 1965). 그러나 그를 전통주의적 사회사상가로 분류하는 것은 잘못이다. 국가에 대해 개인의 권리를 보호하려는 자유주의자였기 때문이다. 이러한 사상은 사회의 요구와 개인의 요구 사이에 균형을 이루려는 노력으로 나타나고 있다.

4. 집합적 가치의식이 통합을 좌우한다

뒤르켐의 사회적 사실에 관한 연구는 집합적 가치의식에 관한 그의 연구와 밀접하게 연관되어 있다. 집합적 가치의식은 의식이라는 정신적인 면뿐 아니라 양심이라는 도덕적인 면 모두를 포함하고 있다. 이 두 가지 의미가 담고 있는 몇 가지 요소들이 사회생활에서의 집합적 힘의 기능을 나타내는 데 기여하고 있다. 집합적 가치의식은 그 자체로 체계를 형성하는 신념과 감정의 총체로 규정된다. 뒤르켐이 집합적 가치의식을 통합개념과 연결시키는 것은 이 때문이다.

그는 자신의 『분업론』에서 집합적 가치의식은 한 집단의 평균성원들의 감정과 표상으로 구성된다고 했다. 그러나 집합적 가치의식은 적어도 개인의식과는 분석적으로 구별이 가능하며 그 자체의 전개과정을 가진다. 다수의 정신적·정서적 유사성은 집합적 가치의식에 의해 그 성원들 각자에 압력으로 가해진다(Durkheim, 1950). 집합적 가치의식은 신념과 감정이 규범적 속성으로 작용한다. 획일적 동일성이 강조되고 서로 유사하게 결합된다. 일탈현상을 보일 경우 억압적인 형법에 따라 자동제재를 가한다. 사회적 금제, 금령, 절대명령사항이라는 규범적 상태가 이를 위반하는 개인, 구성원을 가혹하게 처벌해 개인의 가치의식을 크게 축소시킨다. 이런 점에서 집합

적 가치의식은 분석적 차원에서 개인적 가치의식과 구별된다. 기계
적 연대가 강한 전근대적 사회에서 이 의식이 강하게 나타나는 것으
로 보는 것도 이 때문이다.

뒤르켐을 연구하는 사람들 가운데 몇몇은 객관적 실재로서의 집
합적 심성이라는 개념을 뒤르켐의 탓으로 돌린다. 현대 사회과학의
입장에서 이것을 받아들일 수 없기 때문이다. 하지만 뒤르켐이 용어
를 사용한 법과 그의 주장 가운데 상당부분은 이러한 해석을 정당화
해준다. 하지만 또 다른 학자들은 이러한 극단적인 형태의 사회실재
론이 뒤르켐의 의도는 아니며 집합심성과 도덕현상에 관한 그의 분
석은 어떤 점에서는 사회생활에서의 문화의 역할에 대한 현대적 개
념에 접근한다고 주장한다.

뒤르켐은 사회적 이상이 집합적 가치의식에 들어오게 되고 집합
적 가치의식은 다시 사회적 이상을 생성하는 상호적 과정이 그 둘을
연결 짓는다고 주장하며 집합적 가치의식을 사회적 이상과 연결시
켰다. 이상은 현실에서 나오지만 현실을 훨씬 능가한다. 이상사회에
대한 인간의 개념은 사회현실의 일부이며 따라서 사회학적인 연구
를 필요로 하게 된다. 그가 주요 사회체계들로 여기는 종교·법·도
덕·경제 등은 가치와 이상을 다 포함하는 체계들이다. 사회의 이상
은 개인의 개념과는 독립적으로 존재하기 때문에 그것은 집합적 가
치의식을 구성한다. 한편 가치는 개인들 자체 내의 집합적 가치의식
의 표상이다.

이러한 관념은 뒤르켐 사상에 있어서 새로운 단계를 실증하는 것
이다. 집합적 가치의식은 집단심리학의 수준으로부터 개인들의 사상
내용을 제공해주는 관념의 세계로 이동된 것처럼 보인다.

뒤르켐은 사회적인 영역을 연구함에 있어서 스펜서식의 접근방법, 곧 사회적인 차원을 궁극적으로는 개인 행복의 총합을 증대시키기 위한 그들의 욕구로부터 나온 것으로 파악하려는 방법을 거부하고 있다. 그는 스펜서 및 다른 공리주의자들과는 달리 사회는 자신들의 행복을 극대화하기 위해 무엇을 교환하고 거래하는 개인들의 속성으로부터 추출될 수 없다고 보았다. 그러한 견해는 사람들이 상업을 하고 교환을 함에 있어서 자기 마음대로 하는 것이 아니라 규범적인 어떤 유형을 따르고 있다는 사실을 설명하지 못한다. 사람들이 계약을 맺고 그것에 따라 생활하기 위해서는 계약이라는 것에 대한 합의가 먼저 이루어져야 한다. 이러한 기본적인 집합적 합의, 다시 말하면 계약의 비계약적 요소(noncontractual elements)와 계약관계(contractual relationship)의 가치 같은 것이 규범적 통제망을 구성한다. 사회적 규제와 어떤 긍정적인 또는 부정적인 제재 체계 없이는 어떤 교환도 발생할 수 없다. 따라서 그는 비명문 사회계약(unwritten social contracts)에 의해 결속된다는 스펜서의 주장에는 동의하지 않는다.

뒤르켐의 주된 사상이 개인주의적 사회이론에 반대되는 것이기는 하지만 그렇다고 스펜서의 사회철학에서 강조되었던 과잉규제의 위험을 모르고 있었던 것은 아니다. 그는 개인에 대한 지나친 규제에 대해서도 경고를 하고 있기 때문이다.

5. 육적인 욕망은 통제되어야 한다

뒤르켐은 인간을 이중적 인간(*Homo Duplex*)으로 보았다. 이중적이란 인간이 욕망에 사로잡힌 육적인 인간과 사회화된 인격으로서의 인간이라는 두 가지 측면이 있다는 것을 말한다. 그에 따르면 인간은 무한한 욕망을 지닌 존재이다. 다른 동물들은 생물적 욕구가 충족되면 그것으로 만족하지만 인간은 그렇지 않다. 하나를 가지면 또 하나를 가지고 싶어 한다. 하나의 만족이 욕구를 충족시켜 주기보다 또 하나의 자극이 될 뿐이다.

인간은 이처럼 만족할 줄 모르기 때문에 그 욕구를 외적으로 통제할 필요가 있다. 사회적 통제는 이러한 필요에 의해서 발생한다. 잘 규제되어 있는 사회에서는 개인의 욕구가 잘 통제되어 있어서 욕구의 한계를 인식하고 그 한계를 넘어서는 그 어떤 것도 꿈꾸지 못하게 한다. 목표나 목적이 그 열정을 조절하는 역할을 한다(Durkheim, 1951: 250). 이러한 과정을 거쳐 사회화된 인격이 형성된다. 인간이 인간답게 되는 것은 이렇듯 사회화된 인격을 지님으로 가능하다. 이런 의미에서 볼 때 인간은 사회를 통해서만 완전한 인간이 된다. 도덕은 집단이나 사회를 통해 개인의 욕망을 통제하고 조절하는 역할을 수행한다. 제재 받지 않은 욕망은 만족과 행복을 가져다주기보다 좌절과 불행을 가져오기 쉽다. 그러므로 사회통제는 개인뿐 아니라 사회에도 유익을 가져다준다. 이것은 이기적 만족추구로 혼미해가는 현대사회에서 조직이 어떤 역할을 맡아야 한다는 것을 가르쳐준다.

6. 틀이 무너지면 아노미가 높아진다

사회적 규제가 붕괴되면 개인의 욕구성향에 대한 사회의 통제력이 힘을 잃게 되고 개인은 그들 자신의 욕망에 따라 행동하게 된다. 뒤르켐은 이러한 상태를 아노미(anomie)라 불렀다. 그에게 있어서 아노미란 사회나 집단들에 있어서 무규범성을 가리킨다. 아노미는 정신 상태를 가리키는 것이 아니라 사회구조상의 어떤 속성을 가리킨다. 이것은 개인의 욕구가 공동의 규범에 의해 규제되지 못하고, 그리하여 개개인이 목표를 추구함에 있어서 도덕적인 지침을 갖지 못하게 된 상태를 의미한다.

경험적으로 볼 때 완전한 아노미나 전체적인 무규범 상태는 있을 수 없지만 사회마다 규범적 규제 정도가 다르다는 점에서 아노미의 존재를 부인할 수 없다. 또한 하나의 사회라 할지라도 여러 집단은 아노미 정도가 서로 다를 수 있다. 사회변동이 전체 사회나 그 사회의 어떤 부분에 아노미를 발생시킬 수도 있다. 보기를 들어 사업상의 위기는 사회적 피라미드에서 하층보다 상층의 사람들에게 심각한 영향을 준다. 경기가 후퇴하여 갑자기 하향이동을 하지 않을 수 없는 사람들은 그들의 삶에 있어서 일종의 무규범 상태를 경험하게 된다. 즉, 자신이 지금까지 속해 있던 집단에 의해 지지되어 오던 도덕적 확신과 습관적인 기대 등이 상실되는 처지를 경험하게 되는 것이다. 마찬가지로 생각지 않았던 부의 획득으로 갑자기 상향이동을 할 경우도 그들의 새로운 생활양식에 필요한 사회적 지지를 앗아간다. 어떤 형태이든 사회구조상 급격한 변동으로 기존생활양식을 묶고 있던 틀이 무너지면 아노미의 가능성이 높아진다.

그에 따르면 경제적 풍요는 인간의 욕구를 자극함으로써 아노미 상태를 가져올 위험이 있다. 가난은 그 자체가 하나의 구속이기 때문에 자살로부터 개인을 보호해주지만 부유는 자신에게만 의존하는 그릇된 믿음을 심어주기 때문이다. 인간의 욕구실현은 그가 가지고 있는 자원에 달려 있다. 따라서 가난한 사람들은 욕구실현의 제한을 받게 되며 자신들이 제한된 자원밖에 지니지 않았다는 사실 때문에 아노미의 고통을 덜 겪게 된다.

7. 사회구조에 따라 자살 형식이 다르다

뒤르켐은 자살론을 통해 자살률과 집합적 가치의식의 관계를 규명코자 했다. 그는 케틀레의 제안을 받아들여 유럽에서의 자살률을 계량적 기법으로 접근했다. 그의 광범위한 통계분석은 두 가지 목적이 있었다. 하나는 자살률에 있어서 집단 간의 차이를 심리학적·인종적·유전학적·기후적·지정학적 요인들에 근거하여 설명하고자 하는 기존의 이론들을 거부하기 위한 것이었다. 자살에 관한 그의 연구는 이런 목적에 상당히 성공한 것으로 평가되고 있다. 다른 하나는 경험적 근거로써 자신의 이론적이고도 사회학적인 설명을 뒷받침하기 위한 것이었다. 그는 심리적 문제가 되는 개별적 사례들과는 다른 자살률은 사회구조상의 차이, 특히 사회적 연대 정도와 유형에서의 차이 때문임을 밝혔다.

뒤르켐은 사회과정을 통해서 아노미를 받아들이는 여러 다른 태도들을 설명하고자 하였다. 그에게 있어서 사회과정이란 개개인의 생물적 특성보다 개개인들 사이의 관계에 관심을 두고 있음을 의미한다. 그는 이것을 통해 일탈행위에 관한 이론을 제시하였다. 사회구조는 그 사회의 어떤 사람들에게 동조행위보다 비동조행위를 하도록 압력을 넣고 있다는 것을 보여준다는 것이다(Merton, 1968: 186). 그는 사회질서와 무질서의 요인, 체계로서의 사회에 있어서 규제력의 유무를 결정짓는 힘에 관심을 가졌다. 아노미에 대한 분석이 그 일부가 되어 있는 그의 자살에 관한 연구도 이러한 관점과 연관되어 있다. 그는 어떤 유형의 자살은 아노미로 설명할 수 있다는 것을 발견하고 난 다음 사회통합의 지표로 아노미적 자살을 사용하였다.

그에 따르면 자살이 일어나지 않는 사회는 없다. 대부분의 사회에서 자살률은 거의 일정하다. 이것은 자살현상이 정상적이고 규칙적인 현상임을 보여준다. 그러나 어떤 집단이나 사회에서 자살률이 갑자기 변화되는 것은 비정상적인 것이며 지금까지 없었던 어떤 혼란이 발생했음을 나타낸다. 자살률이 비정상적으로 높다는 것은 그 사회구조 안에서 붕괴적인 힘으로 작용하는 것을 지표로 사용할 수 있다는 것을 보여준다.

자살은 사회분업 및 분화의 증대가 초래하는 현대사회의 위기를 반영하며 사회의 구조적 특성에 따라 자살유형이 달라진다. 뒤르켐은 행위자와 사회와의 관계에 따라 이기적 자살, 아노미적 자살, 이타적 자살, 숙명적 자살 등 자살의 유형을 네 가지로 구분하였다. 그는 통합(integration)과 규제(regulation)라는 사회학적 변수 가운데 어느 하나라도 극단적이 될 때 자살 가능성이 크다는 것을 보여주었다. 통합과 규제는 사회의 결속력을 가지는 두 차원을 나타낸다.

통합의 정도가 너무 작으면 이기적(egoistic) 자살률이 높다. 즉, 사람들이 사회로부터 유리되어 자기 동료들과 연결시켜 주던 유대가 약화되고 자기들의 욕망에만 내맡겨질 때 그들은 이기적(개인적) 자살을 하기 쉽다. 비교적 약한 집단통합의 산물인 이기적 자살은 사회통합의 결여로 특징지어지는 집단들, 예를 들면 미혼집단과 신교도집단에서 성행한다.

그는 개신교도는 강한 개인주의적 성향 때문에 가톨릭교도보다 높은 자살률을 나타낸다고 보았다. 가톨릭교도는 무비판적으로 기성 신앙을 본받고 위계질서가 엄하다. 제도화된 교리, 위엄과 권위의 행사로 복종적이다. 그러나 개신교도는 신앙의 독자성과 개인의 존엄성을 강조한 나머지 개인주의로 결속성이 부족하며 일치된 견해나 권위체계를 갖지 못해 개인을 통제할 도덕적 힘이 약하다. 개신교는 가톨릭보다 덜 조직적이고 덜 통합적이어서 종교적 힘, 곧 규제적 힘이 약해 자살률이 높다는 것이다.

이와 달리 통합 정도가 너무 크면 이타적(altruistic) 자살률이 높다. 이타적 자살은 규제력의 결핍과는 대조적으로 개인에 대한 규제력이 지나치게 강함으로 인해 발생한다. 이러한 자살은 군대에서 많이 나타난다. 현대사회에 있어서 군부 내의 자살은 사병보다 장교에서 높게 나타나고 있다. 군대의 계율, 곧 장교들로 하여금 그들 삶의 가치를 과소평가하게 만드는 요인인 수동적인 복종의 태도를 강요하는 존경의 계율 때문이다. 이것은 계급이 낮은 데서 오는 군생활의 괴로움이나 박탈감 등으로는 설명되지 못한다.

규제의 정도가 너무 작으면 아노미적(anomic) 자살률이 높아진다. 개인의 행위를 규정짓던 규범적 규제력이 약해지고 인간의 성향을 억제하거나 인도해주지 못할 때 아노미적 자살을 하기 쉽다. 사회적 규범의 붕괴에 의해 유발되는 아노미적 자살은 현대를 특징짓는 갑작스러운 변동으로 촉진된다.

이와는 달리 규제 정도가 너무 크면 숙명적(fatalistic) 자살률이 높다. 그는 너무 약한 개인화를 또 다른 형태의 자살유형으로 설명하고 있다. 이것이 바로 숙명적 자살이다. 그는 이에 대해 비교적 간단하게 언급하고 있다.

뒤르켐은 분화의 정도가 낮은가 높은가에 따라 자살의 유형이 다르다고 주장한다. 분화 정도가 낮은 단순 사회에서는 이타적 자살과 숙명적 자살이 많다. 이타적 자살은 집단의 압력, 특히 거부와 불신이 작용할 때 나타난다. 이에 비해 분화 정도가 높은 복잡한 사회일수록 이기적 자살과 아노미적 자살이 많다. 이기주의적 개인주의가 급증하면 이기주의적 자살이 높고, 사회규율이 해이하고 불안정하면 행동에 대한 규제가 약화되면서 욕구불만이 급증하여 아노미가 발생하게 된다. 욕구불만은 불안과 동요뿐 아니라 현실 거부적 행태로 나타난다. 무정부주의, 신비주의, 염세주의는 그 보기다.

그는 자살률과 사회통합 간의 관계는 곡선적인 형태를 띤다고 보았다. 유기적 연대가 일어나는 곳에서 나타나는 것과 같이 구조적 통합의 규제력이 소멸될 때 이기적 자살을 하기 쉽고, 집합의식이 약해질 때 아노미적 자살을 하기 쉽다. 지나친 규제력이나 지나친 개인화 모두 높은 자살률을 지니는 것이다. 규제력이 지나치게 강한 경우 사회의 요구가 너무 강하여 자살률은 통합 정도와 비례하게 된다. 보기를 들어, 남편이 죽으면 의례적인 자살을 해야 한다는 여성에 대한 힌두교의 규범적 요구나 하라키리의 경우처럼 개인이 사회의 요구에 너무 밀착되어 있어서 규범이 요구할 경우 기꺼이 그 생명을 내어놓는 경우가 그것이다. 지나친 개인화도 자살률을 높게 한다.

이러한 그의 주장은 사회적 연대가 자살을 유발할 수 있다는 것으로 지금까지 심리적이거나 생물학적 요인을 통해 자살을 설명하려한 차원을 뛰어넘었다는 평가를 받았다.

이타적 자살에 관한 그의 논의는 그의 학문적 접근방식의 복잡한 측면을 이해하는 데 도움을 준다. 그는 때때로 반개인주의적 철학을 지닌, 개인의 충동을 길들이고 개인의 힘을 사회목적을 위해 이용하는 데 관심을 가진 사람으로 비판을 받아 왔다. 이러한 점이 그의 저술 속에 나타나 있기는 하지만 이타적 자살에 대한 그의 논의를 보면 개인생활을 억압하려 하기보다 개인의 요구와 사회의 요구 사이의 균형을 이루려 한다는 것을 알 수 있다. 그는 사회질서의 붕괴가 가져오는 위험을 인식하고 있을 뿐 아니라 사회에 의한 사회성원들의 완전한 통제도 아노미나 통합의 와해만큼이나 해로운 것임을 잘 인식하고 있었다. 따라서 그는 이를 통해서도 사회의 요구와 개인의 요구 사이에 균형을 이루고자 노력했음을 보여준다.

자살에 관한 그의 주장은 사회변동의 구조를 잘 설명하지 못하고 있으며 모두 거시적 편향을 지니고 있어 개인의 의미가 고정되거나 망각되고 있다는 비판을 받고 있다. 그러나 자살에 대한 그의 주장 속에는 옛 가치나 제도를 대치할 새로운 가치나 제도를 들여다 놓지 못한 도덕적 진공 상태를 지적하고자 하는 그의 의도가 엿보인다. 그는 여러 유형의 자살을 통해 현대사회가 얼마나 병든 사회인가를 보여주는 것이다. 그는 현대사회의 도덕적 무규제, 탈규제현상을 진단하고 도덕의 빈곤 상태를 보여줌으로써 사회회복을 절박한 심정으로 제창하고 있다. 분업과 높은 자살률로 분칠된 현재의 삶의 구조를 깨뜨리고 보다 모든 사람이 잘 살 수 있는 사회를 이상으로 내다보고 있다.

8. 종교는 사회통합 역할을 한다

사회적 통제에 대한 그의 초기 관심은 주로 외적인 통제력, 특히 법적 규제에 있었다. 법적 규제는 법률서적을 연구하면 된다고 생각하고 개인에 대해 관심을 두지 않았다. 그러나 점차 개인의식 속에 내재해 있는 통제력에 관심을 두게 되었다. 특히 종교에 관심을 갖게 되었는데 그 이유는 개인의 내부에 사회적 요구에 부응하는 도덕적 의무감을 만들어내는 힘을 종교가 가지고 있기 때문이다. 현대사회가 아무리 유기적 연대의 속성을 지닌다 해도 일반적 공통의 신념체계가 존재해야 한다고 생각한 그는 이 신념체계에 바탕이 되는 요소를 발견하기 위해서도 종교현상에 관심 둘 필요성을 느꼈다.

　과거에 종교는 사회의 시멘트였다. 사람들로 하여금 일상의 관심으로부터 벗어나 신성한 것에 대한 공동의 헌신으로 향할 수 있게 하는 중요한 수단이었다. 종교는 개인의 목적을 초월하는 윤리적 목표를 위한 공동의 헌신을 요구하는 강한 반개인주의적 힘이 되어온 것이다. 자코뱅당이 프랑스에서 가톨릭을 타파하고 이어 도덕적 결핍을 이성의 종교로 메우려 한 그때부터 생시몽의 신기독교나 콩트의 인류교에 이르기까지 프랑스에 반종교적 색채가 강했지만 뒤르켐은 개인적으로는 ‘신이 죽었다면 무슨 일을 못 할 것인가?’라는 카라마조프식 물음에 집착하기보다 집합적 현상으로서의 종교에 관심을 가졌다. 그에 따르면 종교는 신성한 것을 따르는 모든 사람을 교회라 부르는 단 하나의 도덕적 단체에다 통합시키는 신념과 행위의 체계이다(Durkheim, 1954:47). 종교란 거룩한 사물들, 즉 어떤 분리되고 금지된 사물들과 관련된 믿음과 관행의 통합된 체계이다. 이러한 믿음과 관행들은 그것에 충성을 바치는 모든 사람을 교회라 불리는 단일한 도덕적 공동체 안으로 통합시킨다. 교회는 같은 믿음을 가진 사람들의 공동체인 것이다. 그의 관심은 개개인의 다양한 종교적 경험보다는 종교적 행위에 참여함으로써 나타나는 집합적 행위와 공동의 유대에 있다. 즉, 종교의 사회 통합적 측면에 관심을 두면서 우리 사회에서 필요한 것이 도덕적 공동체 속으로의 통합임을 강조하고 있는 것이다.

그에 따르면 세속적인 영역과 신성한 영역, 곧 성과 속의 구분이 이루어질 때 종교현상이 일어난다. 어떤 대상도 본래 신성하거나 세속적인 것이 아니지만 종교단체가 그것에 의미를 부여함으로써 신성한 것이 된다. 포도주는 원래 신성하거나 세속적인 것이 아니지만 예수의 피를 상징한다고 믿는 한 성도들에게 있어서 그것은 신성한 것이 된다. 어떤 집단들이 하나의 의식에 함께 얽혀 있고 공동의 상징과 숭배의 대상에 의해 통합되어 있는 경우 그곳에서는 항상 신성한 영역과 세속적인 구별이 나타난다. 종교(religion)는 그 어원이 뜻하는 바와 같이 신성한 것에 인간들을 서로 결속시키는 하나의 사회적 사실이다.

그러나 그의 종교관은 일반적인 것과는 사뭇 다르다. 그에 따르면 종교는 사회적 산물이며 신은 사회 권력의 투영에 불과하다. 이 권력은 자신의 실존으로부터 너무 초월해 있기 때문에 그것을 형상화해 보기 위해 사람들은 그것에 신성한 의미를 부여한다. 그러므로 사람들이 신성한 것을 찬양할 때 알지 못하는 사이에 그 사회의 권력을 찬양하는 것으로 생각했다. 종교를 가리켜 사회 권력의 초월적 표상이라고 말하는 것은 이 때문이다. 지금까지 신에게 바쳐진 감사는 사실 사회에 대해 진 빛으로 간주된다. 그에게 있어서 사회는 우리 모두의 아버지이다. 따라서 그의 종교는 사회요, 그의 신 또한 사회라는 비판을 모면할 수 없다.

그의 종교관이 전통적 종교관과 다르고, 그 결과 전통적 종교의 소멸이 초래된다고 해서 사회가 와해되는 것은 아니다. 그는 지금까지 도덕적 사고의 전달자로 수고해온 종교적 관념을 대신할 수 있는 합리적 대치물을 발견할 수 있어야 한다고 말한다. 그는 점차 붕괴되어 가는 사회를 걱정스럽게 바라보고 있으며, 사회통합을 위한 도덕적 통합에 깊은 정열을 가지고 있다. 그는 우리가 우리인 것은 사회의 덕택이라는 인식 아래 시민적 도덕심으로 사람들을 통합시키고자 한다. 그가 통합을 위해 사회 속에서 찾은 보화는 집합의식이다. 그에 따르면 집합의식은 의식 중의 의식이자 정신생활의 가장 높은 형태에 속한다. 그것은 개별적이고 일시적인 형상으로부터 초월해 있고, 영원하고 본질적인 측면에서만 파악하려 하며, 모든 사물에 적용할 수 있고, 개개인의 정신에 생각을 할 수 있게 어떤 틀을 제공할 수 있다(Durkheim, 1961: 9).

그는 종교가 가지고 있는 집합적 열기와 몰입(collective effervescence)에 주목한다. 사람이 흩어져 있을 때 어떤 종교적 행위를 할 수 없다. 모여 있을 때 종교적 행위가 가능하다. 열광적 집회도 탄생한다. 사회성원이 모여 발생하는 감정적 흥분 상태에서 종교가 발생한다. 이런 그의 주장은 심리적 설명을 거부하는 그의 논리에 모순된다. 그러나 그의 관심은 단순한 감정적 흥분 상태에 있지 않다. 일반적으로 집합적 열기란 어떤 결집력이 없을 경우 사라지기 쉽다. 이를 막기 위해 축제·의례·교리가 출현하고 의도적으로 모이게 된다. 종교의식을 통해 초월적 힘과 성스러움, 내적인 평화와 기쁨을 맛보게 된다. 친밀감과 동류의식이 생기고 공통의 믿음과 이상이 창조된다. 도덕과 영성도 재창조된다. 뒤르켐은 종교라는 사회적 사실이 가지고 있는 실제성, 곧 사회적 통합기능에 주목하고 종교에서 어지러운 시민

사회를 결집시킬 수 있는 어떤 가능성을 발견하고자 한다.

뒤르켐에 따르면 종교는 훈련·응집·활성화·도취 등 네 가지 기능을 가지고 있다(Alpert, 1939: 198~203). 즉, 종교의식은 자기훈련과 어느 정도의 금욕을 강조함으로써 사람들의 사회생활을 준비시킨다. 종교적 의식은 사람들을 서로 결속시켜서 그들 간의 공동의 유대를 재확인하게 하고 사회적 유대를 강화시킨다. 종교적 계율은 집단의 사회적 유산을 유지하고 재활성화시키며 그것의 가치를 다음 세대에게로 전승시켜 준다. 그리고 종교는 신도의 기쁜 마음과 그들이 속한 도덕적 세계의 기본적인 정당성을 재확립시켜 줌으로써 좌절감 및 상실감에 대항할 수 있는 도취적 기능을 지니고 있다. 사회적 제도로서의 종교는 개인을 초개인적인 영역, 본질적으로 그 사회에 바탕을 두고 있는 초월적 가치영역과 연결시킴으로써 인간의 실존적인 어려움에 의미를 부여해준다. 종교는 개인뿐 아니라 집단의 각 수준에서 똑같이 경험할 수 있는 신념과 확신의 상실감을 억누름으로써 공사 간에 신념의 균형을 확립시켜 준다.

뒤르켐은 "개인주의와 지성"이라는 글을 통해 도덕적 개인주의의 본질을 밝히고 도덕적 규제의 필요성을 강조했다. 그가 말하는 개인주의는 인간의 존엄성을 추구하는 일종의 인간성의 종교(the religion of humanity)이다. 이것은 도덕성과 인간성을 바탕으로 하는 개인주의로 강렬한 가치와 규범적 명령을 내릴 수 있는 새로운 의미의 시민종교이다. 그는 인격적 인간(personne humaine)을 강조한다. 인간을 인격을 지닌 존재로 가치인식을 하는 것이다. 이 인격은 고도로 분업화된 사회에서 인간이 가질 수 있는 유일한 권위이다.

그가 말하는 개인주의는 개인숭배가 아니다. 개인숭배는 종교의 원천을 개인적 차원으로 환원시킨 것으로 몰윤리적일 뿐 아니라 역사적 견인차 역할을 하기 어렵다. 그의 개인주의는 또한 스펜서의 경제적 공리주의나 공리주의적 이기주의와는 구별된다. 개인의 존엄성과 사회적 집합체 권위에 동시에 통합되고, 이기적 개인주의나 무질서한 개인주의를 극복하며, 큰 목표와 대상을 제시해줄 종교이다. 이것은 이성의 독자성과 정당성 그 권위에 바탕을 둔 개인주의로 종교의 수준으로 승화된 개인주의다. 그는 이기적 개인주의를 극복함으로써 무절제한 욕망을 제거하고 도덕적 지상권을 설립하고자 했다. 승화된 개인주의는 집합적 신념과 권위를 인정한다. 따라서 새로운 집합적 가치의식으로 인간성의 종교를 내세우고 있음을 알 수 있다.

9. 도덕과 직업집단의 역할이 필요하다

뒤르켐은 사회의 도덕적 밀도가 강해야 사회적 통합성을 이룰 수 있다고 보았다. 이런 생각은 한국의 경제위기 원인을 살펴볼 때 도덕의 필요성이 절실하게 느껴진다. 한국이 IMF 사태를 겪게 된 것에는 도덕의 해이에 있었기 때문이다. 부정, 탈법이 총체적으로 자행되는 상황에서 경제도의가 바로설 수 있는 여지가 없기 때문이다.

뒤르켐은 자신의 전 생애를 자기 시대의 도덕적 문제에 관심을 쏟았을 만큼 도덕에 관여한 인물이다. 그는 프랑스의 도덕재건에 공헌하는 것을 자신의 일생의 과제로 여겼다. 그러나 그는 이러한 목적을 달성하기 위해 지름길을 택하지 않았다. 그는 자신의 엄격한 윤리적 연구결과가 대중행동의 기반으로 활용되기를 바랐지만 자신의 연구가 대중의 신뢰를 받을 근거 있는 결과를 가져왔을 때만 사회의 여러 일에 간섭할 수 있다고 봄으로써 스스로 계율을 부과하였다.

그는 교육 분야를 제외하고는 아직 사회학적 연구 성과를 법률제정에 적용할 만큼 연구가 진전되어 있지 못하다는 것을 잘 알고 있었다. 그러나 그는 수많은 개혁안을 제시하였다. 그 가운데는 기회의 통로를 확대하기 위한 수단으로 상속권을 점차 폐지할 것, 분업이 가져온 현상 중 그가 병리적이라고 부른 여러 측면을 수정할 것, 개인과 그 사회의 연결자로서 전문적인 협회를 재구성할 것 등이 있다. 그러나 그는 그가 제시한 것들을 잠정적인 것으로 생각했으며 콩트나 마르크스처럼 과학적 결론이라 주장하지도 않았다. 하지만 그의 도덕적 정열에 대부분 냉담한 사람도 그의 과학적 분석방식에 도움을 얻을 만큼 그는 과학적이었다.

인간의 존엄성이 물질에 의해 파괴되고, 도덕적으로 무질서하며, 인간이 사회조직의 노예로 전락하고 있다. 집단적 가치의식을 몰아내고 이에 대치할 만한 새로운 가치를 현대는 가져다 놓지 못했기 때문에 도덕적 진공 상태는 더욱 심화되고 있다. 그는 도덕적 진공 상태에 있는 유기적 연대 사회에서 필요한 과제로 정의를 꼽았다.

뒤르켐은 사회의 병리적 현상을 근본적으로 고쳐 새로운 도덕질서를 구현할 수 있는 제도적 기구로 직업집단을 꼽고, 그 집단의 재구성을 주장했다. 집단의 짜임새를 통해 새롭게 도덕성을 확립하고자 한 것이다. 그는 도덕적 규제의 필요성에 따라 그 규제의 힘이 사회 속에 있다고 믿고 정치사회, 종교집단, 가족보다는 직업집단을 그 기구로 채택했다. 이것은 근본적으로 개인보다는 사회가 도덕규제의 원천이 된다는 것을 보여준다. 직업집단은 일종의 법인체로서 산업사회가 심화될수록 대부분의 사람들이 그것에 속해 조직생활을 하게 될 것을 의식한 것이다.

　그가 정치사회, 종교집단, 가족보다 직업집단을 택한 데는 여러 이유가 있다. 우선 정치사회는 개인행동의 도덕적 방향감을 제시해 줄 수 없다. 이 주장에는 도덕적인 것에 관한 한 정치사회에 대한 그의 강한 불신감이 내포되어 있다. 종교집단은 자유로운 탐구, 비판, 합리적 사고가 결여되어 있어서 문제다. 그리고 가족의 경우 확대가족이 핵가족화되면서 가족이 가진 도덕적 역할이 크게 축소되었다. 정치사회, 종교집단, 가족은 모두 강점과 약점을 공유하고 있다. 하나만 극단적으로 강조하고 있어 결속력을 제공하지 못한다. 그러나 직업집단은 공통된 이익, 흥미, 이념, 감정으로 결속되어 있고 도덕적 힘을 불어넣을 수 있어 결속력을 강화시키는 도구로 등장하고 있다. 그에 따르면 직업집단은 정치집단과 달리 도덕적 힘을 영속적으로 발휘할 수 있고, 종교집단과는 달리 결속력을 행사하거나 도덕적 규제력을 가지며, 가족과는 달리 직업생활의 모든 영역을 규제한다. 그는 직업집단에서 산업사회에서 가질 수 있는 결속력, 곧 집합적 무의식을 발견했다.

　직업집단이 이러한 역할을 맡으려면 무엇보다 공익성을 띤 보편적 이익을 표방해야 한다. 인격의 존엄성을 인정하고 노사갈등을 극복하고자 하는 노력을 하고, 강한 친밀감과 소속의식을 바탕으로 도덕적 규율을 병행한다. 이럴 때 깊은 인격적 교류와 상부상조의 태도가 함양되어 공동체적 삶의 무대로 바뀔 수 있다. 자율적 참여가 강조되고, 인간적 교류를 통한 집합적 삶이 재건되어야 한다. 핵화(atomization)되는 사회일수록 직업집단에 거는 기대는 높아질 수밖에 없다.

직업집단에 대한 그의 이러한 역할과 기대는 건초집단도 아니고 국가도 아닌 이른바 중간집단의 기능에 거는 기대와 유사하다. 뒤르켐의 이러한 주장에 대해 여러 비평가는 경제적 세력을 사회, 정치 세력으로부터 독립시킬 것을 주장하는 무정부적 발상이라며 비판했다. 생시몽은 경제활동의 무구속적 해방이 아니라 도덕적 규제가 필요하다고 주장했다.

그러나 100년의 세월을 뛰어넘어 현재 기업이 얼마나 큰 역할을 하고 있는가를 생각해볼 때 그의 예견은 매우 독창적인 면이 있음을 보여준다. 기업이 항상 도덕적이라는 것은 물론 아니다. 기업은 어느 시대를 막론하고 도덕적으로 문제가 많았다. 한국기업도 예외가 아니다. IMF 사태를 초래하게 된 데는 기업이나 은행 등 직업집단의 책임이 크다. 그러나 뒤르켐이 기업도 도덕적인 면에서 바람직한 역할을 할 수 있다는 가능성을 제시했다는 점에서, 그리고 앞으로 기업이 사회통합을 위해 어떤 길을 택해야 하는가를 보여주었다는 점에서 좋은 제안이 될 것이다.

10. 사회적 통합과 공통의 신념 창출이 필요하다

뒤르켐에 있어서 통합의 주요 요소 가운데 하나는 여러 성원 사이의 상호작용 정도이다. 보기를 들어, 종교집단의 경우 제의에 참여하면 성원들을 하나로 묶는 공통행위로 쉽게 나아가게 된다. 분화되었지만 서로 보완적인 업무에 종사하는 노동자들의 경우 그 집단에의 결속은 더욱 커진다. 유형화된 상호작용의 빈도는 가치통합의 정도, 곧 가치나 신념에 대한 성원들의 공유 정도와 연관된다. 고도의 합의가 존재하는 집합체의 경우 합의 정도가 낮은 집합체보다 일탈적인 행동이 적게 나타난다. 종교집단의 신조가 강하면 강할수록 더욱 통합되기 쉽고, 불안과 좌절의 경험으로부터 성원들을 격리시킬 환경을 더 잘 제공할 수 있다.

그러나 그는 자율성의 정도에도 관심을 보였다. 개신교의 경우 가톨릭에 비해 개인의 사고에 더 많은 사고(개인주의와 자유로운 탐구 기회)를 부여함으로써 공통의 신념과 행동을 약화시키고 있음을 주의 깊게 지적하고 있다. 이 경우 자살과 같은 일탈행위가 높게 발생하는 것은 합의부족으로서 설명될 수 없으며 오히려 집단이 성원에 부과한 그 성원들의 자율성에 대한 반응으로 설명되어야 한다.

현대사회는 고도의 획일성을 요구하는 기계적 연대 위에 바탕을 두었던 초기의 사회조직과는 달리 자율적인 개인들의 기능적인 상호연관성에 따른 유기적 연대에 바탕을 두고 있다. 현대사회에서의 대부분의 통합이 상이한 역할들 간의 결합과 상호의존에 이루어진다 해도 사회가 존속하기 위해서는 여전히 공통의 신념 체계에 의한 어떤 공통의 통합이 필수적이다. 기계적 연대에 입각한 초기 사회조직의 경우 그러한 공통의 신념은 그들의 공공생활에서 수행하던 규범들과 명백히 구분되어 있지 않다. 그러나 유기적인 연대의 경우에는 각각의 역할이 분화되고 이에 따라 요구하는 것이 서로 달라지므로 구체적인 규범들은 전반적인 신념과 비교적 독립적인 것이 되어간다. 그렇다고 뒤르켐이 전반적인 일반적 신념체계를 부인한 것은 아니다. 오히려 그것이 존재해 있어야 한다고 했다.

그는 기계적 결속과 유기적 결속 두 사회를 공통으로 설명하는 요인이자 매개자로서 분할사회(segmentary society) 개념도 내놓았다. 이 사회는 분리가 아니라 그 구성원에 대하여 강력한 집단의식을 갖도록 유도하며 개인들을 사회집단으로 단단히 접목시킨다. 이 점에서 분할사회는 기계적 연대성과 유사관계가 있다. 산업사회에서도 야생적 사회에서와 같은 분할사회구조가 부분적으로 남아 있다. 이같은 성향은 대기업에서 특히 나타난다. 분할사회구조는 일종의 꿀벌 집의 체계(rayon de miel)를 이루고 있으며 전통의 힘과 함께 분권화체제를 이룬다. 이것은 때로 근대화 과정이 구조의 변화와 관계가 없다는 인식을 낳을 수도 있다. 분업은 사회표면에 등장한 파생적인 사회현상, 곧 표피적 현상으로 집단의식의 심층에는 충격을 주기 어렵기 때문이다.

하지만 이런 상황일수록 중요한 것은 표피적인 것을 뛰어넘어 모두를 함께 묶을 수 있는 공통의 신념을 창출하는 일이다. 사회의 통합은 뜻을 같이하는 공통의 신념 없이 엮어지기 어렵고, 그것 없이는 그 관계가 단단해질 수 없다. 다양한 사회에서 조직이 살아남기 위해서도 공통의 가치를 창출하는 작업이 끊임없이 진행되어야 한다.

11. 기능주의적 사회통합에 조직의 역할이 크다

사회현상을 연구함에 있어서 기능적 접근을 논리적으로 정립한 인물로 뒤르켐이 꼽힌다. 그의 기능주의적 관심은 복잡한 사회가 어떻게 지탱될 수 있는가, 즉 다원적인 사회에서 모든 사람이 잘 살 수 있는 사회를 이룩하려면 어떻게 해야 하는가 하는 데 있다. 산업화와 자유화의 물결에 밀려 전통사회의 규범과 제도가 모두 무너지고 새로운 종류의 규범과 제도가 형성되는 격동의 전환기를 체험한 그는 사회가 붕괴되지 않고 여전히 그 나름의 질서를 유지하면서 존속하는 것이 놀라운 일이었을 것이다. 자연히 질서가 그의 연구의 중심이 되었다. 그의 이론은 자신이 원했거나 원하지 않았거나 간에 기존체제를 옹호하는 주장으로 인용되었다.

기능이론은 사회를 유기체에 비유한다. 유기체는 손·발·귀·코·위·폐 등 여러 기관, 곧 부분으로 구성되어 있으며 이들은 각기 담당하고 있는 기능이 있어서 각각의 기능을 순조롭게 수행함으로써 인체의 생존과 활동을 가능하게 만든다. 각 기관은 인체, 곧 전체로부터 떨어져 살 수 없으며 어느 한 기관이라도 결핍되면 인체도 완벽한 활동을 할 수 없다. 인체의 각 기관은 각기 고유의 기능을 제대로 수행함으로써 유기체를 존속시키고 그렇게 함으로써 자체의 생존도 유지할 수 있다. 유기체는 항상 생존과 건강한 활동을 지향하며 어떤 이유로 병을 얻어 부분 또는 전체의 기능이 약화되면 이를 회복하기 위해 노력한다. 사회도 유기체와 마찬가지로 각기 다른 여러 부분으로 구성되어 있으며 각 부분은 전체의 존속을 위해 필요한 각각의 기능을 수행한다. 그런 의미에서 사회의 각 부분은 상호의존적이다.

사회는 항상 안정을 유지하려는 속성을 지니고 있으며 충격에 의해 안정이 깨뜨려지면 이를 회복하기 위한 노력을 전개한다. 사회를 구성하고 있는 각 부분 간에는 우열이 있을 수 없으며 각기 수행하는 기능상의 차이만 있을 뿐이다. 결국 기능이론이 보는 사회는 각기 다른, 그러나 질적으로 우열의 차이가 없는 기능을 수행하는 수많은 개인 및 집단의 통합체로서 안정과 질서유지라는 합의된 목표 아래 서로 의존해 살아가는 인간집단이다.

그는 사회적 사실을 설명함에 있어서 그 원인을 보여주는 것으로는 불충분하며 최소한 사회질서의 확립에 있어서 그것의 기능을 보여주어야 한다고 주장했다. 기능은 복잡한 현상을 설명하는 데 필수적이기 때문이다.

그는 기능적 분석에 있어서 개인적 목적 및 동기, 역사적 기원이나 원인을 찾는 탐구, 기능적 탐구를 구분하였다. 개인적 목적이나 동기는 사회적 연구에 있어서 지엽적 성격을 띤다. 어떤 결과를 기대할 수 없을 때 행동하는 경우가 많기 때문이다. 그러나 기원 및 역사적 원인에 대한 탐구는 기능적 탐구와 함께 중요한 부분을 이룬다. 그는 사회적 현상을 설명하기 위해서는 역사적 분석과 기능적 분석이 똑같이 필요하다고 보았다. 기능적 분석은 탐구 중인 특정항목이 전체 체계 또는 그 구성부분들의 작용에 어떤 결과를 가져왔는가를 보여줄 수 있다. 역사적 분석은 다른 것이 아닌 바로 그 항목이 왜 역사적으로 기능을 담당해왔는지 보여줄 수 있기 때문이다. 따라서 사회현상을 연구하는 사람은 그 현상의 원인 및 기능에 관한 연구를 결합시킬 필요가 있다.

뒤르켐에 있어서 기능은 그의 분업론을 비롯한 여러 저작의 중심을 차지하고 있다. 『분업론』에서 그는 분업의 기능, 곧 그것이 어떤 사회적 욕구를 충족시키는가에 관심을 쏟았다. 『종교생활의 초기형태』에서도 종교적 의식, 계율, 신념을 통해 수행되는 다양한 사회적 기능을 발견하고자 했다.

범죄현상에 대한 그의 기능적 접근은 아주 특색이 있다. 그는 일탈과 범죄를 논함에 있어서 종래의 주장자들과는 다른 입장을 취했다. 대부분의 학자들은 범죄를 병리적 현상으로 간주하고 범죄인의 정신에서 심리적 요인을 찾으려 한다. 그러나 뒤르켐은 범죄의 발생을 있을 수 있는 정상적인 것으로 간주했을 뿐 아니라 그 결과에 있어서도 긍정적인 사회적 기능을 가진 것으로 간주했다. 억압적인 사회에서 범죄발생은 있을 수밖에 없다. 사회가 유연성이 있고 변화와 새로운 적응에 개방적이려면 기존 사회규범으로부터의 일탈이 필요하다. 범죄가 존재하는 곳에서 집합감정은 새로운 형태로 변화되기에 충분하리만큼 신축성을 지니고 있으며 때로 범죄가 그 새로운 형태를 결정짓는 데 도움을 주기도 한다. 그에 따르면 범죄는 이러한 직접적인 기능 이외에 간접적인 기능을 하기도 한다. 즉, 범죄행위는 규범 위반에 대한 집합감정을 불러일으켜 공동체 내에서 부정적인 제재를 자아낸다. 그리하여 공동의 복리를 위한 규범적 합의를 강화시키는 기대하지 않은 결과를 가져온다. 범죄가 정직한 양심을 한데 묶는 역할을 하는 것이다(Durkheim, 1956: 103).

뒤르켐은 종교현상, 범죄현상, 분업의 사회적 영향이나 가족의 권위구조의 변화가 사회에 준 영향 등을 연구할 때나 다른 연구들에서도 기능적 분석을 추구하였다. 그는 단순히 현상의 역사적 기원을 찾아내는 데 만족하지 않고 그것의 기능, 곧 다양하게 얽혀 있는 사회구조 속에서 그것이 끼친 결과까지도 탐구하고자 하였다. 이런 점에서 볼 때 그는 원자적으로 사고하지 않고 전후관계를 중심으로 사고했음을 알 수 있다. 이런 점에서 그는 래드클리프-브라운과 말리노프스키의 영향 아래 영국의 인류학계를 지배하였고 후에는 파슨스(T. Parsons)와 머튼(R. K. Merton) 중심의 미국의 기능주의로 연결되는 기능적 분석의 직계선조로 인식되고 있다(Coser, 1971).

그의 기능주의 이론은 조직을 유기체로 보는 이론 형성에 크게 이

바지했다. 전체와 부분, 총체주의 등은 그 보기이다. 이러한 관점은 조직을 통합적으로 인식하고 그것을 바탕으로 조직을 살아 있는 유기체로 만드는 데 기여한다. 부분 조직은 전체 조직의 일원으로서 효과 있게 작용하고, 한 조직은 전체 사회의 한 일원으로 작용함으로써 사회를 살린다. 이것이 바로 기능주의의 묘미다.

하지만 기능이론은 사회 내의 개인 간, 집단 간의 대립과 갈등을 정면으로 다루지 못하고 변화와 개혁보다 현상유지라는 비판을 강하게 받아왔다. 결론적으로 말해서 갈등이론만이 사회문제를 근본적으로 해결할 수 있는 유일무이한 방법은 아니다. 크던 작던 사회의 모든 조직이 서로를 인식하고 함께 살아가는 상생(win-win)방법을 찾고자 한다면 구조 기능적 접근도 빼놓을 수 없는 문제해결방법 가운데 하나이다.

에머슨(R. W. Emerson)은 뒤르켐을 가리켜 '자기가 속해 있는 사회의 양심'이라 불렀다. 이것은 단지 그의 훌륭한 인격만을 말하지 않는다. 소용돌이치는 역사적 삶의 현장에서 모두가 함께 사는 방법을 추구했기 때문이다. 그는 여론과 사건과 환경에 밀려 산 사람이라기보다 그가 희구하던 삶의 원칙을 실행에 옮기기 위해 이론적으로 삶의 구성체를 만들어가려고 했던 인물이었다는 점에서 특이하다.

벨라(R. Bellah)는 뒤르켐을 "시민종교의 대제사장"이라 했다. 뒤르켐의 평생 주제는 사회적 통합성을 이루는 것이었으므로 그에 대한 이런 칭호는 틀리지 않는다. 뒤르켐은 해체되어 가는 사회에 대해 깊은 문제의식을 가지고 있었으며 그 해체의 모습을 사회통합으로 변환시키고자 했다. 어느 하나를 죽이고 사회를 세우기보다 통합을 통해 사회를 만들어가야 한다는 믿음을 지켰다. 그러므로 사회통합에 대한 그의 관심과 방법 때문에 그를 보수적으로 보는 것은 합당하지 않다. 의미 있게 통합된 사회는 어느 시대, 어느 사회를 막론하고 인간이 추구하는 하나의 사회 이상이며 시대상황에 따라 그것을 어떻게 추구하느냐가 더 중요하기 때문이다.

격동하는 유럽을 바라보면서 마르크스는 변화에 주목했다. 그래서 그의 생각은 "변화를 일으키는 힘이 무엇이며, 역사의 변화는 어디를 지향하는가"에 있었다. 그러나 뒤르켐은 안정과 질서를 바라보았다. 끊임없는 경쟁과 갈등, 지배자와 압제와 피지배자의 저항, 그리고 끊임없는 사회변동으로는 어떤 해결점이 보이지 않았다. 사회각 분야에서 각자의 기능과 역할을 담당할 때 사회가 해체되는 일이 없이 사회가 전체적으로 안정과 균형을 이루며 발전할 수 있다.

뒤르켐은 장기적으로는 사회적 복잡성(societal complexity)이 증대되는 쪽으로, 상호의존성이 높아지는 쪽으로, 그리고 중앙의 권위가 높아지는 쪽으로 발전할 것으로 보았다. 중앙의 권위가 높아질 것으로 보는 것은 복잡한 사회 속에서 중심 없이 분산되기보다 힘을 모아주는 중앙의 역할이 기대되기 때문이다. 그의 이런 주장은 적중되고 있다. 문제는 이런 사회적 변화에 현대조직이 어떻게 적응해나가야 하는가에 있다. 그는 이를 위해 이미 사회적 통합이라는 처방을 내놓았다. 기업이 어떻게 통합을 이뤄갈 것인가 하는 것은 개별기업이 처한 사회적 상황에 따라 각각 달라질 수밖에 없지만 인간성 회복을 위한 경영철학과 건전한 기업윤리의 확립이 기본적으로 요청된다.

그는 한 몸으로서의 사회질서와 통합을 갈망했기 때문에 보수적인 편견, 그에 따른 갈등의 창조적 기능을 무시했다는 평가를 받고 있다.

그는 학문적 기존질서에 너무 깊이 뿌리를 박고 있었고, 제3공화국의 사회 통합적 건설을 향한 욕구에 매여 있었기 때문에 서서히 그 힘을 펴 나오는 새로운 세력들과 완전히 발을 맞출 수 없었다. 그를 보수주의적 편향성이 높은 것으로 보는 것은 이 때문이다(Coser, 1967).

또한 뒤르켐을 사회학주의라 비판한다. 개인의 심리를 고려하기보다 집단을 강조하고, 사회통합을 지나치게 강조하며, 집합의식을 통해 사회학을 관념화했기 때문이다. 그러나 사회의 다원주의적 가치를 수용하고 그것들 사이의 갈등보다 조화와 균형을 위해 기능주의적 사회통합을 제시한 것은 놀랄 만한 혜안이 아닐 수 없다. 뒤르켐은 사회학에 구조적·기능적 분석의 원칙들을 제시해주고, 사회의 연구에 있어서 심리학적 방법에 대해 매우 적절한 비판의식을 제공해주었다. 그는 특히 아노미, 사회통합, 유기적 연대 등과 같은 주요한 개념들을 소개함으로써 사회학 및 조직학 연구에 지대한 공헌을 했다. 그의 사상은 파슨스, 머튼, 레비-스트로스 등 여러 학자에 영향을 주었다.

뒤르켐은 기업 조직에 관심이 많았고, 기업의 도덕성과 활성화 역시 그의 관심주제였다. 격변기를 살아가는 현대에 있어서 그가 제시한 여러 이론이 혼란한 사회를 통합하고 보다 균형 있는 사회와 조직을 형성하는 데 기여했으면 하는 바람이 크다. 아울러 조직 분야도 뒤르켐에 대한 연이은 연구를 통해 우리 사회가 그가 그토록 소원했던 바와 같이 유기적이고 통합적인 연대로 나아가기 위해 소중한 역할을 담당할 수 있기를 기대한다.

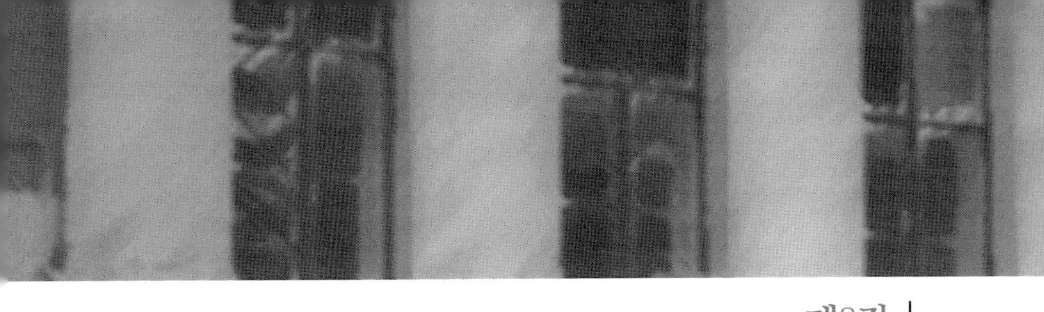

칼뱅, 타락은 새로운 사회 건설을 요청한다

칼뱅은 신학, 법학, 인문학 등 여러 분야에 관심을 가졌다. 제네바를 거룩한 도시로 만들려는 노력도 했다. 그의 학문성과 실제적인 노력은 이에 국한되지 않는다. 특히 경제적인 것과 깊은 관계가 있다. 이 글은 그의 신학과 공동체 사상 속에 경제적인 면을 적지 않게 찾을 수 있고, 그가 경제공동체를 통해서도 새로운 사회건설에 대한 비전을 가지고 있었음을 밝히고자 한다. 이러한 비전은 자신뿐 아니라 그를 따르는 많은 칼뱅주의자들을 통해서도 영향을 미쳤다.

칼뱅 탄생 500주년을 맞아 그의 개혁적 신학의 정체성과 그 전통성 회복, 그리고 한국 교회가 이 개혁정신을 어떻게 구현할 것이냐에 우리의 관심이 집중되어 있다. 이것은 성경을 통해서 드러난 하나님의 말씀을 당시 사회 속에서 구현하고자 했던 칼뱅의 사상과 삶의 거울을 통해 현시대를 살아가는 우리도 보다 복음적인 메시지를 분명히 얻고, 다가오는 미래를 말씀으로 준비하기 위한 마음이 크다. 지금 우리는 경제적으로 매우 어려운 시기를 지나고 있다. 칼뱅의 노동이나 경제관에 우리의 모습을 비춰보면서 영적으로나 물질적으로 새로운 돌파구를 모색하는 것도 의미가 있을 것이다.

제네바는 칼뱅의 지도 아래 교육과 교역을 증진시켰다. 칼뱅은 제네바를 완전한 기독교인공동체로 만들고자 했다. 그의 복음주의는 특히 많은 난민에게 인기를 끌었다. 당시 그곳에는 프랑스·이탈리아·네덜란드·스코틀랜드·잉글랜드에서 온 난민들이 많았다. 난민이기는 하지만 그들 중 상당수가 지위나 학식, 그리고 재산 정도가 높았다. 이것은 제네바 시민 생활에 매우 중요한 요소가 되었다. 칼뱅 자신과 그의 모든 동료 사역자들 역시 외국인이었기 때문에 제네바의 경제를 건전하게 풀어가는 것은 매우 중요한 관심사항이 아닐 수 없었다. 이에 반해 제네바 토착민들은 도시가 외국인에게 점령당할 것을 두려워했다. 기득권 세력의 자기방어는 언제나 있다. 토착세력의 방해로 칼뱅 자신도 한때 제네바를 떠나 스트라스부르에 머물기도 했다. 하지만 그는 3년 만에 다시 청빙을 받았다. 그런 과정에서도 칼뱅의 지위는 결코 흔들리지 않았다(Dickens, 1966: 354~55).

사회관계 측면에서 볼 때 칼뱅은 매우 조직적인 인물이었다. 삶의 기율을 바로 세우고자 했고, 방종에 맞선 사회윤리를 제시했다. 그가 이런 면에서 시대를 이끈 아버지로 평가된 것은 결코 우연이 아니다. 경제관련 사항도 그의 강한 기독교적 사회윤리에 기반하고 있다. 칼뱅에게는 '근대문명의 창시자'라는 별명이 붙어 있다. 여기서 말하는 근대문명은 우리가 흔히 생각하고 말하는 것과는 성격이 다르다. 그 속에는 혼돈에서 질서를 창조하는 하나님의 뜻을 반영하고 있기 때문이다. 칼뱅이 제네바에 왔을 때 그 도시는 한마디로 소란함, 곧 혼돈 그 자체였다. 그가 꿈꾼 것은 혼돈의 도시를 질서의 도시로 바꾸는 것, 곧 도시변혁 작업이었다. 이것은 새로운 사회의 창조요, 성경적 질서의 회복이었다(박건택, 1990).

그리스도인은 언제나 자신의 신앙이 세상의 현실 속에서 어떻게 영향을 미칠 수 있을까 생각하고 고민한다. 아무리 고상한 생각이라 할지라도 그것이 현실에서 어떤 의미를 전달하지 못하면 그 가치와 존재성은 의심받을 수밖에 없다. 이런 측면에서 볼 때 칼뱅주의는 성공을 거둔 셈이다. 사회에 대한 영향력이 컸고, 과거뿐 아니라 현재, 그리고 앞으로도 높이 평가를 받을 것이기 때문이다.

하지만 칼뱅주의에 대한 평가는 항상 따뜻하지만은 않다. 오히려 차갑다. 사회문제에 대한 해결에 적극적이었지만 상당히 과격한 것으로 평가받고 있기 때문이다. 칼뱅과 그를 따랐던 사람들은 개인을 정화할 뿐 아니라 교회와 국가를 재구성하고자 했다. 공사를 막론하고 삶의 모든 영역에 종교의 영역을 침투시킴으로써 사회를 개혁하고자 했다(Tawney, 1926: 91). 이런 과정에서 반감과 충돌이 없을 리 없다. 어느 사회든 개혁의 성향이 과격하다 인정될 때 반대세력은 언제나 있기 마련이다. 그러나 그 과격성은 칼뱅을 비롯한 그의 추종자들이 얼마나 당시 사회상황을 성경적으로 바르게 고쳐놓고자 했는가, 즉 새로운 사회를 만들고자 했는가를 알 수 있다. 이런 점에서 칼뱅의 사회개혁은 혼돈의 시대를 살아가는 우리에게 의미하는 바가 크다.

1. 타락은 새로운 사회 건설을 요청한다

어느 시대나 그 사회의 새로운 탄생을 기대한다. 완전하고 만족한 사회는 없기 때문이다. 더욱이 그 사회가 물질주의와 이기주의, 비윤리가 팽배해 있다면 사회개혁에 대한 의지는 상대적으로 높아진다.

타락한 인간이 새로운 사회를 건설할 수 있을까? 칼뱅에 따르면 모든 인간은 죄의 힘 아래 있고 죄의 주요 자리는 인간의 의지이다(Calvin, Ⅱ, 1, 4). 타락은 인간으로부터 초자연적 은사, 곧 믿음, 하나님의 사랑, 이웃을 향한 동정, 거룩한 것과 의로운 것을 향한 열심을 박탈했다. 아울러 정신의 건전성과 마음의 정직성과 같은 자연적 은사도 부패되었다. 그러나 선악을 구별하는 이성은 완전히 제거되지 않았다. 이로써 인간은 동물과 대조적으로 과학에 관한 연구를 할 수 있고, 질서 있는 사회생활을 영위해나갈 수 있게 되었다(Calvin, Ⅱ, 2, 12 아래).

하나님은 타락한 인간에게 의지기능을 보유할 수 있게 하셨다. 의지는 인성의 파괴할 수 없는 기본재산이다. 우리가 이 땅에서 가정을 다스리고, 정치를 하며, 경제활동을 하기 위해서는 지성과 의지가 필요하다. 하나님은 인간이 영적으로 부패 가운데 있다 해도 그것을 다스릴 지혜를 허락하셨다. 이것은 하나님의 전적인 은혜다. 그러나 의지의 내용은 타락되어 있다. 병적인 의지는 타락한 성격을 가지고 있고, 좋은 의지는 은혜에 속한다(Calvin, Ⅱ, 3, 5). 병적인 의지는 부패로 나타나지만 좋은 의지는 인간의 삶을 새롭게 하는 데 도움을 준다. 타락했음에도 불구하고 인간에게 지성과 의지의 활동을 허락한 것은 전적으로 하나님의 은혜요, 보다 나은 사회를 위한 인간의 헌신은 그 은혜에 대한 보답이다.

인간이 보다 나은 삶을 유지하기 위해서는 그리스도 안에서의 거듭남이 필요하다. 인간은 스스로 의로워질 수 없기 때문에 그리스도의 중보가 요구된다. 예수의 중생작업은 새로운 사회의 탄생을 가능하게 만든다. 그 사회의 모범은 하나님의 나라다. 교회는 그 나라의 질서를 이 땅에 세우기 위해 모범이 되어야 한다. 교회의 모범이 거듭난 그리스도인에 의해 사회 속으로 스며든다. 칼뱅에 따르면 새로운 사회에서는 모든 차별과 분리가 종식되고, 부의 올바른 분배 시스템이 확립된다.

기독교적인 관점에서 볼 때 인간 역사는 하나님 나라 도래의 관점에서만 의미가 있다. 이 관점에서 볼 때 모든 사회질서는 일시적이다. 영원한 나라가 도래하기 때문이다. 그렇다고 우리가 살고 있는 사회에 어떤 변혁이 필요 없는 것은 아니다. 변혁을 모색하지 않는다면 이 세상은 우리의 생각보다 더 나쁘게 변할 가능성이 높다. 따라서 우리 사회에서도 전적인 재창조와 혁신이 필요하다. 새로운 사회가 끊임없이 요구되는 것은 이 때문이다. 사회변혁을 취하지 않는다면 우리 삶의 가치는 상대적으로 낮아질 수밖에 없다.

칼뱅은 새로운 사회를 건설함에 있어서도 하나님 중심이어야 함을 강조했다. 칼뱅의 신학은 인간 중심의 신학이 아니라 하나님 중심의 신학이다. 하나님 중심은 하나님의 주권사상으로 요약된다. 칼뱅주의 사상과 삶의 원리는 출발에서 종결까지 하나님의 주권을 기초로 하고 있다. 칼뱅은 하나님의 주권 사상을 다음과 같이 피력하였다(Calvin, I. 1. 1).

"우리가 소유하고 있는 모든 지혜는 두 부분으로 나뉜다. 하나는 하나님에 대한 진리에 속하고, 다른 하나는 인간의 진리에 속한다. 그런데 우리 주변에 있는 수많은 사실이 어느 편에 속하는지 식별하기 어렵다. 그러나 이것을 분명하게 밝힐 수 있는 것은 누구를 막론하고 자기 생활 속에서 하나님의 계획에 순응하는 사상으로 무장되지 않고서는 자기 자신의 자아상을 바로 식별할 수 있는 사람은 아무도 없다. 때문에 우리가 부여받은 가장 큰 선물인 우리 자신의 존재가 우리에게서 온 것이 아니라 하나님에게서 온 것임을 분명히 규명할 수 있다.”

하나님 중심의 삶은 매 순간 하나님의 주권을 인정하는 삶이다. 그렇다고 해서 인간을 결코 경멸하지 않는다. 그는 인간의 참되고 온전한 지혜를 인정한다. 그러나 그 지혜는 하나님과의 관계에서 온전하다. 인간의 존재 자체가 하나님께 예속되어 있고 인간의 모든 활동과 사상도 하나님께 속해 있다. 하나님의 창조사역과 섭리와 보존과 통치의 사상은 그 모든 영역에서 하나님의 뜻을 나타내며 결국 하나님의 뜻대로 모든 것이 귀결된다. 따라서 그 지혜는 하나님을 알면서 우리 스스로를 아는 것이다. 하나님 없는 인간의 지혜는 무질서를 낳기 쉽다. 나 자신의 개인적인 삶에서 그리고 역사 속에서 하나님의 주권을 인정하는 삶이야말로 가장 행복한 삶이다. 이것이 새로운 사회에서 나타나야 한다.

칼뱅은 인간을 원초적 인간, 하나님으로부터 소외된 인간, 그리고 회복된 인간으로 나눈다. 타락하기 전 인간은 하나님으로부터 모든 능력을 받아야 했다. 타락한 인간도 예외가 아니다. 소외된 인간은 더 이상 영적으로는 살 수 없지만 사회질서를 조직할 수 있다. 비록 죄가 인간 전체에 미치기는 했지만 그의 능력 모두를 파괴시킨 것은 아니기 때문이다.

소외된 인간의 종말은 비극적이다. 겉으로는 발전 지향적으로 가는 것처럼 보인다. 하지만 그 종말은 비극이다. 인간은 하나님을 향해 계속 반항할 것이다. 하나님의 은총을 얻기에 합당치 못한 행동들이 벌어진다. 그렇다 해도 인간을 향해 세우신 그분의 계획과 약속들은 차질 없이 진행된다. 칼뱅은 인간의 역사를 결정적 숙명론으로 끌고 가지 않는다. 하나님의 섭리와 인간의 자율이 조화를 이루는 방향으로 갈 것이라 믿기 때문이다. 하나님은 인간의 책임과 자유를 말살하지 않고 그것을 행사하도록 하신다. 이것은 창조질서와 사회질서를 우리 안에 회복해야 하는 이유와 우리를 향한 하나님의 선하신 뜻을 보여준다(박건택, 1990).

그리스도 안에서 하나님의 형상을 회복한 인간은 공동체 안에서 그 책임을 다할 필요가 있다. 그리스도인의 삶은 그가 속한 사회공동체든 교회공동체든 책임 있는 존재로 다시 서야 한다. 예수 그리스도를 통해 거듭난 인간들이 새로운 사회를 만들어나가는 데 주도적인 역할을 해야 하기 때문이다. 이 사회의 원초적 질서가 회복되어야 할 곳이 바로 교회이다. 교회가 바로 서면 사회도 새로워질 수 있다.

2. 구원, 착한 행실, 그리고 부는 서로 관계가 있다

칼뱅에게 있어서 구원은 신학적 명제로서만 존재하지 않는다. 그것은 우리 삶의 모든 영역에서 구현되어야 한다. 구원받은 자로서의 삶은 경제에서도 나타난다. 칼뱅주의에 있어서 구원은 하나님만 아는 일이다. 그러나 인간은 구원받았음을 확증하기 원한다. 그 방법 가운데 하나가 이 세상에서 착한 행실(good works), 곧 하나님의 선하시고 기뻐하시는 일을 적극적으로 이뤄내는 것이다. 이로써 하나님께 영광을 돌리게 된다(마 5:16). 하나님 편에 서서 일하는 것과 그렇지 않은 것은 그 방향, 목적, 그리고 내용이 다르다. 이런 점에서 착한 행실은 우리 삶에서 더욱 드러나야 할 요소가 된다. 이 착한 행실이 구원을 이루게 하는 것은 물론 아니다. 하지만 구원의 결과는 경제적 삶의 구석에서 긍정적으로 나타난다.

칼뱅의 하나님 주권 사상 속에 예정론이 있다. 혹자는 예정교리가 일부 고대 예정론자들이 그랬던 것처럼 칼뱅주의자들도 운명주의와 도덕적 무책임을 장려한 것으로 생각할지 모른다. 하지만 그것과는 아주 다르다. 칼뱅에 따르면 인간은 성경에 기록된 대로 하나님의 명령에 따라 매일 순종하는 삶을 살아야 한다. 겸손, 겸손한 생활, 육체적 욕망에 대한 억압, 정규적인 교회출석, 그리고 성찬참여는 그가 내세운 삶의 이상적인 모습이었다. 그는 『기독교강요』에서 "인간은 아무 선한 것을 가진 것이 없지만 그가 가지지 못한 선, 그리고 그에게서 박탈된 자유를 열망하도록 가르쳐야 한다"고 했다. 이렇게 해서 인간은 하나님의 영광에 대한 증인이 된다.

하나님의 선하심은 그의 백성의 착한 행실에서 나타나기 때문에 그리스도인은 택함 받은 자라는 증거를 삶에서 보여주어야 한다. 택함을 받았다는 것에 대한 적극적인 증거는 얻기 어렵다. 인간의 제한된 능력으로는 하나님의 뜻을 완전히 이해할 수 없기 때문이다. 훗날 칼뱅주의에 따르면 네덜란드·영국·미국의 청교도의 경우 착한 행실은 근검한 삶의 태도를 강조함으로써 얻은 사업의 성공과 부의 축적으로 설명되었다.

그러나 이러한 해석이 바른가 하는 것에 대해서는 논쟁의 여지가 있다. 칼뱅은 자기 교리에 대한 이러한 해석을 단호히 거부할 것이라 주장하는 학자도 있다(Clough et al., 403). 이 세상에서의 성공을 하나님이 그를 선호하는 증거라 말한다면 그것은 칼뱅이든 그의 후계자든 칼뱅주의자가 아니다. 포도밭과 무화과나무가 풍성하다고 해서 의의 보상이요, 신적 애호를 받은 것으로 해석한다면 그러한 칼뱅주의는 더 이상 칼뱅주의가 아니고, 청교도는 더 이상 청교도가 아니다(Bainton, 1952: 253).

초기 뉴잉글랜드에서 칼뱅주의자들은 산업혁명을 도입하는 대신 황무지를 개척하는 일에 몰두했다. 그들의 경제는 원시적이었지만 나름대로 황무지와 돌이 많은 해안에서 신성한 공동체를 세우는 데 전념하여 성공을 거두었다. 세속적인 역사가들도 이것은 하나님의 손이 그곳에 함께했음에 틀림없으며 믿음이 생존에 가장 능력 있는 요소임에 틀림없다고 치하했다(Bainton, 1952: 254).

신앙은 경제영역에서 모든 경제적 덕, 근면, 절제, 정직, 그리고 절약을 낳는다. 중세 수도사들이 "규율이 풍요를 낳았다"고 말하듯 칼뱅주의의 규율은 믿음에서 나온 것이다. 그 신앙은 하나님이 역사 과정 속에서 위대하신 일을 한다는 것이며 인간은 그 목적의 수단으로 봉사함으로써 하나님을 영화롭게 하는 것 이외에 다른 임무가 없다. 삶에서 하나님을 영화롭게 하는 열매를 맺는 것이다.

그러나 칼뱅주의가 사회 속에서 지속적으로 단 열매를 맺은 것은 아니다. 칼뱅주의가 훗날 방법론적 습관과 신중한 금언으로 그 지위가 낮아졌다(Bainton, 1952: 254)는 평가를 받은 것은 이것을 보여준다.

칼뱅이 농업보다 산업에 치중한 것은 상황이 큰 작용을 했다. 루터의 색소니(Saxony)는 곡창지대였지만 칼뱅의 제네바는 론(Rhone)에 있는 항구로, 북쪽으로는 스위스와 남쪽으로는 리옹(Lyons)을 통해 프랑스와 교역을 했다. 더욱이 수천의 난민들이 제네바로 들어와 자본주의적 조직이 발달하게 되었다. 경제발전의 과정에서 종교적 난민들의 역할이 컸다. 그들은 생존을 위해서도 기업 활동을 해야 했다. 이 과정에서 경제적 개인주의가 명백하게 조장되었음은 물론이다. 칼뱅주의가 칼뱅주의자들이 들어오고자 한 모든 영역에 생명력과 동인을 주입됨으로써 자본주의 정신에 기여했다고 말할 수도 있다. 그들은 대륙을 정복하든 군주를 전복시키든 기업을 경영하든 악의 세력을 개혁하든 끊임없는 노력을 보여주었다. 칼뱅주의자들은 한마디로 열심을 다하는 사람이었다(Bainton, 1952: 255).

구원은 인간 자신의 일이 아니다. 인간이 그것에 어찌할 수 없는 신적인 영역이다. 인간의 노력, 사회제도, 문화는 사실 구원과 상관은 없다. 인간 삶의 목적은 단지 개인구원으로 끝나는 것이 아니라 기도로, 행동(노력 또는 노동)으로 하나님을 영화롭게 하는 것이다. 착한 행실은 구원을 얻는 길은 아니나 구원을 얻었음을 입증하는 데 필수적이다. 세계는 하나님의 위엄을 보여주기 위해 만들어진 것이며 그리스도인의 의무는 이 목적을 위해 사는 것이다. 그 임무는 자신의 삶을 훈련시켜 신성한 사회를 창조하는 것이다. 그가 살고 있는 교회, 국가, 사회는 그리스도의 왕국이어야 한다(Tawney, 1926: 96~97). 경제공동체에서도 선한 의지와 착한 경제 행실을 통해 구원의 힘이 반영되어야 한다. 부는 단지 그에 대한 부산물일 뿐이다.

3. 소명은 직업의식을 높인다

개인이 영원히 택함을 받았다는 것은 소명(vocation)을 통해 효과를 더욱 발휘하게 된다. 그리스도 안에서 접붙임 된, 즉 택함 받은 자는 그가 구원으로부터 결코 단절되지 않을 것이라는 확신에 거한다. 칭의는 택함의 징표이다(Calvin, Ⅲ, 21, 7). 하나님은 택함 받은 자에게 유종의 은혜(perseverance)라는 선물을 주신다(Calvin, Ⅲ, 21, 7; Ⅲ, 25, 6-7; Ⅱ, 3, 11). 그리스도를 참으로 믿는 자는 끊어질 수 없으며, 직업을 통해서도 그 관계성이 두드러지게 나타난다.

소명이라는 단어는 사실 루터에 의해 수도원(cloister)에서 작업장(workshop)으로 옮겨졌다. 현대의 직업적 의미는 그로부터 직접 온 것이다. 그의 눈에 목사, 관리, 주부, 하인 등은 모두 종교적 소명에서 온 것으로 소명은 단순히 지상의 주인뿐 아니라 하늘의 주인에게도 열심히 봉사하는 것이다. 이 봉사는 결코 입에 발린 봉사가 아니다. 그 열심이 산업을 통해 드러나고, 정직한 하루의 수고와 직업에 대한 의무감을 갖게 된다. 이러한 태도는 농장에서 생산 공장으로 옮겨지고 기업가는 생산적인 임금수익자를 갖게 되었다.

칼뱅은 게으름과 걸식행위를 비난했다. 하나님의 부르심을 받은 자가 게으름의 대상으로 지목될 수 없다. 일할 수 있는 사람은 일해야 하고, 일할 수 없는 사람은 보호를 받도록 하되 누구나 구걸의 존재로 전락해서는 안 된다. 중세기를 통해 수도원 규칙은 수도승의 매뉴얼 노동을 자랑스럽게 만들었다. 특히 베네딕트 교단은 노동을 고무해왔는데, 루터는 이것을 전 생애의 일로 바꾸어놓았다(Bainton, 1952: 246-47).

칼뱅주의자에게 있어서 직업은 소명이다. 이것은 자신이 택함 받은 자임을 확신하는 중요한 방법이다. 일에 대한 충동은 이것에 대한 심리적 확신(assurance)이 된다. 일은 번영에 대한 축복으로 나타나고, 이것은 하나님이 기뻐하신다는 증거가 된다(Bainton, 1952: 250). 칼뱅은 자본을 축적하게 하고, 그것을 사업에 재투자하도록 했다. 그는 끊임없는 수고, 결과에 대한 책임, 그리고 시간과 돈을 낭비하지 않는 에토스에 철저했다. 이것은 소명에 대한 철저함을 의미한다. 자본주의 정신은 노동의 신성함, 소명에 입각한 헌신, 산업을 일으킴에 주력했으며 금욕적 소명윤리가 강조되었다(Dunstan, 1962: 162). 칼뱅의 근면과 절약, 시간과 재물에 대한 낭비 줄이기, 엄격한 공정성과 자비의 한계 아래 금전에 대한 이자 허용, 직업변경에 대한 유사한 보장허가 등은 자본주의 산업과 기업발전에 기여했다(McNeil, 1954: 221).

4. 이웃과 함께하는 경제공동체를 세우라

칼뱅은 제네바를 변혁시킨 인물로 널리 알려져 있다. 도시를 새로운 사회로 만든 것이다. 이것은 종교적 변혁이기도 하지만 이 일은 종교적인 것에 한정되지 않는다. 새로운 사회는 경제적 변혁과 함께 가야 하기 때문이다.

칼뱅은 새로운 사회에서 우리가 이뤄야 할 여러 조건을 제시했다. 그는 부자와 가난한 자, 남자와 여자, 나라와 인종에 따른 차별과 분리의 종식을 선언했다. 그는 제네바에서 종교적 민족주의와 오랫동안 투쟁해왔다. 그러나 빈부문제를 해결하기 위한 혁명적 조치는 용납하지 않았다. 노동과 경제 문제에 있어서 그는 기존의 계급 관계에 그리스도의 중생이 일어나 억압 없는 권위, 비판 없는 순종으로 정의로운 관계가 설정되기를 바랐다.

새로운 사회에서 교회는 예수님께서 하신 것처럼 먼저 부의 재분배에 관심을 두고 이 문제 해결에 앞장서도록 했다. 그는 이것이 경제 질서를 회복하는 중요한 도구가 된다고 보았다. 그는 부의 재분배의 근거를 예수님의 말씀에 두었다. 이런 점에서 현대 사회주의적 발상과는 차이가 있다. 그가 먼저 교회를 내세운 것은 먼저 교회가 부분적으로나마 사회질서를 회복하는 일에 나설 필요가 있다고 보았기 때문이다. 그는 이러한 새로운 경제공동체가 사회 전반으로 확산되기에는 한계가 있다고 보았음에 틀림없다. 하지만 교회의 모범이 사회로 이어질 가능성을 보았다. 사회질서의 회복은 하나님 나라 안에서만 온전히 이뤄질 수 있기 때문이다.

칼뱅에 따르면 교회는 영적이든 물질적이든 모든 재화가 서로의 사랑 가운데 그리스도인 사이에 소통되어야 한다. 각자는 각자가 가진 것을 다른 사람과 함께 나눠야 한다. 이것이 보편(catholic)교회요, 그리스도의 신비한 몸이다(Parker, 41).

교인은 경제적이고 절도가 있어야 한다. 근면하고 절약한다. 교인은 기업을 아주 진지하게 운영해야 한다. 그 자체가 일종의 종교적 일만큼 진지해야 한다. 경제적 에너지나 훈련된 사회적 힘은 얼마만큼 진지한가에 따라 달라진다. 경제거래 행위에 있어서 인간적 문제와 하나님께 영광을 돌리는가 하는 점을 고려한다. 인간적인 문제를 고려한다는 것은 휴머니즘적 요인을 고려한다는 의미를 담고 있다(Tawney, 1926: 96~98).

칼뱅주의자들은 귀족주의적이어서 초기에는 사회적 문제에는 무관심한 것으로 평가되고 있다. 그러나 여러 나라가 정치발전을 하는 과정에서 부르주아가 발생하게 되고 사회개혁을 위해 정신적 요소가 필요하게 되었다. 이 과정에서 근대경제행위와 기독교 사상이 결합하고, 여기에서 근대 전체 발전을 위한 새로운 칼뱅주의 사상이 탄생하게 된다. 이것이 개신교정신이다. 이 사상은 보다 큰 통찰력을 얻는 데 기여했다. 칼뱅의 윤리는 경제발전의 원동력이 되었다. 베버는 이 점에 주목하였다.

그러나 자본주의에 대한 칼뱅주의적 정당화는 잘못 이해된 부분이 있다. 노동은 금욕주의로, 이익은 소명에 대한 충실한 이행으로 얻은 하나님 축복의 징표로 간주된다. 이것은 개인의 사적 이익을 위한 것이 아니다. 자본주의자는 하나님이 자신에게 부여한 달란트를 청지기처럼 수행하는 사람이다. 자본을 증가시키되 사회유익을 위해 자본을 사용한다. 그렇다고 결코 자기의 필요를 생각하지 않는 것은 아니다. 자기의 필요한 양만큼만 남겨두고 모두를 내놓는 것이다. 모든 잉여재산은 공익사업, 특히 교회적인 구제봉사를 위해 사용해야 한다. 따라서 제네바 사람들은 자기들이 스스로 필요한 양을 평가하고 나머지는 가난한 사람, 수많은 난민을 지원하는 데 사용했다. 교회의 집사회는 자선 행위에 많은 시간을 바쳤다. 이것은 교회의 질서유지에도 필요했다. 빌린 돈에 대한 이자는 박애정신에 의해 결정되었다(Dunstan, 163~164). 오늘날 영국의 기독교적 사회주의는 본질적으로 칼뱅주의 전통을 이어받은 것이다. 미국교회의 행위는 자본주의 남용에 반대하는 일종의 기독교사회주의이다. 스위스, 네덜란드, 영국, 미국에는 오늘날도 사회주의적 목사가 있다.

칼뱅주의는 루터주의나 가톨릭주의보다 근대 사회생활에 더욱 근접했다. 칼뱅주의는 근대생활에 대해 깊은 자아의식을 가지고 있다. 이 의식은 근대경제생산을 합리화했고, 기독교의 현대화(modern Christianity)에 기여했다. 이것은 현대화가 기독교사상과 접합한 것을 의미하지 않는다. 오히려 기독교가 정치 및 경제적 삶의 방향과 조화를 이루었음을 의미한다. 그들은 신앙적으로는 보수성을 유지하면서 일상생활 문제에 있어서는 실제적으로 접근했다. 이에 반해 루터주의는 철학적으로 병들고 비실제적이며 일상생활의 문제와 먼 것으로 간주되었다(Troeltsch, 575; 646~650).

모든 선한 일은 믿음으로부터 나온다. 하지만 기독교인의 생활은 신앙과 하나님에 대한 지식에 의해서만 기쁘게 되는 것이 아니다. 그것은 그리스도인으로서 책임과 연관되어 있으며 모든 직무와 모든 시간에 확장된다. 하나님과 인간에 대한 봉사의무로부터 제외된 삶의 영역이란 없다. 우리 전체의 삶이 하나님과 연관되어 있다(negotium cum Deo). 그리스도인은 선악 간에, 잘생겼든 못생겼든 간에 하나님의 형상을 가진 이웃을 사랑하고 봉사해야 한다. 우리가 즐기는 축복은 우리 이웃을 위해 사용해야 할 거룩한 저장물이다.

칼뱅은 우리 자신을 위해 물질적 번영을 추구하려는 모든 생각을 버리도록 한다. 우리가 가진 세상재물은 무엇이든 그것으로서 우리가 할 일은 청지기 역할이다. 우리와 우리가 가진 모든 것은 하나님께 속한 것이다. 이러한 관점은 각자의 소명을 신성하게 하는 것이다. 그것은 믿음을 따라 일하도록 그리스도인에게 주어진 위치다. 그것은 하나님의 영광을 위해서만 다른 것으로 바뀌질 수 있다. 모든 임무는 하나님의 눈에 귀하지 않은 것이 없다.[6]

5. 경건한 자에게도 불행이 찾아올 수 있다

칼뱅은 소명을 강조했다. 베버에 따르면 칼뱅의 예정교리는 전례 없는 내적 고독감을 불러일으키지만 이것은 소명에 대한 헌신으로 이어진다. 이것은 칼뱅의 주장이라기보다 그 후계자들이 직업적 성공을 장려하면서 불안을 신적인 호의로 엮어 만든 것이다. 각 영혼이 하나님과의 관계를 가져야 하는 것은 사실이다. 그러나 칼뱅에게 있어서 그것은 근면한 이타주의의 기본이지 비사회적·경제적 개인주의에 대한 것이 아니다. 이런 점에서 맥닐은 알미니안주의자인 박스터와 자연신교 신봉자인 프랭클린을 연관시켜 칼뱅의 가르침을 내세우는 베버를 안전하게 따라갈 수 없다고 말한다(McNeil, 1954: 222).

칼뱅이 신자들의 번영을 택함 받은 증거로 여겼다는 것은 베버의 곡해이며 칼뱅의 생각과는 다르다. 베버는 "칼뱅에게 있어서 이것은 문제가 아니었다"고(Weber, 1930: 110) 한다. 그러나 다음의 글을 보면 칼뱅은 얼마나 이러한 관점을 반박하고자 했는가를 알 수 있다.

> "언제나 번영이 중단 없이 흐를 때마다 그 기쁨은 점차 우리마저 부패하게 한다. 이스라엘 사람들은 하나님이 자비로운 분으로 보이기 때문에 모든 책망을 비웃었다. 비록 하나님이 자신의 호의를 번영으로 나타낸다 할지라도 이것은 일반적으로 악이다(칼뱅의 신명기 8장 12절 주석)."
> "성도의 번영은 이슬이나 녹과 같다. 우리는 처음부터 끝까지 하나님의 채찍에 복종할 필요가 있다. 왜냐하면 우리의 마음은 번영

---

6) 칼뱅의 고린도전서 7장 20절에 관한 그의 주석을 보면 더 확실해진다. 그의 『기독교강요』 III, X, 6 참고할 것.

해짐으로써 연약해져 기도하려는 노력도 할 수 없기 때문이다(칼뱅의 스가랴 13장 9절 주석)."
"고로 인간의 현재 재산으로서 하나님의 심판을 평가하려는 사람은 누구나 그는 결국 믿음으로부터 멀어져 하나님에 대한 에피쿠로스적 경멸(Epicurish contempt[7])로 떨어지지 않을 수 없다(칼뱅의 사도행전 23장 8절 주석)."

칼뱅의 주해는 사실상 이 같은 진술로 홍수를 이루고 있다. 성공, 풍부, 그리고 번영은 영혼 상태에 대한 불안의 치료라기보다 우연이며 다른 방향으로 생각하는 경건치 못한 사람들의 생각이다(McNeil, 1954: 223). 선과 세속적 번영 사이에 등식이 용인되는 것으로 보이는 것은 칼뱅의 적응(accommodation)이론을 사용했기 때문이다. 자손, 소, 생명의 길이는 예수님이 낙원의 문을 연 것으로 아직 인식하지 않은 사람들을 돕기 위해 준 것이다. 만약 하나님이 세상의 방법으로 우리를 부요하게 하지 않았다면 우리는 근심하지 않아야 한다. 시편 25편 13절 "그의 영혼은 선에 살 것이다"에 대한 주석에서 칼뱅은 디모데전서 4장 8절 "경건(godliness)이 유익이 된다(profitable)"는 것을 인용했다. 이 땅에서의 축복(terrena benedictio)이 약속된 것이다. 그러나 가끔 신앙인은 고통과 난제로 어려움에 처한다. 반대로 경건치 못한 사람은 기쁨을 누린다. 그럼에도 불구하고 신자는 하나님이 버린 자보다 더 행복하다. 그들은 극단적인 가난(extrema paupertas)에서도 하나님이 함께하심을 확신하기 때문이다. 성도는 더 나은 조건에 있다. 비록 재산에 있어서 부요하지 않다 하더라도 그들은 계속 하나님 아버지의 사랑을 맛보고 있기 때문이다.

---

7) 에피쿠로스는 도덕이나 교양 따위로 규제된 쾌락이 인생 최대의 선이라 주장했다.

이러한 일반적인 잘못이 있고, 또 이름이 있는 일부 신학자들이 그것을 높이 평가하고 있음에도 불구하고 이것은 칼뱅의 변함없이 반복되는 주장이다. 맥닐에 따르면 이 일부 신학자 가운데 라인홀드 니버가 있다. 그는 "부자는 사악한 자보다 경건한 자의 몫이어야 한다. 경건은 이생과 저생의 약속을 가졌기 때문이다"라고 주장했다 (Niebuhr, 51). 그러나 칼뱅은 명쾌하게 말한다. "경건한 자에게도 불행이 찾아올 수 있다(Calvin, I, 17, 8)."

6. 반론에도 주목하라

칼뱅주의가 새로운 헌신된 자본주의자의 모습, 현대 기업의 세속적 금욕주의를 창조했다는 베버의 주장은 항상 바른 것이 아니다. 토니의 그럴듯한 이론으로도 설명하기 어렵다. 여러 반론도 제기되었다. 예를 들어, 상업의 발전이 개신교 차지만은 아니다. 복식부기를 비롯하여 16세기 기업계의 거의 모든 특징은 이미 중세 유럽에서 이미 존재했다. 푸거(the Fuggers)와 대부분의 아우구스부르크(Augsburg) 은행가들은 종교개혁기에 가톨릭 신자로 남아 있었고 유럽의 주요 금융도시인 앤트워프(Antwerp), 리옹(Lyons), 제노아(Genoa), 베니스(Venice) 등은 가톨릭 국가에 속해 있었다(Dickens, 1966: 178).

열심히 일하고 규칙적인 생활을 하는 삶의 이상은 17세기 예수회와 얀센주의자들, 그리고 당시 청교도들에 의해서 다시 설파되었다. 전체적으로 보아 칼뱅주의는 어떤 다른 기독교회들보다 고삐 풀린 자본주의 실행에 대해 아주 일관성 있게 도전했다. 칼뱅 자신은 심지어 은행가들로 하여금 산상설교의 요구에 따르도록 했고, 그리스도인에게 있어서 이식행위는 의심할 만한 행위로 간주했다. 그의 관점에서 볼 때 이자는 가난한 자로부터 결코 취해서는 안 되는 것이었다. 대금업자는 부자로부터 적절한 이자를 받을 수 있다. 그러나 빌린 사람이 자기 자신 아무런 잘못이 없는데도 자본이나 이자를 잃었을 경우 기독교인 대금업자는 이자를 달라 해서는 안 된다. 잃은 자본에 대해 빨리 갚도록 압력을 가해서도 안 된다. 후세대 칼뱅주의 신학자들은 이러한 원칙들을 엄격하게 유지하고자 했다. 더욱이 여러 개혁교회는 교인들의 매일 생활에서 이 원칙들을 적용하고자 했다. 영국 청교도들은 특히 라티마(Latimar)와 다른 초기 개신교 도덕주의자들로부터 전수된 엄격하고 비세속적인 원칙들을 고수했다. 왕정복고 때 이러한 원칙들은 리처드 박스터에 의해서 아주 엄격하게 선포되었다(Dickens, 1966: 178).

베버의 글에 대한 반론은 반드시 이 시대의 종교사, 그리고 경제사 사이의 완전한 단절을 의미하지는 않는다. 트레보-로퍼(Trevor-Roper) 교수는 17세기 위대한 개신교도 금융가들의 배경, 방법, 변모 등을 보다 정교하게 분석했다. 드기어(de Geer), 람부이레(Rambouillet), 데워스(d'Herwarth), 그리고 드 위트(de Witte)와 같은 학자들의 주장은 여러 모로 지지를 받고 있다. 그들의 역사적 자취가 베버의 명예를 회복하지 않은 것은 아니다. 그러나 이 금융가들은 경건한 칼뱅주의자가 아니라 명목적인 칼뱅주의자라는 점에 문제가 있다. 그들의 생활양식을 보면 금욕주의의 어떤 정신과는 거리가 있다. 그들의 배경에는 칼뱅주의라는 공통요소보다는 앤트워프의 큰 사업, 그리고 좀 더 낮게는 리에주(Liege) 지역의 사업에 관심이 컸다.

나아가 트레보-로퍼 교수는 만약 우리가 기업에 대한 종교의 영향을 규명하고자 한다면 사람들을 쫓아낸 가톨릭 권력 형태를 검토해야 한다고 주장한다. 가톨릭은 비판적이고 사제를 반대하는 도회지 사람들을 끊임없이 이교도로 몰고 다른 곳에서 그들의 행운을 찾도록 만들었다. 종교개혁을 반대하는 군주들은 도시민, 유럽 상·공·금융업계의 사람들에게 여유를 주지 않았다. 몇몇 궁정금융가들과 독점가들에게 호의를 베풀기는 했지만 스페인, 남부 네덜란드, 베니스를 제외한 이태리 통치자들은 기업계층을 축출하고 이민을 하도록 할 만큼 냉소적이었다. 경제적 관점에서 볼 때 가톨릭적인 유럽은 스스로 거세되는 경향을 보였고, 북쪽의 개신교에 그 권한이 이양되었다. 베버와 그 학파의 주장에 앞서 이런 점들을 심도 있게 연구하면 보다 의미 있는 결과를 얻을 수 있을 것이다(Dickens, 1966: 180).

7. 새로운 경제공동체관은 현대에도 의미가 있다

칼뱅이나 칼뱅주의에 대한 여러 잘못된 이해도 있고, 베버의 주장에 대한 반론도 만만치 않지만 여기서 우리가 관심을 가져야 할 것은 칼뱅의 새로운 사회에 대한 열망이다. 그는 정치공동체뿐 아니라 경제공동체에서도 이 열망이 드러나기를 바랐다.

이 열망은 운동으로 나타난다. 칼뱅주의는 일종의 도시변혁운동(urban movement)으로 평가된다. 이민 온 무역 상인들과 노동자들이 제네바를 중심으로 활동했고 그곳에 자본과 신용, 기업과 은행, 대규모 상업과 금융이 전개되었다. 칼뱅은 기업 활동을 인정했고, 이 활동을 통해 기업에 부르신 하나님의 뜻을 이루도록 했다. 노동에 있어서도 참을성과 하나님이 받으실 만한 서비스인가가 중요한 잣대가 되었다. 이자는 공식적 최고율만 초과하지 않으면 법적으로 용인되었다. 하지만 가난한 자에 대한 대부는 무료로 하도록 했다. 돈 빌린 자의 땀으로 부자가 되는 것은 잘못된 것으로 간주했기 때문이다(Tawney, 1926: 94). 이런 점으로 보아 칼뱅은 우리 현재의 경제적인 삶에서 하나님의 주권이 어떻게 실현되고, 우리는 그 주권에 어떻게 부응해야 하는가를 잘 보여주었다.

칼뱅주의는 대기업 이익에 의해 주도된 운동은 아니다. 오히려 소상인과 기능인들에게 호소력이 있었고, 참여의 폭도 컸다. 기업 활동이기 때문에 교회가 제외되는 것도 아니다. 도시의 경제공동체 운동은 일종의 새로운 사회건설의 일환이다. 사회건설은 정치공동체, 경제공동체, 신앙공동체가 함께 하는 일이다. 칼뱅에 따르면 교회는 새로운 사회건설의 주도적인 역할을 담당해야 한다. 교회가 사회건설에 전적인 책임을 질 수 없다 해도 부분적으로나마 보다 나은 사회로 만드는 데 기여하기 때문이다. 하나님의 말씀을 중심으로 한 사회개혁의 역동성을 칼뱅에서 읽을 수 있다.

칼뱅의 사회건설은 구체제, 곧 가톨릭 질서로의 회귀가 아니다. 그가 목표로 삼고 있는 것은 혼란한 이 세상이 아니라 하나님의 나라이다. 따라서 그 어떤 사회건설도 하나님 나라의 도래와 관계를 가지지 않을 경우 어떤 의미를 가지지 못한다. 그는 그 나라의 대망 속에서 새로운 사회건설을 꿈꿔 왔다. 그 나라는 아직 완전히 도래한 상태는 아니다. 현재 우리가 속한 사회는, 그것이 새로운 사회라 할지라도 이미(already)와 아직은 아닌(not yet) 사이에 있다. 그 사이의 사회는 완전한 하나님의 나라에 비해 아직은 턱없이 불완전하다. 칼뱅도 우리가 그 사이에 있음을 인정한다. 그 사이에서도 교회는 그 나라의 모델을 현실에서 이뤄내야 하며, 경제공동체든 정치공동체든 각 공동체가 처한 상황에서 복음적으로 최선의 삶을 살 때 우리 사회도 그리스도 안에서 새롭게 태어날 수 있다. 사회회복, 사회 질서의 참다운 회복이다. 교회와 사회가 이 점에서 하나 될 때 하나님께 영광 돌리는 삶을 살 수 있다.

타락한 인간의 측면을 볼 때 우리는 인간의 미래를 비관할 수밖에 없다. 그러나 칼뱅은 이러한 인간상에 머무르지 않았다. 하나님으로부터 소외된 인간이 점차 그리스도를 통해 회복되면서 새로운 사회를 만들어 나간다. 이런 점에서 칼뱅의 인간관은 부정적이라기보다 긍정적이다.

칼뱅은 새로운 사회공동체에 대한 비전을 가졌다. 그것이 정치공동체든 경제공동체든 신앙 공동체든 이 땅에서 하나님 나라를 이루는 것이다. 그는 이 땅에서 그 나라를 소망하며 살았다. 인간의 만들어내는 새로운 사회 모습이 완전할 수는 없다. 그렇다 할지라도 그 나라의 도래와 함께 완벽하게 이뤄질 것을 믿는다. 하나님은 결국 승리한다는 확신을 그는 가졌다. 복음은 세상과는 다르지만 그러나 세상을 향해 있다. 세상을 변혁시키고자 하기 때문이다. 칼뱅은 이 점을 놓치지 않고 있다. 오늘을 살아가는 그리스도인들에게 각자의 영역에서 하나님의 말씀에 입각해 새로운 나라 세우기를 게을리하지 않기를 그는 기대하고 있다.

경제공동체를 통한 새로운 사회 구축도 이 나라의 삶과 깊게 연관되어 있다. 칼뱅과 그의 추종자들은 사회경제 면에서 크게 영향을 주었다. 무역과 산업은 하나님의 영광을 위해 사용되도록 했다. 여기서 그들은 루터파가 결코 가지지 못한 성공적인 요인도 가지고 있었다. 이에 대한 설명은 네덜란드, 프랑스, 영국과 같은 해양 지향 국가들이 독일이나 중부 유럽 국가들보다 상업적으로 더욱 발전했다는 사실이다. 부는 문화적 관심이 높은 지역에 더욱 쉽게 접합되었다. 시버그(R. Seeberg) 등은 칼뱅주의가 폴란드, 헝가리, 독일과 같은 중부 유럽 조건에서 이와 같은 성공을 거두지 못했는가를 주목하였다(Seeberg, IX, part Ⅱ, 276쪽 아래; Heick, 440; Mueller, 1954; Forell, 1954).

이 글에서는 칼뱅이 꿈꾼 경제공동체 사상을 중심으로 논의가 가능한 여러 측면을 살펴보았다. 부의 증산을 구원의 증거로만 보려는 것은 오히려 칼뱅적이 아니라는 주장, 경제공동체의 주역이었던 인물들이 과연 신앙적으로 충실했는가에 대한 비판, 자본주의 정신과 개신교 윤리에 대한 베버의 논제를 재검토하고, 당시 가톨릭의 이민 정책도 더 심도 있게 따져볼 필요가 있다.

그러나 우리가 빼놓지 않아야 할 것은 칼뱅의 사회공동체는 하나님 중심이었다는 것이다. 구원의 확증과 지속적인 착한 행실, 소명에 따른 직업의식, 부만 아니라 고난도 불사하는 신앙 등은 하나님을 빼고 생각할 수 없다. 따라서 "칼뱅에게 순종하지 말고 칼뱅의 주인 되시는 하나님께 순종하라"며 칼뱅을 따르는 사람들에게 준 뮌스터 대학 교수 헬무트 에서의 말을 다시금 상고할 필요가 있다. 지금 세계는 경제적으로 어려움에 처해 있고, 경제회복이 중요한 기도 제목이 되고 있다. 그 원인이 여러 가지가 있지만 경제윤리의 실종에서 찾아볼 수 있다. 이런 때에 칼뱅의 신앙을 통한 경제공동체 사상, 특히 복음에 입각한 경제사회윤리의 회복은 여러 모로 도움을 줄 수 있다. 종교개혁자 칼뱅이 복음을 현재적 의미로 재해석하고 적용한 것과 같이 우리도 복음을 현대적 입장에서 재해석함으로써 복음으로 재무장하고 우리 삶의 가치를 하나님 나라의 삶의 가치로 드높여야 할 것이다.

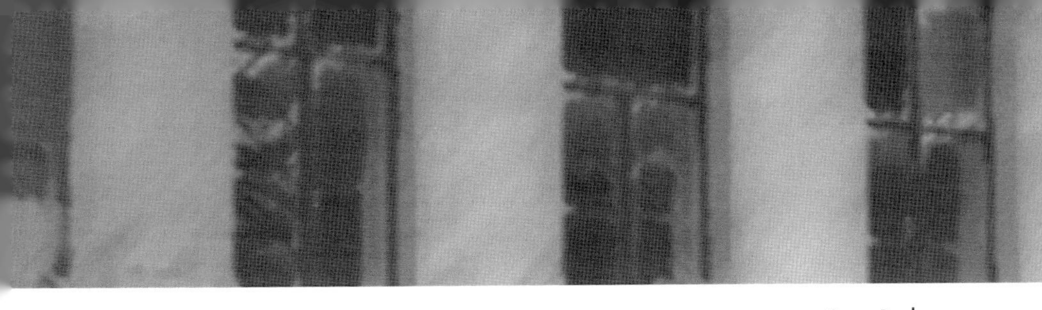

제9장

빈부격차, 구약의 토지제도가 답일 수 있는가

"누군가 땅에 울타리를 친 다음 '이건 내 땅'이라고 말하고 또 주위 사람들도 순진하게 그 사람의 말을 믿었을 때 시민사회가 본격적으로 시작되었다. 그 울타리의 말뚝을 빼고 경계를 이루는 도랑을 메우고는 '이런 불한당의 말에 조심하십시오. 땅의 열매는 우리 모두의 것이지만 땅 자체는 누구의 것도 될 수 없다는 점을 잊으면 우리는 망합니다'라고 이웃 사람들에게 외치는 자가 있었다면 역사상 무수한 범죄와 전쟁과 살육과 공포와 불행에서 인류를 구할 수도 있지 않았을까?" 루소의 말이다. 토지사유의 문제점을 지적하고 공유화를 제시하는 학자들은 그의 이 말을 자주 인용한다.

그러나 울타리의 말뚝 빼기보다 울타리 치기가 더 성행하는 것이 현실이다. 몽고 정부에서 가족의 토지 사유화를 인정했을 때 울란바토르 주변에는 이른바 담 치기가 성행했다. 여러 가족의 이름으로 담 치기가 이뤄지면서 원래의 시보다 더 큰 시가 새로 만들어졌다. 사유화는 인류의 끈질긴 욕망이다.

빈부격차가 세계적으로 확산되면서 이 문제에 대한 해결책을 놓고 여러 대안이 제시되었다. 그중 하나가 토지에 대한 사유제와 공유제에 관한 논의다. 자본주의는 사유재산권을 옹호하기 때문에 토지에 대해서도 사유제를 허용하는 쪽에 서 있고, 사회주의는 이것과는 반대의 입장에 서 있다. 기독교에서는 이 문제를 어떻게 보고 있을까? 기독교도 이 문제에 대해서 하나의 생각보다는 인물이나 기관에 따라 여러 입장 차이를 보이고 있다. 그러나 확실한 것은 토지사유제에 따른 폐해에 대한 인식이 깊어졌고, 이 폐해에 대한 적합한 해결책이 보이지 않는다면 정치실패는 물론 사회실패로 나타날지 모른다는 우려가 높아지고 있다는 점이다.

기독교의 토지관은 기본적으로 '토지는 하나님의 것'이라는 토지신유(土地神有)에 입각해 있다. 하나님은 땅과 우주를 창조하신 분이고, 지금도 그 땅과 우주를 다스리고 섭리하시는 분이기 때문이다. 하나님만이 유일한 지주이고 인간은 나그네요, 이 땅에 우거하는 자로서 하나님의 땅을 빌려 쓸 뿐이다. 하나님은 인간을 창조하면서 인간에게 이 땅을 그분의 뜻에 따라 잘 관리하도록 위임하였다. 그러므로 인간은 하나님의 청지기로서 이 땅에서 땅과 그 소산을 관리할 책임을 가지고 있다(창 1:28). 인류를 향한 이른바 하나님의 '문화 명령', '창조 명령', '위임 통치 명령'이다.

그러나 인간이 지구에 편만해지면서 '관리'는 '소유'로 바뀌고, 그 소유가 하나의 권리로 인정받으면서 삶의 모습도 달라지기 시작했다. 그 소유권이 침해할 수 없는 권리로 인정되고, 그 소유의 많고 적음에 따라 빈부의 차이가 발생했기 때문이다. 농경사회에서 토지는 중요한 생산증식의 도구였다. 그러나 현대에 와서 토지는 생산증식 그 자체보다는 중요한 재산증식의 도구로서 그 가치가 높아가고 있다. 재산증식에 대한 인간의 끝없는 욕망은 결국 가진 자와 갖지 못한 자 사이에 양극화를 낳게 되고, 이 문제에 대한 어떤 적절한 조치가 없다면 우리의 삶은 더욱 견딜 수 없는 상황으로 바뀔 수 있다는 우려가 높아지고 있다.

이 글은 이러한 상황 인식 아래서 토지에 대한 성경적 관점을 살펴보고, 이것에 근거해 기독교가 나름대로 마련할 수 있는 대안 찾기의 가능성을 모색하는 데 뜻을 두고 있다. 이를 위해 공평한 나눔을 이뤘던 구약의 기업으로서의 토지분배의 특성, 그러한 분배 정신을 현대에서 적용하려 한 여러 생각과 그 실현 가능성, 그리고 그것의 문제점 등을 살펴보고자 한다.

1. 각 가정에 분배된 토지는 기업이다

성경에 따르면 토지는 하나님의 것이다. 특히 구약 오경의 토지 제도는 모두 토지신유에서 파생된다. 구약에서 토지는 하나님이 각 세대에 허락하시는 기업(基業, inheritance) 형태로 인식된다. 기업은 히브리어로 '나할라(nahala)'이다. 나할라는 '할당해주다, 몫으로 분배하다'는 뜻을 가지고 있다. 기업은 가계의 중요한 재산으로 한 세대에서 다른 세대로 전이된다.

토지에 관련해 가장 명백한 기록은 가나안 정복 이후에 나타난다. 당시 기업은 이스라엘이 하나님으로부터 기업으로 분배받은 약속의 땅과 연관되어 있다(출 6:8; 32:13; 신 12:10). 나할라는 그 약속에 따라 지파에게 할당된 가나안 내의 특별한 지역을 말한다. 가나안 땅에 대한 특별한 분배는 시내산 언약을 통해 약정되었다.

먼저 각 지파에 토지를 할당받게 되는데 그 방법은 제비뽑기이다 (수 19:51). 제비를 뽑는다는 것은 하나님께서 이 일에 능동적으로 개입하신다는 것과 그 결과에 대해 어느 누구도 반대표명을 할 수 없다는 의미를 가지고 있다. 70인 역에서는 나할라를 헬라어 '클레로스(chleros)'로 번역했다. 이것은 제비뽑기에 의해 할당되었다는 것으로, 이 일에 하나님의 절대적인 의지가 담겨 있음을 뜻하고 있다.

당시 토지는 단순히 절대면적에 따른 분배가 아니라 쓸모에 따른 분배였다. 절대면적에 따라 분배를 받았다면 땅의 비옥함 여부에 따라 만족과 불만의 차가 컸을 것이다. 상대적으로 비옥한 땅과 척박한 땅이 있기 때문이다. 이런 점에서 토지분배는 평등한 분배임을 알 수 있다. 또한 분배를 받는 자는 토지에 대해 절대적 소유권이 아니라 사용권을 가진 것뿐이다. 땅의 소유권은 하나님만이 가진다는 점에서 '토지여호와주의'라 하기도 한다.

인구수대로 땅을 분배했다. 인구가 많은 지파는 식량이 많아야 하기 때문에 많은 땅을 필요로 했다. 땅을 많이 얻은 자에게는 많은 세금을 요구했고, 적게 가진 자에게는 적은 세금을 요구했다.

각 세대에 할당된 토지는 하나님으로부터 부여받은 신성한 기업이다. 땅의 주인은 하나님이며, 각 세대는 그 땅의 청지기로서 그 토지를 신성하게 관리할 절대적인 책임을 가지고 있다. 지계 표를 옮기지 못하도록 한 것은 신성하게 정한 기업이므로 함부로 옮기지 못하게 한 것이다.

나아가 누구든 이웃의 기업을 존중해야 한다. 아합 왕은 나봇의 포도원이 탐나 돈으로 사든지 다른 밭을 주고자 했지만 나봇은 그

제의를 거절했다. 열조로부터 물려받은 기업을 파는 일은 하나님께서 금하는 일이기 때문이다(왕상 21:3). 이 일로 왕이 근심하자 왕비 이세벨은 간악한 방법으로 나봇을 죽이고 그 밭을 취하도록 했다. 이 일에 대해 하나님은 아합과 이세벨에 대한 저주를 선포하셨고, 결국 패가망신하게 되었다. 이것은 기업에 대해 하나님께서 얼마나 단호하신가를 보여준 사건이다. 하나님은 "토지를 영영히 팔지 말 것은 토지는 다 내 것임이라(레 25:23)" 하셨다.

토지를 전혀 팔 수 없는 것은 아니다. 이때 사고파는 것은 토지의 소유권이 아니라 사용권이다. 사용권을 팔아야 할 경우에도 엄격히 제한을 받는다. 우선 이방인에게는 팔 수 없다.[8] 하나님이 이스라엘에 주신 기업을 영원히 보존한다는 뜻이 담겨 있다. 나아가 이 토지를 다른 지파에 팔 수 없다. 기업을 사고팔게 되면 한 지파가 약화되기 쉽기 때문이다. 이것은 지파 간 양극화를 막기 위한 하나님의 조치이기도 하다. 골고루 잘 살아야 한다는 뜻이다. 같은 지파라 할지라도 그 기업을 사는 데 있어서 우선순위가 있다. 그것은 가까운 친족이 우선이다(레 25:25).

예레미야서에 보면 숙부의 아들 하나멜이 시위대 뜰 안에 갇혀 있는 예레미야를 찾아와 말한다. "너는 베냐민 땅 아나돗에 있는 나의 밭을 사라 기업의 상속권이 네게 있고 무를 권리가 네게 있으니 너를 위하여 사라(렘 32:8)." 이것은 기업의 상속권과 무를 권이 우선

---

8) 예루살렘에서 땅은 국가의 것이나 건물은 사고팔 수 있다. 감람산의 한 마을은 아랍인들이 사는 곳인데, 그곳에 건물을 가지고 있던 미국 거주 한 아랍인이 유대인에게 건물을 매도했다는 이유로 다른 아랍인에 의해 피살된 사건이 발생했다. 비록 건물이라 할지라도 아랍인과 유대인 사이에는 지금도 팽팽한 긴장이 있음을 알 수 있다. 현재 이스라엘의 경우 건물 옥상에 있는 담수탱크의 색깔로 유대인의 집이 아닌지 구분된다. 유대인의 탱크는 흰색이지만 아랍인의 건물에는 검은색으로 되어 있다. 베들레헴을 방문했을 때 "No Peace with Settlement"라는 구호가 걸려 있었다. Settlement는 팔레스타인 지역에 유대인 정착촌을 짓는 것으로 여기에도 토지문제가 걸려 있다.

가까운 친족 순으로 정해져 있음을 알 수 있다.

토지 사용권이 매매되었다 할지라도 거래의 효력은 한시적이다. 희년이 되면 원래의 주인에게 돌려주어야 하기 때문이다. 매매가격은 다음번 희년까지의 토지로부터의 수익에 따라 결정된다. 희년이 가까울수록 매매가격은 떨어진다. 일곱 번의 안식년 뒤에 오는 50년째 해를 희년이라고 한다. 이때는 모든 토지제도 및 주종관계가 원위치되어 남의 땅이 되었던 토지를 다시금 되찾을 수 있을 뿐 아니라 그동안에 삶의 어려움으로 인해 남의 종이 되어 있던 사람들 모두가 해방되는 해이다. 이러한 토지관은 모든 사람이 하나님 앞에 평등한 권리를 가졌다는 평등사상에 근거하고 있다.

매매 거래가 있은 다음에도 판매자나 그 근족에게 여유가 생겨 토지를 무르고자 할 경우 조건 없이 무를 수 있다. 무르지 못하더라도 희년이 되면 아무런 대가의 지불 없이 토지는 원래의 보유자에게 돌아간다.

야곱의 12지파 가운데 레위 지파는 토지 분배에서 제외되었다. 그들에게는 토지가 기업이 아니라 하나님이 그들의 기업이 되기 때문이다. 마땅히 분배받았어야 할 레위 족속의 토지권을 보상하기 위해 다른 지파들은 토지의 소산 가운데서 십일조를 납부해야 했다.

구약에서 기업은 토지의 전이라는 점에서 특징이 있지만 신약에서 성도의 기업은 토지가 아니라 영생을 얻는 것(마 19:29; 눅 10:25; 18:18), 하나님 나라에의 참여(마 5:5) 등 신학적 특징이 있다. 성도의 기업은 예수 그리스도를 통해 모든 사람에게 전달되며(엡 3:6), 신실하게 순종하는 자에게 상급으로 주어진다(롬 4:13 이하; 골 3:24; 히 6:12).

2. 헨리 조지의 토지가치세는 바람직한가

구약시대의 이러한 토지제도를 현대에 그대로 적용할 수 있을까? 그럴 수 없다는 것이 대부분의 생각이다. 당시의 분배 제도는 평등했고, 아무 불만이 없었다 해도 인구가 많아지고 사회가 복잡해진 현대에 와서 구약의 제도를 그대로 적용했을 경우 시간이 갈수록 심하게 불평등한 상황이 초래될 수밖에 없기 때문이다. 따라서 구약제도의 현대적 적용은 한계가 있을 수밖에 없고, 평등한 토지사용권을 보장하기 위한 방법으로 토지 자체를 평등하게 분배하는 것도 효과적이지 않다는 결론에 이른다.

헨리 조지는 구약의 토지제도의 정신을 현대에 적용할 수 있는 제도로서 토지가치세 제도의 도입을 주장했다. 토지 그 자체가 아니라 토지가치(지대, 토지사용료)를 공적으로 징수하여 그것을 평등하게 분배하면 더 효과적이라는 것이다. 토지가치세 제도를 지대조세제도(land value taxation)라 한다.

그는 일반 세금을 폐지하고 토지에만 세금을 부여하는 안을 제시했다. 사회의 성장에 따라 자연적으로 증가하는 토지가치를 세원으로 하기 때문에 정부의 공공활동을 위한 수입을 조달하기 충분하다. 즉, 토지가치세의 세입만으로 재원조달이 충분하다는 것이다. 따라서 소득세, 소비세, 영업세와 같이 노력소득에 부과되는 각종 조세를 철폐할 수 있다. 개인의 것은 개인이, 사회의 것은 사회가 갖는 원칙을 실현하는 것이다.

그가 이 세제를 주장하게 된 것은 샌프란시스코가 대도시로 발전함에 따라 지주들이 폭리를 취하는 것에 대한 반감이 작용했다. 소

수 지주가 토지를 과다하게 점유하여 제멋대로 조정하는 것은 악을 낳는다. 따라서 각자가 필요하고 경작할 수 있는 면적을 허용해 그 한계를 넘어서는 안 된다고 보았다. 그는 공산주의자가 아니어서 국가가 몰수할 것을 주장하지는 않았다.[9]

헨리 조지가 토지가치세를 바람직한 조세의 기준에 맞다는 근거는 다음과 같다(조지, 1998). 첫째, 조세가 생산에 주는 부담이 적어야 하는데 토지가치세가 이에 부합한다. 토지가치세가 생산을 전혀 제약하지 않는다고 보기 때문이다. 오히려 토지투기를 방지함으로써 토지의 유휴화 혹은 저밀도 사용을 억제하고 또 토지투기로 인한 불황을 방지하기 때문에, 생산을 억제하지 않는 정도를 넘어서 오히려 생산을 자극하는 효과가 있다.

둘째, 조세의 징수가 쉽고 비용이 적게 들어야 하는데 토지가치세가 그렇다. 면허세 또는 인지세와 같이 그 자체로 저절로 징수되는 몇 가지 예외적인 조세를 빼면 모든 조세 중에서 토지가치세가 징수가 가장 쉽고 비용이 가장 적게 든다.

셋째, 조세가 확실성을 가져야 하는데 토지가치세를 부과할 경우 조세체계가 단순하고 명확하게 된다. 확실성이 없을 경우 세무 당국의 횡포와 부패, 납세자의 탈세와 사기의 가능성이 발생한다.

끝으로, 조세 부담이 공평해야 하는데 토지가치세는 사회로부터 특별한 혜택을 받는 사람에게만 부담을 지우되 그 혜택에 비례해서 부담을 지우기 때문에 공평하다.

토지가치세를 주장하는 학자들은 이를 통해 성경적 토지관을 구

---

9) 존 스튜어트 밀은 토지제도개혁협회를 만들어 토지 몰수를 제안했다.

현할 뿐 아니라 경제의 효율성을 달성할 수 있다고 주장한다. 그 이유는 다음과 같다.

첫째, 토지소유자는 누구나 토지가치에 해당하는 금액을 정부에 납부해야 하기 때문에 사용을 목적으로 토지를 소유하는 사람이 아니고서는 토지를 소유하려고 하지 않게 된다. 이로 인해 토지 투기를 방지하고, 토지가치의 투기적 상승을 억제하며, 소득분배의 개선, 생산비 압박 요인을 제거할 수 있다. 토지가치세는 자본주의하에서 소득 분배의 불평등의 근본 원인이었던 지대의 사적 전유와 토지 투기를 봉쇄함으로써 임금과 이자의 절대적 저하를 막고 소득분배의 평등화를 촉진한다. 그리고 공적으로 징수하는 토지가치세 수입은 다시 국민들에게 공공 지출을 통해 공평하게 분배된다.

둘째, 토지 사용자도 토지가치세라는 토지사용의 대가를 납부해야 하기 때문에 자신의 토지를 효율적으로 이용하려고 한다. 토지가치세는 토지의 유휴화를 억제함으로써 무분별한 도시 개발과 환경 파괴를 방지한다.

셋째, 노력소득에 부과되는 조세가 철폐되거나 대폭 경감되므로 기업이나 노동자의 생산의욕이 높아진다. 토지가치세는 마치 근면과 성실에 대한 벌금처럼 부과되던 노동과 자본에 대한 각종 조세를 철폐함으로써 소비와 투자를 자극하며 생산 의욕을 획기적으로 높인다.

헨리 조지는 국가가 토지를 소유하고 그 사용권을 임대하는 토지공공임대제도에 대해서도 언급했다. 하지만 토지사유제가 지배적일 경우 그것은 필요 이상의 충격을 야기하고 정부기구를 쓸데없이 확대시킬 우려가 있는 지나친 방법이라 평가했다. 임대료가 현실의 토지생산성을 정확하게 평가하여 책정된다면 이 방법은 토지가치세

제도와 같은 효과를 낳는다. 문제는 그것이 발생시킬 충격과 부작용이 문제다. 이미 토지소유가 공유로 되어 있는 사회주의 국가들의 경우 이러한 충격과 부작용은 없을 것이다(전강수, 2001: 4).

3. 성토모의 시장 친화적 토지공개념은 문제가 없는가

한국에는 성토모(성경적 토지정의를 위한 모임)가 있다. 성토모는 지대조세제를 주장한 헨리 조지의 경제사상과 성경적 토지법을 기초로 성경의 희년 정신을 토지제도에 구현하는 운동을 전개하고 있는 단체다. 성토모는 성경적 토지정의를 실현한다는 목표 아래 헨리 조지의 사상을 이어 시장 친화적 토지공개념 개헌을 주장한 바 있다.

성토모에 따르면 한국의 부동산 문제는 토지 소유가 심하게 편중되어 있고, 지가 상승이 급격하며, 주택문제가 심각하다. 특히 토지·주택에 대한 심각한 소유 편중과 가격 폭등은 우리 사회의 공동체성을 무너뜨리고 있다. 한편에서는 가진 자의 불로소득이 엄청나게 증가하고 다른 한편에서는 서민의 '내 집 마련'이라는 소박한 꿈마저 산산조각 나고 있다.

부동산 문제의 핵심원인은 부동산 불로소득이다. 부동산 불로소득이 존재하면 많은 사람이 이를 노리고 부동산 매입에 나서게 된다. 이때 기존에 많은 부동산을 소유하고 있는 계층이 그렇지 못한 계층에 비해 은행 등 금융기관으로부터 대출을 더 쉽게 받아 부동산을 매입할 수 있기 때문에, 부동산 소유 양극화가 더욱 심화될 수밖에 없다. 그리고 이 과정에서 부동산 투기가 심화되고 정상 가격을 초과하는 거품 가격, 곧 부동산 버블이 발생하게 된다. 이처럼 부동산 불로소득이 한국 부동산 문제의 근원이기 때문에, 부동산 문제를 근본적으로 해결하려면 부동산 불로소득을 근절해야 한다.

부동산 불로소득의 본질은 토지불로소득이다. 일반적으로 건물은 시간이 지나면서 낡아가므로 그 가치가 하락하는 반면, 건물 아래의 토지는 인구증가와 사회발전에 의해 그 가치가 상승하는데, 아파트 투기는 바로 이 상승하는 토지가치를 불로소득으로 얻기 위해 일어나는 것이다. 부동산 정책의 핵심이 토지불로소득 환수를 핵심으로 하는 시장 친화적 토지공개념이 되어야 하는 이유가 바로 여기에 있다는 것이다. 이러한 조치로 개발이익 환수 제도를 두기도 하고, 심지어 토지소유상한제를 도입한 나라도 있다. 하딘의 생각처럼 개인의 이익을 극대화한다는 경제적·합리적 사고에만 의거하면 단기적으로는 이익을 얻게 될지 모르지만 결과적으로는 공동의 이익을 크게 탈취하게 되기 때문에 어느 정도의 규제는 필요하다. 규제되지 않은 자유는 우리 모두를 파멸시킨다(Hardin, 1972).

시장 친화적 토지공개념을 우리 사회에 구현하기 위한 가장 좋은 방법은 헌법에 명기하는 것이라는 것이 성토모의 입장이다. 소극적으로는 부동산 개혁정책의 안정성과 지속성을 확실히 담보하고, 적극적으로는 부동산 문제에 아무리 반개혁적인 정치권이라 하더라도 개혁적인 정책을 낼 수밖에 없도록 최고법인 헌법으로 강제하기 위해서다.

어떤 이는 토지공개념이 이미 헌법에 들어가 있기 때문에 토지공개념으로 개헌할 필요가 없다고 한다. 그러나 현행 헌법은 토지에 대해 공공성을 강조하는 공개념뿐만 아니라 사유재산으로 보는 사개념도 인정하고 있어 부동산 개혁정책을 확실히 지지하고 있다고 보기 어려운 점이 있다. 게다가 판결을 내리는 헌법재판관들은 대부분 기득권층으로서 보수적 성향을 갖고 있다. 그래서 토지공개념을 헌법에 명시하지 않는 한, 부동산 개혁 정책의 안정성과 지속성을 확실하게 담보할 수 없다는 것이다. 그래서 성토모는 다음과 같은 조항이 헌법에 명기되기를 바라고 있다(뉴스미션, 2007).

첫째, 조세는 특별한 정책적 목적을 달성하기 위한 경우 외에는 토지보유세 등 형평성과 효율성이 높은 종목을 우선해야 한다. 둘째, 국가는 토지와 천연자원으로부터 소유자의 생산적 노력 및 투자와 무관하게 발생하는 이익을 환수해야 한다. 셋째, 국토를 효율적이고 균형 있게 이용·개발·보전하고 투기를 방지하기 위하여 토지공개념을 적용해야 한다. 넷째, 토지공개념의 구체적인 수단은 법률로 정하되 시장 친화적인 방식이 되도록 노력해야 한다.

대부분 부동산 가격은 낮아져야 하고, 경제 영역에서 공평과 의가 실현돼야 한다는 데는 기본적으로 동의한다. 토지가 하나님의 것임을 일깨워주고 있다는 점과 인간 삶의 터전인 토지의 독과점 및 부동산투기를 통한 불로소득의 축적을 시도하는 부자들의 관행을 잘 비판하고 있다는 점에서 큰 의미가 있다.

총신대 이상원 교수는 성토모가 주장하는 바는 동기가 정당하고 그 의미도 좋지만 성경적 해석방법이 아니어서 비성경적 토지관이라 비판한다. 그에 따르면 성토모가 주장하는 토지공개념, 곧 토지공유제는 한마디로 성경적인 제도가 아니다. 성경이 말하는 토지제도는 토지 여호와주의로 토지사유제는 물론 아니고 토지공유제도 아니라는 것이다.

하나님께서 이스라엘 백성들이 가나안 땅을 정복했을 때 12지파

별로 토지를 평등하게 분배해 소유케 하신 것은, 당시 주변의 고대 근동 국가들처럼 최고 권력을 가진 왕에게 토지가 귀속됨으로써 모든 권력이 왕에게 집중되는 것을 미리 막고자 함이었다는 것이 그의 주장이다.

그는 또 하나님께서는 인간의 부패한 속성을 너무도 잘 아시기에 토지공유제를 허락지 않으셨다고 말한다. 토지사유제의 경우 토지에 대한 남용과 전횡이 나타날 때는 정부가 규제할 수 있지만 토지공유제의 경우, 특히 권력이 비대화된 정부에 의해 이러한 남용과 전횡이 나타날 때는 누가 규제할 수 있을 것인가 묻는다. 이러한 사례는, 가까이는 토지공유제가 시행됐던 구 공산국가들에게서 잘 볼 수 있다. 따라서 토지공개념, 곧 토지공유제가 성경적 토지관이라고 하는 성토모의 주장은 옳지 않다는 것이 그의 주장이다.

이상원 교수는 성토모가 이스라엘의 십일조를 지대로 해석해, 시장 친화적 토지공개념의 근간을 이루고 있는 지대공유제(지대세)를 현대판 십일조라고 주장하는 것도 어불성설이라는 입장이다. 토지에서 나오는 소산의 십일조를 바칠 것을 명하는 구약의 율법에 따르면 토지소산이 많으면 십일조를 많이 내고, 적으면 적게 내고, 흉년으로 소출이 없으면 내지 않게 돼 있으므로 이는 지대세(地代稅)라기보다는 근로세에 해당된다는 것이다. 구약에 따르면 토지를 소유했음에도 불구하고 십일조를 낼 수 없는 경우도 있었으므로 토지를 보유했다는 이유만으로 세금을 내야 한다는 토지보유세(지대세) 개념을 성경에서 도출해내는 것은 성립될 수 없다는 것이다. 그는 또 국가에 내는 세금의 의미와 하나님께 드리는 헌금의 의미를 동시에 지니는, 신정국가로서 이스라엘의 십일조를 종교적 공동체가 아닌 현대

의 국가에 대입해서 적용한다는 것은 시대착오적 발상이라 주장했
다(이병왕, 2007).

중앙대학교 경제학 교수 김승욱도 헨리 조지와 그를 따르는 조지
시트의 공유적 토지관은 성경적인 제도가 아니라고 주장한다. 성경
을 인용한다고 해서 모두 성경적이라 할 수 없다. 이단도 성경을 인
용하기 때문이다(김승욱, 2007). 기독교학문연구소에 속한 기독교 경
제학자들도 성토모의 주장에 대해 심도 있게 검토를 한 후 현대사회
에 적용하기에 너무 무리가 있는 이론이라는 결론을 내린 바 있다.
성경적 토지법이라는 이름으로 정의를 실천하겠다는 데 반대할 크
리스천은 없다. 하지만 그것이 진정 성경적 토지법인가 하는 것을
전문가들이 엄밀하게 숙고할 필요가 있다.

4. 자발적 나눔이 필요하다

토지에 관련된 문제에 있어서 대천덕은 가난한 자에 대한 배려를
중시한다. 그에 따르면 정의를 추구해야 할 책임의 토대를 허무는
교리가 5세기 어거스틴에게서 나왔다. 그것은 정의의 추구와 그에
따르는 모든 문제를 모면할 수 있게 해주어 아주 매력적인 교리가
되었고, 그로 인해 그때부터 지금까지 가장 널리 수용되는 신학적 관
점이 되었다. 하지만 그것은 성경적이지 않다는 것이 그의 주장이다.

어거스틴과 그 당시 교회지도자들의 태도 때문에 북아프리카의
교회가 분열되었다. 토지가 없고 가난에 시달리던 토착민들이 도나
투스파(Donatist) 교회를 만들었다. 무함마드가 등장했을 때 도나투
스파는 그에 합류하면서 권력을 가진 지주들의 교회를 바닷속에 던

져버렸다. 그 이후 북아프리카의 전 지역은 이슬람으로 변했다. 이슬람이 점령지역에서 세금을 완화시킨 것도 주효했다. 교회가 로마제국의 다른 지역에서 사회정의를 지지하는 데 실패함으로써 결국 이슬람은 중동지역 전역에 걸쳐 파급되었다. 교회는 이에 대해 반성하지 않았으며 이슬람의 등장이 자신의 잘못 때문임을 인식하지 못했다.

이와 같은 시나리오는 교회사를 통해 반복되었다는 것이 대천덕의 생각이다. 그 절정은 공산주의의 등장이다. 다시 말해 성경적인 기독교라기보다는 불교에 더 가까운 이 교리는 이슬람과 공산주의가 성공할 수 있는 조건을 만들었다. 오늘날 한국을 포함한 많은 나라에서 이 교리는 책임감이 넘치는 젊은이들을 교회 밖으로 몰아내고 있다. 교회는 사람들의 복지에 관심을 가져야 한다. 그러나 불행히도 교회는 사람들의 숫자를 증가시키는 것 외에 가난한 사람들에게 복음을 전하는 데 관심이 없다. 교회가 가난한 사람들을 자신의 교회로 끌어들였다 해도 그다음 그들의 문제를 해결하기 위한 조치를 하지 않고 있어 문제다(전강수, 2003).[10]

대천덕은 교회가 토지에 대한 바른 가르침을 주장한다. 만일 우리가 성경적인 경세의 법을 우리 자녀들에게 가르치지 않고, 일반 대중들에게 귀에 따갑도록 거의 지겨울 정도로 외치지 않으며, 또한 그들이 잘 볼 수 있는 곳에 그 법을 새겨놓지 않는다면, 지주들은 모든 사람의 눈을 멀게 할 것이고, 귀를 틀어막을 것이고, 결국 우리가 바꾸어놓았다고 생각했던 비참한 체제로 우리를 곧바로 되돌려버릴 것이다.

---

10) 이 글은 전 교수의 글에 대한 대천덕의 답글에 담겨 있다.

이에 부응해 나온 것으로 '평균지권(平均地權)' 개념이 있다. 이것은 구약의 토지 제도에서 나타난 원칙을 현대에 반영하고자 한 것으로, 평균지권은 모든 인류가 하나님께 평등하게 받았다는 데 근거한다. 평균지권은 사도 바울이 구약 시대 '만나' 사건을 예로 들어 교회 간 코이노니아의 핵심으로 제시한 '평균케 하려 함(고후 8:13)'의 개념, 즉 '1인당 균등'을 토지권에 적용한 것이다.

그러나 바울의 이 서신에서 간과해서는 안 될 것은 서로의 나눔 정신이 그 속에 자리하고 있다는 것이다. 그는 "너희의 유여한 것으로 저희 부족한 것을 보충함은 후에 저희 유여한 것으로 너희 부족한 것을 보충하여 평균하게 하려 함(고후 8:14)"이라 했다. 이것이 바로 "많이 거둔 자도 남지 아니하였고 적게 거둔 자도 모자라지 아니하였느니라(고후 8:15)"로 귀결된다.

이러한 나눔이 있을 때 그 안에 사회적 조화와 화평이 이뤄질 수 있다. 바울이 제시한 평균화 정책은 토지에 적용된 것은 아니다. '부요하신 예수님(하나님)이 우리를 위해 가난하게 되신 것(구원을 위해 이 땅에 오심)은 그의 가난함을 인하여 너희로 부요케 하려 함(고후 8:9)'인 것처럼 물질적으로 또는 영적으로 부요한 자가 그렇지 못한 자를 위해 자발적으로 자신의 것을 내놓을 때 그 사회는 달라지리라는 것이다.

나눔의 사회가 정착되려면 부자에 대한 혐오도 버려야 한다. 일부 학자는 창세기의 문화 명령에서 "땅을 정복하라"는 말씀은 경제학적으로 볼 때 '하나님이 모든 인류에게 토지에 노동을 투입하여 부를 생산하라'는 것인데 오늘날 토지사유제가 이 명령을 훼방하고 있다고 주장한다. 지주가 문화 명령에 순종하지 않고 투기 목적이나 그 밖의 이유로 토지를 놀리면서 유휴 상태로 방치할 때 노동자가 그 유휴 토지에 노동을 투입해서 부를 생산하려고 해도 지주가 토지 사용을 허락하지 않으면 그것을 실행할 수 없다는 것이다. 그런 뜻에서 토지사유제는 철폐되거나 최소한 무력화되어야 한다고 주장한다. 여기에서 땅의 소유자는 탐욕스러운 부자로 낙인 되고, 혐오의 대상으로 전락한다. 이런 낙인사회에서 자발적인 나눔은 어렵게 된다.

옥합을 깨드린 여인을 놓고 가룟 유다를 비롯한 몇몇 의식 있는 제자들이 그 비싼 향유를 팔아 "가난한 자에게 줄 수 있었겠도다" 하며 분노했을 때 예수님은 그 여인을 나무라지 않았다. 오히려 훗날 그 여인의 행위를 기리게 될 것이라 칭찬하며 "가난한 자는 항상 너희와 함께 있어 아무 때라도 원하는 대로 도울 수 있거니와(막 14:7)" 하였다. 여기서 주목할 것은 '가난한 자는 항상 너희와 함께 있어'라는 구절이다. 가난의 문제는 인류가 사는 한 이 땅에서 지속되는 문제라는 것이다. 이런 상태에서 우리가 해야 할 일은 서로를 적대시하는 것이 아니라 자발적으로 돕는 사회를 만들어나가는 것이다.

나아가 부유한 토지소유자들도 사회에 도움을 주는 역할을 해야 한다. 존 로크(John Locke)는 "하나님은 모든 인류에게 세상을 공유물로 주셨다. 어느 나라에서든지 소유자가 더 이상 개량자의 역할을 하지 않는다면 정치경제학은 토지 소유를 옹호할 이유가 없다"고 했다. 구약의 시대에 토지소유자들은 토지의 안식년에 가난한 자들이 와서 마음 놓고 경작할 수 있게 하고, 추수를 할 때도 가난한 자를 위해 부러 곡식 일부를 남겨놓았다. 가난한 자들에 대한 배려가 있었던 것이다. 이런 배려가 현대에도 필요하다.

러시아정교회의 영향을 받은 러시아농민공동체에서는 구약의 토지제도를 실제화하는 데 크게 기여했다. 토지는 하나님의 것으로 보아 개인소유를 허용하지 않았고, 경작권을 농민에게 주어 땅을 분배했다. 또한 7년 만에 한 번씩 재분배했다. 이것은 러시아혁명에도 영향을 주었다. 하지만 사유제가 폭넓게 시행되고 있는 현재 이러한 제도는 전설과 같다.

전강수는 성토모의 입장에서 토지공개념을 주장한다. 그는 현대의 3대 난제로 토지, 고용, 환경을 꼽는다. 현재 토지는 재산증식의 중요한 수단으로 자리 잡고 있다. 그래서 사람들은 토지를 사 모으려 해 토지가 소수 부유층으로 집중되는 현상을 낳고 있다. 문제는 토지로 가난이 발생하는 것을 하나님이 원치 않으실 뿐 아니라 토지를 가진 자들이 토지를 우상으로 섬기는 것을 원치 않는다는 사실이다. 토지는 인간의 창조물이 아니라 하나님의 창조물이다. 하나님이 토지의 주인이시므로 토지를 사고팔 수는 없다. 그럼에도 불구하고 인간은 사유재산제도를 주장함으로써 토지마저 매매수단으로, 재산증식 수단으로 삼게 되었다. 경제학자이자 크리스천인 그가 토지공개념을 주장하는 것은 토지의 법제화를 통해 정의를 실현하겠다는 뜻이 담겨 있다.

그러나 토지공개념이 성경적인가 하는 것은 아직도 논의해야 할 부분이다. 구약에서 보여준 기업으로서의 토지문제를 현대에 적용하는 데도 한계가 있기 때문이다. 나라마다 사정은 다르지만 토지를 국유화하기도 하고, 토지에 대한 세금을 무겁게 매기기도 한다. 강력한 세제조치로 부가 편중되는 것을 막겠다는 것이다. 그러나 토지가 재산증식의 중요한 수단이 된 상황에서 세제만으로도 한계가 있다.

토지문제는 공유화 개념으로 갈 것인가 사유화 개념으로 갈 것인가의 단순한 게임이 아니다. 사회가 복잡하게 얽혀 있기 때문이다. 토지의 공개념이라 언제나 바른 것도 아니다. 공개념 때문에 도로가 나고 도시가 새롭게 세워지면서 오히려 환경이 파괴되기 때문이다.

우리도 통일을 앞두고 토지제도는 심각한 논의의 주제가 될 수밖에 없다. 많은 학자는 토지와 다른 재산도 과도기 동안 임대제가 적용된다 할지라도 사적으로 소유될 것이라 주장한다(H. N. Jung & H. L. Park, 202). 전체적인 흐름은 사유화라는 것이다. 물론 즉각적인 사유화는 부작용이 수반된다. 따라서 과도기적으로 토지의 공공임대제를 시행하는 것이 바람직하다는 주장이 강하다. 이것은 독일을 포함한 동구권의 즉각적 사유화 경험과 중국의 임대제 시행 경험을 바탕으로 한 것이다(전강수, 2003:1).

구약에 나타난 토지제도는 가나안으로 들어간 이스라엘 백성들에게 합당한 제도였다. 그 제도에는 이 민족에 대한 하나님의 배려와 공평함이 묻어 있다. 하나님의 뜻이 개입되었기 때문에 그 뜻을 따랐다. 그러나 그 후 이스라엘의 역사에서 이 제도가 잘 지켜졌는가에 대해서는 의문을 제기하는 학자도 있다. 특히 희년법의 경우 적용이 어려웠을 것으로 판단한다. 그 시대에도 완벽한 시행이 어려웠다면 이러한 제도가 현대에 그대로 적용되기는 더더욱 어려울 것이다. 하지만 모두의 이익을 위한 생각, 공평한 분배와 정의 등 그 정신만큼은 이어져야 한다고 생각한다.

헨리 조지가 주창한 제도의 적용도 마찬가지다. 19세기 말을 살았던 조지의 상황과 21세기 현대의 상황은 완전히 다르다. 그의 주장을 그대로 활용하거나 약간 수정을 가하여 사용한다 해도 적용에 한계가 있을 수밖에 없다. 그러나 당시 헨리 조지가 가졌던 가난한 이웃에 대한 사랑과 따뜻한 마음을 그대로 잇는 것이 오히려 성경적이다. 김승욱은 성경에서 무리하게 현대의 해법을 찾기보다 현대의 토지제도 가운데 가난한 이웃 사랑의 정신을 살리는 것이 무엇인가 고민하는 것이 오히려 바른 기독교적 태도라 주장한다. 그런 의미에서 부동산 정책의 초점을 서민주거안정에 맞추는 것도 성경의 정신을 잘 살린 정책이 될 수 있다고 주장한다(김승욱, 2007). 문제는 성경이 보여준 토지제도를 무리하게 적용하는 것보다 성경이 보여준 정신을 현대에 잇는 것이 더 바람직할 것이다.

제10장

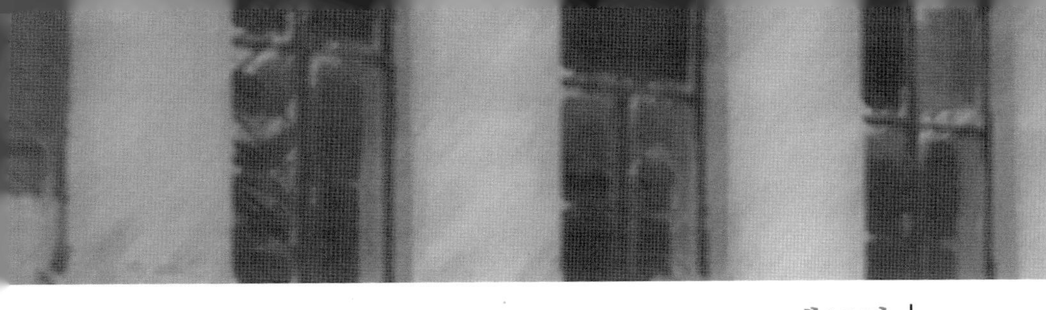

과학 패러다임이 변하면 사회 패러다임도 변한다

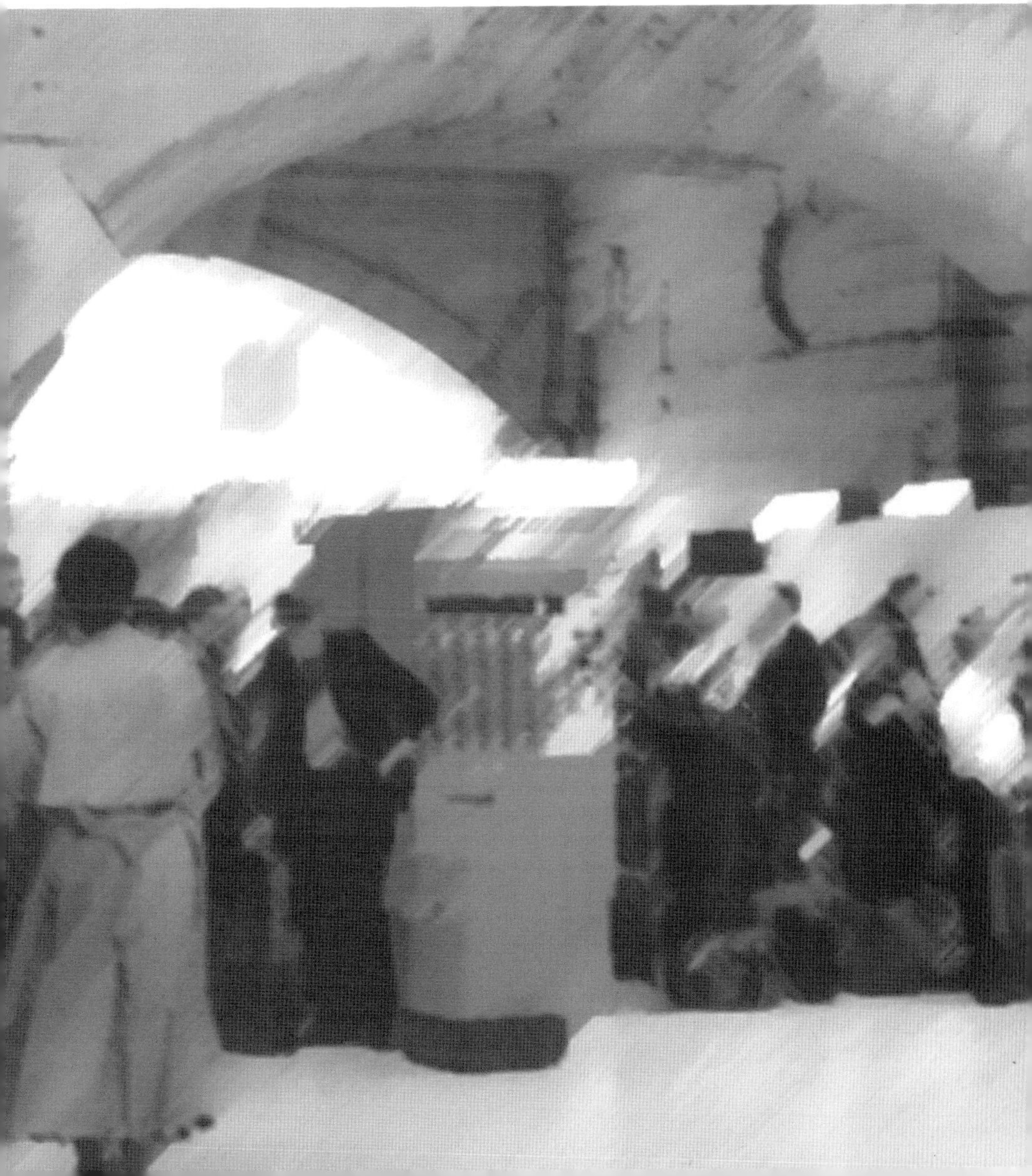

영화 <툼스톤>의 한 장면이다. 미국 서부시대 <OK목장의 결투>로 유명한 독 홀리데이는 병든 도박사이다. 그는 의자 깊숙이 몸을 기대고 쿨룩거리며 테이블 위의 카드 패를 응시한다. 게임에 참여한 다른 멤버들은 도박사라기보다 불량배들이다. 주먹으로 붙는다면서 병자 따윈 게임이 되지 않지만 그 힘없는 병자의 독설에 모두 고개를 돌릴 뿐이다. 총을 뽑는 속도에 관한 한 그를 대적할 사람이 없었기 때문이다. 불량배들은 고작 "너는 총만 없으면 아무것도 아니냐"라고 중얼거릴 뿐이다.

총이 발명되면서 싸움에 이기는 승자의 조건이 달라졌다. 단단한 주먹이나 강인한 맷집이 아니라 얼마나 빨리 총을 뽑아 상대를 명중시키느냐가 중요하다. 규칙이 바뀌었다고 투덜거려 본들 소용이 없다. 승자가 되기를 원하면 바뀐 게임의 룰에 익숙해져야 하기 때문이다. 디지털 혁명이 시작되면서 과거와는 전혀 다른 새로운 규칙들이 많이 탄생하고 있다. 패러다임이 변화한 것이다.

1. 토마스 쿤, 과학혁명의 구조를 알라

물리학자 토마스 쿤(T. Kuhn)은 대학에서 과학사를 강의하던 중 역사와 과학의 본질을 파고들면서 과학사가 단순한 연대기의 나열이 아니라는 결론에 도달했다. 그는 이전의 과학이 결코 뒤에 나온 과학보다 덜 과학적이 아니며 과학의 본질을 이해하려면 기존 과학이 새 과학에 의해 교체되는 과학혁명의 구조를 알아야 한다고 주장했다.

쿤의 과학사 서술에서 중심개념을 이루는 것은 패러다임이다. 패러다임은 복잡하고 까다로운 개념이고 그 자신도 여러 가지 의미로 사용하기 때문에 혼란이 있기도 하지만 대체로 어떤 집단의 구성원들이 함께 갖는 믿음이나 가치, 모형이라 할 수 있다.

패러다임에 바탕을 둔 연구를 정상과학(normal science)이라 말하며 정상과학은 패러다임에 헌신한다. 일반적으로 과학자들은 패러다임에 안주하여 기존이론의 예측과 사실 사이에 부합되는 정도에 따라 패러다임의 수정, 보안, 명료화를 추구한다. 그런 상황에서 패러다임의 기본이론과 상치되는 결과를 얻는 경우에는 이론의 성립여부보다는 과학자의 능력여부가 의심된다.

그러나 어떤 단계에서 정상과학에 이상(anomaly)이 생기고 기존이론이 설명할 수 없는 상황에 이르면 정상과학에 위기가 닥치고 새로운 이론들이 쏟아져 나온다. 그러면 원래의 패러다임은 빛을 잃고 새 패러다임이 출현하면서 낡은 패러다임과 경쟁이 벌어진다. 새 패러다임이 집단적 개종과 충성을 얻어 득세하면 낡은 과학이 무너지고 새로운 패러다임에 토대를 둔 새로운 정상과학이 성립된다. 이것이 과학혁명이다.

쿤은 기존 정치제도가 기능을 발휘하지 못해 위기가 조성된 끝에 반대진영이 대중의 지지를 얻어 구제도를 뒤엎는 정치혁명과 과학혁명을 비교하였다. 패러다임이 변하면 세계관도 변한다.

쿤의 이론은 과학 분야보다 철학과 인문 분야에 더 큰 파문을 일으켰다. 특히 논리실증주의나 칼 포퍼로 대변되는 분석적 과학철학 진영과의 논쟁은 매우 유명하다. 쿤은 과학이 억측과 논박을 통해 오류를 고쳐나가는 것이고 그 과정에서 객관적 진리에 도달한다는 포퍼의 주장은 현실 속의 경험적 근거를 무시한 것이라고 비판했다. 쿤 자신도 상대주의, 주관주의, 비합리주의라는 비난을 받고 있지만 그의 혁명적 이론은 역사, 철학, 인류학, 예술 등에 여전히 영향력을 행사하고 있다.

쿤은 정상과학의 기간 동안에는 과학자들은 자신의 이론에 대한 비판적인 입장을 전혀 취하지 않는다는 논의를 전개하였다. 이에 대해 포퍼는 쿤이 말하는 정상과학은 존재하지 않는다고 반박했다. 포퍼에 따르면 과학사는 끊임없는 반증과 새로운 가설제시의 반복으로 그려진다.

포퍼의 반증주의적 과학관에 따르면 과학자들은 자유롭고 창조적인 상상력에 의해 과학이론을 생산하며 일단 과학이론이 생산되면 그 이론은 세계의 존재방식에 의해 엄격한 테스트를 받는다. 테스트 결과 결함이 발견되면 그 이론은 폐기되고 결함이 발견되지 않은 이론은 살아남는다. 이러한 과정을 통해 과학은 끊임없이 성장한다. 따라서 어느 누구도 절대적 진리에 도달할 수 없으며 다만 비판적인 논의를 통해 점점 더 진리에 접근할 수 있을 뿐이다. 과학자 사회는 비판을 통해 진리에 접근하려고 노력하는 사람들의 집단이다. 과학자 사회를 사회철학적으로 해석하면 열린사회가 된다.

2. 과학의 패러다임도 변한다

과학의 발전

과학의 발전	내용	결정론 여부
뉴턴역학	- 물리법칙이 지배한다.	결정론
상대성원리	- 물리법칙은 시공에 따라 달라진다.	결정론
양자역학	- 미래를 정확히 예측할 수 없다. - 관찰자의 행위가 측정대상에 영향을 미친다. - 부분은 전체와 연결되어 있다	비결정론
카오스이론	- 자연은 불안정하고 끝없이 새로운 것이 출현한다.	비결정론

1) 뉴턴의 고전물리학

뉴턴은 1687년 프린키피아(Principia)를 발표함으로써 역사상 최초로 이론과학 체계를 확립했다. 이로써 과학자 사회에 일관된 패러다임이 형성되고 산업현장에서 기계공학의 문을 열어주는 결과가 되었다.

뉴턴의 고전물리학에 따르면 물이 위에서 아래로 흐르고 하늘에 던져진 공이 낙하법칙에 따라 떨어진다. 이 법칙에 따르면 우리는 미래에 일어날 물체의 운동과정을 정확히 예측할 수 있다. 물리법칙은 결정론적이다. 19세기 초 뉴턴 역학을 바탕으로 해서 완성된 라플라스의 세계는 완벽한 결정론의 세계였다.

2) 아인슈타인의 상대성원리

아인슈타인의 상대성이론은 1905년과 1916년 『물리학연보(Annalen der Physik)』에 발표한 두 논문에 바탕을 두고 있다. 하나는 같은 속도로 움직이는 두 기준계에 관한 문제이고, 다른 하나는 이것을 가속도로 운동하는 좌표계까지 확장한 것이다. 전자를 특수상대론이라 부르고, 후자를 일반상대론이라 부른다.

아인슈타인은 1905년 시간과 공간도 관찰자에 따라 변할 수 있고(상대성이론), 양자란 실존하며(광량자설), 질량은 에너지의 다른 형태($E=MC^2$)라는 일련의 혁명적인 논문을 발표했다. 속도·질량·시공을 비롯한 모든 것이 상대적이며 관찰자의 변덕(주관)에 의해서만 판단된다는 26세 청년의 주장은 100여 년간 물리학계를 지배했던 뉴턴이론을 뒤집은 혁명이었다. 이로 인해 그는 1922년 노벨물리학상을 받았다.

그의 상대성이론은 시간과 공간이 서로 엮여 있고, 또 '나'라는 관찰자의 운동 상태에 따라 달라진다는 것이다. 1미터나 1초 같은 물리량이 움직일 때 재는 사람에 따라 달라진다. 이 때문에 서로 묶인 4차원 시공간(spacetime)은 상대적이라는 주장이다.

그에 대한 에피소드 하나를 소개한다. 아인슈타인은 1916년 발표한 일반상대성 이론 논문에서 자신의 이론을 확증할 수 있는 세 가지 예를 제시했다. 그 가운데 하나는 빛도 강한 중력장(重力場) 주변에서는 휜다는 것이다. 이 예측은 1919년 개기일식 때 영국의 일식관측대에 의해 처음으로 관측되었다. 그해 11월 16일 영국 왕립학회와 왕립천문학회의 합동회의에서 에딩턴을 비롯한 과학자들은 이 관측 결과를 검토한 끝에 아인슈타인의 예측이 확인되었다고 발표하였다. 이 발표를 통해 아인슈타인은 세계적인 과학자로 인정받게 되었고, 일반인들은 과학의 혁명적 변화를 받아들이게 되었다. 만일 아인슈타인의 예측이 맞지 않았다면 일반상대성 이론은 과학계에 받아들여지지 않았을 것이다. 그럼에도 불구하고 아인슈타인은 자신의 이론이 거짓으로 밝혀질 수 있는 위험성을 감수하면서 대담한 예측을 했다. 상대성이론은 시간과 공간을 절대적으로 보는 뉴턴 역학의 과학관을 근본적으로 부정하는 것이어서 가히 혁명적인 것이었다.

상대성이론은 당시 첨예했던 물리학적 문제를 해결하는 과정에서 태어났다. 하지만 상대성이론이 제시한 시공간은 일반상식으로는 이해하기 어려운 현상을 제시하고 있었다. 예를 들어, 정지해 있는 사람이 빛에 가까운 속도로 움직이는 물체를 관측하면 움직이는 물체가 오그라들고, 시계가 느릿느릿 가는 것으로 보인다. 일반상대론은 빛마저 중력장에 의해 휘어져 가고, 시간마저 보통 때보다 천천히 간다는 것이다.

상대성이론의 발생배경으로 그의 성장과정을 빼놓을 수 없다. 그는 독일 남부 울름에서 중산층 유태인 가정에서 태어났다. 어린 시절 독일의 딱딱한 교육환경에 적응하지 못한 그는 김나지움을 중퇴하고 스위스에서 학교를 마쳤다. 그는 12살 때 성경이 문자적 진실이 아니라는 것을 알고는 깊은 충격을 받았다. 일생을 일관한 권위의 부정과 편견에 대한 혐오는 이 같은 어릴 적 경험들과 무관하지 않은 것으로 과학 사가들은 보고 있다. 일생 동안 과학의 기본도구인 수학마저도 형식주의에 매몰되어 있다고 의심의 눈초리를 보낼 정도였다.

아인슈타인이 제시한 상대성이론은 물리학이론이었고 그 적용대상은 전자와 같이 빠른 속도로 움직이는 작은 입자나 블랙홀과 같은 우주 차원의 것들이었다. 하지만 그의 이론은 처음부터 철학적 상대주의를 연상시켰고, 일반인들로 하여금 과학적 결과와 철학적 의미에 큰 관심을 갖게 만들었다. 과학 분야뿐 아니라 철학적인 의미에서 인간의 사고에 영향을 미치게 된 것이다. 그는 자신의 의도와는 상관없이 모든 상대주의적 경향의 우두머리가 되었다.

상대성이론의 공식 $E=MC^2$은 인류에게 가장 위협적인 흉기가 되기도 했다. 핵무기의 이론적 근거를 마련해주었기 때문이었다. 1933년 베를린 아카데미를 사직하고 나치를 피해 미국으로 이민해 과학정책이나 평화운동 등 정치적 차원에서 그의 영향력을 행사한 그는 1939년 실라드 부시 등과 함께 나치가 원자폭탄을 만들지 모른다는 내용의 서한을 루스벨트 대통령에게 보냈고, 이것이 미국의 원자탄 개발의 계기가 되었다. 하지만 원자탄이 개발된 이후 이에 크게 실망한 그는 1950년 수소탄 개발에 강하게 반대했으며 죽는 순간까지 세계평화를 위해 노력했다. 유태인들로부터 이스라엘 대통령을 추대받았지만 이를 거절했다.

중력을 힘이 아니라 시공간에 존재하는 하나의 장으로 규정한 일반상대론은 20세기 우주론의 발전에도 영향을 미쳤다. 인간을 포함한 우주가 영원히 팽창할 것인가 하는 문제들이 뜨거운 이슈가 된 것도 그의 영향이 컸다. 그 후 그는 여러 물리학자, 수학자들과 함께 전자기현상과 중력현상을 모두 포괄할 수 있는 통일장 이론을 만들기 위해 노력했지만 만족스러운 결과를 얻지 못했다.

3) 양자역학

　20세기 사상의 커다란 흐름 가운데 하나는 우리가 자연세계를 바라보는 관점이 통계적이고 비결정론적인 세계관으로 바뀌었다는 것이다. 20세기에 들어와 뉴턴과 라플라스에 의해 제창된 결정론적 세계관은 서서히 힘을 잃어갔다. 그 대신 물리 세계에서 미래를 정확하게 예측할 수는 없고 단지 통계적으로만 기술할 수 있다는 비결정론적인 새로운 세계관이 대두되기 시작했다. 20세기 비결정론적인 세계관의 형성에 있어서 중심에 있는 인물이 바로 하이젠베르크이다.

　하이젠베르크의 양자역학과 이의 철학적 해석은 1924년 당시 고전양자론의 본산이었던 닐스 보어의 코펜하겐 연구소에 합류하면서 꽃을 피우기 시작했다. 그는 1925년 양자역학의 또 다른 기술법인 행렬역학이라는 새로운 개념 틀을 제안하여 고전역학과는 다른 새로운 현대물리학 체계인 양자역학을 창안했다. 1927년 그는 자신이 창안한 양자역학에 대한 철학적 해석인 불확정성원리를 발표했고, 당시 독일 최연소 나이로 라이프치히 대학 정교수가 되었다. 1933년에는 양자역학을 세운 공로로 최고영예인 노벨 물리학상을 받았다.

　우리는 전자의 위치를 정확히 알려고 하면 그만큼 더 짧은 파장의 빛으로 관찰해야 한다. 하지만 빛의 파장이 짧아질수록 컴프턴의 효과로 전자의 유동성이 커져 그 전자의 운동량에 대해서 그만큼 부정확한 값을 얻게 된다. 결국 위치와 운동량은 아주 작은 범위에서는 서로 불확실한 관계에 있게 되는 것이다. 이 불확정성 원리는 곧이어 등장하는 보어의 상보성 원리와 합쳐져 양자역학에 대한 정통 해석인 소위 코펜하겐 해석으로 구체화되었다.

불확정성 원리에 의해 지배되는 양자역학적 세계관이 야기했던 가장 커다란 논란은 사람의 관찰, 혹은 측정행위가 측정 대상에 영향을 미친다는 것이다. 관찰자의 측정행위가 대상을 결정한다는 내용은 많은 사상가에 의해 객관주의와 실재론적 전통이 강한 물리학에서 주관주의와 관념론적인 측면이 개입될 수 있는 여지를 남겨준 것으로 해석되기도 했다.

하이젠베르크가 불확정성원리를 어떻게 창안하게 되었는지에 대해서는 여러 해석이 있다.

첫째, 현미경의 분해능 문제가 하이젠베르크의 박사학위 심사 구두시험에 출제되었다는 점이다. 하이젠베르크가 빌헬름 빈이 물어본 이 질문에 대답하지 못해서 아주 나쁜 성적으로 박사학위를 받았고 이 경험으로 분해능 문제가 뇌리에 강하게 각인되었을 가능성이 충분하다.

둘째, 하이젠베르크의 친구이자 동료 물리학자인 볼프강 파울리가 불확정성 원리를 창안하기 직전의 하이젠베르크에게 보낸 편지의 내용이다. 이 편지에서 파울리는 "우리는 운동량이라는 눈으로도 세상을 볼 수 있고, 위치라는 눈으로도 세상을 볼 수 있다. 하지만 이상하게도 운동량과 위치의 눈을 동시에 뜨면 틀리게 된다"고 말했다. 바로 이 내용에 불확정성 원리의 핵심이 포함되어 있다.

마지막으로는 하이젠베르크 자신의 주장으로 아인슈타인의 영향이다. 하이젠베르크는 '부분과 전체'에서 아인슈타인이 "관찰이라는 것은 관찰하려는 현상과 감각의 연관성을 정해주는 자연법칙을 알고 있을 때만 의미가 있으며 관찰할 수 있는 것이 무엇인지를 결정해주는 것이 바로 이론"이라고 말해주었다고 쓰고 있다. 하이젠베르크는 바로 이 말을 듣고 양자역학의 철학적 해석인 불확정성 원리의 기본적인 착상을 할 수 있었다고 했다.

하지만 아인슈타인은 양자역학이 지닌 비결정론적인 성격에 대해 무척 못마땅하게 생각했고, 죽을 때까지 보어와 양자역학의 유효성 문제를 두고 논쟁을 벌였다. 아인슈타인은 이 논쟁에서 "신은 주사위를 던지지 않는다"는 유명한 말을 남겼다. 이 말은 곧 "세상을 비결정적 혹은 확률적으로 만들지 않았다"는 뜻이다.

하이젠베르크는 쿼크가 물질을 구성하는 궁극적인 소립자라는 것에 대해서 회의를 표명했다. 그는 만약 자연에 궁극적인 것이 존재한다면 그것은 물질 입자가 아니라 물질에 내재된 기본 대칭성이라고 생각했다. 고대의 철학자 파르메니데스가 제기한 근본물질에 대한 논쟁은 아직도 끝나지 않고 있다.

파울리는 양자역학이 지니는 비결정론적인 성격을 종교에서 연금술적 상징들이 표출되는 집단무의식을 다룬 칼 융의 정신분석학과 연결시켰다. 관찰자의 주관적 행위가 대상에 영향을 미치는 것은 마치 소우주인 인간이 정신적으로 만다라(mandala)에 들어가서 우주생성에 개입하는 것과 같다는 것이다. 물리적 개별현상은 우주 전체 과정과 연결되어 있고, 부분은 전체와 상호 연결되어 있는 것이다. 또한 개별측정행위에 의해 세계가 결정되기 때문에 우리의 세계는 사실은 무한히 많은 세계로 이루어져 있다는 다수세계해석(many-world interpretation) 혹은 정반대로 다수정신해석(many-mind interpretation)을 말하는 철학자들도 등장했다.

양자역학은 하이젠베르크의 행렬역학(matrix mechanics)과 슐레진저의 파동역학(wave mechanics)으로 나뉜다. 파동역학에 따르면 빛의 경우나 물질의 경우에 전자는 입자적 성질뿐 아니라 파동적 성질을 갖는다.

삼라만상은 파동이다. 전자 자체를 파동으로 기술하고 파동을 확률장으로 기술함으로써 뉴턴적인 고형성이 사라진다. 자연을 파동으로 묘사하는 양자역학에서 다루는 파동함수는 중첩원리를 따른다. 중첩원리는 수학의 푸리에 급수(Faurier series)가 좋은 보기다. 세상에는 두 가지 이상의 파동이 동일 영역을 동시에 지나가는 경우가 흔히 있다. 음악당의 오케스트라 연주는 여러 악기에서 나는 소리가 고막을 울린다. 라디오나 TV 안테나에 있는 전파들은 다른 방송국에서 발사하는 온갖 신호에 따라 운동하고 있다. 호수나 항구의 물은 여러 배가 만든 파동으로 출렁인다. 다양한 가능성의 파동들이 중첩되다가 관측하는 순간 어느 하나가 현실로 나타난다. 즉, 파동함수는 많은 가능성이 중첩하여 전개되다가 우리가 무엇을 구하고자 할 때 나와 상호작용을 한 후 나타난다.

양자역학에 나타난 여러 현상을 살펴보면 다음과 같다. 이 현상들은 경영에도 영향을 미친다.

- 사유가 존재를 구성: 전자의 입자적 또는 파동적 성질은 인간과 상호작용의 결과로 나타난다.
- 우주의 근본실체는 물질이 아니라 장(場)이다. 기본입자는 독자적으로 존재하는 실체가 아니라, 그것은 본질적으로 다른 것을 향해 뻗어나가는 일련의 관계이다.
- 우주 어느 부분도 전체로부터 분리될 수 없는 동시적 상호관계성을 가지고 있다.

- 같은 곳을 보면서도 서로 다른 것을 본다. 사랑이라는 말의 의미를 놓고 서로 다른 주장이 나온다.
- 컴퓨터의 패턴변화: 기술의 발전이 과거 연장선상에 있지 않음을 보여준다.
- 오늘날 산업구조 조정과정에 나타나는 현상들은 새로운 패러다임의 시각에서 보아야 그 해결책이 강구된다.

4) 카오스 이론

카오스(chaos)는 혼돈을 뜻하며 이 이론은 혼돈을 체계적으로 분석하고자 한다. 즉, 혼돈(turbulence) 가운데 어떤 유사성(resemblance)이 있는가를 발견하고자 한다. 예를 들어, 경제현상은 난류현상과 유사하다. 임계점(critical point)에 있는 온도의 조그마한 변화가 전체에 큰 영향을 주는 난류이론은 닥치는 대로의 임의적(random)인 것이 아니라 카오스적이다. 나비효과(butterfly effect)도 마찬가지이다. 아마존에 있는 한 나비의 작은 날갯짓(부분)이 텍사스에 폭풍을 일으킨다고 할 때 그 작은 날갯짓이 전체에 영향을 준다. 갑자기 홍수가 나서 전멸하듯 크리티칼 포인트에 시장이 폭락(big crash)하는 것을 설명하는 노아효과(Noah effect)도 마찬가지다. 7년은 호경기이고, 7년은 불경기를 반복하는 비즈니스 사이클을 설명하는 요셉효과(Joseph effect)도 그것이 언제 시작할지 예측하기 어렵다.

카오스이론을 집대성한 프리고진은 『확실성의 종말』을 통해 뉴턴과 아인슈타인 등 근현대 과학자의 한계를 비판하였다. 여기서 확실성이란 세계가 특정한 법칙에 따라 명료하게 작동한다는 근대적 세계관으로 서구인들이 그동안 자신만만하게 지켜온 신념이었다. 그러나 프리고진은 자연은 불안정하고 끝없이 새로운 것이 출현한다는 입장에서 인간과 마찬가지로 자연도 창조적이고 능동적인 존재라고 말한다. 그는 도시에 대한 비유를 통해 이것을 설명한다. 즉, 도시가 종교, 상업지역 등으로 구분되고 이 중 일부를 고립시키면 도시 전체가 망하듯 인간도 자연의 일부라는 겸허한 자세가 필요하다.

인간과 자연에 대한 그의 새로운 이해 속에는 "자연은 정복될 수 있다"는 근대인들의 확신을 찾아볼 수 없다. 그렇다고 이것이 인간의 패배를 의미하지는 않는다. 새로운 창조의 시작임을 보여준다. 과거 자연과 인간을 이원적으로 분리했던 근대과학의 허점을 극복하고, 인간이 자연과 함께 보다 개선된 방향으로 나아감으로써 공통된 가치관의 상실로 공허해진 현대인들에게 희망을 제시하고자 한다.

3. 사회도 패러다임이 변한다

패러다임의 변화

구분	산업사회	정보화사회
중심과학	뉴턴역학	상대성원리, 양자역학
공업(외면세계)	기계공업	전자공업
이념(내면세계)	이데올로기	패러다임(신사고)
사상	현대서구사상	PS 프로그램
	철학	가치관
	심리학	세계관
세계관	인과적, 기계론적	유기적, 신축적
정치, 경제, 사회	데카르트-뉴턴적	양자역학적
문화	이성문화	감성문화
결정론	결정론(개별사건의 예측)	확률론(집단행태의 경향)

준거틀	하나	여럿
우주관	분리된 객체로서의 우주	전일적, 생태적 우주관
객관성	절대적 객관성	상대적 객관성
합리성	이성의 합리성	이성의 비합리성
인식모델	언어로 표현된 세계 감각적 인식	언어로 표현할 수 없는 세계 추상적, 형이상학적 인식
부의 개념	물질이 부(물질주의사회)	정신이 부
힘의 개념	힘이 곧 정의(권력추구사회)	창조적 지식이 힘
의식구조	좌반구적	우반구적
주도세력	남성주도	여성주도
의미	상대방에게 의미 있는 것이 나에게 무의미	상대방에게 의미 있는 것이 나에게 의미
크기	대형	소형
지식	논리적 지식	묵시적 지식
오성	칸트적 오성	석가적 오성
경험	직접경험	간접경험
보는 것	가시성	비가시성
사회생활	산업사회생활	정보화사회생활

1) 뉴턴 역학과 산업사회

뉴턴 역학은 산업사회를 열었다. 사회학적으로 볼 때 뉴턴 역학은 이데올로기라는 이념체계를 형성시켜 주어진 세계를 인식하고 해석하는 인식의 틀을 제공했다. 그 이데올로기는 개인과 집단에 주어진 상황을 긍정하거나 부정하는 태도를 결정짓게 했다.

논리와 수학이 주축이 된 뉴턴 역학은 "현재의 상황이 이러이러하다면 다음에 이러이러한 일이 일어나게 될 것이다"고 말한다. 선형적 이미지를 창출한다. 인과론적 결정론과 기계론적 세계관이 뉴턴 사고방식의 기본골격을 이뤘다. 이로 인해 사회 전체가 좌반구적 편향의 남성위주 사회가 되어버렸다.

- 합리주의 문화: 인간이성에 대한 신뢰
- 주체와 객체: 객관적 확실성에 대한 신뢰
- 기계론적 우주관: 결정론적 사회관
- 절대성 강조: 자기주장적 경향
- 감각적 가치체계: 감각문화 등장
- 물질주의 사회: 물질이 부
- 권력추구 사회: 힘이 곧 정의
- 기계적 인간관계: 자율성과 창의성 억제
- 산업사회 패러다임: 이데올로기, 특히 자본주의와 공산주의 이분화

2) 양자역학과 정보화사회

뉴턴 역학이 산업사회를 열었다면 양자역학은 정보화사회를 열어가고 있다. 그러나 그 과도기에서 상대성원리의 역할을 과소평가할 수 없다. 탈뉴턴적 사고는 의식구조의 획일화에서 벗어나 보다 확대되고, 유연하게 되고자 한다. 좌반구적 남성 역할보다 우반구적 여성 역할에 대한 기대도 높아졌다. 상대성원리는 이러한 기대에 길을 만들어주었다. 상대성원리에 따르면 중력의 개념이 힘에서 길로 바뀐다. 그리고 강체 기준체에서 연체동물 기준체로 전환되었다. 경직성을 벗고 유연성으로 전환된 것이다.

양자역학은 뉴턴적 편견에서 벗어나 역학적으로 생각하게 만드는

데 결정적으로 기여했다. 양자역학은 세상을 원자 속의 전자로 보고, 그 답은 확률로 구해진다. 확률이란 하이젠베르크에 따르면 아리스토텔레스 철학의 가능성(potentia)을 계량화한 것이다. 그것은 가능태와 온성태의 중간쯤에 있는 일종의 물리적 현실성으로 이끈다.

이제 "양자시대에 양자역학적으로 생각하는 방법을 배우라"는 리처드 파인만 말의 의미를 새겨봐야 할 시점에 왔다. 세계는 데카르트적 대상들의 집단이 아니라 하이젠베르크적 시스템의 집단, 곧 그물망 같은 상호 연관된 네트워크로 인식되고 있기 때문이다.

양자역학은 우뇌의 등장을 예고한다. 여성의 역할이 커지고 있다. 힘이 곧 정의가 아니다. 여성은 남성의 공격을 사랑으로 포용한다. 자연(여성)이 남성에 의해 지배되고 이용되던 시대에서 자연의 위대함이 드러나기 시작하고 있다. 좌뇌적 사고에 빠진 남성사회에 여성의 우뇌적 역할이 필요한 시대가 되었다.

양자역학은 양자경제를 탄생시켰다. 양자경제란 인공지능, 실리콘 컴파일레이션, 병렬처리 등 양자물리학의 마이크로코즘의 법칙들이 창출하는 새로운 경제의 틀을 말한다. 마이크로코즘의 새로운 기술들은 모험 기업가와 작은 회사를 지지한다. 기업가로 하여금 자본을 효과적으로 사용하여 이들 기술의 효과를 제고시키는 지식의 힘을 사용케 한다.

양자역학은 많은 변환을 가져왔다. 과학기술은 소리를 전기로, 전기를 소리로 변환시켰다. 전화기의 탄생이 바로 그것이다. 팩시밀리는 빛을 전기로, 전기를 다시 빛으로 변환시킨다. 그리고 TV는 빛과 소리를 전파로, 전파를 다시 빛과 소리로 변환시킨다. 변환의 시대는 기업의 변신도 요구하고 있다. 지금까지 갈릴레이 좌표계만 연상

하고 살아왔으나 미시세계, 광속의 세계, 광대역의 세계가 우리 삶
의 영역으로 확대되고 있기 때문이다.

산업사회에서 정보화사회로 패러다임이 변화하면서 조직도 경영
의 방법도 달라지고 있다.

산업사회와 정보화사회

구분	산업사회	정보화사회
중시기술	개별기술	시스템기술, 기술융합
기술경영	기능별 분할(기초,마케팅 등)	통합적 기술경영활동
우위요소	코스트 또는 차별화 품 성능중시, 기술적 우위	타이밍, 코스트, 차별화 동시추구 기술표준, 지적재산권 중시 지속적 기술선도와 상업화 능력
사업전개	단독전개	제휴와 장점 공유
기술개발	자체개발 또는 외부의존 기초(출연연), 상업화(기업)분담	내외부 기술자원의 전략적 결합 전략기술의 공동개발
자원조달	필요자원 확보 및 보유	네트워킹, 활용능력강화
정부역할	정부의 출연연 지원	정부의 과학기술 기반확충

산업사회는 뉴턴 역학에 의한 기계공업이 300년 동안 현대사회
를 주도해왔다. 이제 정보화사회는 양자역학에 의한 미소 전자공학
이 창출하는 컴퓨터 기술과 각종 소프트웨어가 주도하고 있다. 이
러한 변화는 뉴턴 역학에서 양자역학과 상대성원리로 바뀌고 있기
때문이다.

4. 아날로그 사회에서 디지털 사회로

산업사회에서 정보사회로의 패러다임 변화를 다른 말로 표현하면
아날로그 사회에서 디지털 사회로의 변환이다. 아날로그가 산업사회

의 성격을 반영한다면 디지털은 정보화사회를 나타낸다.

아날로그(analog)는 어떤 시스템의 업무나 동작을 전류, 전압 등과 같이 연속적으로 변하는 물리량을 이용해 표현하거나 측정하는 것을 말한다. 아날로그는 그리스어의 '닮음, 유사'라는 뜻을 지닌 아날로기아(analogia)에서 유래했다. 수치를 자(척)의 길이나 톱니바퀴 등의 회전각 또는 물리적인 양을 연속적 수치로 나타낸다. 아날로그 신호에 따른 정보전달은 신호의 진척, 위상, 전압의 주파수 등으로 신호 크기나 값에 따라 이뤄진다.

디지털(digital)은 계수형, 연속적으로 존재하는 양을 유한개의 자릿수로 표현하는 신호를 의미한다. 이 단어는 손을 꼽으며 수를 헤아릴 때 0으로부터 9까지의 아라비아숫자(digit)에서 나왔다. 현대에 있어서 디지털은 일반적으로 컴퓨터와 데이터 통신에서 문자, 영상, 음성 등에 관련된 데이터를 0과 1이나 on과 off라는 전자적인 부호로 전환해 표시하는 것을 가리킨다. 디지털의 세계에서는 인식 가능한 모든 대상이 디지털 부호라는 공통언어로 표현될 수 있기 때문에 문자, 영상, 음성 등의 경계가 무너지고 서로 융합한다.

아날로그형식은 정확성이 미흡하지만 디지털형식은 엄밀하기 때문에 문자도 숫자로 바꾸는 등 사무 처리에 많이 활용하고 있다. 전자공학적으로 볼 때 아날로그는 데이터나 물리량(길이, 각도, 전압 따위)을 연속적으로 변화는 양으로 나타내는 것에 반해 디지털은 계수형이다. 아날로그 컴퓨터는 구형 계산기처럼 연속적인 작동으로 수를 표현하지만 디지털 컴퓨터는 0과 1의 디지트(digit)를 통해 모든 것을 표현한다.

디지털과 아날로그

디지털	아날로그
단속	연속(continuous moving)
예, 아니요	예만 계속
전자시계	태엽시계
첨단시대	과거시대
다기능시대	단일기능시대
고선명 고음질	저선명 저음질
다채널	단채널
선택사회	단일사회

아날로그는 연속이다. 과거 TV나 라디오에서 프로그램이 시간에 맞춰 연속적으로 전달되는 것과 같다. 사람들은 방송국이 제공하는 그 순서에 따라 시청을 했다. 그러나 디지털시대에는 같은 시간이라도 원하는 것을 택한다. 한 TV방송국에서 그 시간에 하나의 프로그램만 제공하는 것이 아니라 다양한 프로그램을 제공한다. 채널도 대폭 늘어난다. 오락, 드라마, 스포츠 등의 전문채널이 생겨나 채널 선택권도 크게 넓어져 시청자는 입맛대로 원하는 것을 택한다. 보고 싶은 프로그램을 저장해두었다가 다시 볼 수 있고, TV를 통해 인터넷을 즐길 수도 있다.

디지털은 아날로그와 달리 쌍방향이다. 접속자와의 상호소통(interactivity)이 생명이다. 디지털의 성격을 가지는 정보통신기술은 양질의 정보를 대량으로 전송할 수 있을 뿐 아니라 수령자인 개인들도 정보의 생산과 가공에 참여할 수 있다는 점에서 기존기술과는 달리 상호작용을 허용한다.

개인이 스스로 편성국장이 되어 방송을 원하는 대로 편집하고, 드

라마 스토리도 시청자가 만든다. 주가가 궁금한 출근길 남편을 위해
국제경제, 증권뉴스, 일기예보를 편성한다. 네트워크를 통한 다양한
참여가 가능하다. 스토리의 전개를 참여자마다 다양하게 전개할 수
있는 인터랙티브 소설이나 디지털 영화가 대표적이다. 새로 제작한
<모래시계2>에서 주인공이 죽지 않아도 된다. 물론 죽을 수도 있
다. 그 선택은 시청자 몫이다. 그만큼 상상과 창조성이 가미된다.

미술, 음악 교육을 받지 않았어도 컴퓨터에 익숙한 유저(user)라면
누구나 웹 아티스트가 될 수 있다. 디지털을 이용한 홈메이드 테크
노음악이 N세대들에게 인기가 높은 것도 이 때문이다. 디지털화로
장르마저 해체되고 있다.

단순한 전통적 기술과는 동영상, 음향, 3D 애니메이션까지 무엇
이든 동원한다. 화면품질도 혁명적으로 변한다. 디지털 기술을 이용
한 고선명 화질의 수상기는 출연자의 세세한 부분까지도 엿볼 수 있
을 만큼 뚜렷하다. 영화같이 선명한 화질은 시청자들의 시청률을 높
이게 된다.

방송이나 정보 분야의 벽도 깨진다. 디지털 TV는 방송만 틀지 않
는다. 그 자체가 기존의 PC를 능가하는 기능도 발휘한다. 초고속정
보검색, 전자상거래, 인터넷 쇼핑이 가능해진다. 방송 프로그램을
TV수상기로 시청하거나 인터넷을 PC로 한다는 통념은 깨졌다. 방
송 프로그램은 이제 만들어놓기만 하면 위성-케이블TV, 인터넷 등
의 다양한 통로로 시청자와 만날 수 있게 되었다.

이런 상호작용은 우리의 생활에 질서와 무질서, 모순과 대립 등을
낳게 된다. 엄청난 양의 프로그램 홍수 앞에서 방송 프로그램 사업
자 선정문제나 심의문제 등이 앞으로 무의미해질지 모른다. 이것은

세계화와 지역화, 중앙집권과 지방분산, 표준화와 다양화라는 긴장과 대립으로 표출되며 이것이 사회를 발전하게 하는 역할을 한다.

지금 각종 가전제품과 주택설비가 네트워크로 연결되어 있고, 가정용 컴퓨터 서버가 자동 관리하는 디지털 시대로 접어들고 있다. 새로운 밀레니엄 시대는 디지털 밀레니엄 시대이다. 이 시대에는 단지 전자장치만 바뀌는 것이 아니다. 우선 근대국가 개념이 무너지고 시장형 국가와 초국가 기업이 활약하는 시대로 접어든다. 따라서 우리는 과거 천 년을 지배해온 아날로그적 사고와 행동을 깨는 노력을 해야 한다. 아울러 생활이 비약적으로 편리해지는 만큼 정보화의 불평등은 다양한 형태의 사회문제를 불러일으킨다는 사실을 인지하고 이에 대한 사회적 조치를 취해야 한다.

5. 복잡성과 복잡계가 과학과 경영을 점하다

1) 복잡성 과학

복잡계(complex system) 이론은 한 가지 원인으로 설명할 수 없는 변화무쌍하고 복잡한 사회, 물리 현상을 관통하는 원리를 찾고자 하는 데서 출발했다. 연구 성과가 쌓임에 따라 나름대로 이론이 확립되고 복잡성 과학이라는 21세기 미래학문으로 각광을 받고 있다. 복잡성 과학의 연구대상은 복잡계이다. 사람의 뇌나 생태계 같은 자연현상, 주식시장이나 세계경제 같은 사회현상은 모두 복잡계로 간주된다. 복잡계는 수많은 단순한 요소가 복잡하게 연결되어 있지만 환경변화에 능동적으로 적응하면서 혼돈 대신에 질서를 형성한다. 복잡성 과학의 본거지는 벨기에의 브뤼셀과 미국의 산타페 연구소이다.

브뤼셀 학파의 터줏대감은 한국을 여러 차례 방문한 일리야 프리고진이다. 열역학적으로 비평형 상태에 있는 계에서 질서가 갑자기 자연 발생하는 현상을 연구해 1977년 노벨 화학상을 받았다. 그는 자발적으로 형성되는 새로운 질서를 무산구조(dissipative structure)라 명명했다. 특히 생명의 본질을 무산구조로 설명함에 따라 찬반논쟁이 일어났으며 일개 과학자가 아니라 사상가로 주목받기에 이르렀다.

복잡성 과학 연구의 메카로 간주되는 곳이 산타페연구소이다. 그곳에는 노벨 물리학상 수상자인 머레이 겔만 및 필립 앤더슨, 노벨 경제학상 수상자 케네스 애로 등 여러 석학이 만들었다. 카스티는 이 연구소의 객원교수로 복잡성 과학을 썼다. 그는 복잡계가 보여주는 재미있는 형태들을 놀라움의 과학이라 말하면서 복잡성 과학의 여러 기본 개념과 문제를 다루었다. 혼돈계의 이상한 끌개, 시계열의 상관차원, 쪽거리와 만델브로집합, 톰의 급변론, 투링기계와 괴델의 불완전성정리, 인공지능과 신경망 컴퓨터, 셀룰러 오토마타와 생명게임, 창발 하는 성질 등이 그것이다.

샌타페이연구소에서는 열역학에 한정된 프리고진과 달리 세포분화에서 경제활동에 이르기까지 복잡계가 질서를 창발하는 메커니즘을 설명하는 이론을 찾기 위해 물리학, 생물학, 경제학, 컴퓨터과학 등 학제 간 연구를 전개하고 있다.

과학의 역할은 세상만사가 왜, 어떻게 일어나는지를 설명하고 앞으로 어떤 일이 일어날지를 예측하는 것이다. 이런 관점에서 보면 현대과학이 아무리 발달했다 해도 정말 인간이 궁금해하고 알고 싶어 하는 사실들에 대해 그리 신통한 기능을 발휘하지 못하고 있다.

우리나라를 강타한 금융위기가 오리라는 것을 어떤 경제모형이 자신 있게 예측했는가? 독일이 저런 식으로 통일이 되리라고 어떤 사회정치모형이 예측했었는가? 하필이면 1987년 10월의 어느 월요일에 갑자기 뉴욕증시가 폭락했는가? 인간은 백만 년 후에 어떤 모습으로 진화해 있을까? 이런 물음에 대해 현대과학은 시원한 답을 해주지 못한다.

그러나 일단의 과학자들이 20세기 후반의 물리학과 수학의 발전을 바탕으로 이러한 물음에 대해 진지하게 연구할 시점에 있다고 믿고 보다 진지한 접근을 하고 있다. 그들은 위에 열거한 물음들의 공통점은 엄청나게 많은 구성요소들이 매우 다양한 방식으로 서로 영향을 주고받으며 적응해가는 복잡한 계를 이룬다는 것이다. 복잡성 과학은 바로 이러한 복잡한 계의 행동을 설명하고 예측하려는 연구 행위이다. 그러한 연구에 이용될 수 있는 비교적 새로운 수학 및 물리학적 개념과 방법들을 통틀어 복잡성 과학이라 부르기도 한다.

복잡성 과학을 한마디로 표현하기 어렵지만 전통과학과 근대성 간의 관계에서 볼 경우 이것은 과학의 포스트모더니즘에 속한다. 복잡성 과학에서는 전통적인 과학이 가지고 있던 수많은 특성이 거부되기 때문이다. 전통과학에서 세계는 법칙에 따라 운행되는 질서정연하고 조화로운 곳이다. 이것을 다른 말로 표현하면 합리성(rationality)이다. 그러나 아무리 나누어도 단순화되지 않는 생명체, 경제, 기상, 우주 등의 현상은 이러한 전통과학이론으로 설명할 수 없다.

20세기 초 수립된 양자역학은 그동안 우리가 절대적이라고 생각한 법칙이 실제로는 국소적(local) 범위에만 근사적으로 적용될 뿐이며 원자 이하의 소립자들의 세계에서는 우연성과 확률에 의해 지배된다는 사실을 입증했다. 복잡성의 과학은 합리적이지 않고 조화롭지 않은 세계를 해석하고 그 속에서 창발하여 자기 조직화하는 숱한 현상들을 이해하기 위한 노력이다.

2) 복잡계 경영

최근 복잡성 이론은 정보산업과 벤처 비즈니스의 성공을 뒷받침하는 사업전략과 맥이 닿아 있어 기업인들도 관심을 갖고 있다. 산타페연구소의 경제학자 윌리엄 브라이언 아서는 프리고진의 글을 읽은 것이 계기가 되어 순익체증이론이 새로운 경제학의 기초가 될 수 있다고 확신했다. 수익체증은 수익체감과 맞서는 개념이다. 수익체감은 두 번째 과자가 첫 번째만큼 맛이 없는 것처럼 작은 효과가 사라지기 쉽다는 뜻이다. 수익체감의 조절기능에 의해 수요와 공급의 균형이 유지되고 어떤 회사도 시장을 독점할 만큼 성장하지 못하며 경제는 항상 평형 상태에 놓여 있는 것이다. 그러나 아서는 경제를 불안정하고 예측 불가능하며 수익체증의 원리가 적용되는 복잡계로 보아야 한다고 주장했다.

수익체증이란 제품기술 또는 기업이 시장에서 한 번 앞서면 고착(lock-in)되어 더욱 앞서 나가게 되고 우위를 한 번 빼앗기면 더욱 악화되는 경향을 가리킨다. 다시 말해 가장 우수하고 효율적인 기술이나 기업이 자유 시장에서 반드시 성공이 담보되는 것은 아니며 경쟁자가 시장에 고착하기 전에 약간 앞선 시장점유율을 신속히 키워 나가면 승산이 크다는 뜻이다.

아서는 수익체증이론이 수익체감의 존재를 부인하는 것은 아니라고 강조한다. 두 현상은 병존하며 보완적이다. 수익체감은 곡물이나 중화학처럼 안정되고 변화가 느린 대량생산 세계를 지배하는 반면, 수익체증은 소프트웨어 등 승자가 거의 모든 것을 거머쥐는 정보산업에서 나타난다. 아서는 수익체증의 영역에서 경쟁양식이 도박, 특히 카지노와 유사하다고 보고 '예술의 카지노'에 비유한다. 카지노는 포커와 달리 어느 게임을 할 것인지를 선택하는 것이 무엇보다 중요하고 게임이 시작되면서 비로소 누가 노름에 참여하고 규칙이 무엇인지를 알게 되는 도박이다. 따라서 기술이라는 카지노의 탁자에서 승리의 월계관은 다음 게임을 예견하는 카지노 도박꾼처럼 새로운 기술이 안갯속에서 가물거릴 때 남보다 먼저 시장에 뛰어드는 용기와 결단력을 가진 사람에게 돌아간다. 이런 맥락에서 마이크로소프트가 세계 소프트웨어시장을 석권하고 일본이 첨단제품시장에서 미국을 곧잘 궁지에 몰아넣는 이유가 설명된다. 지식기반경제의 주춧돌로 벤처 비즈니스의 육성이 중요한 이유도 이 때문이다(이인식, 1999).

일본기업에서는 발 빠르게 복잡계 이론을 경영에 적극 활용해 효과를 보고 있다. 일본 게이오 대학 교수들은 복잡성 연구회를 설립했으며 진화경제학회라는 곳에서는 경제학과 복잡성 과학의 융합을 시도하고 있다. 이에 비해 우리나라는 복잡성 과학의 근본적인 이해와 논의 없이 곧바로 사회, 경제 분야에 응용되고 있다. 김용운은 아서의 고착이론과 자신의 문화이론을 접목시켜 한국사회의 현실을 예리하게 분석했다(김용운, 1999). 경제이론과 문화이론 사이에 유사점을 발견하고 복잡성이론을 문화해석에 적용한 것은 복잡성 과학의 울타리를 확장시켰다는 점에서 중요하다.

3) 복잡성과 조직

조직은 구조화되어야만 하고 그 구조들은 고정되어 있어야 한다는 신념은 뉴턴 세계관의 인과관계와 산업경제의 지적 토대가 된 기계론적 사고의 소산이다. 그러나 기술이 발전하고 정밀한 기계들이 생산되자 여러 분야에서 기존 사고의 틀을 깨는 중요한 원칙들을 확인하게 되었다. 그것은 복잡성이라는 원리이다. 복잡성은 기계적인 구조 중심적 사고에서 프로세스 중심적 사고로 우리의 사고를 바꿀 뿐 아니라 조직도 프로세스 중심으로 전환하도록 요구하고 있다.

복잡성은 질서와 혼돈 사이의 좁은 구역에 존재한다. 복잡성은 질서와 혼돈을 균형 잡힌 형태로 이동시키는 능력을 가진 시스템들이다. 이 균형점은 시스템의 구성요소들이 결코 장소에 얽매여 있지 않은, 그리고 아직은 소란스러움으로 용해되지 않은 곳이다. 이 점이 종종 혼돈의 끝(edge of chaos)라 불리기도 한다. 이 끝은 그 자체를 지탱할 만큼 충분한 안정성과 생명이라 이름 붙일 수 있는 창조성이 있는 곳이다. 뿐만 아니라 새로운 사고와 혁신적 유전자가 끊임없이 현 상태의 끝으로 접근해가고 있는 곳이다.

복잡성은 조직설계자들에게 매우 중요하다. 역동적이면서도 긴밀한 관계를 형성하는 시장이 현실이라면 조직은 그 개념에 맞춰 설계되어야 하기 때문이다. 극단적으로 구조화된 구조는 너무나 질서정연하기 때문에 복잡한 시장의 역동성에 민감하게 반응할 수 없다. 다른 극단적 형태로 너무 떠들썩하기만 한 무정부적인 조직도 아무 일을 해낼 수 없다. 복잡성은 질서와 혼돈의 양극단 사이에서 기업이 시장의 빠른 변화에 대응하여 효과적으로 기능할 수 있도록 새로운 조직을 만들어가야 한다.

- 복잡성 조직은 부서 간 상호작용이 활발하다. 살아 있는 세포들 속에는 수십억 개의 뉴런들이 특별한 방식으로 연결되어 작용한다. 복잡한 구조는 복잡한 시장에 민감하게 작용하고 대처하기 위해 상호작용한다. 이것은 과거 명령과 통제에 의한 조직방식과는 다르다. 시장변화에 따라 조직의 대응력을 높이기 위해서는 시스템 내부에서 상호작용이 창조적으로 이뤄지도록 해야 한다.
- 질서와 혼돈 사이에 있는 복잡성 영역은 프로세스이다. 그 중심은 구조 자체에 있는 것이 아니라 상호작용과 연관되어 있다. 따라서 구조 중심적 사고에서 프로세스 중심의 사고로 전환되어야 한다. 조직도 프로세스 중심으로 설계되어야 한다.
- 끊임없이 변화하는 시장상황에서 조직이 보다 능력 있게 활동하기 위해서는 강력한 정보를 가지고 확보할 수 있어야 한다. 조직을 구성하는 프로세스들도 정보를 중심으로 구성되어야 한다. 과거에 정보는 통제를 위한 수단이었다. 그러나 복잡성 조직에서 정보는 보다 올바른 결정을 내리도록 하는 데 있다.

따라서 보다 좋은 결과를 얻기 위해서는 스스로 올바른 결정을 내릴 수 있도록 모든 사람에게 모든 정보를 제공하는 일이 중요하다.

복잡성이 커짐에 따라 조직도 콤플렉스 조직(Complex Organization)에 관한 연구도 활발해지고 있다. 단지 조직이라 부르는 이 조직은 학제적(interdisciplinary)이다. 교류의 확장으로 지식폭발 가능성이 높다. 또한 부서 간(interdepartmental), 기업 간(intercorporational), 기능 간(interfunctional) 교류의 확대로 유연성, 창의성, 협동성이 높다.

6. 패러다임이 변하면 조직 마인드도 변해야 한다

새로운 패러다임은 우리에게 결정론적 세계관에서 벗어나 보다 비결정론적 세계관으로 진입하게 만든다. 비결정론적 세계는 조직을 연구하는 사람들에게 자유의 공간을 활짝 열어주고 있다. 그렇기 때문에 미래를 정확하게 예측할 수 없다는 문제가 남는다. 인간은 자연계에서 일어나는 사건을 통해 미래를 정확하게 예측할 수 있는 가능성을 높여왔다. 뉴턴의 해석에 따르면 그 과정을 정확히 예측할 수 있다. 그러나 하이젠베르크의 불확정성 원리에 의하면 아무리 정확한 물리법칙이라 하더라도 어떤 한계 내에서는 미래를 정확하게 예측하는 일이 불가능하다. 카오스에 이르면 예측은 더욱 어려워진다. 자그마한 변화가 큰 변화를 낳기 때문이다.

그러나 신패러다임은 부분은 전체와 서로 연결되어 있음을 가르쳐주고 있다. 특히 양자역학은 불확정성원리를 제시하면서도 부분은 전체와 서로 연결되어 있다고 보기 때문이다. 상보성원리도 같은 맥락에 있다. 이것은 앞으로의 사회가 얼마나 유기적으로 연관된 네트워크 사회가 될 것인가를 보여준다.

양자역학은 관찰자의 측정행위가 측정대상에 영향을 미친다고 보았다. 이것은 메요의 호손 실험에서 호손 효과로도 입증되었다. 이것은 우리가 미래를 어떻게 보느냐에 따라 달라질 수 있는 가능성의 장을 열어놓는다. 특히 생성, 발전, 소멸의 엔트로피의 법칙이 적용되는 사회에서 이것에 저항하는 저엔트로피(anti-entropy) 사회시스템을 구축해야 하는 경영자의 입장에서 볼 때 매우 의미 있는 지적이 될 것이다.

1970년대는 서구에서 물질적 발전과 성장신화에 대한 의문이 본격적으로 제기된 시기였다. 지식인들의 모임인 로마클럽에서는 성장의 한계를 주장했고, 환경단체인 그린피스는 공장굴뚝과 폐수구들을 틀어막기 시작했다. 1980년에 나온 리프킨(J. Lifkin)의 엔트로피도 이 같은 의문의 연장선상에 있다.

펜실베이니아 와튼스쿨과 외교전문인 터프스대 플레처스쿨 출신인 그는 아인슈타인이 우주적 진리라고 표현한 열역학법칙을 정치·경제·사회·역사 등에 적용했다. 엔트로피는 물질이 열역학적 변화를 일으킬 때 변화된 온도로 열량을 나눈 값을 말한다. 독일의 물리학자 클라지우스가 1865년에 에너지(energy)라는 말과 그리스어로 전화(轉化)를 뜻하는 트로피(tropy)라는 단어를 합성해서 만들어낸 말이다. 예를 들어, 석탄을 태울 경우 에너지는 얻을 수 있지만 이때 발생하는 이산화황이나 그 밖의 가스는 공기 중으로 퍼진다. 한 번 태운 석탄을 다시 태울 수 없고, 여기서 똑같은 양의 에너지를 다시 얻을 수도 없다. 즉, 에너지가 비가역(非可逆) 상태로 변할 경우 점점 사용 가능한 에너지는 줄어들고 엔트로피는 커진다.

그는 문명이 발전할수록 엔트로피는 커진다고 주장한다. 수렵사회에서 인간이 사용하는 에너지는 보통 10분의 1 마력이지만 지금은 수백 마력을 사용한다. 이를 진보라고 부르지만 그만큼 지구상의 에너지 고갈도 빨라진다. 수렵에서 공업사회까지 각 단계로 이행할 때마다 주된 에너지 고갈속도는 빨라진다. 그는 현대의 각종 시스템을 분석하면서 과거에 비해 도시에서 빵 하나를 먹을 경우 엄청난 엔트로피를 발생시킨다는 사실을 보기로 든다. 그는 미국이라는 첨단 현대문명도 비판대상에 올려놓았다. 그가 보기에 미국은 기업농, 도시화, 의료제도, 정보화 등 모든 것이 엔트로피를 증가시키는 사회이다. 세계인구의 6%도 못 되는 인구가 전 세계 에너지의 3분의 1을 사용한다는 점을 들어 비판한다. 심지어 1970년대 이후 친환경적이라고 각광을 받아온 태양열 에너지 개발, 리사이클 등의 문제도 비판의 대상이다.

그는 지금과 같은 사회시스템으로는 붕괴를 피할 수 없고 인류파멸을 뒤로 미루기 위해서는 저엔트로피 사회시스템을 만들어야 한다고 주장한다. 그는 이것이 자연의 활용과 착취가 아니라 공존을 모색하는 동양적 사고일 수도 있다고 보았다. 그의 주장은 현대문명을 뿌리부터 부정하는 일종의 급진론이다. 환경론자들에게는 아주 유용한 비판논리를 제공해주었다. 그러나 이미 대량소비와 편리함에 익숙한 현대인으로부터 공감은 얻어냈지만 실천을 이끌어내기에는 역부족하다.

새로운 패러다임 사회에서 과학자와 조직인의 태도는 달라야 한다. 약육강식의 경쟁이 지배하는 국제사회, 환경오염에 따른 생태계 파괴, 정보 및 자동화의 약진이 초래한 대량실업 등의 틈바구니에서 헤매는 현대인들에게 여러 자연과학자 및 철학자들이 인간 개개인의 화합은 물론 인간을 둘러싼 자연과의 조화로운 화해를 모색하도록 하고 있다는 점에서 여러 이론의 긍정적 측면이 보인다. 특히 포스트모더니즘의 열풍 속에서 원자화, 파편화된 사회를 한데 아우르는 공동체 윤리를 모색하고 있다는 점에서도 바람직하다. 열반경에 "온갖 중생은 불성을 지니고 있어서 차별이 없다"는 말이 있다. 사람은 물론 동식물, 그리고 무생물에 이르기까지 모든 사물은 평등한 본성을 지니고 있어서 차이를 두면 안 된다는 뜻이다.

양자역학의 탄생이나 불확정성 원리는 20세기 초 물리학 거장들의 집단창작품에 가깝다. 이들은 물질의 아주 극미한 세상에서 예전 이론으로는 도저히 설명할 수 없는 현상들이 생기자 편지왕래와 격렬한 토론을 거쳐 서로 영향을 주고받으며 해결해나갔다. 우리에게도 이런 자세가 필요하다. 뉴 밀레니엄이 가져다줄 새로운 디지털 패러다임에 대한 진지하고도 끊임없는 성찰과 토론이 요구되기 때문이다.

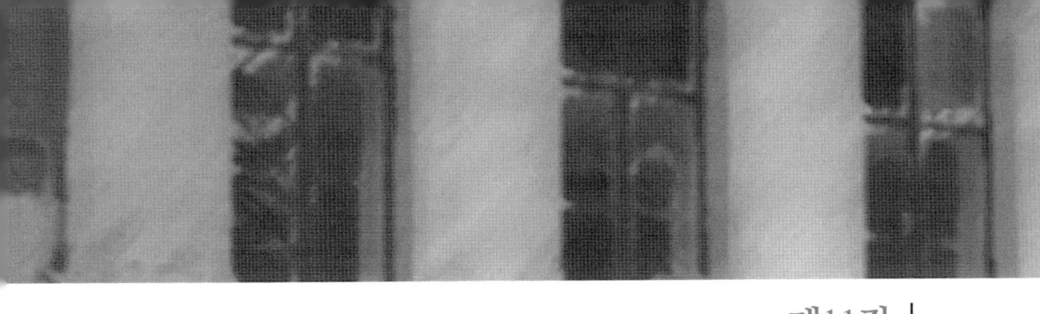

제11장
창조시대에는 창조경영이 필요하다

21세기는 창의성이 기축이 되는 지식경제시대라 말할 정도로 창조성이 주목을 받고 있다. 지식경영에 관한 논의도 활발하게 전개되고 있다. 그러나 정작 창의성의 접근은 매우 피상적이며 기법 위주로 발전하고 있다. 이 글은 창의성에 내한 철학적 인식과 함께 그 인식을 보다 폭넓게 하지 않으면 안 된다는 생각 아래 학제적 접근을 시도했다. 창의성은 어느 한 영역에 국한되지 않기 때문이다. 그것이 한 영역에 한정될 경우 그 창의성도 제한적일 수밖에 없다. 아울러 조직이 어떤 방향으로 창의성을 이끌어가야 하는가를 생각해보기로 한다. 진정 우리에게도 창의사회가 오기를 기대하면서 이 글을 시작하고자 한다.

영국 『네이처(Nature)』지 편집장 캠벨(P. Campbell)은 한국을 방문한 뒤 '한국 과학 2세들의 창의성이 막혔다'고 논평했다. 한국의 학생은 입시지옥에서 해방되면서 공부를 하지 않는다. 해외두뇌들도 국내에 들어오면 같이 물든다. 한국의 문화, 특히 교육문화가 창조성에 관한 한 문제가 있다는 것이다.

　문화는 언제나 살아 있고, 성장하며, 개발된다. 따라서 문화는 높은 창조성을 요구한다. 문화는 생물학적인 필요를 넘어서 과학과 기술의 발달, 학문과 예술, 교육과 정치, 노동과 여가선용에 이르기까지 삶의 인간적 가치를 분명히 해준다. 창조성은 이 문화를 풍요하게 만드는 데 적극 기여한다. 따라서 창조성에 대한 관념을 보다 확고하게 그리고 다양하게 수립하지 않으면 안 된다.

　역사적으로 창의성이 주목을 받게 된 때는 낭만주의 시대였다. 르네상스는 인간의 능력을 높이려 하는 경향이 있었고, 계몽주의는 그것이 인간의 최고 가치인 양 인간의 자유를 이상화하였다. 낭만주의는 이를 더 강화시켜 창의적인 인간들의 완전한 자유를 내세웠다. 이제 21세기에 들어서면서 새로운 변화를 위한 창조성이 다시 강조되고, 급기야 창조시대의 도래를 실감하고 있다.

　변화의 속도가 빠르고 그 속성의 변화도 심한 현대사회에서 살아남기 위해서는 우리의 삶의 양식을 보다 창조적으로 변화시키지 않으면 안 된다. 토플러에 따르면 미래사회는 신기성(novelty), 잠시성(transiency), 다양성(diversity)이라는 특색을 가지고 있다. 이러한 사회에 적응하고 생존하기 위해서는 능동적으로 새로운 방법을 찾아낼 수 있는 능력, 곧 창의력을 필수적으로 함양해야 한다. 창의력이 없는 국가나 조직은 생존할 수 없기 때문이다.

　이 글에서는 창조성에 대한 개념적 인식을 비롯해서 이에 대한 철학 및 기독교적 인식, 과학적 접근, 심리 및 성격적 접근, 경제 및 경영학적 접근을 하고 창조성을 높이기 위해 조직이 어떤 인식과 체제를 갖춰야 하는가를 살펴보기로 한다.

1. 창의성에 대한 오해를 극복하라

우리는 창의성을 창의력, 독창성과 같은 말로 사용한다. 그러나 우리는 몇 가지 점에서 창의성에 대한 잘못된 생각을 가지고 있다.

첫째, 창의성은 무엇인가, 기발하고 지금까지 없었던 새로운 것을 만들어내거나 생각해내는 것이므로 보통사람은 전혀 가질 수 없는 것으로 간주하려는 잘못이다. 우리가 말하는 창의성은 무에서 유를 만들어내는 것이 아니다. 이것은 하나님만이 할 수 있다. 인간의 창의성은 무에서 출발하기보다 유에서 출발한다. 마리탱(J. Maritain)에 따르면 창의적 예술이란 새로운 피조물인 그 나름의 결과를 내기 위해 자연의 은밀한 움직임을 붙잡아내는 것이다(Maritain, 1953). 이런 움직임이 있기 때문에 창의성이 가능하다.

창의성은 특별한 사람들만 가지고 있는 특별한 능력도 아니며 천재들만의 전유물이 아니다. 모든 사람은 각각 다른 특성을 가지고 있다. 누구든지 지금은 없으나 있을 수 있는 것을 상상하고, 그것의 실현을 위해 힘쓸 수 있다. 인간의 창의성은 우리가 가지고 있는 지식이나 경험을 바탕으로 전보다 새롭고 유용한 결합을 이루는 것이다. 따라서 누가 보아도 새로운 것이 아니어도 좋다. 비록 다른 사람에게는 익숙한 것이라 해도 자신이 지금까지 경험하지 못한 새롭고 유용한 것이라면 창의적인 것이 된다(윤종건, 1995: 13~14).

둘째, 창의성은 어려운 것이라는 것은 잘못된 생각이다. 창의성은 어렵게 생각할 필요도 없을 뿐 아니라 일상생활과 동떨어진 능력도 아니다. 창의력은 우리가 일상생활을 하는 가운데 생각하는 방법을 바꿔봄으로써 새로운 아이디어를 얻을 수 있으며, 따분하고 재미없는 생활에 활력을 불어넣어준다. 창조성은 특별한 발견이나 발명을 위해서만 필요한 것은 아니다. 창조성은 누구나 갖고 있는 능력이며, 누구든지 자기 발전과 자기 행복을 위해 활용할 수 있는 평범한 사고방식이다.

셋째, 창의성 모두가 즉각적이고 직감적인 것만은 아니라는 점이다. 창의성은 지각할 수 있는 눈과 정보에 대한 민감성과 준비된 마음뿐 아니라 그것이 싹트고 자라날 비옥한 토양이 될 경험을 필요로 한다. 일단 창의적인 아이디어가 생겨도 그것이 충분히 발달된 형태를 갖추려면 상당한 과정을 거쳐 조심스럽게 발전해야 하고, 실증되어야 하며, 검토되어야 한다. 따라서 창의성은 감성뿐 아니라 인간의 고도화된 의식적 노력이 요구된다(Holmes, 1983).

넷째, 창의성은 전통적으로 예술에서만 나타나는 것으로 인식하려는 잘못이다. 창의성은 어떤 감정을 자아내는 빛과 소리, 그리고 말과 함께 나타나며, 이론적 개념의 조작이나 과학적 조사, 기술의 개발, 어떤 기관이나 제도, 조직과 관련된 활동에서도 나타날 수 있다. 따라서 창조성은 모든 분야에서 나타난다. 예술가, 운동선수, 과학자, 수학자, 신학자, 기업가 누구에서나 창의성을 찾아볼 수 있다. 창조성은 예술가들만의 특색이 아니라 인격을 가진 사람의 일반적인 특색이다(Ghiselin, 1952).

따라서 창의성은 어느 분야에만 한정된다는 잘못된 인식을 버려야 한다. 일상적인 언어사용에서도 창의성이 발휘될 수 있다. 농담이나 은유에서도 창의성이 돋보이는 것은 언어의 창조적 사용 때문이다. 매일의 노동에서도 창의성을 발휘할 수 있다. 작업을 새롭게 조직할 방법을 찾음으로써 창의성을 나타낸다. 사회생활에서도 사랑과 증오를 통해 창의성을 발휘할 수 있다.

2. 창조성에 대해 동서양의 인식이 다르다

주자는 '날마다 진보하지 않는 자는 반드시 날마다 퇴보한다. 진보하지도 않고 퇴보하지도 않는 것이란 있을 수 없다'고 했다. 은나라 탕 왕은 세숫대야에 '진실로 새로워지고자 하거든 날마다 새롭게 하고 또 새롭게 하라'는 글을 새겨놓고 세수할 때마다 이를 새기며 자신을 반성했다. 늘 새로움을 추구하는 정신이 개척정신이며, 매일 새로워지고자 하는 자세가 바로 창의적인 생활태도이다. 창의성은 새로움을 추구하는 개척정신이며, 발전 지향적이고, 성취 지향적인 것을 말한다. 따라서 창의성이 없는 개인은 발전할 수 없고, 창의성이 없는 기업과 사회는 진보하지 않으며, 창의성이 결여된 나라는 번영할 수 없다.

드보노(E. de Bono)에 따르면 서양인들은 수직적 사고, 논리적 사고로 기울어지기 쉽지만 동양인들은 수평적 사고를 하는 경향이 높다. 이것은 서양인보다 동양인들의 창의력이 더 높다는 것을 의미한다. 고대문명의 발상지가 모두 동양에 있었다는 것은 동양인들이 세계문명을 주도했음을 의미한다. 그러나 현재 동양인들이 인류문화발전에 기여한 바가 서양인들에 비해 크다고 말할 수 없다. 이것은 동양인들이 창의력 개발에 소홀했음을 보여준다. 잠재능력을 가지고 있으면서 개발하여 활용하지 못하고 있다는 것은 안타까운 일이 아닐 수 없다.

3. 창의성에 대해서도 철학적 인식이 요구된다

심리학자 메이(R. May)는 창조성을 가리켜 고도로 의식적인 인간과 그의 환경과의 해후라 했다(May, 1975). 이 말 속에는 창조성이 인간 주체와 객체인 세계, 그리고 그 둘의 만남이라는 세 가지 요소가 있어야 한다는 것을 말해준다. 즉, 우리가 인간 존재를 어떻게 생각하며, 세계가 인간의 창의성에 따라 어떻게 변화하는가를 설명하는 방식과 그 인간과 세계의 만남을 어떻게 묘사하는가 하는 것이 중요하다.

만남은 평범하고 피상적인 파악을 넘어서 사물을 새로운 빛에서 보고, 새로운 개념이나 지각을 가지며, 그 사물이 취할 수 있는 새로운 형태를 보며, 어떤 새로운 실재를 찾는 만남이다. 이런 만남은 무엇이 말해지거나 외적으로 표현되기 전에는 상상력에 의해 시작되고, 결국 전에는 실현되지 않았던 가능성이 실현되기에 이른다. 이것은 사람이 객관세계 내에서 그 잠재적 가치를 찾고 그것의 실현을 위해 추구하는 본성을 가지고 있기 때문에 가능하다. 인간은 다양한 세계와의 만남을 통해 창조성을 촉진시킬 수 있다.

계몽주의 시대에 창조를 위한 상상력은 인지적 기능이며 정신적 그림을 그리는 것으로 간주했다. 예술도 이성의 관심에서 벗어나지 못했다. 형식에서 벗어난 바그너의 음악보다는 모차르트와 같이 엄밀하게 조직화된 음악이 더 각광을 받았다.

그러나 낭만주의는 이성적 세계관을 뒤집고 정의적 요소를 찾기 시작했다. 상상력은 인간의 내적 요구를 만족시키며, 은유와 상상의 기쁨은 비인격적이고 기계적인 이 세상에서 우리 자신과의 접촉을

잃지 않게 해준다. 상상력의 가치를 철학적으로 인정한 학자는 칸트
(I. Kant)였다. 그는 세계를 유목적으로 통일시키려는 내적 요구를
만족시키려고 상상적으로 구조화된 가능성을 투사함으로써 인간 주
체가 사물의 형태와 질서를 부여한다고 주장했다. 이러한 흐름을 따
라 상상력은 우리의 형상을 따라 상징을 창조해낸다(Warnock, 1976).
이 창의적 상징주의를 통한 자기표현의 자유가 곧 낭만주의 시대의
특징이다.

이론적 이성과 창의적 상상력의 명백한 구별은 단지 이성과 감성
의 구분을 벗어나 인간정신이 어떻게 탐구되고 개발되어야 하는가
하는 문제를 안겨주었다. 만일 창의적 행위 자체가 지적이고 사려
깊은 행위를 요구한다면 상상력에서 이성을 분리시키는 것은 예술
의 종국을 의미한다. 따라서 이것의 조화가 요청된다. 우리가 찾을
수 있는 가능성을 이해하는 것, 그리고 그것을 실현하는 것은 이성
과 상상력을 조화시킨 차원에서 보다 활발하게 진행될 수 있다.

현대철학의 인식론은 현상학적 시각에 크게 영향을 받고 있다. 이
는 지, 곧 앎은 그 주체자의 주관적 의식과 능동적 해석을 바탕으로
성립된다는 것이다. 따라서 지식의 생산이나 지적인 과정에 있어서
창의성의 역할은 지대하다. 지식의 생산은 객관세계의 존재하는 질
서를 하나하나 발견하는 과정이라기보다는 주체의 의도와 시각에
따라서 얼마든지 다양한 지식생산이 가능하다. 결국 모든 지식은 경
험의 산물이며, 경험은 주체와 대상인 환경과의 상호작용을 말한다.
이때 가장 큰 영향을 미치는 것은 주체의 주관적 의식과 사고이다.
이러한 의미에서 창의성은 다양한 지식의 생산을 가능하게 하는 원
동력이 된다. 우리의 인식 자체가 고정관념에 의해 움직일 때와 창

의적 태도를 가지고 움직일 때 모든 지적인 과정이 새로워지고 효율적으로 된다는 면에서 창의성의 중요성을 생각할 수 있다.

창조성 철학은 인간을 고정된 것이 아니라 됨의 존재로 간주한다. 인간 존재의 본질은 밖으로부터 규정되거나 조형되는 것이 아니라 자기 스스로의 선택에 따라 되어가는 존재이다. 인간은 개별성과 주체성이 포함된 존재로서 자신을 선택하고 만들어가는 자유에 의해 창조적 삶을 살아간다. 사람은 자유와 주체성을 잃을 경우 기계화된다. 개별적 자아의 자율적 선택은 단순히 무엇을 할 것인가를 결정하는 것만 아니라 무엇을 믿을 것이며, 무엇을 진실로 받아들일 것인가를 선택하는 실존적 자유를 말한다. 이 인간은 고정된 틀의 대답을 내면화하는 인간이 아니라 창의성을 가지고 탐구하고 창의력을 발휘하는 인간이다.

창조성은 가치문제와 깊게 연결되어 있다는 점에서 철학적이다. 인간의 모든 활동은 완전히 가치중립적인 것도 아니고 도덕과 상관없는 것도 아니다. 모든 문제해결을 위해서는 가치선택이 필연적으로 따른다. 가치의 준거를 선택함에 있어서 모든 사람을 만족시킬 수 있을 만큼 완벽한 선택은 있을 수 없다. 결국 본인의 선택이 중시될 수밖에 없다. 따라서 각자의 가치관에 입각한 선택이 우선된다. 그 선택은 창조적·비판적 사고를 바탕으로 전개된다.

4. 창의성에 대한 기독교적 인식도 숙지하라

창조에 대한 기독교의 기본적인 입장은 하나님만이 무로부터 창조하시고, 그의 상상력만이 무한하며, 오직 그만이 모든 자료를 사용할 수 있고, 오직 그만이 그의 뜻을 이루는 데 절대적으로 자유하다는 것이다. 하나님은 그 영광을 어느 누구와도 공유하지 않는다. 오직 홀로 영광을 받으실 분이다. 그럼에도 불구하고 하나님은 우리를 그의 형상으로 만드셨고, 과학은 물론 예술과 학문, 그리고 사회제도 등 거의 모든 영역에서 문화를 창조하도록 하셨다. 인간의 창의성은 우리 안에 있는 하나님의 형상을 반영한다.

인간의 창의성은 하나님의 창의성에서 그 가치를 부여받았으며, 하나님의 창조는 우리에게 창의성의 명령을 부과한다. 그러므로 나는 하나님의 창조성에 대한 계시와 나의 창의성을 연관시켜 반응해야 한다. 이러한 관점은 자연주의자들의 생각과 다르다. 자연주의자들은 유전적이고 환경적인 조건과 창의적 인격형성을 연관시킨다. 유신론자들은 이런 유전적이고 환경적인 조건들이 아무리 필요하고, 창조적인 환경과 유전적인 요소들이 연관된다고 하더라도 그것만으로는 불충분하다고 본다. 인간의 창의성이 발휘될 수 있는 세상과 창의성 자체는 그 창조주를 증언한다. 이것들은 하나님이 인간에게 주신 은사들이며 이 은사가 인간사 속에 계속 발휘됨으로써 하나님의 창조성을 증거 한다. 창의성은 학문과 예술, 노동과 여가, 사상과 행동 등 여러 문화 활동에서 나타나야 한다.

하나님은 인간을 창의적 존재로 만드셨다. 기독교는 그 창의력을 어디에 기울여야 하는가에 관심을 가지고 있다. 창의적 상상력은 물질세계뿐 아니라 감각능력과 지적 및 정서적 기쁨까지 미친다. 그러나 관심의 초점은 인간의 모든 활동에서 하나님이 그것을 만드신 목적을 반영하는 선한 목적에 두어야 한다. 인간의 창조성이 이 목적을 추구하는 한 창조성의 정당한 위치는 흔들리지 않는다. 그러나 이것에서 벗어날 경우 문제가 발생한다.

인간의 창의성은 하나님께서 이미 만드신 것 안에 내재한 가능성을 발견함으로써만 그 실현이 가능하다. 왜냐하면 인간은 무로부터 창조할 수 없고, 그것은 오직 하나님만 하실 수 있기 때문이다. 인간이 아무리 창의적이라 할지라도 하나님을 능가할 수 없다. 그럼에도 불구하고 계몽주의는 인간의 이성이 가지고 있는 무한한 가능성에서 신적인 능력을 찾으려 했고, 낭만주의는 창의성을 높였다. 아주 뛰어난 창의적 존재들을 숭배함은 물론 새로운 경험과 감정에 대한 자유를 허용하면서 인간의 창의성을 신격화하는 경향성을 나타냈다. 쉘링은 '신성과 같은 자연의 놀라운 창의성은 창의력 있는 사람과 천재의 활동에서 그 극에 달한다'고 했다. 낭만주의자들 가운데 범신론자가 많은 것은 결코 우연이 아니다(Brunner, 1948). 창조적 인간에 대한 이 같은 찬사와 신격화는 하나님과 피조물의 차이를 앗아가는 것과 다름이 없다. 따라서 종교적으로 볼 때 낭만주의는 이성에 대한 불신 이상으로 인간을 신격화하는 우를 범했다. 창의성을 결코 격화시킬 이유는 없다. 그러나 창의성을 최고선으로 간주하고 창의적 인간을 우상화하는 것은 문제가 있다.

기독교는 창의성에 관한 한 겸손해야 한다고 말한다. 인간은 피조물이다. 따라서 그 창의성도 피조된 창의성에 불과하다. 인간은 유한한 창의성의 주체이므로 겸손해야 한다는 것이다. 교황 요한 바오로 2세는 인간의 지혜와 창조성이 강조됨으로 인해 하나님을 잊어가고 있다고 말한다. 창의성의 발휘와 문화 창조는 하나님께서 부여하신 가능성과 능력을 겸허한 마음으로 받아들이고 그것을 겸손히 그리고 최선을 다해 펼치는 태도를 가지고 있어야 한다.

오코너(E. O'Connor)에 따르면 하나님은 우리가 자료로서 활용할 수 있는 객관세계를 지으셨고, 추상적인 개념에 구체적인 형태를 부여할 수 있는 능력을 인간에게 주셨다. 인간은 심미적 가치와 과학기술적 가치를 활용해 온갖 가능성을 만들어낸다. 인간은 이렇듯 창의적 활동을 할 수 있도록 만드신 하나님께 감사해야 한다(O'Connor, 1971). 이러한 기독교적 창의관은 자연주의적 관점과 다르다.

학자에 따라서는 인간의 창의성을 하나님의 창조성과 유사한 것으로 간주한다. 인간은 하나님의 형상을 가졌기 때문이다. 즉, 하나님은 인간에게 창의적 능력을 부여하였고, 인간은 하나님의 형상으로써 창조주의 능력을 부여받아 이를 행사하고 있다는 것이다. 세이어즈(D. Sayers)는 하나님의 창조적 사역과 인간의 창의적 사역이 어떻게 유사한가를 설명하고 있다(Sayers, 1941).

그러나 하나님의 창조성과 인간의 창의성이 아주 유사한 것은 아니다. 하나님의 창조는 '무로부터 창조(creatio ex nihilo)'이지만 우리의 창조는 유로부터의 창조라는 점에서 근본적으로 차이가 있다. 어떤 이는 인간에게 창조라는 말보다는 단지 '만든다'든지 발견이라는 말을 사용하는 것이 합당하다고 주장한다. 그러나 '만든다'는 말은 상상력과 별로 상관없이 정해진 지시에 따라 만드는 것을 포함하고 있어 창의성의 영역을 크게 축소시킨다. 또한 발견도 단지 자료 안에 있는 형상을 발견하는 능력과 가능성을 크게 위축시킨다. 우리에게는 여러 가지 선택 가능한 대안을 생각하고, 그 실현 가능성을 이해하며, 그 가운데서 우리 목적에 맞는 것을 선택하고, 그 실현방도를 찾는 창의성이 요구된다. 물론 하나님의 무로부터의 창조와 비교해볼 때 인간의 창의성은 발견에 가깝다. 그러나 우리의 창작활동은 단지 찾아내는 것 이상이다. 기계가 하는 일보다는 하나님이 하시는 일에 더 가깝다.

창의성은 어떤 엘리트만 아니라 모든 사람에게 개발될 수 있는 창조적 능력, 곧 역량이다. 물론 어떤 이는 다른 이보다 더 많은 은사를 받기도 한다. 그러나 그것을 나타내는 목적은 같다. 따라서 많이 받은 사람은 그 목적에 더 많이 기여해야 한다.

창의성은 여러 목적을 위해 쓰인다. 그것이 하나님과 같이 우리 자신의 유익을 위한 것일 수도 있고, 다른 사람들의 필요를 채워 주는 것일 수도 있고, 창조주 하나님께 바치는 것일 수도 있다. 하나님의 형상인 인간으로서 하나님께서 세상을 지으신 목적과 맞게 그 창의성을 발휘해야 하는 것이 가장 바람직하다. 그러나 그 어떤 목적으로 사용되든 간에 인간은 그 활용에 대해 책임을 져야 한다. 창의성은 그것이 얻으려고 하는 성격과 그 결과에 대해 책임을 져야 한다.

인간의 창의성은 하나님에 대한 관계뿐 아니라 자연과 인간, 인간과 인간 사이에 깊은 연관을 가진다. 예술인은 예술에 대한 창작으로 끝나지 않는다. 책임 있는 주체로서 그 창작에 대한 책임을 인식하지 않으면 안 된다. 예술을 비롯한 여러 다른 창조적 행위는 자연을 지배하라는 창조명령의 한 부분이자 청지기로서의 삶의 한 부분이다. 따라서 인간의 창의성은 심미적 만족과 기쁨은 물론 피조계에 기쁨과 평화를 가져와야 한다. 창의성을 개발한다는 것은 그것을 가치 있게 평가하고, 우리의 창의적 역량을 받아들이며, 보다 나은 창의를 위해 자유롭게 생각하고 행동하며, 무엇보다 그것을 선한 목적에 사용해야 한다.

창의성은 억압되거나 강조될 수 있고, 무책임하게 발휘될 수도 있다. 기독교적인 측면에서 볼 때 인간이 교만하여 피조성을 초월하거나 하나님이 의도하지 않은 다른 것에 우리의 창의성을 사용하려는 것은 죄로 간주된다. 이런 점에서 볼 때 죄성을 지닌 창의성도 있음을 알 수 있다. 인류에게 해로운 것을 위해 창의성을 발휘하는 것도 죄이다. 이것은 우리가 창의성을 악용하고, 또 악용당할 수 있다는 것을 보여준다. 이런 점에서 창의성을 자연주의적으로만 해석하거나 너무 낭만주의적으로 해석하는 것은 위험하다. 그러나 베르토치(P. Bertocci)는 하나님이 죄에 대한 창의성을 허용하셨다가 이를 창조적으로 활용하신다고 말한다. 죄의 창의성이 아무리 문제가 많다 하더라도 창의성이 없는 것보다 낫고, 인간을 비인간화하는 것보다 낫기 때문에 이를 허용하셨다는 것이다(Bertocci, 1973).

사학자 놀(M. Noll)에 따르면 신학적 차이에 따라 창의성을 발휘하는 영역이 다르다. 종교적 영역에서의 창의성을 보면 가톨릭이나 영국 국교회는 창조와 성육신, 그리고 성례에 관련된 물질적 전통에서 예술적인 면의 창조성이 강하고, 개혁교회처럼 법을 강조하는 전통에서는 정부와 노동 분야에서 창의성이 나타났다. 인간의 필요에 대한 하나님의 자비하심을 강조하는 재세례파의 경우 자선과 치유 분야에서 창의성을 보였고, 죄와 은총에 초점을 맞춘 미국 복음주의 신학은 전도와 선교에서 두각을 나타냈다. 이것을 볼 때 신학이 어떠한가에 따라 창의성의 방향이 달라지고 강조점과 의미가 달라짐을 알 수 있다. 이것은 신학이 균형이 잡혀 있을수록 학문, 예술, 사회, 교회의 모든 분야에서 창조성이 골고루 발휘될 수 있음을 알 수 있다. 그러나 무엇보다 잊어서는 안 되는 것은 인간의 창의성은 하나님의 영광과 모든 사람의 평화를 위해 존재한다는 사실이다.

5. 창의성에 대한 과학의 인식은 다양하다

1) 쿤의 패러다임

쿤(T. Kuhn)은 과학의 진보 계기가 되는 혁명은 하나의 이론구조의 포기와 그 자리를 양립 불가능한 다른 이론이 대신하는 것으로 이루어진다고 보았다. 그에 따르면 과학의 진보는 전 과학-정상과학-위기-혁명-새로운 정상과학-새로운 위기라는 도식에 따라 끝을 이어 계속된다(Kuhn, 1970).

그는 이것을 패러다임이라는 말로 표현하였다. 이제 이 단어는 매우 일상적인 용어가 되었지만 이것은 그가 과학사를 서술하면서 도입한 말이었다. 세계관, 가치관, 시각, 고정관념 등 다양한 의미로 사용되고 있는 이 말은 다양한 해석이 가능하지만 대체로 과학자사회에서 옳다고 믿는 가치체계라는 뜻으로 생각할 수 있다. 그 자신도 이 말을 스물두 가지 뜻으로 사용하고 있을 정도로 그 뜻이 다양하다.

그는 패러다임의 변화를 게슈탈트 전환이라는 개념으로 설명한다. 19세기 독일 형태심리학에서 빌린 이 개념은 어떤 가치체계를 선택하느냐에 따라 현상도 달리 보이고, 현상에 대한 설명도 달리할 수 있다

쿤은 과학사가 단선적 과정이 아니며, 한 단계에서 다른 단계로 비약한다고 주장한다. 그는 이 과정을 정치적 혁명과정에 비유했다. 처음에는 혼돈 상태다. 그러던 중 여러 가지 이론이 나타나고 이론 간에 싸움이 전개된다. 승자가 된 이론은 패러다임의 지위를 차지한다. 이어서 등장하는 공식이나 정리 등 이른바 정상과학은 패러다임

을 뒷받침하는 데 활용된다. 그러나 기존의 이론으로 해결할 수 없는 문제가 계속 발생하고, 예외가 많아지면 어느 순간 과학자들은 기존의 패러다임을 포기하게 되고 완전히 새로운 각도에서 문제를 보게 된다. 과학자들의 개종인 셈이다. 이 순간 새로운 정권이 들어서는 것처럼 새 패러다임이 기존 패러다임을 차지하게 된다.

그의 주장은 많은 논란을 불러일으켰지만 학자들에게 학문에 대한 자신감을 불어넣었다. 자연과학마저 가치관의 개입이 가능하다는 사실을 보여주었기 때문이다. 새로운 시각과 접근법만 갖춘다면 기존의 지배적인 이론에 반기를 들고, 한 차원 높은 이론을 창출해낼 수 있다는 자신감을 준 것이다. 이것은 마치 드라마처럼 학문세계에서 혁명과 창조가 어떻게 가능한 것인가를 보여준다.

2) 창조공학

창조공학(creative engineering)은 창의력이 두뇌활동과 어떤 연관이 있는지를 밝히기 위한 공학적 연구이다. 창조공학은 분자생물학, 뇌 생리학, 정신의학 등의 연구와 함께 학제적으로 이뤄지고 있다. 창조공학이라는 말은 1950년대 MIT의 아놀드 교수에 의해 사용되었으며, 일부 학자들은 이것에 관한 최초 이론가로 베르그송의 『창조적 진화』에서 찾기도 한다. 60년대까지는 아이디어나 기술개발을 위한 발상법 개발에 머물렀으나 70년대를 거치면서 인간의 뇌에 대한 심층연구가 진행되었고, 정보이론과 만나 더욱 종합적으로 발전하게 되었다.

창조공학은 조립논리, 정보논리, 뇌 생리논리, 혼돈논리 등 여러 차원에서 연구가 전개가 되고 있다.

조립논리는 창조를 기존요소의 새로운 결합으로 본다. 새로운 아이디어나 발상을 얻기 위해 주로 이 방법을 사용한다. 기존의 관념이나 규정이 탁월한 개인이 아이디어를 조립하여 새롭게 변화시킨다.

정보논리는 역사성이 있는 정보, 두뇌 속에 축적된 정보를 받아 새로운 상황이나 미래를 위해 변형시킨다. 정보의 역사성과 인간의 인식을 바탕으로 새로운 기술체계를 발전시킨다. 정보를 효과적으로 처리하여 현재의 것과 다른 어떤 것으로 재구성한다. 이런 의미에서 볼 때 창조공학은 과거의 경험이 어떤 시기에 외적 요인에 의해 서로 결합되어 인간의 과제를 원활하게 풀어주는 활동임을 알 수 있다.

뇌생리 논리에 따르면 창의력은 오른쪽 두뇌의 작용이며 두뇌 안에 있는 유전인자 DNA핵산의 변화에 따른 뇌신경세포의 연결구조와 관련된다. 뇌의 신진대사가 창의력의 우열에 깊이 작용하고 있으며, 신경전달회로가 활성화되고, 그 정보전달이 원활해지려면 새로운 에너지, 곧 영양이 공급되어야 한다. 이에 따르면 인간은 누구나 DNA선형분자 구조 중 천재성을 발현할 수 있는 잠재 가능성을 가지고 있다. 그 잠재 가능성이 생리적 자극에 의해 발현될 때 그를 천재라 부른다. 학자들은 이러한 천재를 과학적 훈련을 통해 어느 수준까지 후천적으로 만들어낼 수 있다고 본다.

매우 조심스럽지만 인간의 천재성이 신경세포의 조직과 어느 정도 연관이 있다는 연구가 계속 나오고 있다. 천재성이 있는 사람일수록 정보를 전달하는 뉴런, 곧 신경세포 조직이 더 복잡하고 효율적으로 구성되어 있다는 것이다.

1985년 캘리포니아 대학의 두 신경학자가 아인슈타인과 재능 있는 사람 11명의 뇌를 비교한 결과 아인슈타인의 뇌에는 정보전달의 속도를 빠르게 하는 신경세포가 네 배나 많다는 사실을 발견했다. 하지만 그것이 아인슈타인의 천재성을 있게 한 원인인지, 결과인지는 밝혀내지 못했다.

혼돈논리는 창조성의 가장 큰 배양지를 혼돈과 공백으로 간주한다. 유류 파동으로 경제가 나빠지는 것은 반진보적이고 반창조적인 것이 아니다. 이것을 다른 각도에서 해석한다면 21세기 성숙사회와 새로운 경제 질서를 창출하려는 과도기적 몸부림이다. 갖가지 난제를 극복하고 새로운 질서를 만들어내기 위해 필요한 것이 비로 창조공학이다. 인간을 비롯한 모든 생명체는 미로·고민·경쟁·실망·허무에 빠져도 중지하지 않고 진화와 개선을 계속한다. 여기에 창조공학의 존재성과 당위성이 있다.

6. 창의성에 대해 심리학적 접근도 요구된다

심리학에 있어서 창의적 인성은 확고한 자아의식을 바탕으로 능동적이고 적극적인 삶의 자세를 갖는 것에서 비롯된다. 이러한 특성은 개인의 정신건강과 자아실현에 필수적인 요건이다. 심리적으로 볼 때 창의적 인간이 된다는 것은 타율에 대한 자율을 의미하며, 무기력에 대한 생동감, 무관심에 대한 정열적인 관심, 상투적인 관념으로부터의 자유, 자기 자신의 주체성에 대한 판단, 새로운 것에의 탐구와 추구력을 중시한다. 이것은 인간의 자연성과 일치되며 인간의 잠재능력 발현과도 맥을 같이 한다. 그러므로 성격적인 면에서 창의성이 위축된다는 것은 그만큼 인간의 경직성·타율성·기계성·획일성의 확대를 의미하므로 바람직하지 못하다.

창의성을 자아실현의 필수적인 요소로 보는 것은 창의력이 자아결정·자아통합의 전제가 되기 때문이다. 자아는 획일화될 수 없으며, 저마다 독특한 개성과 권리를 가진다. 각자가 자신의 행복을 추구하기 위해서는 자기에게 합당한 일을 스스로 선택하고, 방법을 결정하며 일을 추진해나감으로써 자아를 실현시킬 수 있어야 한다. 이것에 필요한 것이 바로 창조성이다.

1) 헤이건의 창의적 인성론

헤이건(E. Hagen)은 심리학을 경제발전이론에 도입한 학자이다. 그는 경제발전을 기술적 진보로부터 발생하는 일인당 소득의 지속적 증가로 규정하고, 그 과정은 창조적 인성에 의해 이루어진다고 주장했다. 그는 인종이나 기후, 특수한 사회적·종교적·경제적 조건들에 바탕을 둔 모든 이론은 왜 특정집단이 기술적·경제적 변동의 첨병이 되는지를 설명하는 데 불충분하다고 본다. 경제성장은 점진적이며 장기간에 걸친 것이다. 그 혁신이 기술적·경제적일 뿐 아니라 사회적이며 그 과정은 갑작스러운 것이 아니라 장기적이다. 그 과정은 특히 장기간에 걸쳐 특정 사회적 맥락으로부터 출현하는 창조적 개인들과 밀접하게 연관되어 있다. 이 개인들은 사회 전반에 걸쳐 고루 분산되어 있는 것은 아니다. 경제성장을 이루는 혁신은 하나 또는 그 이상의 특정사회집단 성원들에 의해 행해진다. 그러나 그에 따르면 그와 같은 일은 외국과 접촉빈도가 많다고 해서, 새로운 지식과 자본에 접근하기에 가장 좋은 위치에 있는 집단이라고 해서 가능한 것도 아니다(Hagen, 1962: 35).

헤이건은 창의적 인성이 어떻게 발전하는가, 그리고 왜 그것이 다른 집단이나 사회 전반에서 발전하지 않고 사회 내의 특정집단에서 발전하는가에 초점을 맞추었다. 창의적 인성은 발전한다. 그러나 전통적 개인은 창조적이지 못하다. 성장은 창조적인 인성이 발전하지 않고서는 일어나지 않기 때문이다. 사회변동은 인성의 변동 없이 발생하지 않는다. 물론 인성의 변동이 혁신에 있어서 유일무이하게 중요한 요인은 아니라 할지라도 그것은 간과할 수 없는 중요한 요인이다(Hagen, 1967: 35).

헤이건은 인성을 욕구·가치·세계관의 인지적 요소, 그리고 지능과 에너지수준에 의해 기술될 수 있는 것으로 보았다. 한 개인의 특징적 욕구와 가치와 인지의 유형들을 확인할 수 있고, 그것들을 그의 지능 및 에너지수준에 관한 지식과 결합할 수 있다면 특정상황에서 그가 어떻게 행동할 것인가를 알 수 있다. 인성에 있어서 중요한 위치를 차지하는 욕구는 크게 조작적 욕구, 공격적 욕구, 수동적 욕구, 상호 부양적(succorant-nurturant) 욕구로 나눌 수 있다. 조작적 욕구로 성취하고자 하는 욕구, 자율성을 획득하려는 욕구, 질서를 확보하려는 욕구를 들 수 있다. 공격적 욕구는 공격하려는 욕구, 대립을 극복하려는 욕구, 지배하려는 욕구 등이 있다. 수동적 욕구는 의존하려는 욕구, 병합하려는 욕구, 다른 사람에 의해 인도되고자 하는 욕구가 있다. 그리고 상호 부양적 욕구에는 지원·보호·사랑을 주거나 받고 싶은 욕구 등이 있다.

그는 이것을 바탕으로 인성을 혁신적 인성과 권위주의적 인성으로 나누었다. 이 두 인성은 매우 총명하고 원기 왕성한 개인들에서 발견될 수 있으며, 지능이나 에너지수준보다 욕구나 가치, 그리고 인지에서 차이가 있다.

혁신적 인성은 그의 사회적 환경이 자신이 이해할 수 있는 논리적 질서를 가지고 있는 것으로 인식하며 그 사회적 환경이 자신을 소중하게 여긴다고 믿는다. 그러나 그 평가는 성취도에 따라 달라지므로 스스로 고심하게 된다. 이 인성은 남을 구제하고 그 가치를 확인받으려는 고도의 욕구를 가지고 있기 때문에 무엇인가 열심히 성취하려 노력한다. 이 인성은 또한 자율성과 질서에 대한 욕구, 감정이입을 통한 타자이해의 욕구, 남을 부양하고자 하는 욕구, 자신과 다른 사람의 복지 등에 많은 관심을 가진다. 이러한 특질 때문에 혁신적 인성은 경제발전을 수행하기에 적합하게 되고 권위주의적 인성과 대조를 이루게 된다.

권위주의적 인성은 사회적 환경이 그가 이해할 수 있는 어떤 질서도 가지고 있지 않다고 생각하며 그 사회적 환경이 자신을 귀하게 인식하지 않고 있다고 믿는다. 이러한 세계관은 상당 정도의 격정을 유발한다. 복종·지배에 대한 욕구가 많고 상호부양이나 자율성, 그리고 성취에 대한 욕구는 적어진다. 권력이란 성취의 기능이라기보다 지위의 기능이라 인식한다. 이 인성은 자신을 생각하는 만큼 다른 사람의 복지를 생각지 않는다는 점에서 혁신적 인성과 다르다.

이 두 인성유형은 두 개의 서로 다른 행동유형을 낳는다. 혁신적 인성은 대부분 창조적인 활동을 할 뿐 아니라 창조적인 행동을 촉진시킨다. 헤이건에 따르면 전통적인 개인이 혁신적이지 못한 이유 가운데 하나는 세계를 분석 가능하고 자신의 독창력을 적용할 수 있는 규칙적인 장소로 보지 않고 자의적인 장소로 인식한다. 그러나 혁신적 인성의 소유자는 세계는 이해 가능하며 인간은 변동의 방향을 조형하는 노력을 할 수 있는 것으로 간주한다. 또한 전통적 사회, 특히 권위주의적 사회는 어떤 문제 상황도 권위-복종이라는 틀로 다루어져 모든 사람을 사회적 위계질서 내의 한 사람 밑에 복속시킴으로써 개인을 비창조적 행동으로 나아가도록 구조화되어 있다.

어떤 사회에서 변동이 발생하고 경제가 성장하는 것은 특정집단들로 하여금 전통과 권위주의의 강력한 속박으로부터 벗어나게 하는 법칙들이 작용하기 때문이다. 헤이건은 이를 다섯 개의 법칙으로 집약했다. 그 다섯 가지는 자신들이 종속되어 있음을 인식한 어떤 집단이 변동으로 나아가게 하는 집단종속의 법칙, 종속된 집단이 그들을 지배하는 사람들의 가치를 버릴 것임을 말해주는 가치폐기의 법칙, 종속된 집단이 지배적 가치들을 버리고 나서 발전을 위한 수단들이 봉쇄될 경우 일탈행위를 하게 될 것을 표시하는 사회적 봉쇄의 법칙, 새로운 행동에 종사하는 개인들이 종속된 집단으로부터 사회적 후원을 획득할 것임을 말해주는 집단방어의 법칙, 그리고 경제성장은 그 과정을 시작한 일탈 집단이 받아들이고 또 따르지 않으면 전체 사회에서 발생하지 않을 것임을 주장하는 비배척(non-alien) 리더십원칙이다.

전통사회는 안정성을 갖기 때문에 무엇인가 그 사회 내의 어떤 집단의 퍼스낼리티를 변화시켜야 한다. 욕구와 가치와 상황이 변동해야 하며 그 변동은 특정 사회집단의 성원들이 그들의 삶의 목적과 가치가 사회 내의 다른 집단들에 의해 존중받지 못하고 있다는 인식에서 출발한다. 헤이건은 이것을 지위존중의 철회라 부른다.

2) 앤더슨의 성격발달론

앤더슨(H. Anderson)은 분화(differentiation)와 통합(integration)이라는 개념을 통해 창조성의 본질을 규명하고자 했다. 다음은 이 본질을 설명하기 위한 여섯 가지 가설적 명제들이다.

- 차이의 대면이 그 첫째다. 이는 종전까지의 경험이 새로운 경험을 만나 상호작용하는 과정을 일컫는다. 성장은 새로운 경험을 만나서 상호작용하는 과정을 뜻한다. 즉, 성장은 새로운 차이에 직면해서 새 경험과 과거 경험의 자유로운 관련과 상호작용의 과정에서 나타난다.
- 차이의 대면이 반드시 갈등을 의미하는 것은 아니다. 새로운 차이를 만나는 것은 그 개인이 자신의 감정·사고·믿음·욕망을 있는 그대로 표출하는 데서부터 시작된다. 물론 새로운 차이의 대면은 여러 형태의 갈등을 유발할 수 있지만 창의적 산출과는 무관하다.
- 성장은 통합이다. 여기서 통합이란 사회적 통합을 뜻한다. 즉, 개인이 다른 사람과의 조화를 통하여 사회적 통합을 이루는 행위를 성장으로 본다.
- 성장은 버림과 포기를 뜻한다. 지금까지 가지고 있던 생각을 양보해서 떠오르는 새로운 생각으로 대치하는 버림과 포기의 태도가 없이는 성장할 수 없다. 선입견·고착 등의 문제해결에 부정적 영향을 미친다.
- 성장은 분화의 과정이다. 우리는 분화의 과정을 통해 일반적인

것, 보편적인 것에서 특수한 것을 변별하게 된다. 유사성·공통
성을 지각하고 변별하는 것은 분화의 과정을 통한 학습을 의미
한다. 순간순간 그리고 일상생활에서 개인은 이러한 과정을 통
해 보다 독특하게 되고 자기 나름대로의 자기가 된다.

• 성격발달은 적극적이고 건설적인 과정이다. 성장은 성격발달의
과정이다. 계속적인 분화와 통합의 과정을 통해 사회적 학습을
하게 되며 그것이 성격발달로 이어진다. 이러한 성격발달은 적
극적이고 건설적인 의미에서 기존의 것, 낡은 것을 과감히 버리
고 새로운 분화와 통합에 이르는 것이며, 높은 수준의 분화와
통합은 바로 창조를 뜻한다. 따라서 창의력 그 자체가 성격발달
의 측면을 내포하고 있다(Anderson, 1959: 111~141).

3) 가드너의 연구

창의성 있는 사람들의 공통된 사고방식, 기질, 성격 등을 찾아내
이들을 특화시키려는 움직임이 강하다. 하버드 대학 심리학자 가드
너(H. Gardner)에 따르면 창의적 인간은 기존의 고정관념에 속박되
지 않으며, 지적인 모험을 두려워하지 않고, 깊은 사고에 유리하도
록 내향적이다. 아인슈타인, 프로이트, 피카소, 스트라빈스키, 엘리
엇, 간디, 마사 그레이엄 등이 이 조건에 맞는 것으로 평가되고 있다.

4) 로우 및 로드세프의 연구

로우와 로드세프는 창조적 인물의 속성으로 다음과 같은 요소를
들었다. 로우는 경험 활용력, 관찰력 및 호기심, 반대사실과 애매 모
호성에 대한 수용력, 사고의 독창성과 독립심, 계산된 위험의 감수
와 인내심 등을 강조했다(Roe, 1963). 또한 로드세프는 민감성, 아이
디어 창출력, 유연성과 독창성, 무의식의 활용, 실패에 대한 용감성
과 집중력을 들었다(Raudsepp, 1983). 이들이 주장한 것을 비교해서
보면 다음과 같다.

로우 및 로드세프의 창의적 인물 속성비교

로우	로드세프
경험활용력	아이디어 창출력
관찰력	
호기심	문제에 대한 민감성
정반대 사실에 대한 수용력	무의식적 현상에 대한 개방성
애매모호성에 대한 수용	유연성
판단, 사고, 행동의 독창성	독창성
자기의존성	자기 느낌에 대한 민감성, 동기유발
집단통제에 대한 거부감	
계산된 위험의 감수	실패를 두려워하지 않음
인내심	집중력

5) 드보노의 수평적 사고

드보노는 수직적 사고(vertical thinking)와 수평적 사고(lateral thinking)
를 구분한다. 수직적 사고는 논리적 사고를 말하며 수평적 사고는 비논리

적·상상적 사고를 말한다. 수직적 사고가 물리학적 정보처리의 원칙을 따르는 것이라면 수평적 사고는 생물학적 정보처리의 원칙을 따른다. 수 직적 사고나 의식적·논리적 질서를 강조한다면 수평적 사고는 무의식 적, 상상적, 무질서를 강조한다. 수직적 사고가 한 구덩이만 계속 깊이 파들어 가는 것이라면 수평적 사고는 장소를 가리지 않고 여기저기에 구덩이를 파보는 식이다.

수평적 사고는 새로운 아이디어의 개발과 연관되어 있어 창의적 사고와 관계가 깊다. 그에 따르면 창의적 사고는 결국 수평적 사고 의 한 부분이다. 수평적 사고는 순수한 창의적 사고일 때도 있지만 때로는 단순히 사물을 보는 각도를 달리하는, 방향의 변경에 불과하 여 완전한 창안까지 이르지 못할 때도 있다.

수평적 사고는 수직적 사고와 간격이 벌어질수록 비정상적인 것 처럼 보일 수 있다. 그러나 수평적 사고는 단순한 환상, 망상, 또는 부질없는 공상과는 다르다. 수평적 사고를 선천적으로 가지고 태어 나는 사람은 드물다. 수평적 사고는 노력에 따라 얼마든지 개발할 수 있다. 그렇다고 수평적 사고가 배우는 대로 즉시 유용하게 이용 되는 것은 아니다. 그것은 어디까지나 정신적 태도이며 두뇌를 활용 하는 습관이다.

수평적 사고는 대표적인 아이디어 찾아내기, 여러 방면에서 사물 보기, 수직적 사고의 일정한 틀에서 벗어나기, 그리고 우연한 기회 를 포착하기 등 네 가지 원리를 제시하고 있다. 이 모두는 보다 자유 로운 사고와 함께 유연성이 필요함을 인식시켜 준다. 위인들의 발명 이나 발견은 우연한 기회의 포착에서 비롯되었다는 점에서 중요하 다. 갈릴레이가 성당의 샹들리에가 흔들리는 순간 지동설에 대한 확신을 가졌고, 목동 소년 조셉은 장미넝쿨을 보고 철조망을 발명하여 갑부가 되었으며, 병 공장 공원 루드는 주름치마 입은 여자 친구를 보고 코카콜라 병을 개발하여 6백만 달러의 사나이가 되었다.

6) 골드칼라론

로버트 켈리와 윤은기에 따르면 화이트칼라가 학력, 경력을 바탕으로 관리역량을 발휘하는 사람이라면 골드칼라는 적성과 자발성으로 창의적 성과를 내는 사람이다. 골드칼라는 정보화사회의 신인재이다. 골드칼라는 금처럼 반짝이는 아이디어가 있어야 하고 유연성이 높아야 하며, 순수하고, 양심적이고, 높은 가치를 창조한다는 뜻을 담고 있다.

산업사회 초기에는 블루칼라들이 경제를 이끌었다. 그러나 기계의 개선과 블루칼라의 양산, 그리고 조직의 거대화로 경영의 어려움이 대두되면서 최고의 기술은 경영기술이라는 개념이 등장했고 이때부터 화이트칼라 관리자들의 전성기가 시작되었다. 이 시대에는 누구나 대학을 나와 관리자가 되는 것이 꿈이었다. 그러나 지금은 골드칼라가 되어야 살아남는다.

골드칼라는 크게 멀티지능형과 모노지능형으로 나뉜다. 멀티지능형은 머리도 좋고, 감성지능도 좋고, 대인관계도 좋은 종합점수 상층 10% 이내에 드는 사람들이다. 변화지수(CQ), 정보지수(IQ), 감성지수(EQ), 사회성지수(SQ), 전문성지수(PQ), 도덕지수(MQ), 노력지수(EBI: Effort-Based Intelligence)가 골고루 뛰어난 사람들이다. 이들은 균형감각과 통찰력을 가지고 경영마인드를 발휘해서 높은 경영성과를 도출해낸다. 영국의 블레어 총리나 GE의 웰치 회장은 이런 유형에 속한다. 모노지능형은 차별화된 전문기술과 지능을 가진 사람이다. 컴퓨터 프로그래머, 마케팅전문가, 협상전략가 등이다. 영화감독 스필버그나 마이크로소프트의 빌 게이츠가 이 유형에 가깝다. 이런 사람들은 다른 사람들로 대체할 수 없는 핵심역량을 가지고 있다는 장점이 있다.

골드칼라가 되기 위해서는 적성 분야로 이동하고, 핵심역량을 확보해야 하며, 직업관을 재정립해야 한다. 학력보다는 적성을 중시해 일을 즐기며 자발적으로 한다. 자신의 약점을 보완해 평균치에 도달하는 것보다 잘하는 것을 더욱 연마해 최고수준에 도달하는 것이 중요하다. 이것이 핵심역량의 강화다. 동시에 직업을 생계수단의 장이 아니라 자아실현의 장으로 인식하여 자발성과 창의성을 발휘해야 한다.

그 밖의 연구 및 조사에 따르면 창의적 인간은 자율성, 자기충족, 판단의 독립성, 비합리적인 것에의 개방성, 안정성, 비사교성, 비전통적인 생활에의 관심, 흥미와 성격의 여성화, 충동성, 우월감과 독단성, 복잡한 인간성, 자기수용성, 풍부한 지모, 모험성, 과격성, 자아개념에 의한 자제력, 감수성, 내향적이면서도 용감한 행동 등의 특징이 있다(Taylor, 1961: 6~11). 창의력이 높은 사람은 사람들과 심리적 거리감이 있다. 그들은 때로 엉뚱하고 바보 같은 생각을 가지고 있다는 비난을 받는다(Torrance, 1977). 창의적인 작가나 예술가는 보통사람보다 지능이 높고, 자아가 강하며, 자유분방하며, 집단표준과 통제에 잘 따르지 않는다. 창의적인 사람은 억제력이 적고, 비판보다 지각을 선호하며 호기심이 많고 개방적이며 수용적이다.

경험에 대해 보다 온전한 이성과 감성으로 반응한다. 자질구레한 것에 관심을 쏟기보다 전체적인 의미에 관심을 둔다. 이론적이고 심미적인 것에 가치를 두며, 진리와 더불어 아름다움을 추구한다. 그들은 조직하고 통합함으로써 어떤 원리를 도출해낼 수 있는 복잡한 상황을 좋아한다(Smith, 70).

7. 경제학에서의 창의성은 기업가정신과 연관된다

1) 슘페터의 창조적 파괴

슘페터는 비기업가적이며 일상적인 활동에 집착하는 형태보다 동적이고 기업가적인 형태의 경쟁을 선호한다. 그에 따르면 자본주의 진화과정의 본질 속에는 창조적 파괴의 끊이지 않는 강풍(perennial gale of creative destruction)이 있다. 슘페터에 있어서 자본주의 시장에서 경쟁은 새로운 상품, 새로운 기술, 그리고 새로운 조직형태 등으로 나타난다. 기업가는 발명, 또는 일반적으로 새로운 상품을 생산하기 위해 아직 시도되지 않았던 기술적 가능성을 개발하거나 새로운 방법으로 생산하거나 혹은 원료의 새로운 공급원이나 제품의 새로운 판로를 개척하거나 산업을 재편성함으로써 생산패턴을 개혁 내지 혁신하는 것이다. 슘페터에게 있어서 기업가정신의 본질은 일상적인 활동에서 벗어나고, 현존의 구조를 파괴하고, 그 체계를 균형의 순환적 흐름으로부터 벗어나게 하는 능력이다(Schumpeter, 1962).

슘페터에 있어서 기업가능력은 시장을 균형의 최면에서 벗어나게 하는 파괴적이고 불균형화하는 힘이다. 그것은 낡은 것을 끊임없이 파괴하고, 새로운 것을 끊임없이 창조함으로써 경제구조를 내부로부터 끊임없이 변혁시키는 것이다. 이러한 창조적 파괴의 과정은 자본주의의 본질적인 실체이다. 이 과정에서 기업가의 활동은 선구자, 곧 혁신자와 개척자의 활동이고, 그것은 기업가를 추종하는 대다수 모방자들의 활동과 뚜렷하게 차이를 보인다. 균형 상태를 파괴하고 경제를 한 차원 더 높은 복지수준으로 향하도록 추진함으로써 일시적으로 이윤을 창조하는 사람들이 선구적임에 반하여, 경제를 새로운 균형수준으로 재차 정착시키도록 하는 것은 태반의 모방자들이다.

그에 따르면 단조로운 순환적 흐름을 복원하는 것과 같은 모방자들의 활동은 기업가적이 아니다. 그들은 일단 선구자를 모방하고 나면 이윤이 없는 또 다른 일상 활동에 빠지는 평범한 사람들이다. 슘페터에 있어서 자본주의의 발전은 기업가적·혁신적 에너지의 분출로 이루어지며, 이것은 모방자들과 일상 활동에 집착하는 사람들에게 계속 추종받는다(Schumpeter, 1934: 131ff). 슘페터에 있어서 기업가정신이란 창조적이고, 대담하고, 지략이 풍부한 혁신자에 의해서 이루어진다.

2) 미제스의 인간행동과 기업가정신

미제스(I. Mises)에 따르면 기업가정신은 모든 행동에 내재해 있는 불확실성의 측면에서 보이는 인간행동으로 정의된다(Mises, 1949: 254). 사람을 행동하는 인간(homo agens)으로 본 그는 인간행동을 수동적·자동적·기계적이 아니라 능동적·창조적·인간적으로 이해한다. 넓게는 인간이 불안을 없애기 위해서 또는 그 자신이 보다 유복해지기 위해서 행동하며, 좁게는 새로운 목적에 대한 기민성과 이제까지 알려지지 않은 자원을 발견하는 성향으로 이뤄진다. 기업가가 시장정보에서 발생하는 변화에 대응하여 능동적으로 행동하는 것이나 이윤기회를 찾아나서는 것은 그 때문이다.

기업가는 소비자의 미래 수요를 다른 사람보다 잘 예측할 수 있다. 이윤기회는 생산물시장에서의 제품가격이 요소시장에서의 자원서비스가격에 조정되지 않은 경우에 발생한다. 두 시장 간의 불완전한 정보전달에 의해 이 두 시장에서 어떤 것이 서로 다른 가격으로 판매되고 있는 것이다. 이 어떤 것은 사실 두 시장에서 다른 물리적 형태로 판매된다. 즉, 요소시장에서는 한 묶음의 투입물로 나타나고 제품시장에서는 소비재로 나타난다. 기업가는 다른 사람이 알기 전에 이 가격차를 인지한다. 기업가는 미래의 제품가격이 오늘의 투입물 가격으로 완전히 청산되지 않을 것으로 생각한다.

이윤은 생산물 시장과 요소 시장 간의 조정부재 때문에 발생하고, 성공적인 기업가정신이란 다른 사람이 잘못 조정된 상황을 알기 전에 먼저 아는 것이다. 이윤을 발생시키는 것은 미래의 제품가격을 다른 사람보다 더 정확하게 예측하는 기업가가 미래의 시장상황에서 보면 매우 낮은 가격으로 일부 혹은 전부의 생산요소를 구매한다는 사실에 있다. 인간행동에는 투기적 요소가 내재되어 있을 수 있다. 그러나 미제스의 기업가정신에는 본질적으로 경쟁적인 성격과 아울러 기업가정신의 후생적 의미가 담겨 있다.

3) 커즈너의 기회에 대한 기민성

커즈너(I. M. Kirzner)는 슘페터의 다른 각도에서 기업가정신을 찾는다. 그것은 기회에 대한 기민성의 추구이다. 기업가정신의 결정적 요소는 이용되고 있지 않는 기회를 발견하는 능력이다. 그러한 기회가 이미 존재하고 있다는 것은 최초의 순환적 흐름이 평행을 유지한다는 것이 환상임을 의미한다. 그것은 균형 상태라기보다 불가피하게 분열될 수밖에 없는 불균형 상태를 나타낸다.

슘페터에 있어서 기업가 능력은 불균형화는 힘에서 발휘된다. 그러나 커즈너의 경우 그 활동이 현존하는 긴장 상태에 반응하고, 개발되지 않은 기회가 수행되도록 그들의 활동을 수정하는 균형화하는 힘이다. 이 경우 기업가정신은 장기적 경제발전의 변화에서 나타나는 것과 마찬가지로 단기적 변화에 의해서도 나타나며, 그것은 혁신자들에 의해 수행되듯이 혁신자들의 활동에 의해 노출된 기회를 개발하기 위해 움직이는 모방자들에 의해서도 수행된다.

모방행위가 모든 이윤기회를 짜내는 데 성공하는 경우에만 기업가정신이 정지한다. 그것은 장래 구매자들의 진정한 열망에 따라 조정되는 상태의 실체에 대한 기업가적 기민성을 필요로 한다. 기존기업의 이윤과 산출의 이익을 목표로 덤벼드는 추종자들의 모방행위로 구성되는 이러한 단기적 과정은 슘페터의 경우에는 기업가정신의 모습을 보여주지 않는다. 그러나 커즈너의 경우 기업가정신이란 시장참여자가 현재 이루어진 것과 조금이라도 다른 것을 취하는 것이 이용 가능한 실제의 기회를 보다 정확하게 예상한다는 것은 인식하는 경우에는 언제나 발휘된다.

그러므로 가격경쟁의 과정은 새로운 상품, 새로운 기술, 새로운 조직형태에 의해서 나타나는 경쟁과 마찬가지로 기업가적이고 동태적이라는 것이다. 경쟁적·기업가적 과정은 기술진보, 또는 단기적 시장조정에 관계없이 나타난다는 그 과정의 본질적 동질성을 슘페터가 인지할 수 없었던 것은 그가 기술진보를 가져오는 기업가정신을 이미 존재하고 있는 긴장에 대한 균형화의 반응이라기보다는 균형의 자동적 파괴로 보았기 때문이다(Kirzner, 1973: 128~131).

8. 조직에서의 창의적 사고와 인식의 전환이 필요하다

1) 슘페터의 탐색적 사고

피카소는 "모든 창조행위는 일종의 파괴행위다"라 했다. 이것은 슘페터의 창조적 파괴와 맥을 같이한다. 슘페터는 창조성을 위한 창조적 파괴의 특징은 탐색적(heuristic)이라는 점에 있다고 했다. 이것은 연산적(algorithmic)인 것과 다르다.

연산적인 것은 정형적이다. 고정된 규칙에 의해 움직이며 문제해결과정이 명확하다. 기계의 작동 및 수리와 같은 일이 이에 속한다. 이에 비해 그림을 그리는 것이나 컴퓨터 칩을 설계하는 것은 탐색적인 일로 이전에 수행되지 않은 새로운 일이며 그 일의 수행방법도 명확히 정의되어 있지 않다. 따라서 문제해결의 과정도 따로 정해 있지 않다(Amabile, 1983). 창조성을 관리하기 위한 틀이나 기법을 제시하기가 매우 어려운 것은 바로 창조성이 비정형화되고 탐색적인 과정을 통해 발생하기 때문이다.

2) 올슨의 유연성 사고

창조성은 외부세계로부터 주어지는 아이디어들과 내부 또는 무의식의 세계로부터 나오는 아이디어를 잘 들을 수 있어야 한다. 올슨(R. Olson)은 창조성을 위해서는 유창함과 유연성이 필요하다고 주장한다. 유창함(fluency)이란 어떤 문제에 대해 많은 해결책을 빠르고 거침없이 제시할 수 있는 능력을 말한다. 그리고 유연성(flexibility)은 어떤 문제에 대해 상식을 뛰어넘는 비상한 생각을 해내는 능력을 말한다. 창조적 아이디어는 새롭고 그 결과가 성공적이어야 하므로 유창함과 유연성이 필요하다(Olson, 1992).

3) 도비오까 껜의 하이브리드 사고

하이브리드(hybrid) 사고는 도비오까 껜(飛岡 健)이 제시한 것이다. 그는 얼추 보면 아무런 관련성이 없는 것처럼 보이는 현상 속에서도 그것들을 잇는 하나의 굵은 실을 발견한다. 그 굵은 실이란 이질적인 것을 완전히 연결하여 융합시키는 이른바 하이브리드 사고이다. 그는 사고의 이종교배가 만들어낸 신종의 매력과 잡종의 생명력이 21세기를 리드해나갈 것으로 예견하고 있다(껜, 1988).

하이브리드란 문자적으로 혼혈아·잡종·혼성물을 뜻한다. 그러나 학문적으로는 이질적인 것의 결합을 통해 보다 나은 것을 창조하는 것을 의미한다. 보기를 들어, 재료공학에서 종류가 다른 두 가지의 재료를 조합하여 종래에 없었던 강한 재료를 만드는 것을 하이브리드 컴포지트(hybrid composite)라 한다. 태양·풍력·지열 등의 발전방식의 조합을 하이브리드 발전이라 하고, 아날로그 계산기와 디지털 계산기의 장점을 살린 것을 하이브리드 계산기라 한다. 액체 로켓과 고체 로켓에서의 하이브리드 로켓도 연구되고 있다. 영국에서는 가스와 전기를 함께 사용하는 버스를 만들어 이를 하이브리드 버스라 이름 하였다. 다른 품종의 생물이 교배되어 새로운 하이브리드 품종을 만들어내는 것처럼 하이브리드 사고는 다른 사고방식, 물건, 시스템을 교배시키는 것에 의해 각각의 장점이 살려진 새로운 사고방식, 새로운 물건, 새로운 시스템을 만들어낸다. 그러한 의미에서 하이브리드 사고는 사고의 품종개량, 발상교배에 의한 새로운 발상의 탄생을 꾀하는 창조공학의 한 수단에 해당한다.

지금 이 시점에서 이 사고가 중요한 것은 무엇인가? 생물의 경우 어느 하나의 품종이 몇 대씩이나 같은 품종, 곧 순혈종인 채로 계속 살아가면 생명력이 약해져 결국 멸절하게 된다. 그 때문에 자연계에서는 당연히 이종교배가 행해져 잡종 강세가 이뤄진다. 농업이나 축산 등의 분야에서도 품종을 선택하여 이종교배를 행함으로써 보다 강하고 질이 뛰어난 품종을 만들어오고 있다. 인간의 창조활동이 생물계의 원칙대로 진행되는 것은 아니지만 인간도 생물의 일원이므로 상통하는 바가 있다. 인류의 역사, 문화, 문명의 발달도 대체로 이 원칙에 준한다. 하나의 문명이 쇠퇴하여 막다른 길에 다다랐을 때는 하이브리드가 등장했다. 우리가 처한 환경도 막다른 길에 있는 상태이다. 따라서 지금까지의 방법에 안주하는 한 생물이 생명력을 잃는 것처럼 조직도 생명을 잃고 쇠퇴할 수밖에 없다. 따라서 이 전환을 위해 지금까지의 방법에 사고교배를 함으로써 새로운 생명을 가진 신종을 개발하지 않으면 안 된다.

껜은 하이브리드를 위해 4단계의 사고를 하도록 한다. 나눗셈 사고, 뺄셈 사고 등 네 가지가 그것이다(껜, 1988: 126~147).

1단계는 나눗셈 사고로 대상물을 끝까지 나누어 그 장점과 단점을 골라낸다. 눈앞에 있는 것, 문제가 되는 사항을 최후의 부분요소로 나누어본다. 나누어진 것끼리는 어떤 종류의 공통항목을 가지고 있다. 공통항목이 있는 한 아무리 다르게 보인다 해도 결국 한 가지로 인식될 수 있다. 또한 전체와 부분의 관계가 드러난다. 더 중요한 것은 장점과 단점이 확실해진다.

2단계는 뺄셈 사고이다. 이것은 나뉜 부분 중에서 '무엇을 어떻게 버릴까'를 생각하는 것이다. 새로운 조합을 위해서는 잘라버림도 필요하다. 회사의 조직이나 일 등을 세밀히 나누어 그 가운데 어느 것을 감량하는가, 무엇을 잃고 성장하는가 하는 것이 그 보기이다. 워크맨은 테이프 레코드 속에 짜인 녹음과 재생 기능 가운데 녹음 기능을 없앰으로써 얻은 하이브리드 상품이다.

3단계는 곱셈 사고로 이질적인 것에서 공통적인 요소를 찾아 결합한다. 두 가지 사이에 공통항목이 있으면 교배가 잘 이루어지고 새로운 것을 만들 수 있다. 서로 이질적인 인간 A(공격형)와 인간 B(방어형)의 공통항목을 교묘히 융합시켜 결속이 굳고 대외적으로 강한 팀을 만드는 기술도 곱셈 사고에서 나온 것이다. 라디오와 카세트테이프 레코드를 하나로 합한(덧셈 사고) 라디케세는 이외에도 전기제품 중에서 전원부와 앰프 부분을 양자 공통부분으로 하고 콤팩트에 하나로 만듦으로써 곱셈의 하이브리드 제품을 만들었다. 곱셈 사고는 하나로 두 가지 기능을 완수하는 창조적 사고법이다.

4단계는 덧셈 사고로 교배시킬 공통점이 없을 경우에는 접목식으로 하이브리드 효과를 노린다. 이것은 양적 사고에 해당한다. 교육 잡지가 여행, 경제, 정치, 과학, 소설, 교육 등 각종 장르를 합쳐 독자의 수요에 맞추는 것이나 기업이 주력업종에 다른 업종을 덧붙이는 것 등은 그 보기에 속한다. 전후 일본은 무엇을 덧붙여 성장할 것인가를 명제로 삼아 경제성장을 이루었다. 그러나 무턱대고 덧셈 사고를 하는 것은 위험하다. 석유위기 상태에서는 곱셈과 같은 질적 전환을 해야 하는데 이를 간과함으로써 경제적으로 위급한 사태를 맞았다.

그는 조합을 위해 여러 가지 제안을 한다. 대립은 성장을 보장한다. 대립된 관계 속에서 좋은 하이브리드가 태어난다. 세대의 바통 터치는 타이밍이 문제다. 바통 터치는 앞선 사람이 최선두에 있을 때 행한다. 돌발적인 사건과 확실히 연관이 있다. 상대의 입장으로 시선을 옮기면 불연속의 연속이 보인다. 우리들의 머리는 타인의 눈에 따라 속박될 수 있다. 타인의 눈과 타인의 눈으로 사물을 응시한다. 자기 눈의 착각, 타인의 눈에 의한 얽매임을 푸는 자타(自他) 사고를 해야 한다. 오래된 것에도 새로운 것이 있으므로 오래된 것에서 새로운 것을 발견하는 발상이 중요하다. 부족함을 채우는 것에서 새로운 조합이 태어난다. 모든 사항을 때로는 아날로그적으로, 때로는 디지털적으로 파악하는 유연성이 필요하다. 무질서한 것도 조합에 의해 질서 있는 것이 된다. 정보의 흡수방법이 새로운 조합을 낳는다. 정보의 무질서화를 방지하기 위해 나의 지식온도를 높인다.

아무리 많은 것이라도 원래는 하나부터 시작한다. 하나를 버리는 것에 의해서 전체를 움직일 수 있게 한다. 한 가지를 주목하는 것으로 전체를 변화시킬 수 있다. 사물을 가능한 데까지 파헤쳐본다. 상층과 하층의 조합이 새로운 사고를 낳는다. 하이브리드 잠재력은 항상 움직이고 있다. 이 세상에는 절대적인 것은 존재하지 않는다. 인간의 사고는 유한하다. 하이브리드 사고는 사물에는 한계가 있다는 것을 인정하는 것에서 출발한다.

하이브리드 사고는 원래 살아남는 사고이다. 자연도태뿐 아니라 정신적 도태에 견디는 하이브리드를 생각해야 한다. 인간 사회에서 살아남을 수 있는 조건은 이중의 도태압력에 견디는 것이다. 환경에 가장 잘 적응하는 것일수록 환경변화에는 약하다. 따라서 환경에 적응해나가는 시점에서 다음 하이브리드를 생각해야 한다. 환경변화를 선취하지 않은 하이브리드는 살아남을 수 없다. 사회균형에 위배되는 하이브리드는 회피한다. 사회균형을 무너뜨리는 하이브리드는 한때 융성해도 결국 오래가지 못한다.

9. 창의성을 위해 조직의 제도가 혁신되어야 한다

1) 창의적 조직풍토의 창조

우리나라 중학생의 수학이나 과학 실력은 세계적으로 높은 평가를 받고 있다. 그러나 고등학교나 대학으로 갈수록 그 존재가 흐려진다. 주어진 공식을 이용하여 문제를 푸는 것은 잘하지만 공식을 만들지는 못한다. 수학이나 과학에서 우수한 성적을 내면서도 세계적인 수학자나 과학자를 배출하지 못하는 것은 주입에 따른 점수는 높지만 창의성이 부족하다는 데 있다. 한국경제의 구조적 위기도 사회 전체의 창의성 부족에 있다.

포스트먼은 학교에서만 잘하면 사회에 나가서 충분한 경제적 보상을 받는다는 식의 상업주의 이데올로기가 학생들을 망치고 있다고 비판한다. 학교가 취업 장소로 전락하고 경제적 성취와 연결된 지 오래다. 서울대학교가 거대한 고시대학으로 바뀌고 있는 것도 이것과 연관된다. 세계가 창조성을 요구하는데 우리 대학은 고시촌, 취업촌으로 바뀌고 있는 것이다. 이제 학교는 그의 말대로 다양성과 창의성을 높이는 상호의존적 세계관으로 무장해야 한다(Postman, 1999).

아담 스미스는 국부를 늘리기 위해서는 과학연구를 특화시키고 산학협동을 해야 한다고 했다. 마르크스도 경제발전의 추진력은 기술혁신에 있다면서 부르주아들은 생산수단을 지속적으로 혁신하지 않으면 생존할 수 없다고 했다.

창조적 파괴를 말한 슘페터는 경제를 진화의 과정으로 보았다. 주어진 시장구조 속에서 가격경쟁을 통해 이윤을 극대화하는 기업들의 행위를 가리켜 '정태적 발전'이라 불렀다. 이것의 반대가 창조적 파괴다. 그는 기술혁신을 발명, 혁신, 혁신의 확산 3단계로 나눈다. 연구실에서의 새 아이디어가 발명이다. 이것이 제품의 제조방법과 과정 및 새로운 생산체계로 시장과 경제로 파고들 때 혁신이 된다.

가장 중요한 것은 그다음 단계, 즉 여타 산업과 전체 사회로의 혁신의 확산이다. 슘페터는 국가 간 무역에서 가격경쟁보다 기술경쟁력이 훨씬 중요하다고 주장했다. 크고 작은 혁신들은 관리 축적하고, 이들을 조직하고 제도화해 사회 전체로 기술축적능력을 높인다. 창의력 위주로 교육과 훈련체계를 개편하고 창의력 있는 사람들이 제대로 일할 수 있는 사회적 분위기를 조성해준다. 슘페터를 이은 사람들은 이를 제도적 혁신(institutional innovation)이라 부른다.

19세기 화학과 엔지니어링 분야에서 독일이 세계를 휩쓴 것이나 금세기에 일본이 제조의 왕국으로 명성을 날린 것은 제도적 혁신 때문이다. 슘페터의 진화과정은 바이오노믹스(bionomics)로, 창조적 파괴는 카오스의 가장자리 이론으로 가지를 뻗고 있다. 안정과 무질서 사이의 좁다란 경계지대에서 창의성은 날개를 편다.

기업들은 경쟁보다는 보호에 안주하려 들고 정부는 규제의 고삐를 늦추는 데 인색하다. 중국은 구텐베르크보다 4백 년이나 앞서 금속활자 인쇄술을 발명했다. 그러나 정치·사회적 체제가 추가적인 발명의 인센티브를 질식시켰다. 사회 전반의 제도적 혁신 없이는 창의성도 경쟁력도 구호에 지나지 않는다(변상근, 1996).

페인과 페틴길이 미국 경영대학 고학년 학생들을 대상으로 앞으로 직장생활을 성공적으로 하기 위해 개발되어야 할 도구적 가치로서 중요하다고 생각되는 덕목 18가지 중에서 우선순위를 매기도록 했다. 그 결과 정직성, 책임감, 야심, 독립심 등을 꼽았고 창의성과 논리성은 13, 16번째를 차지했다(Payne & Pettingill, 1986). 그러나 이 조사는 슈미트와 포스너가 기업체 경영자들을 대상으로 행한 조사결과와는 크게 달랐다(Schmidt & Posner, 1982). 경영자들이 학생들처럼 정직성과 책임감을 강조하는 것은 일치했지만 창의성과 논리성은 4~5위에 두었기 때문이다. 직장에서는 창의성을 높이 평가하고 있는 것에 비해 학생들은 이것을 거의 무시하고 있는 이유를 놓고 여러 해석이 있었다. 그 가운데 가장 지지를 받고 있는 것은 학교교육이 그동안 창의성을 소홀히 해왔으며, 그 중요성을 직장에 가서야 비로소 심각하게 깨닫게 되었다는 것이다.

현재 직장생활을 성공적으로 하려면 창의력은 필수적이다. 이는 요즘 직장마다 구성원들의 창의력을 개발하고 육성하기 위해 노력하고 있는 모습을 보아서도 충분히 알 수 있다. 그러나 조직의 풍토는 구성원들의 창의력을 신장시키고 북돋워줄 만큼 개방적이고 허용적이지 못하다. 창의력은 자유인의 산물인데 엄격하게 통제되고 질서와 규범을 강조하며 틀에 박힌 인습에 얽매인 풍토 아래서는 뻗어날 수 없기 때문이다.

직장인의 창조력이 꽃피는 시기는 언제일까? 일본 노동성이 종업원 1천 명 이상의 기업 1,255개 사를 대상으로 1995년 11월부터 다음 해 1월까지 직장인 2,626명을 대상으로 조사한 '직장인의 창조력에 관한 질문조사'에 따르면 직장인의 창조력은 33세부터 늘어나 41세부터는 떨어지는 것으로 나타났다. 85%가 창조적인 일과 나이와 연관이 있다고 보고 있으며, 창조적인 부문으로 연구 개발부문(17.4%)을 가장 많이 꼽았다. 그다음은 경영기획부문(16.6%), 신상품기획 및 개발부문(15.5%) 순이고, 인사부문(30%)이나 재무부문(28.3%)이 가장 틀에 박힌 일로 꼽혔다. 자신이 창조적인 일을 하고 있다고 생각하는 사람은 전체적으로 10명 중 3명도 못 미쳤다.

창조적인 타입의 직장인으로는 호기심이 왕성한 사람, 상사와 동료로부터 신뢰받는 사람, 위험이 높은 일에 적극적으로 도전하는 사람, 회사 밖에도 폭넓은 인간관계를 갖고 있는 사람 등을 주로 꼽았다. 반면 그렇지 못한 직장인으로는 일에 불만이 많은 사람, 적이 많은 사람, 집에 일을 가지고 가는 사람, 쇠퇴하는 분야에서 오랫동안 일한 사람 등을 지적했다. 창조적인 일을 못 하게 하는 회사 분위기로는 위험을 두려워하는 풍토, 자기계발이나 재충전 기회가 차단된 풍토, 개인에게 권한이 이양되지 않는 풍토 등을 꼽았다.

창의성을 조장하는 조직풍토는 경영자에게 달려 있다. 티어에 따르면 창의성을 조장하는 경영자는 다음과 같은 행동특성을 가져야 한다(Tear, 1981).

- 위험을 감수한다. 부하직원들의 자유와 창의를 보장하면 그만큼 위험이 따르고 때로는 상당히 손해를 볼 수 있다. 이런 위험을 감수할 각오가 되어 있으면 창의력은 마음 놓고 뻗어난다.
- 덜 개발된 아이디어를 수용할 수 있는 능력이다. 성숙되지 못한 아이디어일지라도 경청하고 지원하여 계속 발전하도록 한다.
- 조직정책의 위반에 관용할 수 있어야 한다. 창의성을 유도하려면 통상적인 규칙과 절차를 무시하지는 않으나 경우에 따라서는 위반에 대해 관용적 태도를 취할 수 있어야 한다.
- 신속한 결정을 내릴 수 있어야 한다. 덜 성숙되어 의사결정이 다소 힘든 투자 여부를 빠르게 판단하고 과감하게 모험할 수 있어야 한다.
- 아랫사람들의 의견을 자주 경청하는 적극적 자세가 필요하다.
- 창의성을 유도하는 경영자는 실수에 집착하거나 연연하지 않아야 한다.
- 창의적 경영자는 스스로 자기가 하는 일에 보람과 긍지를 느끼며 열과 성을 다해 적극적으로 추진해야 한다.

창의적 조직이 되려면 사람들을 지나치게 통제하지 않는 신뢰받는 경영층, 구성원들 사이의 개방적인 의사소통, 조직 외부인사와의 접촉과 의사소통, 다양한 개성을 가진 구성원, 변화에 대한 수용의

사, 새로운 아이디어 실험에 대한 즐거움, 실수에 대한 용납, 재정이
어려운 때도 창의적인 인력확보, 능력에 의한 선발과 승진, 제안제
도나 브레인스토밍과 같은 아이디어 조장기법의 활용, 목표달성을
위한 충분한 지원, 혁신을 가능케 하는 탄력적인 조직구조, 혁신을
지지하는 경영층, 새로운 아이디어를 제품이나 서비스로 개발시킬
수 있는 준비체제의 완료 등 여러 조건을 충족시켜야 한다.

창의성의 방해요인과 촉진요인

방해요인	촉진요인
관료적 조직구조 및 태도	개방적, 분권화된 조직구조
전통과 기존질서의 강요	실험정신의 강조
업무표준의 강조	성공사례의 전파
필요자원의 제약	챔피언의 역할 강조
의사소통의 제약	원활한 의사소통
실패에 대한 처벌	실패에 대한 관용
성공에 대한 무보상	성공에 대한 적절한 보상

출처: 이장우, 159.

2) 창의적 공동 작업의 확산

한 조직의 잠재력은 그 조직구성원 개개인의 잠재력을 모두 합한
것이 아니라 그 이상이어야 한다. 베니스는 이를 위해 창조적 공동
작업의 중요성을 강조한다. 공동의 시너지효과, 부분의 합 이상의
총체성이다. 창조적 공동 작업은 단지 한 사람의 훌륭한 리더만으로
달성될 수 없고 끊임없는 네트워크가 필요하다. 그는 먼저 미켈란젤
로의 시스티나성당 벽화가 13명의 다른 화가들의 공동 작업의 결과
를 상기시킨다. 그리고 그러한 작업이 현대에 와서도 어떻게 나타나

는가를 보여준다. 월트 디즈니사의 독창적 경영, 제록스사의 PARC 연구소와 애플사의 개인컴퓨터 제조, 맨해튼 프로젝트의 원자탄 발명, 심지어 클린턴의 대선 전략팀 등은 창조적 공동 작업으로 인해 부가가치가 극대화된 보기에 속한다(Bennis et al., 1997).

창조성을 발휘하기 위해서는 리더는 다른 훌륭한 리더그룹들과 부단히 네트워크를 형성하고 있어야 하며, 이를 바탕으로 조직원들에게 비전을 제시하고 각자가 최적의 자리에서 자기 능력을 최대로 발휘할 수 있도록 배려해야 한다.

창조적 작업은 명확한 적이 있을 때 더욱 힘을 발휘한다. 중국의 국공합작은 역사적인 보기에 속한다. 현재 적이 없다면 적을 하나라도 만들어야 한다. 그래야 조직의 목표가 명확해지고 에너지가 극대화될 수 있다.

조직의 활동에서 자유와 자율을 최대한 보장해야 한다. 독창성을 북돋우고 실패를 두려워하지 않는 분위기를 유도해야 위험이 수반되는 창조적인 작업에 계속해서 도전이 이뤄질 수 있다. 창조적 공동 작업은 그 작업에 참여하는 것만으로도 충분한 보상이 되도록 과업을 설정해야 한다. 일에 대한 소명감에 불타서 금전적 보상 등 다른 보상을 개의치 않을 정도가 되어야 조직의 활력이 극대화될 수 있다.

21세기 무한경쟁시대에서 조직이 살아남기 위해서는 창조적 공동 작업을 유지해야 한다. 지식과 기술 집약산업을 육성하기 위해서는 이것이 무엇보다 중요하다. 실리콘밸리와 같은 혁신네트워크 시스템을 구축할 때 창의성의 꽃이 만개할 수 있다.

인간유형은 20세기형과 21세기형으로 나뉜다. 20세기형은 무슨 일을 할 때 그 일이 실패할 것이라는 이유를 들어 반대하는 사람으로 무기력하고, 수동적이고, 소극적이며, 변화와 어떤 일에 전념하기를 두려워한다. 이와는 달리 21세기형은 불가능을 가능하게 만드는 사람들이다. 가능성을 믿고 역경에 도전하며, 실패를 두려워하지 않고 늘 새로운 것을 추구한다. 창조적 인간상은 21세기형이다.

이 두 인간형을 좀비(Zombie)족과 얼라이브(Alive)족으로 구분하기도 한다. 좀비족은 원래 남미 인디언들이 숭배하는 뱀 신으로 사람을 몽유 상태로 만들어 마음대로 부려먹는다는 데서 나온 것이다. 좀비는 살아 있지만 죽은 것이나 다름이 없다. 조직에 좀비족이 많으면 창조성이 낮아진다. 이에 비해 얼라이브족은 자기 변혁을 꾀하는 창의적 인간형으로 조직에 이런 인물이 많을수록 미래는 밝다.

현재 어느 조직이고 창조성을 강조하지 않는 조직은 없다. 문제는 창의성을 발휘하려는 적극적 의지가 없거나 주변환경 때문에 위축되어 능력을 제대로 나타내지 못할 뿐이다. 조직의 경우 위계질서와 원리원칙의 강조, 변화에 대한 거부적 속성들이 창의력을 저해한다. 따라서 개방성, 관용성, 허용성, 격려와 후원 아래 조직구성원의 창의력이 뻗어나갈 수 있도록 해야 한다. 아랫사람들의 의견을 수렴할 뿐 아니라 아이디어 창출을 권장하고 북돋우며 보상하고, 실수를 용납하며, 다소 손해가 난다 해도 이를 감수할 수 있는 경영자의 자세와 조직풍토가 유지된다면 그 조직은 번영하게 된다.

창조성을 높이기 위한 조직과 사회의 인식도 날로 높아지고 있다. 코오롱그룹은 매일 오후 5시부터 6시까지 한 시간을 터치지로타임(TZT: touch zero time)으로 정하고, 누구에게도 간섭을 받지 않는 가운데 그 자유 시간을 창의성을 발휘하는 데 활용토록 했다. SK등 여러 기업은 창조성에 대한 교육에 박차를 가하고 있다. 일본을 비롯하여 구미 선진기업들의 창의성에 대한 관심은 우리의 상상을 초월한다. 21세기는 창조성에 대한 경쟁이라 할 만큼 그 경쟁은 치열하다. 이것은 21세기가 얼마만큼 변화가 클 것을 예고해주고 있다.

창조성이 아무리 중요하다 해도 그에 대한 접근을 제한해서는 안된다. 경영자가 창조성을 기업 활동에 적용한다 해도 그에 대한 인식과 접근은 넓고 학제적이어야 한다. 그렇지 않으면 발전은 제한적일 수밖에 없고 그 이상의 발전은 어렵게 된다. 이 글이 철학적 인식으로부터 종교, 과학, 심리학, 교육학, 경제학 등 다양하게 접근하는 것도 이 때문이다. 경영에서 창조성이 필요하다고 해서 철학을 제외시킨 기법 위주의 창의력만 제고시킨다면 그것의 발전은 그것에 국한될 수밖에 없다. 따라서 경영자는 창조성에 대한 인식을 폭넓게 가지고 다양성을 수용해야 한다. 그래야 기업이 발전하고 사회가 향상된다.

기업이 자본주의 아래서 살아남기 위해서 창조적 파괴는 필수적이다. 그러나 그 창조적 파괴가 철학도 없이 기술과 방법만의 파괴여서는 안 된다. 기술만의 창조성은 모래에 집을 짓는 것과 같다. 기업조직이 반석 위에 집을 짓고자 한다면 창조성 철학과 함께 기술을 발전시켜야 한다. 나아가 창조적 조직풍토를 만들고 조직 내외로 혁신적 네트워크 시스템을 구축할 때 조직의 창조성은 더욱 발전하게 될 것이다. 사회도 조직이 창조성을 발휘할 수 있도록 할 때 보다 성숙할 수 있다. 우리도 하루빨리 이런 사회를 만들어야 한다.

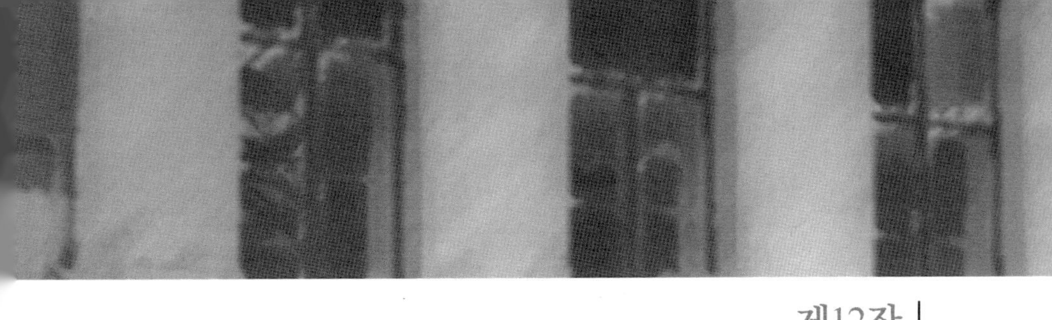

제12장
협력과 상생의 인사관리를 하라

　　30년 넘게 대학에서 기업의 인사 및 조직에 관한 연구와 강의를
해오고 난 후 느낀 점이 있다면 그것은 기업사회의 냉정함이다. 그
냉정함은 기업이 당면한 문제, 곧 경쟁에서 살아남으려면 어쩔 수
없다는 기업환경 의식에서 비롯된 것이다. 그것도 국내에서만 경쟁
하는 것이 아니라 국제적으로 경쟁을 해야 하는 냉엄한 현실 때문에
기업은 더욱 굳어진 자세를 취할 수밖에 없다.

　　경제전쟁의 최일선에서 실제 전투행위를 전담하는 당사자는 기업
이다. 따라서 기업의 경쟁력강화는 세계화의 최우선 과제이다. 지금
은 국가가 경쟁하는 시대가 아니라 기업과 기업이 경쟁하는 시대다.
경제전쟁시대의 병사들은 기업들이다. 세계화는 기업이 단지 해외와
교역을 한다든지 해외에 생산거점을 확보하는 것을 의미하는 것은
아니다. 세계경영은 총체적 경영활동의 현지화를 통한 국제경쟁력
확보와 새로운 비즈니스를 창출하는 경영전략의 세계화이자 범국가
적 국부창출전략이다.

이 일을 위해 기업이 내적으로 경쟁력을 키우고 외적으로 경쟁을 하지 않으면 안 된다는 것을 우리는 충분히 이해한다. 그럼에도 불구하고 기업이 좀 더 사회에 대한 관심을 가지고 특히 약자에 대해 따뜻한 배려를 했더라면 우리 사회는 상당히 달라졌으리라는 생각을 지울 수 없다. 기업도 우리 사회를 보호하고 지켜야 할 귀중한 기업시민이기 때문이다. 현대사회에 무엇보다 중요한 역할을 하는 기업시민에게 기대를 거는 것은 결코 무리가 아닐 것이다. 현재 우리 사회는 능력주의와 성과 위주의 인사관리가 강하다. 우리 사회가 공동체의 인적자원을 적절하게 그 능력에 맞게 이용하면서 서로 화해하고 연합하여 좋은 결과를 얻어낼 수 있는 방법을 모색하는 것은 우리 모두의 일이다. 연합하여 선을 이루는 통합적 경영을 이루는 작업이다.

1. 지속 가능한 기업 환경을 만들라

최근 기업의 지속 가능한 성장(sustainable growth)에 대한 관심이 높아지고 있다. 지속 가능성은 원래 환경문제를 다룰 때 나온 개념이지만 이것이 기업뿐 아니라 국가의 경영에도 적용됨으로써 그 영역이 크게 확대되었다.

기업이 지속 가능한 경영(sustainable management)을 말할 때 일차적으로는 환경을 언급한다. 생산자로서 환경을 지키고 보호해야 할 책임이 우선하기 때문이다. 그러나 지속 가능 경영을 환경에만 묶어두지 않는다. 센게(P. Senge)는 기업이 지속 가능한 성장을 하기 위해서는 경영 본연의 문제뿐 아니라 사회 이슈까지 고려해야 한다고 말한다. 현재 기업의 근본적인 문제는 심한 경쟁으로 인해 모든 업종이 성장의 한계에 직면해 있다. 이런 경우 기업이 사회 속에서 인정을 받고 함께 살아남기 위해서는 사회로부터 신뢰를 얻어야 한다.

기업이 사회로부터 신뢰를 얻기 위해서는 좀 더 이타적인 모습을 보여야 한다. 기업의 생존도 중요하지만 그것이 '사회의 생존(the survival of society)'과 함께 가야 하기 때문이다. 이런 의미에서 공동생존(joint survival)이다. 프롬은 죽음의 본능인 네크로필리아(necrophilia)보다 삶의 본능인 바이오필리아(biophilia) 쪽으로 더 옮겨야 삶이 보다 생산적이 될 수 있다고 말한다. 죽음의 본능을 추구하면 결정론, 억압, 이기주의, 관료적 산업주의 모습이 보이지만 삶의 본능을 추구하면 인간의 자유의지, 생산성, 이타주의, 휴머니즘적 산업주의의 모습이 보이기 때문이다. 경영도 예외가 아니다. 환경을 살리고, 소외된 사람들에게 관심을 보일 때 사람들은 그 기업을 다시 보게 된다. 그것은 기업에 대한 과거의 편견을 깨뜨리는 일이다.

2. 위코노미, 창조적 자본주의, 사회적 기업이 확산되고 있다

자본과 시장을 근간으로 하는 자본주의에 변화가 일고 있다. 최근 신자유주의에 대한 염려와 함께 초경쟁적 자본주의의 잔인성을 지적하는 슈퍼 자본주의, 약자와 환경을 배려하는 위코노미, 나눔을 실천하려는 창조적 자본주의, 그리고 사회적 기업의 확산이 주목을 받고 있다.

클린턴 대통령 시절 노동부 장관을 지낸 라이히(R. Reich)는 현대 자본주의의 문제점을 들고 나왔다. 자본주의 성장이 우리의 삶을 풍요롭게 해주기는 했지만 심한 경쟁으로 잔인해져 우리 공통의 목표를 성취하는 데 방해가 됐다는 것이다. 그는 이러한 자본주의에 '수퍼 자본주의(supercapitalism)'라는 이름을 붙였다.

새로운 자본주의 모델로 위코노미(WEconomy)에 대한 관심이 높아지고 있다. 이것은 우리(WE)와 경제(economy)의 합성어로, '우리'가 키워드다. 우리가 자본주의를 움직이며, 동시에 자본주의는 우리를 위해 공헌하는 공생·협력의 패러다임이다. 이기적이고 파편화된 개인이 아니라 협력하고 참여하고 공존하는 우리가 21세기형 자본주의가 되어야 한다는 것이다. 나만 따지는 전통적 자본주의가 이기적이고 경쟁 일변도이며 폐쇄적이라면 우리가 주역인 새 자본주의는 협력적이고 개방적이며 참여적이다. 또한 전통적 자본주의가 영리와 경제적 가치만 추구했다면 새로운 자본주의는 약자배려·자선·환경보호 같은 사회적 가치를 적극적으로 끌어안고 있다.

이와 맥락을 같이 하는 생각으로 빌 게이츠 회장의 창조적 자본주의(creative capitalism)가 있다. 그는 하버드대 졸업식에서 "창조적 자본주의로 세계에 만연하는 질병과 가난, 불평등을 없애자"고 말하고, 졸업생들에게 인류애의 봉사를 요구했다. 그는 자본주의의 양대 축인 시장과 기술혁신을 활용해 가난과 질병으로 인한 인류 불평등 문제를 해결하자고 제안했다. 만일 정부와 기업이 시장의 힘을 확장할 수 있다면 더욱 많은 사람이 돈을 벌 것이고, 생계를 유지할 수 있게 될 것이다. 그건 심각한 불평등에 시달리는 사람들을 돕는 것이다. 만일 기업이 시장에서 이윤을, 정치가 표를 추구하는 방식으로 가난한 사람의 필요를 충족하는 방안, 곧 창조적 자본주의를 찾을 수 있다면 이 세상의 불평등을 줄이는 지속 가능한 길을 발견할 수 있다. 각국 정부에 대해 납세자가 추구하는 가치(불평등 해소 등)를 더 잘 반영하는 방향으로 우리의 세금을 쓰게끔 압박을 가해 문제해결을 모색할 수도 있다.

사회공헌을 비즈니스로 하는 '사회적 기업(social venture, social enterprise)'을 확산하는 것도 한 방법이다. 이기적 인간 본성과 자유 시장을 강조한 고전적 자본주의, 정부 개입을 인정하고 복지를 중시하는 수정 자본주의에 이어 자선과 영리의 경계가 무너진 제3의 자본주의의 등장이다. 일반 기업의 목적이 이익 자체의 극대화라면, 사회적 기업들은 사회공헌을 통해 이익을 창출한다. 또 지원이 일회성인 자선사업과 달리, 사회적 기업은 적절한 이익을 냄으로써 지속가능한 사회공헌이 가능하게 하고 있다. 새로 탄생한 제3의 자본주의는 이타적 동기를 추진 동력으로 한다. 우리나라 사회적 기업육성법에 따르면 사회적 기업은 취약계층에게 일자리나 사회서비스를 제공하여 지역주민의 삶의 질을 높이는 등 사회적 목적을 추구하며, 재화·서비스의 생산·판매 등 영업활동을 수행하는 기업으로서 노동부장관의 인증을 받은 자를 말한다. 사회적 목적의 실현을 목표로 한 이 기업의 유형은 크게 일자리 제공형, 취약계층에 대한 사회서비스 제공형, 이 두 가지가 혼합된 혼합형 등이 있다. 사회적 기업의 원조는 방글라데시의 빈민운동가 무하마드 유누스가 세운 '그라민뱅크'이다. 그는 이 활동으로 인해 노벨 평화상을 받았다. 제2의 유누스도 세계 곳곳에 등장하고 있다. 이 모습은 자본주의 내에서도 사회통합, 균형과 발전이 키워드가 되고 있음을 알 수 있다.

3. 오웬이 뉴 하모니로 간 이유가 있다

방향을 인사관리로 돌려보자. 현대 인사관리의 아버지라 불리는 인물로 로버트 오웬(R. Owen)이 있다. 그는 기계보다 인간에 투자하라고 강조한 인물이다. "기계에 투자한 돈은 15퍼센트의 이윤을 가져오지만 종업원들에게 투자한 돈은 50퍼센트 내지 100퍼센트의 이윤을 낳을 수 있다."[11] "생명이 없는 기계를 잘 돌보아 유익한 결과를 얻을 수 있다고 한다면 그보다 더 훌륭하게 만들어진 당신의 살아 있는 기계(살아 있는 인적자원)를 마찬가지로 볼 경우 무엇을 기대할 수 없겠는가?" 사람에게 잘해주면 그만큼 유익한 점이 많다는 얘기다.[12] 기계보다 인적자원에 더 투자할 것을 강조한 이 말은 과거의 눈으로 볼 때 매우 혁명적인 것이다. 왜냐하면 이 말을 한 때는 영국이 산업 혁명기를 맞아 모두가 기계에 대한 투자에 몰두하던 때였기 때문이다. 훗날 노동경제학에서 인간자본론(human capital theory) 학자들이 인간에 대한 교육투자를 강조한 것도 인적자원의 중요성을 알았기 때문이다. 자금이나 물질적 자원은 자체의 주어진 양과 질의 한계에 따라 이들 자원의 확장과 개발이 고정되어 있지만 인적자원은 자연적 성장과 성숙은 물론 장기간에 걸쳐 개발하고 그 열매를 거둘 수 있는 잠재능력을 가지고 있다.

사람에 투자하라는 오웬의 주장도 의미 있지만 공장과 산업주의 거센 물결 속에서 악한 행위들을 중지시키기 위한 그의 끈질긴 노력에 주목할 필요가 있다. 산업혁명 당시 공장체계는 사회 전반에 새

---

11) Merrill, H. F. (엮음)(1960). Classics in Management(NY: American Management Association).

12) Wren, D. A. (1979). The Evolution of management Thought(NT: John Wiley & Sons).

로운 문제를 야기시켰다. 공장 안쪽으로는 장시간 노동·열악한 작업환경·부도덕한 공장질서문제 등으로, 공장 밖으로는 열악한 생활환경과 사회문제 등 한두 가지가 아니었다. 자수성가한 오웬은 18세의 나이로 맨체스터에 그의 첫 공장을 설립했을 만큼 열성적인 인물이었다. 그러나 돈만 아는 사람이 아니었다. 그는 주변의 공장 소유자들과 경영자들을 설득해 작업조건을 개선하는 운동을 했고, 거리·가옥·위생시설·교육체계 등 뉴 라나크 지역의 모든 마을을 재정비하는 사회운동을 전개했다. 기업과 사회가 함께 가고, 함께 누려야 한다는 생각에서다.

그는 공장기풍을 새롭게 세우기 위해 도덕의 필요성을 강조하기도 했다. 그는 인간이란 환경의 동물로서 교육을 통해 도덕 재무장을 하지 않고서는 그것을 피할 수 없다고 보았다. 인간이 바른 성격을 가지려면 물질적인 환경과 도덕적 환경이 적합하게, 곧 균형 있게 제공되어야 한다고 생각했다.

그는 무엇보다 상업주의적인 삶을 개탄했다. 그는 자본주의에 대해 지적인 전쟁을 선포했고, 그 시대에 창궐하는 각종 악의 모습에 대해 교회가 목소리를 내지 않는 것에 대해 분노했다. 그는 자신의 목적을 달성하기 위해 정치 마당으로 뛰어들었다. 그는 1813년에 10세 이하의 모든 어린이 고용을 금지하고 어린이에게는 야근을 시키지 않음은 물로 어린이의 일일작업시간을 10시간 30분으로 줄이는 공장법안을 제안했다. 지금 생각하면 무슨 그런 법이 있을까 하지만 노동력 부족으로 어린이마저 착취 대상이었던 그 시절엔 혁명적인 제안이었다. 공장주들과 정치가들에 따르면 그의 제안은 너무 급진적이어서 받아들일 수 있는 것이 아니었다. 영국사회를 개혁하기 위한 그의 노력이 성과를 거두지 못하자 1817년 그는 약간 미칠 정도의 정신적 공황 상태에 빠졌다. 여러 모임과 조정 끝에 이 법안은 1819년에서야 빛을 보게 되었었다. 그러나 그 법은 모든 공장에 적용하는 것이 아니라 단지 면직공장에 한정했다. 제한적 적용인 것이다. 이 법을 잘 지키는지 조사할 강제 규정이 없었기 때문에 이 법은 이가 없는 꼴이 되었다.

영국을 변화시키는 데 좌절감을 느낀 오웬은 결국 영국을 떠나기로 작정했다. 그는 824년 미국으로의 이민 길에 올랐다. 그는 인디아나주 뉴 하모니(New Harmony)라는 곳에 자기의 생각을 바탕으로 한 최초의 조합공동체 사회를 만들었고, 다양한 활동을 전개했다. 그는 개혁가로서 빈민구제법을 고안했고 실업해결 방안을 제안했다. 공동체적 이익분배와 농업에 바탕을 둔 협동마을도 제안했다. 그는 모든 것이 분배된다면 굶주리는 사람은 없을 것이라며 말사스의 인구론을 반박하기도 했다. 또한 그는 생활을 생계유지 수준으로 묶어 두는 것은 임금체계와 자본주의의 악이라며 노조운동을 이끌기도 했다. 이 운동은 생산수단을 집합적으로 통제하려는 사상에 기반을 둔 노동자계급운동이어서 성공할 수 없었다.

여기서 한 때 치열한 삶을 살았던 현대 인사관리의 아버지 오웬을 살펴보았다. 유토피아 사회주의자인 오웬이 실제로 그의 생각을 실현시키는 데는 한계가 있었다. 그러나 사람에 대한 그의 관심과 열정, 가난한 자에 대한 사랑, 사회와 함께하는 기업 마인드를 심어주었다는 점에서 그를 다시 볼 필요가 있다. 우리는 그가 뉴 하모니로 가게 된 것에 주목한다. 우리가 새롭게 세워야 할 정신이 바로 공존을 위한 뉴 하모니이기 때문이다. 기업이 인간의 가치에 대한 인식을 바로 하고, 사람을 위한 기업으로 다시 태어날 때 우리 사회도 달라질 것이다.

4. 위대한 기업은 인간을 존중한다

기업의 역사에서 성공하는 기업의 특색을 꼽으라면 경영의 기본 원칙을 준수하는 것과 인간을 존중하고 배려하는 것이다. 인간을 존중하고 배려하는 것이 기업경영의 중심이 된다는 말이다. 좋은 기업을 넘어 위대한 기업이 되기 위한 최우선 조건으로 대부분 전략이나 기술, 그리고 경영자의 비전을 꼽지만 짐 콜린스는 사람을 꼽고 있다.

펌프 등 산업용 기기를 제조하는 브라질의 셈코는 비즈니스 계획이나 기업전략도 없고, 근로자들을 감독하고 모니터하는 일도 거의 없다. 그러나 연간 성장률 40%의 속도로 끊임없이 사업을 확장하며 발전을 거듭하고 있다. 독특한 경영 스타일과 경이적인 성장으로 주목받고 있는 이 회사의 최고경영자 리카르도 세믈러는 회사가 설정한 목표를 달성하는 것보다 우선 직원들 개인이 선택해서 도전할 수 있는 일, 만족감을 얻을 수 있는 일을 찾으라고 권고한다. 셈코에서는 스스로를 탐색할 수 있는 여유를 주어 자신의 재능과 관심사를 발견하게 하고 자신의 꿈을 기업의 목표와 결합시키며 자연스럽게 일과 삶의 조화를 이룰 수 있다는 것이다.

인간적인 배려에 도요타를 빼놓을 수 없다. "첫째가 고객, 둘째가 딜러, 셋째가 생산자"라는 도요타의 판매 철학에서 나타나듯 도요타는 늘 사람을 중심에 놓고 모든 것을 진행한다. 노사화합을 바탕으로 한 생산방식, 가이젠을 통한 비용절감, 오너와 경영진의 조화, 고

객에 대한 태도 등에서 인간에 대한 배려가 담겨 있다.

통상적으로 인력이 부족한 첨단 기술 업계에서 높은 이직률은 어쩔 수 없는 것으로 여겨져 왔다. 하지만 비상장 소프트웨어 업체로는 세계 최대 규모를 자랑하는 SAS 인스티튜트(SAS Institute)는 스톡옵션 등 인재들을 붙잡아두기 위해 타 기업들이 사용하는 처방을 따르지 않는데도 이직률이 4%대를 넘지 않는다. 창사 이후 20년 동안, SAS의 이직률이 5%를 넘은 일은 단 한 번도 없다. 경쟁사에 스카우트 유혹을 받는 직원도 잡을 수 있는 비결은 바로 직원들을 누구보다 느긋하게 만든 데 있었다. 자유 계약과 스톡옵션이 보편화돼 있는 IT 업계에서 SAS는 돈보다는 회사와 직원 사이의 관계를 중요시했다. 직원들의 기대 수준보다 더 높은 대우를 해주는 차별화된 인력 관리가 바로 SAS의 힘이다.

페퍼는 기업이 성공하려면 일할 맛, 살맛나는 직장을 만들어야 한다고 말한다. 그는 성공한 기업들에 공통적으로 적용되는 성공 열쇠는 인간중심전략(human-centered strategy)이라고 정의한다. 그는 기계처럼 인간을 다루는 신자유주의적 경영방식을 비판하고 해고(lay off)와 비용절감이 경영자의 능력으로 평가되는 경영관행에 제동을 걸었다. "하위 10% 직원을 내보내라, 항상 점검하고 체크하라. 세계는 인재전쟁, 엄청난 돈을 들여서라도 최고의 인재를 데려오라, 매섭고 강인하며 카리스마 넘치는 지도자가 승리한다"고 말하는 신자유주의 시대의 경영자 웰치에 대해 강하게 도전하는 것도 같은 맥락에 있다.

페퍼가 보는 좋은 기업은 사람을 중시하고 직원들의 마음을 얻은 기업이다. 그는 『휴먼 이퀘이션(Human Equation)』, 『왜 지식경영에 실패하는가?(The Knowing-Doing Gap)』,『숨겨진 힘-사람(Hidden Value)』
등의 책을 통해 그 사례들을 파고든다. 그는 이 책들을 통해 발상의
전환을 통해 사람의 가치를 알고 사람을 제대로 관리하는 기업이 좋
은 기업이라 주장한다. 좋은 기업이 되기 위해선 인재들이 의욕에
불타도록 하는 경영 정책을 실천에 옮겨야 한다. SAS 인스티튜트의
굿나이트 회장, 인텔의 앤디 그로브 회장 등 월드클래스 조직을 이
끌고 있는 수많은 CEO들은 페퍼의 경영 철학에 영향을 받아 인재경
영에 관심을 두었다.

　인간 중심 전략을 위해서는 직원들을 훈련시키는 데 투자하고, 훈
련에서 배운 기술(skill)을 사용할 수 있도록 해야 한다. 훈련에는 이
론훈련(class training)과 현장훈련(on the job training) 모두 필요하다.
피아노를 가르치는 가장 좋은 방법은 피아노를 주고, 연주하게 하는
것처럼 사람들에게 필요한 기술을 훈련시키는 가장 좋은 방법은 일
을 주는 것이다. 그래서 그런 기술을 발전시키고 자신감을 갖도록
하는 것이다.

5. 글로벌 시대에는 인사관리가 다르다

　경영컨설팅사 액센추어(Accenture) 빌 그린 회장도 인재를 중시한
다. 그는 최근 '글로벌 경영시대의 조직문화와 인재관리 전략'이라
는 주제 강연을 통해 "글로벌 시장에서 경쟁하는 한국기업은 세계적
기업이라는 넓은 시각을 가져야 한다. 다양한 문화와 지식을 가진
전 세계의 유능한 인재를 흡수해 경쟁력을 키워야 한다"고 주장했
다. 기업의 경쟁력을 차별화하는 것은 서비스가 아니라 인재다. 중

간급 회사가 최고기업의 서비스는 베낄(copy) 수 있어도 인재까지 베낄 수는 없다. 전 세계 6천여 개 글로벌 기업 가운데 지난 10년간 탁월한 경영실적을 유지한 장수기업은 5백여 개 사로 10%가 안 된다. 이들은 훌륭한 시장 포지셔닝, 차별화된 기술과 함께 인재를 중시하는 조직문화를 공통적으로 가지고 있다.

그는 소수의 스타급 인재와 일반직원의 조화문제와 관련해 스타는 스타로서 행세하지 않고 리더로서 행동해야 한다고 말한다. 리더의 최우선 덕목은 조직 내 협력과 화합을 통해 성과를 일궈내는 협력능력이다. 성과도 개인의 성과가 아니라 팀의 성과, 집합적 성과로 평가받아야 한다. 세계기업들은 인재를 확보한 후 무엇보다 인재들의 흥미와 도전정신을 유발해야 하며 보상은 가장 나중의 문제다. 인재들에게 다양한 성장의 기회와 글로벌 경력을 쌓을 기회를 마련해주는 것이 중요하다. 세계경제도 미국·일본·유럽 중심에서 개도국으로 다극화되면서 2050년에는 글로벌 인력의 97%를 개도국이 공급하게 될 것으로 전망했다.

6. 성과주의 보상체계를 넘어서라

현재 우리 기업은 성과와 능력에 바탕을 둔 보상체계를 선호하고 있다. 이것은 세계적인 추세이기도 하다. 기술급(skill-based pay)이나 지식급(knowledge-based pay)에 대한 관심이 높아지는 것도 성과지향을 반영한 것이다. 구성원들로 하여금 다양한 업무를 배우도록 장려하는 것이나 공정하고 과학적인 평가시스템과 보상시스템을 확립하는 것은 마땅한 일이다. 그러나 성과지향이 만병통치약은 아니다.

성과주의는 지나치게 개인별로 차등을 두게 해 개인적 이기주의를 조장하고, 금전적 보상에 치중하게 하며, 단기적 성과를 중시하고, 과정을 무시한 결과 지상주의라는 비판을 받고 있다. 사내 조직별 특수성을 무시한 채 동일한 기준을 적용하려는 우를 범하고 있다는 지적도 있다. 성과주의는 인간주의적 견지에서 볼 때 다수보다는 소수를 위한다는 문제를 안고 있다. 그렇다고 성과급을 무시할 수는 없다. 경영자는 직무수행과정에서 야기될 수 있는 불평등한 대우를 줄이고 공정성을 높이는 조직정의(organizational justice) 실현에 관심을 가지면서 약자도 함께 설 수 있는 조직문화를 만들어야 한다.

7. 평생고용능력을 높이라

기업과 사회가 약자를 배려한다고 각자가 자기계발을 게을리해서는 안 된다. 제도만을 믿고 자신이 아무 노력도 하지 않는다면 그것은 서로가 좋지 못한 결과를 낳는다. 이런 의미에서 평생고용능력(lifelong employability)을 높일 필요가 있다. 평생 고용능력을 갖추는 것은 현재 모든 근로자의 필수요건이다. 평생 고용능력이란 자기 자신의 직장생활에서 평생 보람 있는 직무(rewarding jobs)를 수행하며 생산성을 높일 수 있는 능력을 말한다. 시대는 변하고 있어서 어릴 때, 그리고 청년기에 학교에서 배우고 훈련받은 것만으로는 직장생활 하기에 적당하지 않다. 대학 졸업장만 가지면 되는 철 밥통 시대는 아니라는 말이다. 이것은 세상이 변한 데 기인한다. 사회구조의 계속적인 변화는 사람들로 하여금 최신 기술을 힘써 배우고, 나름대로의 직무역량을 키워나가지 않으면 적응하기조차 어렵다. 그래서 지금 맥켄지(P. McKenzie)나 울즈버그(G. Wurzbug)와 같은 인적자원 전문가들은 평생학습(lifelong learning)과 평생 고용능력을 키우지 않으면 안 된다고 주장한다.

이러한 추세에 맞춰 대학의 경우 평생교육기관이 확장되고, 디지털 매체를 통한 e교육이 확산되고 있다. 교육은 대학에만 한정되는 것이 아니다. 기업도 평생 학습기관으로서 역할을 충분히 할 수 있다. 기업이 대내외적으로 교육 프로그램을 제공하고, 새로운 커리큘럼을 꾸준히 개발해나가면 다른 기업뿐 아니라 대학에서도 그 프로그램을 질 좋은 교육의 도구로 활용할 수 있다. 모토롤라나 GE의 교육 프로그램이 대학에서 각광을 받고 있는 것도 이 때문이다. 기업이 만든 ERP시스템을 대학이나 다른 여러 기업에서 적극 수용하는 것도 마찬가지다. 직장인은 물론 예비 직장인들 모두 평생 학습한다는 각오 아래 언제 어디서든 직무수행이 가능한 능력, 전문가로서의 핵심능력(core competence)을 갖추지 않으면 안 된다. 창의적 마인드를 키우는 것은 말할 필요도 없다.

8. 비정규직과 여성 근로자 문제를 해결하라

사회가 보다 성숙하려면 고용기회에 있어서 약한 자에 대한 배려가 무엇보다 중요하다. 현재 비정규직과 여성 근로자에 대한 배려는 우리 사회의 주요한 관심사다.

비정규직(interim workers)의 증가는 기본적으로 기업이 비용을 절감하기 위한 목적이 크다. 드러커는 앞으로 기업이 성공적으로 존속하기 위해서는 비용을 최대한 절감하는 보수적인 정책을 사용해야 한다고 주장한다. 성공적인 기업가들은 거의 예외 없이 비용을 절감하기 위해 피나는 노력을 해왔다. 우리나라에서도 최근 정규직의 수보다 비정규직의 수가 많아져 사회문제가 되고 있다. 비정규직 근로자 활용제도는 단기적 비용절감과 고용의 유연성을 높인다는 점에서 유용하지만 정규직에 비해 임금과 후생복리 등 여러 근로조건이 크게 불리해 근로의욕과 사기, 조직에의 헌신과 노력의 의지를 약화시키는 단점을 가지고 있다. 따라서 인적자원에서 경쟁우위를 찾아야 하는 기업의 경우 비정규직에 대한 의존도를 낮추는 것이 바람직하다. 그렇다고 무조건 비정규직을 정규직으로 돌릴 수 있는 형편도 아니다. 따라서 정규직 근로자들은 임금상승의 폭이 낮다 해도 고통을 함께 나누는 아량이 필요하며, 비정규직 근로자들은 당장의 아픔이 크지만 주류에 합류하기 위한 노력을 배가하지 않으면 안 된다. 이를 위해 전문능력을 갖추지 않으면 안 된다. 능력을 갖추지 않으면 계속 조건적 근로자(contingency worker)밖에 될 수 없다.

여성인력에 관한 문제도 한국기업이 보다 적극적으로 접근할 필요가 있다. 과거 여성은 기계적 업무나 보조 업무에 한정되어 있었지만 지금은 다르다. 특히 여성들의 학력수준이 높아지면서 전문직으로의 진출이 빨라지고 있다. 앞으로 여성 임직원 비율도 늘어날 것으로 전망되고 있다. 정부는 1987년 남녀고용평등법을 제정해 고용기회와 대우에서의 남녀평등뿐 아니라 여성의 직업능력 개발과 고용촉진, 모성의 보호와 직장 및 가정생활의 양립지원을 촉구하고 있다. 앞으로 기업은 가정과 직장생활의 조화와 균형을 높이기 위한 다양한 복리후생 프로그램을 마련할 필요가 있다.

9. 꼴찌에게도 기회를 주라

무한경쟁시대의 인사관리는 질적 경영체제로의 전환이라는 점에서 중요하다. 핵심인재를 육성하고, 소수정예의 인력을 배치하며, 성과 중심의 보상체계를 도입하는 일은 필수다. 이를 위해 인사고과제도를 개혁하고, 조직구조를 보다 유연하게 만들며, 근로자의 삶의 질을 지속적으로 향상시킴으로써 국제적으로 기업의 신뢰성을 높일 필요가 있다. 그러나 보다 성숙한 기업은 잠재력이 있는 직원을 핵심인재로 키우고, 능력이 떨어지는 직원은 성과를 올릴 수 있도록 능력에 따라 육성하는 새로운 평가시스템을 도입하고 있다. 내부 인력을 핵심인재로 키우고, 꼴찌에게도 기회를 주는 인간 중심적 전략이다.

독일계 다국적 전자전기 업체인 지멘스는 직원들을 성과에 따라 'A, B, C, D'의 4등급으로 일정 비율씩 배분하는 평가시스템을 바꿨다. 대신 직원들의 성과와 역량을 평가한 뒤 사업부서장과 간부, 인사 담당자가 토론을 거쳐 '챔피언', '키 플레이어', '퀘스천마크' 등 3개 그룹으로 나누고 체계적인 교육 프로그램을 병행하는 새로운 방식을 도입했다. 자신이 어떤 그룹에 속하는지도 개별적으로 알려주고 필요한 교육 프로그램도 지원한다. 역량이 뛰어난 인재는 핵심인재로 키우고, 부족한 직원은 역량을 끌어올려 성과를 높이자는 취지다. 하위 10%의 직원을 매년 털어내는 인사시스템으로 유명한 GE도 제프 이멜트 회장이 취임한 뒤 인사평가 시스템을 대대적으로 손질해, 하위 10%라고 하더라도 개선 계획서를 받고 재기의 기회를 준다.

　균형과 조화, 협력과 평화를 이끌어내는 경영을 한다는 것은 사회철학과 경영철학의 확고한 뒷받침 없이 불가능하다. 이를 위해서는 사회와 기업 모두 달라져야 한다. 사회는 약자를 배려하는 정신이 높아야 하고, 기업도 기업의 사회적 책임을 강화하면서 정의를 실현해야 한다. 사회도 기업도 보다 윤리적으로 되어가는 것이다.

　불확실성이 높고 혼돈스러운 상황에서 인사관리도 달라져야 한다. 기업의 경쟁력을 높이되 시대의 흐름을 따라잡는 데 어려움이 있는 사람들을 배려하면서 함께 뛰도록 해야 한다. 그들을 패배자로 낙인하고, 따돌린다면 우리 사회는 더 희망을 잃게 될 것이다.

　앞으로 우리의 경영사가 어떻게 쓰일 것인가 하는 것은 우리 사회 각 구성원의 의지와 각성, 그리고 각 기업의 창의적 노력과 성과에 달려 있다. 이 시점에 경영자가 해야 할 것은 뒤로 물러나 퇴행하는 사고(backward thinking)가 아니라 힘 있게 앞서 나가는 사고(forward thinking)이다. 역사는 역사가가 만드는 것이 아니라 그 역사에 참여하는 사람이 쓰기 때문이다. 경영자도 과거와 현재의 업적에 만족할 것이 아니라 시대를 앞서 가는 사고와 함께 서로가 서로를 돕는 상생의 경영을 할 수 있도록 해야 한다. 기업이 잘못되면 사회는 결코 앞설 수 없다.

참고문헌

곽태원, "토지는 공유돼야 하는가?", 『진보와 빈곤에 나타난 헨리 조지의 토지사상 평가』(서울: 한국경제연구원, 2005).

김두헌, 『현대인간론』(서울: 박영사, 1982).

김승욱, "조지스트의 토지사상은 성경적 토지관이 아니다", 『목회와 신학』, 2007년 6월호.

니콜로 마키아벨리, 『로마사 논고』, 강정인·안선재 옮김(한길사. 2003).

뉴스미션, "최선의 토지공개념 구현은 '헌법에 명기하는 것'", 『뉴스미션』, 2007년 3월 24일.

대천덕, 『토지와 자유』(서울: 무실, 1995).

______, 『대천덕 신부가 말하는 토지와 경제정의』, 전강수·홍종락 옮김(서울: 홍성사, 2003).

도비오까 껜, 「하이브리드 사고술」 (서울: 보이스사, 1988).

루이 알튀세르, 『마키아벨리의 가면』, 오덕근·김정한 옮김(이후, 2001).

민문홍, 『에밀 뒤르켐의 사회학』(서울: 아카넷, 2001).

박건택, "칼뱅의 세계관과 사회개혁", 『기독신보』, 1990년 5월 26일.

삼성경제연구소, 『복잡성과학의 이해와 적용』(삼성경제연구소, 1997).

새무엘 헌팅턴, 『새무엘 헌팅턴의 미국』, 형선호 옮김(서울: 김영사, 2004).

슈테판 츠바이크, 『폭력에 대항한 양심』, 안인희 옮김(자작나무, 1998).

아리스토텔레스, 『정치학』, 천병희 옮김(서울: 숲, 2009).

____________, 『니코마코스 윤리학』. 강상진·김재홍·이창우 옮김(서울: 길, 2011).

양창삼, 『아리스토텔레스의 정치철학』(서울: 대영사, 1982).

윤종건, 「창의력의 이론과 실제」 (서울: 원미사, 1995).

이병왕, "성토모의 성경적 토지관, 비성경적이다", 『뉴스미션』, 2007년 4월 12일.

이재율, "헨리 조지의 토지가치세와 성경적 토지제도", 『신앙과 학문』, 제11권 2호, 2006년 12월, 173~175쪽.

이정복 외, 『공삼 민병태 선생의 정치학』(서울: 인간사랑, 2008).

장영란, 『아리스토텔레스의 인식론』(서울: 서광사, 2000).

전강수, "통일과 땅", 『제1회 서울토지학교 자료집』(서울: 서울토지학교, 1998).

______, "통일한국을 위한 토지제도의 모색", 『연변과기대 상경학부 교수세미나 발표 자료』, 2001년 7월.

______, "공의에 무관심한 교회의 세상관에 대하여: 전강수 교수와 대천덕 신부 간의 서신", 『뉴스엔조이』, 2003년 2월 5일.

전강수와 한동근, 『토지를 중심으로 본 성경적 경제학』(서울: CUP, 2000).

조요한, 『아리스토텔레스의 철학』(서울: 경문사, 1997).

최병호·김태완, "한국사회의 분배구조와 사회보장제도의 재분배기능", 『보건복지포럼』, 제95호, 2004년 9월, 한국보건사회연구원, 104~116쪽.

편상훈, "공무원 동기부여 방안에 관한 조직 정의적 접근", 『사회과학논집』, 10.1(2000), 울산대학교 사회과학연구소, 249~264쪽.

프레드릭 붸린더, 『하나님의 토지법』, 이풍 옮김(서울: CUP, 1996).

한완상, 『현대 사회학의 위기: 개방적 사회와 자율적 인간을 위하여』(서울: 경문사, 1978).

헨리 조지, 『진보와 빈곤』. 김윤상 옮김(서울: 비봉출판사, 1998).

Abel, T., *Systematic Sociology in Germany*(NY: Columbia University Press, 1929).

Agger, B.(엮음), *Western Marxism: An Introduction*(Santa Monica, CA: Goodyear, 1978).

Allport, G. W., *Becoming: Basic Consideration for a Psychology of Personality*(New Haven, Connecticut: Yale University Press, 1955).

Alpert, H., *Emile Durkheim and His Sociology*(NY: Columbia University Press, 1939).

Althusser, L., *For Marx*(Harmondsworth: Penguin, 1969).

Anderson, H. H., "Creativity as Personality Development." H. Anderson 엮음, *Creativity and Its Cultivation*. NY: Harper & Row, 1959:111-141.

Ansbacher, H.·R Ansbacher, *The Individual Psychology of Alfred Adler*(New York: Harper & Row, 1956).

Anthony, P. D., *The Ideology of Work*(London: Tavistock, 1977).

Aristotle, *Metaphysics*, W. D. Ross 옮김(NY: NuVision Publications, 2009).

______, *Nicomachean Ethics*, Sarah Broadie와 Christopher Rowe 옮기고 해설

(NY: Oxford University Press, 2002).

________, *Politics: A Treatise on Government*(NY: CreateSpace Independent Publishing Platform, 2011).

________, *Politics*, Benjamin Jowett 옮김(NY: Dover Publications, 2000).

________, *The Politics*, Carnes Lord 옮김(IL: University Of Chicago Press, 1985).

Arrow, K., *Social Choice and Individual Values*(CT: Yale University Press, 1970).

Bainton, Roland H., *The Reformation of the Sixteenth Century*(MA: Beacon Press, 1952).

Boggs, C., *Gramsci's Marxism*(London: Pluto, 1976).

Bok, Sissela, *Exploring Happiness: From Aristotle to Brain Science*(NH: Yale University Press, 2011).

Bosquet, M., "The Meaning of Job Enrichment", in T. Nichols 엮음, *Capital and Labour*(London: Fontana, 1980), pp.370-380.

Braverman, H., *Labour and Monopoly Capital*(New York: Monthly Review Press, 1974).

Brunner, E. R., *Rural Korea: A Preliminary Survey of Economic, Social and Religious Conditions,* 1926.

Burrell, G. and G. Morgan, *Sociological Paradigms and Organisational Analysis: Elements of the Sociology of Corporate Life*(London: Heinemann, 1982).

Calvin, John, *Institutes of the Christian Religion*(KY: Westminster John Knox Press, 1960).

Caplow, T., *Two Against One: Coalitions in Triads*(NJ: Prentice-Hall, 1969).

Castaneda, C., *The Teachings of Don Juan: The Yacqui Way of Knowledge*(Harmondsworth: Penguin, 1970).

Clough, Shepard B., David L. Hicks, David J. Brandenburg & Peter Gay, *A History of the Western World: Early Modern Times*(MA: D. C. Heath and Co., 1964).

Cohen, J., "Moral Freedom Through Understanding in Durkheim", *American Sociological Review*, 40권(1975년 8월), pp.104-106.

Cole, R., "Diffusion of Participatory Work Structures in Japan, Sweden and the United States", in P. S. Goodman 엮음, *Change in Organizations*(San Francisco: Jossey-Bass, 1982), pp.166-225.

Coser, L. A., *The Functions of Social Conflict*(NY: Free Press, 1956).

____________, *Georg Simmel*(NJ: Prentice-Hall, 1965).

__________, *Continuities in the Study of Social Conflict*(NY: Free Press, 1967).

__________, *Masters of Sociological Thought*(NY: Harcourt Brace Jovanovich, 1971).

Dickens, A. G., *Reformation and Society in Sixteenth Century Europe*(London: Harcourt, Brace & World, 1966).

Dickson, D., *Alternative Technology and the Politics of Technical Change*(London: Fontana, 1974).

Dillion, J. and Gergel, T. 옮김, *The Greek Sophists*(NY: Penguin Classics, 2003).

Dunstan, J. Leslie 엮음, *Protestantism*(NY: George Braziller, 1962).

Durham, T. R., Morgan, J., Larcom, B. and Chase-Dunn, C. K., "Control of the Work Process: The Worker's Viewpoint", *International Journal of Health Services*, 11(1981), pp.207-218.

Durkeim, E., "La Sociologie et son domaine scientifique", *L'annee Sociologique*, 4(1900).

__________, *The Rules of Sociological Method*(Chicago, Illinois: University of Chicago Press, 1938).

__________, *The Rules of Sociological Method*(NY: Free Press, 1950).

__________, *Suicide*(NY: Free Press, 1951).

__________, *Sociology and Philosophy*(NY: Free Press, 1953).

__________, *The Elementary Forms of Religious Life*(NY: Free Press, 1954).

__________, *The Division of Labor in Society*(NY: Free Press, 1956).

__________, *Moral Education*(NY: Free Press, 1961).

Faris, R. E. L., *Chicago Sociology*(IL: University of Chicago Press, 1967).

Fichte, J. F., *Science of Knowledge*(New York: Century Philosophy Sourcebooks, 1970).

Fink, Jakob Leth, *The Development of Dialectic from Plato to Aristotle*(UK: Cambridge University Press, 2012).

Forell, G. W., *Faith Active in Love*(NY: American Press, 1954).

Fox, A., "Meaning of Work", in G. Esland and G. Salaman 엮음, *The Politics of Work and Occupations*(London: Open University Press, 1980), pp.139-191.

Gouldner, A. W., *The Dialectic of Ideology and Technology*(New York: Macmillan, 1976).

Gramsci, A., *Selections from the Prison Notebooks of Antonio Gramsci*(London: Lawrence and Wishart, 1971).

Griffin, R. W., Welsh, A. and Moorhead G., "Perceived Task Characteristics and Employee Performance: A Literature Review", *Academy of Management Review,* 6(1981), pp.655-664.

Guthrie, W K C., *The Greek Philosophers From Thales to Aristotle*(NY: Routledge, 2012).

Habermas, J., *Towards a Rational Society*(London: Heinemann, 1971).

___________, *Knowledge and Human Interests*(London: Heinemann, 1972).

___________, *Theory and Practice*(London: Heinemann, 1974).

___________, *Legitimation Crisis*(London: Heinemann, 1976).

Hackman, J. R., "The Design of Work in the 1980s", *Organizational Dynamics,* 7(1978), pp.247-277.

Hall, C. S. · G. Lindzey, *Theories of Personality*(New York: John Wiley & Sons, 1978).

Hardin, G., *Exploring New Ethics for Survival: The Voyage of the Spaceship Beagle*(MD: Penguin, 1972).

Hegel, G., *The Phenomenology of Mind*(London: George Allen and Unwin, 1931).

Heick, Otto W, *A History of Christain Thought, I*(PA: Fortress Press, 1965).

Herman, Arthur, *The Cave and the Light: Plato Versus Aristotle, and the Struggle for the Soul of Western Civilization*(NY: Random House, 2013).

Hesiod, *Hesiod: Theogony, Works and Days, Shield*(MD: The Johns Hopkins University Press, 2004).

Homer, *The Illiad of Homer*(IL: University Of Chicago Press, 1961).

Homer, *The Odyssey*(NY: Penguin Classics, 2006).

Hurwicz, L. et al., *Social Goals and Social Organization*(Cambridge, 1985).

Hurwicz, L., David Schmeidler, and Hugo Sonnenschein, "Social Goals and Social Organization: Essays in Memory of Elisha Pazner", *Journal of Economic Literature*, Vol. 25, No. 3 (Sept., 1987), pp.1313-1314.

Illich, I., *Tools for Conviviality*(London: Fontana-Collins, 1973).

Jung, C. G., *The Collected Works of C. G. Jung*(New York: Pantheon, 1953).

___________, *Collected Works*(Princeton, New Jersey: Princeton University Press, 1978).

___________, *The Psychology of Kundalini Yoga: Notes on the Seminar given in 1932 by C. G. Jung*(Princeton, New Jersey: Bollingen, 1996).

Jung, H. N. & H. L. Park, "A Proposed Reform Program on land Ownership after Reunification of Korea", *Policy Priorities for the Unified Korean Economy*, 1998.

Kant, I., *Anthropologie: in pragmatischer Hinsicht*(Leipzig: Karl Vorländer, 1922).

_______, *Grundlegung Zur Metaphysik der Sitten*(Stuttgart: Philipp Recklam Verlag, 1955).

_______, *Die Religion innerhalb der Grenzen der blossen Vernunft*(Hamburg: Verlag von Felix Meiner, 1956).

_______, *Kritik der praktischen Vernunft*(Stuttgart: Philipp Recklam Verlag, 1961).

Kaufmann, W., *Hegel*(London: Weidenfeld and Nicolson, 1966).

Kirzner, I. M., *Competition and Entrepreneurship*(IL: The University of Chicago, 1973).

Kuhn, Thomas S., *The Structure of Scientific Revolutions*(IL: University of Chicago Press, 1996).

Laing, R. D., *The Politics of Experience*(New York: Ballantine, 1967).

La Capra, D., *Emile Durkheim: Sociologist and Philosopher*(NY: Cornell University Press, 1972).

Lenski, G., *Human Societies*(NY: McGraw-Hill, 1970).

Levidow, L. and Young, B. 엮음, *Science, Technology and the Labour Process: Marxist Studies,* I(London: CSE Books, 1981).

Levine, D. N. 엮음, *Georg Simmel on Individuality and Social Forms*(IL: University of Chicago Press, 1971).

Lukacs, G., *History and Class Consciousness*(London: Merlin, 1971).

Lukes, S., *Emile Durkheim: His Life and Work.* (NY: Harper & Row, 1972).

Machiavelli, N., *The Prince and The Discourses*(NY: Random House, 1950).

___________, *The Prince.* L. Ricci 옮김(NY: New American Library, 1952).

___________, *The Discourses on Livy*, A. H. Gilbert 옮김(NC: Duke University Press, 1956).

___________, *Machiavelli: the Chief Works and Others.* A. H. Gilbert 옮김(NC: Duke University Press, 1965).

Marcuse, H., *One-Dimensional Man*(London: Routledge and Kegan Paul, 1964); *Eros and Civilization*(Boston: Beacon, 1966).

Maritain, J., *Creative Intuition on Art and Poetry*(NY: Pantheon Books, 1953).

May, R., *The Courage to Create*(NY: W. W. Norton, 1975).

Mattheus, F. H., *Quest for an American Sociology: Robert E. Park and the Chicago*

School(Montreal: McGill University Press, 1977).

Marx, K., *The German Ideology*(London: Lawrance and Wishart, 1965); *Capital I*(New York: International Publishers, 1972).

McLeish, K., *Key Ideas in Human Thought*(NY: Facts On File Inc, 1995).

McLellan, D., *Marx*(London: Fontana-Collins, 1975).

___________, *Karl Marx: His Life and Thought*(St. Albans: Paladin, 1976).

McNeil, John T., *The History and Character of Calvinism*(NY: Oxford University Press, 1954).

Meakin, D., *Man and Work: Literature and Culture in Industrial Society*(London: Methuen, 1976).

Merton, R. K. & Rossi, A. S., "Contribution to the Theory of Reference Group Behavior", in Merton, *Social Theory and Social Structure*(NY: Free Press, 1957): 225-80.

Mills, T., "Human Resources-Why the New Concern?", *Harvard Business Review*(1975), pp.120-138.

Maddi, S. R., *Personality Theories: A Comparative Analysis*(Homewood, Illinois: Dorsey Press, 1968).

Meikle, Scott, *Aristotle's Economic Thought*(UK & NY: Clarendon Press, 1997).

Menzer, P. 엮음, *Eine Vorlesung Kants über Ethik*(Berlin: Pan Verlag Rolf Heise, 1924).

Merton, R., *Social Theory and Social Structure*(NY: Free Press,1968).

Morris, L., *Managing the Evolving Corporation*(NY: Van Nostrand Reinhold, 1995).

Mueller, W. A., *Church and State in Luther and Calvin*(TN: Broadman Press, 1954).

Niebuhr, Reinhold, *The Irony of American History*(NY: Scribner's, 1952).

Nisbet, R. A., *Emile Durkheim*(NJ: Prentice-Hall, 1965).

___________, *The Sociology of Emile Durkheim*(NY: Oxford University Press, 1974).

Nozick, R., *Anarchy, State, And Utopia*(NY: Basic Books, 1974).

Offe, C., *Structural Problems of the Capitalist State*(London: Macmillan, 1982).

Park, R. E. and Burgess, E. W., *Introduction to the Science of Sociology*(IL: University of Chicago Press, 1921).

Parker, T. H. L., *John Calvin: A Biography*(PA: Westminster Press, 1975).

Parsons, T., *The Structure of Social Action*(Glencoe, Illinois: Free Press, 1937).

__________, "Comment on Parsons Interpretation of Durkheim and Moral Freedom Through Understanding in Durkheim", *American Sociological Review*, 40권(1975년 2월), pp.106-111.

Pigliucci, Massimo, *Answers for Aristotle: How Science and Philosophy Can Lead Us to a More Meaningful Life*(NY: Perseus-Basic Books, 2012).

Pirsig, R. M., *Zen and the Art of Motorcycle Maintenance*(London: Corgi, 1976).

Plato, *Theaetetus*(NY: BiblioBazaar, 2007).

Pope, W., "Classic on Classic: Parsons' Interpretation of Durkheim", *American Sociological Review*, 38권(1973년 8월), pp.399-415.

Pyun, Sang-Hoon, "Wage Justice in Work Organizations", 지방정부연구, 5.2(2001), 한국지방정부학회, 259~279쪽.

Rawls, J., *Justice as Fairness: A Restatement*(MA: Belknap Press, 2001).

Reich, C. A., *The Greening of America*(Harmondsworth: Penguin, 1972).

Rice, A. K., *Productivity and Social Organization: The Ahmedabad Experiment*(London: Tavistock, 1958).

Roe, A., "Psychological Approaches to Creativity in Science." *Essay on Creativity in the Sciences*. M. Coler and H. Hughes 엮음(NY: New York University, 1963).

Roszak, T., *The Making of Counter Culture*(New York: Doubleday, 1969).

Sabine, George H. & T. L. Thorson, *A History of Political Theory*(NY: Thomson Learning, 1980).

Schroyer, T., 'A Re-Conceptualization of Critical Theory', *Radical Sociology*, J. Colfax and J. Roach 엮음(New York: Basic Books, 1971).

Sen, A. K., *Inequality Reexamined*(MA: Harvard University Press, 1992).

Simmel, G., "Superiority and Subordination as Subject-Matter of Sociology", A. W. Small 옮김, *American Journal of Sociology*, 2(1896), pp.167-189, 392-415.

__________, "The Number of Members as Determining the Sociological Forms of the Group", A. W. Small 옮김, *American Journal of Sociology*, 8(1902), pp.1-46, 158-196.

__________, "The Sociology of Conflict", A. W. Small 옮김, *American Journal of Sociology*, 9(1904), pp.490-525, 672-689, 798-811.

__________, *The Metropolis and Mental life*(IL: University of Chicago Press, 1936).

__________, *The Sociology of Georg Simmel*, K. H. Wolff 엮음(IL: Free Press,

1950).

__________, *Conflict and the Web of Group Affiliations*(IL: Free Press, 1955).

__________, "The Conflict in Modern Culture", in K. P. Etzkorn 엮고 옮김, *The Conflict in Modern Culture and Other Essays*(NY: Teachers College Press, Columbia University, 1968).

__________, *The Philosophy of Money*(London: Routledge and Kegan Paul, 1978).

Smith, J. A., *Setting Conditions for Creative Teaching in the Elementary School*(MA: Allyn and Bacon, 1966).

Sørensen, K. H., "Technology and Industrial Democracy: An Inquiry into Some Theoretical Issues and Their Social Basis", *Organization Studies*, 6(1985), pp.139-160.

Sorokin, P., *Contemporary Sociological Theories*(NY: Harper & Row, 1964).

__________, *Sociological Theories of Today*(NY: Harper & Row, 1966).

Spykman, N. J., *The Social Theory of Georg Simmel*(NY: Atherton, 1966).

Stone, K., "The Origins of Job Structures in the Steel Industry", *Review of Radical Political Economics*, 6(1974), pp.61-97.

Storey, J., *Managerial Prerogative and the Question of Control*(London: Routledge and Kegan Paul, 1983).

Susman, G. I. and Chase, R. B., "Sociotechnical Analysis of the Integrated Factory", *The Journal of Applied Behavioral Science*, 22.3(1986), p.266.

Tawney, R. H., *Religion and the Rise of Capitalism*(NY: Harcourt, Brace & World, Inc., 1926).

Taylor, C. W., "Finding the Creative," *Scientific Research*, 28(Dec., 1961), pp.6-11

Tenburck, F. H.(1965), "Formal Sociology", in Coser, L. A. 엮음, *Georg Simmel*(NJ: Prentice-Hall).

Theodorson, G. A., "The Function of Hostility in Small Groups", *Journal of Social Psychology*, 56(1962), pp.57-66.

Thompson, P., *The Nature of Work: An Introduction to Debates on Labor Process*(New York: Macmillan, 1983).

Timasheff, N. S. and Theodorson, G. A., *Sociological Theory: Its Nature and Growth*(NY: Random House, 1976).

Torrance, E. P., *Creativity in the Classroom*(DC: National Education Association, 1977).

Trist, E. R. and Bamforth, K. W., "Some Social and Psychological Consequences of the Longwall Method of Coal Getting", *Human Relations*, 4.1(1951), pp.3-38.

Troeltsch, Ernst, *The Social Teachings of the Christian Church, Vol. II*(London: George Allen & Unwin, 1931).

Wallwork, E., *Durkheim: Morality and Milieu*(MA: Harvard University Press, 1972).

Weber, Max, *The Protestant Ethic and the Spirit of Capitalism*, T. Parsons 옮김 (NY: Scribner's, 1930).

Weingartner, R. H., *Experience and Culture*(CN: Wesleyan University Press, 1962).

Wolff, J., *Robert Nozick: Property, Justice, and the Minimal State*(CA: Stanford University Press, 1991).

Whyte, Jr., W. H., *The Organization Man*(Garden City, NY: Doubleday, 1956).

Xenophon, *Conversations of Socrates*(NY: Penguin Classics, 1990).

Yoo, Kynung Moon, "On the Theory of Justice", 『서경대학교논문집』, 15(1987), 253~266쪽.

Zimbalist, A., "The Limits of Work Humanization", *Review of Radical Political Economics*, 7(1975), pp.50-59.

양창삼 —

서울대학교 정치학과(학사 및 석사)
서울대학교 대학원(경영학 석사)
웨스턴일리노이대학원(MBA)
펜실베이니아주립대학교
연세대학교 대학원(경영학 박사)
총신대학교 대학원(목회학 석사 및 신학 석사)

한국사회이론학회 회장
한국인문사회과학회 회장
연변과학기술대학교 상경대학 학장
한양대학교 경상대학 학장
한양대학교 산업경영대학원 원장
현) 한양대학교 경상대학 경영학부 명예교수

『스마트경영을 위한 핫트렌드 83』(2011)
『경영환경의 변화와 조직의 혁신전략』(2008)
『조직행동』(2007)
『조직혁신과 경영혁신』(2005)
『디지털 조직과 디지털 경영』(2003)
『열린 사회를 위한 성찰과 조직담론』(2003)
『공맹사상에서 문명충돌까지』(2002)
『리더십과 기업경영』(2002)
『창의성개발과 기업경영』(2002)
『e조직이론』(2001)
등 다수

조직은 어떤 경영철학을 필요로 하는가

조직철학과
조직사회학

초 판 인 쇄 | 2013년 5월 17일
초 판 발 행 | 2013년 5월 17일

지 은 이 | 양창삼
펴 낸 이 | 채종준
펴 낸 곳 | 한국학술정보㈜
주   소 | 경기도 파주시 문발동 파주출판문화정보산업단지 513-5
전   화 | 031) 908-3181(대표)
팩   스 | 031) 908-3189
홈 페 이 지 | http://ebook.kstudy.com
E - m a i l | 출판사업부 publish@kstudy.com
등   록 | 제일산-115호(2000. 6. 19)

ISBN   978-89-268-4299-7 03320 (Paper Book)
         978-89-268-4300-0 05320 (e-Book)

이담
Books 는 한국학술정보(주)의 지식실용서 브랜드입니다.

이 책은 한국학술정보(주)와 저작자의 지적 재산으로서 무단 전재와 복제를 금합니다.
책에 대한 더 나은 생각, 끊임없는 고민, 독자를 생각하는 마음으로 보다 좋은 책을 만들어갑니다.